Michael Weigend

Raspberry Pi programmieren mit Python

Bibliografische Information der Deutschen Nationalbibliothek
Die Deutsche Nationalbibliothek verzeichnet diese Publikation in der Deutschen Nationalbibliografie; detaillierte bibliografische Daten sind im Internet über <http://dnb.d-nb.de> abrufbar.

Bei der Herstellung des Werkes haben wir uns zukunftsbewusst für umweltverträgliche und wiederverwertbare Materialien entschieden.
Der Inhalt ist auf elementar chlorfreiem Papier gedruckt.

ISBN 978-3-8266-9474-5
1. Auflage 2014

www.mitp.de
E-Mail: kundenservice@hjr-verlag.de
Telefon: +49 6221 / 489 -555
Telefax: +49 6221 / 489 -410

© 2014 mitp, eine Marke der Verlagsgruppe Hüthig Jehle Rehm GmbH Heidelberg, München, Landsberg, Frechen, Hamburg

Dieses Werk, einschließlich aller seiner Teile, ist urheberrechtlich geschützt. Jede Verwertung außerhalb der engen Grenzen des Urheberrechtsgesetzes ist ohne Zustimmung des Verlages unzulässig und strafbar. Dies gilt insbesondere für Vervielfältigungen, Übersetzungen, Mikroverfilmungen und die Einspeicherung und Verarbeitung in elektronischen Systemen.

Die Wiedergabe von Gebrauchsnamen, Handelsnamen, Warenbezeichnungen usw. in diesem Werk berechtigt auch ohne besondere Kennzeichnung nicht zu der Annahme, dass solche Namen im Sinne der Warenzeichen- und Markenschutz-Gesetzgebung als frei zu betrachten wären und daher von jedermann benutzt werden dürften.

Lektorat: Sabine Schulz
Sprachkorrektorat: Petra Heubach-Erdmann
Coverbild: Michael Weigend
Satz: III-satz GbR, www.drei-satz.de
Druck: Westermann Druck Zwickau GmbH

Inhaltsverzeichnis

		Einleitung	15
1		**Begegnung mit Python**	19
1.1		Was ist Python?	19
1.2		Python-Versionen	20
1.3		IDLE	21
	1.3.1	Die Python-Shell	21
	1.3.2	Hotkeys	23
1.4		Die Python-Shell als Taschenrechner	24
	1.4.1	Operatoren und Terme	24
	1.4.2	Zahlen	25
	1.4.3	Mathematische Funktionen	29
1.5		Hilfe	34
1.6		Namen und Zuweisungen	35
	1.6.1	Zuweisungen für mehrere Variablen	37
	1.6.2	Rechnen mit Variablen in der Shell	37
	1.6.3	Syntaxregeln für Bezeichner	38
	1.6.4	Neue Namen für Funktionen und andere Objekte	39
	1.6.5	Erweiterte Zuweisungen	39
1.7		Mit Python-Befehlen Geräte steuern	40
	1.7.1	Projekt: Eine LED ein- und ausschalten	40
	1.7.2	Das Modul RPI.GPIO	42
	1.7.3	Das Interface PiFace Digital	43
	1.7.4	Projekt: Eine Taschenlampe an- und ausschalten	45
1.8		Aufgaben	48
	1.8.1	Aufgabe 1: Formeln	48
	1.8.2	Aufgabe 2: Gebäude	48
	1.8.3	Aufgabe 3: Zylinder	48
	1.8.4	Aufgabe 4: Anweisungen	49
	1.8.5	Aufgabe 5: Visualisierungen interpretieren	49
	1.8.6	Aufgabe 6	50

Inhaltsverzeichnis

1.9	Lösungen		50
	1.9.1	Lösung 1	50
	1.9.2	Lösung 2	50
	1.9.3	Lösung 3	50
	1.9.4	Lösung 4	50
	1.9.5	Lösung 5	51
	1.9.6	Lösung 6	51
2	**Python-Skripte**		**53**
2.1	Ein Skript mit IDLE erstellen		53
	2.1.1	Ein neues Projekt starten	53
	2.1.2	Programmtext eingeben	54
	2.1.3	Das Skript ausführen	54
	2.1.4	Shortcuts	55
2.2	Programme ausführen		55
	2.2.1	Programm in der Konsole starten	55
	2.2.2	Anklicken des Programmicons im File-Manager	57
2.3	Interaktive Programme – das EVA-Prinzip		59
	2.3.1	Format mit Bedeutung – Aufbau eines Python-Programmtextes	60
	2.3.2	Eingabe – die input()-Funktion	61
	2.3.3	Verarbeitung – Umwandeln von Datentypen und Rechnen	61
	2.3.4	Ausgabe – die print()-Funktion	62
2.4	Programmverzweigungen		63
	2.4.1	Einfache Bedingungen	64
	2.4.2	Wie erkennt man eine gute Melone? Zusammengesetzte Bedingungen	66
	2.4.3	Einseitige Verzweigungen und Programmblöcke	67
	2.4.4	Haben Sie Ihr Idealgewicht?	68
	2.4.5	Eine Besonderheit von Python: Wahrheitswerte für Objekte	71
2.5	Bedingte Wiederholung – die while-Anweisung		72
	2.5.1	Projekt: Zahlenraten	73
	2.5.2	Have a break! Abbruch einer Schleife	74
2.6	Projekte mit dem GPIO		74
	2.6.1	Blinklicht	75
	2.6.2	Schalter	75
	2.6.3	Zähler	77

2.7	Projekt: Eine Alarmanlage		78
	2.7.1	Die digitalen Eingänge des PiFace	78
	2.7.2	Aufbau und Arbeitsweise der Alarmanlage	80
	2.7.3	Programmierung	81
2.8	Aufgaben		82
	2.8.1	Aufgabe 1: Anpeilen	82
	2.8.2	Aufgabe 2: Boolesche Ausdrücke	83
	2.8.3	Aufgabe 3: Quiz	83
	2.8.4	Aufgabe 4: Wiederholte Berechnung	84
	2.8.5	Aufgabe 5: Gesteuertes Blinken	84
2.9	Lösungen		84
	2.9.1	Lösung 1	84
	2.9.2	Lösung 2	85
	2.9.3	Lösung 3	85
	2.9.4	Lösung 4	87
	2.9.5	Lösung 5	87
3	**Kollektionen: Mengen, Listen, Tupel und Dictionaries**		**89**
3.1	Die Typhierarchie		89
3.2	Gemeinsame Operationen für Kollektionen		91
3.3	Kollektionen in Bedingungen		92
	3.3.1	Projekt: Kundenberatung	93
	3.3.2	Projekt: Sichere Kommunikation	93
3.4	Iteration – die for-Anweisung		94
	3.4.1	Verwendung von break	95
3.5	Sequenzen		96
	3.5.1	Konkatenation und Vervielfältigung	96
	3.5.2	Direkter Zugriff auf Elemente – Indizierung	97
	3.5.3	Slicing	97
	3.5.4	Projekt: Lesbare Zufallspasswörter	98
3.6	Tupel		100
3.7	Zeichenketten (Strings)		101
	3.7.1	Strings durch Bytestrings codieren	102
	3.7.2	Der Formatierungsoperator %	103
3.8	Listen		104
	3.8.1	Listen sind Objekte und empfangen Botschaften	104
	3.8.2	Klasse, Typ und Instanz	106
	3.8.3	Kopie oder Alias?	106
	3.8.4	Listenoperationen	107

		3.8.5	Projekt: Zufallsnamen	109
		3.8.6	Projekt: Telefonliste	110
		3.8.7	Listen durch Comprehensions erzeugen	111
	3.9		Zahlen in einer Folge – range()-Funktion	112
	3.10		Projekt: Klopfzeichen	113
	3.11		Mengen	117
		3.11.1	Projekt: Häufigkeit von Buchstaben in einem Text	118
	3.12		Projekt: Zufallssounds	119
		3.12.1	Wie kommen Töne aus dem Raspberry Pi?	119
		3.12.2	Sounds mit PyGame	120
		3.12.3	Programmierung	121
	3.13		Dictionaries	122
		3.13.1	Operationen für Dictionaries	124
		3.13.2	Projekt: Morsen	124
	3.14		Projekt: Der kürzeste Weg zum Ziel	126
	3.15		Aufgaben	129
		3.15.1	Aufgabe 1: Länge von Sequenzen	129
		3.15.2	Aufgabe 2: Lottozahlen	130
		3.15.3	Aufgabe 3: Visualisierung der range()-Funktion	130
	3.16		Lösungen	131
		3.16.1	Lösung 1	131
		3.16.2	Lösung 2	131
		3.16.3	Lösung 3	132
4			**Funktionen**	**133**
4.1			Aufruf von Funktionen	133
		4.1.1	Unterschiedliche Anzahl von Argumenten	134
		4.1.2	Positionsargumente und Schlüsselwort-Argumente	134
		4.1.3	Für Experten: Funktionen als Argumente	135
4.2			Definition von Funktionen	136
4.3			Funktionen in der IDLE-Shell testen	138
4.4			Docstrings	138
4.5			Veränderliche und unveränderliche Objekte als Parameter	139
4.6			Voreingestellte Parameterwerte	141
4.7			Beliebige Anzahl von Parametern	142
4.8			Die return-Anweisung unter der Lupe	143
4.9			Mehr Sicherheit! Vorbedingungen testen	145
4.10			Namensräume: Global und lokal	147

4.11	Rekursive Funktionen – die Hohe Schule der Algorithmik	149
	4.11.1 Projekt: Rekursive Summe	149
	4.11.2 Projekt: Quicksort	150
4.12	Experimente zur Rekursion mit der Turtle-Grafik	151
	4.12.1 Turtle-Befehle im interaktiven Modus	151
	4.12.2 Projekt: Eine rekursive Spirale aus Quadraten	153
	4.12.3 Projekt: Pythagorasbaum	155
	4.12.4 Projekt: Eine Koch-Schneeflocke	157
4.13	Projekt: Der Sierpinski-Teppich	159
4.14	Aufgaben	161
	4.14.1 Aufgabe 1: Morsen	161
	4.14.2 Aufgabe 2: Rekursive Funktionen – Puzzle	162
	4.14.3 Aufgabe 3: Ein Pythagorasbaum mit Zufallselementen	164
4.15	Lösungen	164
	4.15.1 Lösung 1	164
	4.15.2 Lösung 2	165
	4.15.3 Lösung 3	166
5	**Fenster für den RPi – Grafische Benutzungsoberflächen**	**169**
5.1	Wie macht man eine Benutzungsoberfläche?	169
5.2	Projekt: Die digitale Lostrommel	170
	5.2.1 Die Gestaltung der Widgets	172
	5.2.2 Das Layout-Management	173
5.3	Bilder auf Widgets	175
	5.3.1 Projekt: Ein visueller Zufallsgenerator	176
	5.3.2 Bilder verarbeiten	177
	5.3.3 Projekt: Schwarzweißmalerei	179
5.4	Projekt: Der Krimiautomat	180
	5.4.1 Texteingabe	180
	5.4.2 Programmierung	182
5.5	Wer die Wahl hat, hat die Qual: Checkbutton und Radiobutton	183
	5.5.1 Projekt: Automatische Urlaubsgrüße	184
	5.5.2 Projekt: Digitaler Glückskeks	186
5.6	Viele Widgets schnell platziert: Das Grid-Layout	188
	5.6.1 Projekt: Rechenquiz	189
5.7	Projekt: Farbmixer	192
5.8	Projekt: Editor mit Pulldown-Menüs	194
	5.8.1 Aufbau einer Menüstruktur	195
	5.8.2 Programmierung	196

5.9	Aufgaben		198
	5.9.1	Aufgabe 1: Hangman mit Tastaturfeld	198
	5.9.2	Aufgabe 2: Rasterbilder nach Meisenbach	199
5.10	Lösungen		200
	5.10.1	Lösung 1	200
	5.10.2	Lösung 2	202

6 Daten finden, laden und speichern ... 205

6.1	Dateien		205
	6.1.1	Daten speichern	205
	6.1.2	Daten laden	206
6.2	Ein Blick hinter die Kulissen: Die SD-Karte		206
6.3	Datenstrukturen haltbar machen mit pickle		209
6.4	Versuch und Irrtum – Mehr Zuverlässigkeit durch try-Anweisungen		210
6.5	Projekt: Karteikasten		210
	6.5.1	Der Editor	211
	6.5.2	Der Presenter	214
6.6	Benutzungsoberfläche zum Laden und Speichern		217
	6.6.1	Dialogboxen	217
	6.6.2	Erweiterung des Editors für Karteikarten	219
	6.6.3	Erweiterung des Presenters	222
6.7	Daten aus dem Internet		224
6.8	Projekt: Goethe oder Schiller?		225
	6.8.1	Methoden der String-Objekte	226
	6.8.2	Programmierung	228
6.9	Daten finden mit regulären Ausdrücken		231
	6.9.1	Reguläre Ausdrücke	231
	6.9.2	Die Funktion findall()	233
	6.9.3	Projekt: Staumelder	233
	6.9.4	Programmierung	234
6.10	Aufgaben		237
	6.10.1	Aufgabe 1: Reguläre Ausdrücke	237
	6.10.2	Aufgabe 2: Geheime Botschaften	238
	6.10.3	Aufgabe 3: Was reimt sich auf ...?	238
6.11	Lösungen		239
	6.11.1	Lösung 1	239
	6.11.2	Lösung 2	239
	6.11.3	Lösung 3	239

7	**Projekte mit Zeitfunktionen**	241
7.1	Projekt: Fünf Sekunden stoppen und gewinnen	241
7.2	Datum und Zeit im Überblick	243
7.3	Projekt: Digitaluhr	244
	7.3.1 Woher bekommt der RPi die Zeit?	244
	7.3.2 Was ist ein Prozess?	245
	7.3.3 Vollbildmodus	247
	7.3.4 Event-Verarbeitung	250
	7.3.5 Autostart	251
7.4	Projekt: Ein digitaler Bilderrahmen	251
	7.4.1 Zugriff auf das Dateisystem: Das Modul os	252
	7.4.2 Python Imaging Library (PIL)	253
	7.4.3 Die Programmierung	255
7.5	Projekt: Wahrnehmungstest	257
	7.5.1 Die Programmierung	258
7.6	Projekt: Stoppuhr mit Gong	261
7.7	Aufgaben	264
	7.7.1 Aufgabe 1: Zeiteinstellung	264
	7.7.2 Aufgabe 2: Zahlenschloss mit Tastaturfeld	265
7.8	Lösungen	265
	7.8.1 Lösung 1	265
	7.8.2 Lösung 2	267
8	**Objektorientierte Programmierung**	271
8.1	Klassen und Vererbung bei Python	271
	8.1.1 Einführendes Beispiel: Alphabet	272
	8.1.2 Qualitätsmerkmal Änderbarkeit	275
	8.1.3 Vererbung	276
8.2	Pong revisited	278
	8.2.1 Bau eines Fußschalters	279
	8.2.2 Die Klasse Canvas	281
	8.2.3 Die Programmierung	285
8.3	Renn, Lola renn!	289
	8.3.1 Vorbereitung	290
	8.3.2 Struktur des Programms	290
	8.3.3 Background	292
	8.3.4 Switch	292
	8.3.5 Display	294
	8.3.6 Clock	294

		8.3.7	Die Klasse Runner	295
		8.3.8	Controller	296
		8.3.9	Module	298
	8.4	Aufgaben		300
		8.4.1	Aufgabe 1: Buchstabensuppe	300
		8.4.2	Aufgabe 2: Drumloops	301
		8.4.3	Aufgabe 3: Beats mit Sound	302
	8.5	Lösungen		303
		8.5.1	Lösung 1	303
		8.5.2	Lösung 2	305
		8.5.3	Lösung 3	308
9		**Sensortechnik**		**311**
	9.1	Was ist ein digitaler Temperatursensor?		311
	9.2	Den DS1820 anschließen		312
	9.3	Temperaturdaten lesen		313
		9.3.1	Temperaturdaten mehrerer Sensoren automatisch auswerten	314
	9.4	Projekt: Ein digitales Thermometer mit mehreren Sensoren		316
		9.4.1	Ein Modul für die Messwerterfassung	317
		9.4.2	Die grafische Oberfläche	319
	9.5	Projekt: Ein Temperaturplotter		320
		9.5.1	Temperatur-Zeitdiagramme	321
		9.5.2	Programmierung	321
	9.6	Projekt: Mobile Datenerfassung		325
		9.6.1	Experimente mit mobiler Temperaturerfassung	326
		9.6.2	Programmierung	327
		9.6.3	Wiedergabe der Daten	328
	9.7	Spannung messen		329
		9.7.1	Das SPI-Protokoll	331
		9.7.2	Bitverarbeitung	333
		9.7.3	Programmierung	336
	9.8	Aufgaben		338
		9.8.1	Aufgabe 1: Kalt, wärmer, heiß!	338
		9.8.2	Aufgabe 2: Spannungsmesser	339
		9.8.3	Aufgabe 3: Autosimulator	339
	9.9	Lösungen		340
		9.9.1	Lösung 1	340
		9.9.2	Lösung 2	341

		9.9.3	Lösung 3	344
		9.9.4	Lösung zum Rätsel aus Abschnitt 9.5	347
10	**Projekte mit der Kamera**			349
10.1	Das Kameramodul anschließen			349
10.2	Die Kamerasoftware			351
		10.2.1	Einzelbilder	352
10.3	Projekt: Kameraoptionen testen			353
10.4	Projekt: Überwachungskamera – Livebild auf dem Bildschirm			355
10.5	Projekt: Bewegung erfassen			357
10.6	Projekt: Gerichtete Bewegungen erfassen			360
		10.6.1	Files verarbeiten mit subprocess und StringIO	361
		10.6.2	Die Programmierung	362
10.7	Projekt: Birnen oder Tomaten?			367
		10.7.1	Magische Methoden – das Überladen von Operatoren	368
		10.7.2	Programmierung	371
		10.7.3	Weiterentwicklungen	374
10.8	Randbemerkung: Was darf man? Was soll man?			374
10.9	Aufgabe			375
		10.9.1	Aufgabe 1: Wie lang? Wie breit?	375
10.10	Lösung			376
		10.10.1	Lösung 1	376
11	**Webserver**			379
11.1	Der RPi im lokalen Netz			379
		11.1.1	WLAN	379
		11.1.2	Eine dauerhafte IP-Adresse für den RPi	380
		11.1.3	Über SSH auf dem RPi arbeiten	381
11.2	Ein Webserver			381
		11.2.1	Den Server starten	382
		11.2.2	Die Startseite	383
		11.2.3	Den Server testen	383
11.3	Was ist los im Gartenteich?			384
		11.3.1	Projekt: Einfache Webcam mit statischer Webseite	384
		11.3.2	CGI-Skripte	388
		11.3.3	Hilfe, mein CGI-Skript läuft nicht!	391
		11.3.4	Interaktive Webseiten	393
		11.3.5	Eingabekomponenten in einem HTML-Formular	395

	11.3.6	Verarbeitung von Eingaben in einem CGI-Skript	396
	11.3.7	Zugriff aus der Ferne	398
11.4		Geräte über das Internet steuern	399
	11.4.1	Privilegierte Rechte für ein CGI-Skript	399
	11.4.2	Programmierung	400
11.5		Datenbanken	402
	11.5.1	Das Modul sqlite3	402
	11.5.2	Projekt: Freies Obst	405
11.6		Aufgaben	412
	11.6.1	Aufgabe 1: Sind Sie ein Optimist?	412
	11.6.2	Aufgabe 2: Eine interaktive Webcam	413
11.7		Lösungen	414
	11.7.1	Lösung 1	414
	11.7.2	Lösung 2	415
	11.7.3	Lösung zur Zwischenfrage 1	417
	11.7.4	Lösung zur Zwischenfrage 2	418
A		**Den Raspberry Pi einrichten**	419
A.1		Hardware-Ausstattung	419
A.2		Verpackung und Gehäuse	419
A.3		Das Betriebssystem installieren	420
	A.3.1	Download der Software und Vorbereitung	420
	A.3.2	Betriebssystem auf die SD-Karte übertragen	421
A.4		Den Raspberry Pi das erste Mal starten und konfigurieren	421
A.5		Die grafische Oberfläche von Wheezy	422
B		**Wie verbindet man eine Steckplatine mit dem GPIO?**	425
B.1		Der GPIO	425
B.2		Ein Flachbandkabel mit Pfostenverbindern	428
B.3		Anschluss einer Steckplatine über ein Breakout-Board	429
C		**Autostart**	433
D		**So entstand das Titelbild**	435
		Stichwortverzeichnis	439

Einleitung

Der Raspberry Pi – kurz RPi – ist ein extrem preiswerter, kreditkartengroßer Computer, der fast keinen Strom verbraucht, eine SD-Karte als Peripheriespeicher verwendet und an einen hochauflösenden Monitor angeschlossen werden kann. Der RPi beflügelt die Fantasie von Bastlern, professionellen Technikern und Wissenschaftlern. In Kombination mit der Programmiersprache Python bietet er eine wunderbare Umgebung zur Realisierung technischer Ideen.

Dieses Buch erklärt alles, was angesprochen wird. Es werden im Prinzip keine Vorkenntnisse zu Linux, zur Programmierung und zur Hardware des Raspberry Pi vorausgesetzt. Im Anhang finden Sie Hinweise zur Hardware und eine Schritt-für-Schritt-Anleitung zur Installation des Betriebssystems.

Was macht man mit dem Raspberry Pi?

Dieses Buch ist eine Einführung in die Programmiersprache Python auf dem Raspberry Pi. Doch die Beschäftigung mit dem Raspberry Pi ist oft nicht nur reine Programmierung. Ziel eines typischen RPi-Projekts ist der Prototyp einer kompletten Maschine – Hardware und Software. Der RPi legt Technik, die sonst versteckt ist, offen. Auf dem Markt gibt es eine zunehmende Zahl elektronischer Bauteile, die man mit dem RPi verbinden kann. Zudem gibt es immer mehr Firmen, die das benötigte Material im Internet anbieten. Bestellung und Lieferung der oft sehr speziellen Bauteile sind heute kein Problem.

Dieses Buch will eine Idee vom Charme der Programmiersprache Python vermitteln. Zweitens soll es inspirieren, das gelernte Programmierwissen in konkrete Projekte einfließen zu lassen. Damit die Beschreibung von Hardwaretechnik und spezieller Schnittstellen nicht ins Uferlose wächst, gehe ich von vier allgemeinen Hardwarekonfigurationen aus.

Interaktives Exponat

Auf dem Raspberry Pi läuft ein interaktives Programm mit grafischer Benutzungsoberfläche. Das kleine Gerät ist hinter einen großen Touchscreen geklebt und nicht zu sehen. Der RPi startet das Programm automatisch beim Einschalten. Eine solche Anordnung kann ein interaktives Exponat einer Ausstellung oder ein Auskunftssystem im Foyer eines öffentlichen Gebäudes sein. Da der RPi Grafik in

HD-Qualität unterstützt, ist er für diesen Zweck hervorragend geeignet. Eine einfachere Variante dieser Konfiguration ist nicht interaktiv und verwendet ein einfaches LCD-Display. Projekte dieser Art sind Maschinen, die Bilder und Texte automatisch erzeugen (Kapitel 5), digitale Karteikästen, Staumelder, die Informationen aus dem Internet auswerten und einen Überblick über die aktuelle Verkehrslage geben (Kapitel 6), digitale Bilderrahmen und Kalender (Kapitel 7).

System mit speziellen Eingabegeräten

Bei diesem Typ ist der RPi mit selbst gebauten Sensoren oder einer Kamera verbunden. Auf dem Computer läuft ein Programm, das auf Signale dieser Sensoren reagiert. Das kann z. B. ein Spiel sein, bei dem Objekte auf dem Bildschirm über Fußschalter gesteuert werden. Die Sensoren kann man sich mit wenigen Elektronikbauteilen (Kabeln, Widerständen, Thermoelementen, AD-Wandlern) und Alltagsmaterialien (Pappe, Alufolie, Schaumgummi) zusammenbauen. Eine aufwendigere Variante dieses Typs verwendet das PiFace, ein Schnittstellenmodul, das man auf den Raspberry Pi aufstecken kann. Schon in den ersten beiden Kapiteln finden Sie einfache Beispiele für Programme, die Signale externer Schalter verarbeiten und LEDs und Relais ansteuern: z. B. Zähler und Alarmanlagen. Komplexere Projekte mit einer grafischen Oberfläche sind z. B. eine Stoppuhr, die mit einem echten Gong betrieben wird, ein Pong-Spiel, bei dem die Schläger auf dem Bildschirm mit Schaltern oder Potenziometern gesteuert werden (Kapitel 8, 9) und die Simulation eines Rennens, bei dem der Spieler wirklich seine Beine bewegen muss, damit die Figur auf dem Bildschirm ihr Ziel erreicht (Kapitel 8). Ein ganz besonderes Eingabegerät ist das Kameramodul des Raspberry Pi. In Kapitel 10 werden Projekte vorgestellt, bei denen das Livebild der Kamera auf dem Bildschirm dargestellt und ausgewertet wird. Bewegungen werden erkannt und sogar die Bewegungsrichtung eines Objekts erfasst.

Mobiles Gerät

Der RPi ist klein und braucht wenig Strom. Er ist deshalb sehr gut für mobile Geräte und autonome Roboter geeignet. Bei den Projekten in diesem Buch steht die Programmierung im Vordergrund. Die Hardware ist möglichst einfach und verwendet Bauteile (Steckplatinen, LEDs, Widerstände, Thermoelement, Kamera), die man auch noch für andere Vorhaben verwenden kann. Typische Anwendungen sind mobile Messgeräte, die Messwerte (z. B. die Temperatur) speichern, oder ein Suchgerät, das in der Lage ist, die heißeste Stelle im Raum zu finden (Kapitel 9). In Kapitel 11 finden Sie ein Beispiel für eine mobile Webcam mit WiFi-Adapter.

Server für spezielle Aufgaben

Der RPi kostet wenig und benötigt eine elektrische Leistung von nur 3,5 Watt (Modell B). Damit ist er der ideale Server, der permanent arbeitet und ständig bereit ist, Anfragen über das Internet oder Intranet zu beantworten (HTTP-Server). Ein solcher Server braucht weder Tastatur noch Monitor. Er kann über eine SSH-Verbindung von einem anderen Rechner aus gesteuert werden. In Kapitel 11 finden Sie alle Details und Beispiele für serverbasierte Projekte, darunter eine Webcam, ein System zur Steuerung von elektrischen Geräten über das Internet und ein Online-Datenbanksystem.

Warum überhaupt Python auf dem RPi?

Ursprünglich sollte der RPi mit einem fest eingebauten Interpreter für Python-Programme ausgestattet werden (Pi steht für *Python interpreter*). Aber letztlich ist das Design doch flexibler geworden. Betriebssystem und Programmiersprachen können nach Wunsch installiert werden. Die Wheezy-Distribution, auf die sich dieses Buch bezieht, enthält neben Python auch Scratch. Unterstützt werden auch Java und die Greenfoot-Entwicklungsumgebung für Java.

Scratch ist eine visuelle Programmierumgebung, die speziell auf die Bedürfnisse von Kindern zugeschnitten ist. Programme zur Steuerung von visuellen Objekten auf dem Bildschirm werden aus Bausteinen zusammengesetzt. Auf diese Weise werden Syntaxfehler ausgeschlossen. Die Schwelle zum Einstieg in die Programmierung ist sehr niedrig. Obwohl mit Scratch erstaunliche Projekte realisiert werden können, so sind die Möglichkeiten letztlich doch sehr begrenzt. Es gibt nur einfache Variablen und Listen zum Speichern von Daten. Techniken der Modularisierung wie die Definition von Funktionen und Klassenstrukturen sind nicht möglich. Gegenüber Java hat Python den Vorteil, dass es leichter und schneller zu lernen ist. Die Syntax erlaubt kurze, gut verständliche Programmtexte.

Zum Aufbau dieses Buches

In den Kapiteln werden Schritt für Schritt die wesentlichen Elemente der Python-Programmierung eingeführt. Ab Kapitel 2 werden kleine in sich abgeschlossene Projekte beschrieben, die praktische Anwendungsmöglichkeiten der zuvor eingeführten Techniken illustrieren. Dabei spielen in den ersten Kapiteln Peripheriegeräte noch keine Rolle. Der RPi wird in einer Standard-Hardwarekonfiguration mit Tastatur, Maus und Monitor benutzt wie ein normaler Computer. Die Elemente der Programmiersprache Python werden Schritt für Schritt eingeführt, von den elementaren Grundlagen bis zu fortgeschrittenen Techniken der objektorientierten Programmierung. Die spannenderen Projekte kommen weiter hinten. Haben Sie also zu Beginn etwas Geduld.

In Kapitel 5 werden grafische Benutzungsoberflächen eingeführt. Die meisten Projekte sind nun Anwendungsprogramme, die nicht mehr auf eine Tastatur angewiesen sind und leicht zu interaktiven Exponaten für Ausstellungen oder

Ähnlichem weiterentwickelt werden können. Etwa ab der Mitte des Buches enthält jedes Kapitel Anregungen und Beispiele für Projekte mit speziellen Hardware-Komponenten, wie Kamera, Temperatur-Sensoren, AD-Wandlern, Schaltern und LEDs. Am Ende jedes Kapitels finden Sie Aufgaben und Lösungen, mit denen Sie Ihr Wissen festigen, erweitern und vertiefen können.

Speziellere Informationen zum Betriebssystem (Installation, Autostart) und zur Hardware des RPi (GPIO) finden Sie in den Anhängen.

Downloads im Internet

Unter der Webadresse www.mitp.de/9474 können Sie die Listings au dem Buch kostenlos downloaden.

Kapitel 1

Begegnung mit Python

In diesem Kapitel verwenden Sie Python im interaktiven Modus. Sie geben in der Kommandozeile der Python-Shell einzelne Befehle ein, die der Python-Interpreter sofort ausführt. Sie lernen Operatoren, Datentypen, die Verwendung von Funktionen und den Aufbau von Termen kennen. Dabei bekommen Sie einen ersten Eindruck vom Charme und der Mächtigkeit der Programmiersprache Python. Ich gehe davon aus, dass Sie bereits ein fertig konfiguriertes Computersystem besitzen, bestehend aus SD-Karte, Tastatur, Netzteil, Monitor und natürlich – als Herzstück – den Raspberry Pi, der meist als RPi abgekürzt wird. Auf der SD-Speicherkarte ist als Betriebssystem Wheezy installiert.

Falls Sie noch nicht so weit sind, können Sie in Anhang A nachlesen, welche Komponenten Sie benötigen und wie Sie bei der Einrichtung Ihres RPi-Systems vorgehen.

1.1 Was ist Python?

Python ist eine Programmiersprache, die so gestaltet wurde, dass sie leicht zu erlernen ist und besonders gut lesbare Programmtexte ermöglicht. Ihre Entwicklung wurde 1989 von Guido van Rossum am Centrum voor Wiskunde en Informatica (CWI) in Amsterdam begonnen und wird nun durch die nichtkommerzielle Organisation »Python Software Foundation« (PSF, http://www.python.org/psf) koordiniert. Das Logo der Programmiersprache ist eine stilisierte Schlange. Dennoch leitet sich der Name nicht von diesem Schuppenkriechtier ab, sondern soll an die britische Comedy-Gruppe Monty Python erinnern.

Ein Python-Programm – man bezeichnet es als Skript – wird von einem Interpreter ausgeführt und läuft auf den gängigen Systemplattformen (Unix, Windows, Mac OS). Ein Programm, das auf Ihrem Raspberry Pi funktioniert, läuft in der Regel auch auf einem Windows-Rechner. Python ist kostenlos und kompatibel mit der GNU General Public License (GPL).

Python ist objektorientiert, unterstützt aber auch andere Programmierparadigmen (z. B. funktionale und imperative Programmierung). Python ist eine universelle

Programmiersprache mit vielen Einsatzmöglichkeiten. Es wird in der Wissenschaft und Technik verwendet (z. B. im Deutschen Zentrum für Luft- und Raumfahrt), aber auch für visuell-kreative Projekte (z. B. bei Disney zur Entwicklung von Computerspielen). Python hat gegenüber älteren Programmiersprachen drei Vorteile:

- Python ist leicht zu erlernen und hat eine niedrige »Eingangsschwelle«. Ohne theoretische Vorkenntnisse kann man sofort die ersten Programme schreiben. Im interaktiven Modus kann man einzelne Befehle eingeben und ihre Wirkung beobachten. Es gibt nur wenige Schlüsselwörter, die man lernen muss. Gewohnte Schreibweisen aus der Mathematik können verwendet werden, z. B. mehrfache Vergleiche wie $0 < a < 10$.

- Python-Programme sind kurz und gut verständlich. Computerprogramme werden von Maschinen ausgeführt, aber sie werden für Menschen geschrieben. Software wird meist im Team entwickelt. Programmtext muss für jedermann gut lesbar sein, damit er verändert, erweitert und verbessert werden kann. Der berühmte amerikanische Informatiker Donald Knuth hat deshalb schon vor drei Jahrzehnten vorgeschlagen, Programme als Literatur zu betrachten, so wie Romane und Theaterstücke. Nicht nur Korrektheit und Effizienz, auch die Lesbarkeit ist ein Qualitätsmerkmal.

- Programme können mit Python nachweislich in kürzerer Zeit entwickelt werden als mit anderen Programmiersprachen. Das macht Python nicht nur für die Software-Industrie interessant; auch Universitäten verwenden immer häufiger Python, weil so weniger Zeit für den Lehrstoff benötigt wird.

1.2 Python-Versionen

Auf Ihrem Raspberry Pi (der meist mit RPi abgekürzt wird) sind zwei Versionen von Python installiert:

- Python 2 in der Version Python 2.7
- Python 3 in der Version Python 3.2

Dieses Buch bezieht sich fast ausschließlich auf das modernere Python 3. Aber es ist wichtig zu wissen, dass es noch eine andere Version gibt. Python 3 ist nicht kompatibel zu Python 2. Das heißt, ein Python-3-Interpreter kann mit einem Programm, das in Python 2 geschrieben worden ist, in der Regel nichts anfangen.

Das neuere Python 3 ist konsistenter und konzeptionell »sauberer«. Das bedeutet, es gibt mehr Regelmäßigkeit und weniger Ausnahmen. Deshalb ist Python 3 vielleicht etwas leichter zu erlernen und die Programme, die in Python 3 geschrieben worden sind, sind etwas leichter zu durchschauen. Aber groß sind die Unterschiede nicht.

Beide Versionen existieren parallel. Auch Python 2 wird weiterhin gepflegt. Warum eigentlich? Nun, es gibt viele Module für spezielle Anwendungen (z. B. für die Bildbearbeitung und wissenschaftliche Berechnungen), die in Python 2 geschrieben worden sind. Ein Modul ist eine Sammlung von Programmtexten, die man wiederverwenden kann. In vielen Fällen wäre es zu aufwendig (und zu teuer), diese Module umzuschreiben. Wenn jemand ein Projekt plant, das auf Python-2-Modulen aufsetzt, muss er notgedrungen auch für seine eigenen Programmtexte Python 2 verwenden.

1.3 IDLE

Zur Standardinstallation von Python gehört eine integrierte Entwicklungsumgebung namens IDLE. Der Name erinnert an den englischen Schauspieler, Autor und Komponisten Eric Idle, ein Mitglied der Comedy-Gruppe Monty Python.

IDLE besteht im Wesentlichen aus drei Komponenten:

- **Die Python-Shell.** Wenn Sie IDLE starten, öffnet sich zuerst das Python-Shell-Fenster. Die Shell ist eine Anwendung, mit der Sie direkt mit dem Python-Interpreter kommunizieren können: Sie können auf der Kommandozeile einzelne Python-Anweisungen eingeben und ausführen lassen. Ein Python-Programm, das eine Bildschirmausgabe liefert, gibt diese in einem Shell-Fenster aus.
- **Der Programmeditor.** Das ist eine Art Textverarbeitungsprogramm zum Schreiben von Programmen. Sie starten den Programmeditor vom Shell-Fenster aus (FILE|NEW WINDOW).
- **Der Debugger.** Er dient dazu, den Lauf eines Programms zu kontrollieren, um logische Fehler zu finden.

1.3.1 Die Python-Shell

Anweisungen sind die Bausteine von Computerprogrammen. Mit der Python-Shell können Sie einzelne Python-Anweisungen ausprobieren. Man spricht auch vom interaktiven Modus, weil Sie mit dem Python-Interpreter eine Art Dialog führen: Sie geben über die Tastatur einen Befehl ein – der Interpreter führt ihn aus und liefert eine Antwort.

Öffnen Sie das Shell-Fenster der Python-3-Version auf Ihrem Rechner, indem Sie auf dem Desktop das Icon IDLE3 anklicken (blau-gelbe Doppelschlange). Die Python-Shell meldet sich immer mit einer kurzen Information über die Version und einigen weiteren Hinweisen.

Kapitel 1
Begegnung mit Python

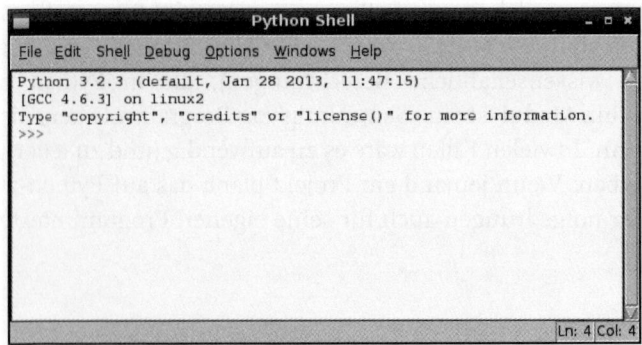

Abb. 1.1: Die Python-Shell der Entwicklungsumgebung IDLE

Die unterste Zeile beginnt mit einem Promptstring aus drei spitzen Klammern >>> als Eingabeaufforderung. Das ist die Kommandozeile. Hinter dem Prompt können Sie eine Anweisung eingeben. Wenn Sie die Taste ⏎ drücken, wird der Befehl ausgeführt. In den nächsten Zeilen kommt entweder eine Fehlermeldung, ein Ergebnis oder manchmal auch *keine* Systemantwort. Probieren Sie aus:

```
>>> 2+2
4
```

Hier ist die Anweisung ein mathematischer Term. Wenn Sie ⏎ drücken, wird der Term ausgewertet (also die Rechnung ausgeführt) und in der nächsten Zeile (ohne Prompt) das Ergebnis dargestellt.

```
>>> 2 +
SyntaxError: invalid syntax
```

Jetzt haben Sie einen ungültigen Term eingegeben (der zweite Summand fehlt). Dann folgt eine Fehlermeldung.

```
>>> a = 1257002
>>>
```

Eine solche Anweisung nennt man eine Zuweisung. Der Variablen a wird der Wert 1257002 zugewiesen. Dabei ändert sich zwar der Zustand des Python-Laufzeitsystems (es merkt sich eine Zahl), aber es wird nichts ausgegeben. Sie sehen in der nächsten Zeile sofort wieder das Prompt. Die gespeicherte Zahl können Sie wieder zum Vorschein bringen, indem Sie den Variablennamen eingeben:

```
>>> a
1257002
```

1.3.2 Hotkeys

Um effizient mit der Python-Shell arbeiten zu können, sollten Sie einige Tastenkombinationen (Hotkeys) beherrschen.

Manchmal möchten Sie ein früheres Kommando ein zweites Mal verwenden – vielleicht mit kleinen Abänderungen. Dann benutzen Sie die Tastenkombination `Alt`+`P`. Beispiel:

```
>>> 1 + 2*3 + 4
11
>>>
```

Wenn Sie jetzt *einmal* die Tastenkombination `Alt`+`P` betätigen, erscheint hinter dem letzten Prompt wieder das vorige Kommando (*previous*):

```
>>> 1 + 2*3 + 4
```

Wenn Sie nochmals diesen Hotkey drücken, verschwindet der Term wieder und es erscheint das *vorletzte* Kommando, beim nächsten Mal das vorvorletzte und so weiter. Die Shell merkt sich alle Ihre Eingaben in einer Folge, die man *History* nennt. Mit `Alt`+`P` und `Alt`+`N` können Sie in der History rückwärts- und vorwärtsgehen (Abbildung 1.2).

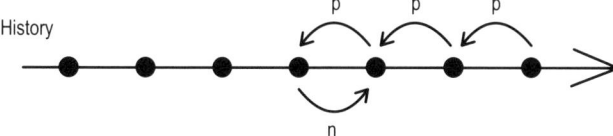

Abb. 1.2: Navigieren in der History mit `Alt`+`P` und `Alt`+`N`

Eine dritte wichtige Tastenkombination, die Sie sich merken sollten, ist `Strg`+`C`. Damit können Sie die Ausführung des gerade laufenden Programms abbrechen, z. B. wenn sie zu lange dauert.

Tastenkombination	Wirkung
`Alt`+`P`	Previous Command. Die vorige Anweisung in der History (Liste der bisherigen Anweisungen) erscheint hinter dem Prompt.
`Alt`+`N`	Next Command. Die nachfolgende Anweisung in der History erscheint hinter dem Prompt.
`Strg`+`C`	Keyboard Interrupt. Der Abbruch eines Programms (z. B. bei einer Endlosschleife) wird erzwungen.

Tabelle 1.1: Wichtige Tastenkombinationen der Python-Shell

1.4 Die Python-Shell als Taschenrechner

Die Python-Shell können Sie wie einen mächtigen und komfortablen Taschenrechner benutzen. Sie geben einen mathematischen Term ein, drücken ⏎ und erhalten das Ergebnis in der nächsten Zeile.

1.4.1 Operatoren und Terme

Ein mathematischer Term (Ausdruck) kann aus Zahlen, Operatoren und Klammern aufgebaut werden. Die Schreibweise ist manchmal ein kleines bisschen anders als in der Schulmathematik. Zum Beispiel dürfen Sie beim Multiplizieren den Multiplikationsoperator * niemals weglassen. Das Kommando

```
>>> (1 + 1) (6 - 2)
```

führt zu einer Fehlermeldung. Korrekt ist:

```
>>> (1 + 1) * (6 - 2)
8
```

Es gibt keine langen Bruchstriche. Für Zähler oder Nenner müssen Sie Klammern verwenden:

```
>>> (2 + 3) / 2
2.5
```

Python unterscheidet zwischen der exakten Division / und der ganzzahligen Division //. Die ganzzahlige Division liefert eine ganze Zahl, und zwar den nach unten gerundeten Quotienten. Probieren Sie aus:

```
>>> 3/2
1.5
>>> 3//2
1
```

Die Modulo-Operation % liefert den Rest, der bei einer ganzzahligen Division übrig bleibt. Beispiel: 7 geteilt durch 3 ist 2 Rest 1.

```
>>> 7 // 3
2
>>> 7 % 3
1
```

Zum Potenzieren einer Zahl verwenden Sie den Operator **. Beachten Sie, dass Sie mit Python fast beliebig große Zahlen berechnen können.

```
>>> 2**3
8
>>> 2**-3
0.125
>>> 2**0.5
1.4142135623730951
>>> 137 ** 57
620972443101902588551304810097687105537832218918245689182643787308016217315097070204228582159223093411358936638532545918170
```

Bei Termen mit mehreren Operatoren müssen Sie deren Prioritäten beachten (Tabelle 1.2). Ein Operator mit höherer Priorität wird zuerst ausgewertet. Der Potenzoperator hat die höchste Priorität, Addition und Subtraktion die niedrigste.

```
>>> 2*3**2
18
>>> (2*3)**2
36
```

Operator	Bedeutung
**	Potenz, x**y = x^y
*, /, //	Multiplikation, Division und ganzzahlige Division
%	Modulo-Operation. Der Rest einer ganzzahligen Division.
+, -	Addition und Subtraktion

Tabelle 1.2: Arithmetische Operatoren in der Reihenfolge ihrer Priorität

1.4.2 Zahlen

Wer rechnet, verwendet Zahlen. Mit Python können Sie drei Typen von Zahlen verarbeiten:

- Ganze Zahlen (int)
- Gleitpunktzahlen (float)
- Komplexe Zahlen (complex)

Was ist überhaupt eine Zahl? In der Informatik unterscheidet man zwischen dem abstrakten mathematischen Objekt und der Ziffernfolge, die eine Zahl darstellt. Letzteres nennt man auch *Literal*. Für ein und dieselbe Zahl im mathematischen Sinne, sagen wir die 13, gibt es unterschiedliche Literale, z.B. 13 oder 13.0 oder 13.0000. Drei Schreibweisen – eine Zahl.

Ganze Zahlen (Typ int)

Literale für ganze Zahlen sind z. B. 12, 0, -3. Ganze Dezimalzahlen bestehen aus den zehn Ziffern 0, 1, 2, 3, 4, 5, 6, 7, 8, 9. Es kann ein negatives Vorzeichen vor die erste Ziffer geschrieben werden. Eine ganze Dezimalzahl darf nicht mit einer Null beginnen. Probieren Sie es aus!

```
>>> 023
SyntaxError: invalid token
```

Ganze Zahlen dürfen bei Python beliebig lang sein. Eine Grenze ist nur durch die Speicherkapazität des Rechners gegeben. Probieren Sie es aus:

Ganze Zahlen sind vom Typ int (*engl.* integer = unversehrt, ganz). Mit der Funktion type() können Sie den Typ eines Literals abfragen:

```
>>> type(13)
<class 'int'>
>>> type(13.0)
<class 'float'>
```

Sie sehen, dass die Literale 13 und 13.0 zu verschiedenen Typen gehören, obwohl sie den gleichen mathematischen Wert darstellen. Was hat es mit dem Begriff class auf sich? Der Typ int wird durch eine Klasse (engl. *class*) realisiert. Eine Klasse kann man sich als eine Art Bauplan für Objekte eines Typs vorstellen. In der Klasse int ist zum Beispiel definiert, wie die Operationen für ganze Zahlen ausgeführt werden. Mehr Informationen zu Klassen finden Sie in Abschnitt 3.8.2.

Binär, oktal und hexadezimal – andere Schreibweisen für ganze Zahlen

Üblicherweise verwenden wir das dezimale Zahlensystem. Es gibt aber auch Binärzahlen (mit nur zwei Ziffern 0 und 1), Oktalzahlen (mit acht verschiedenen Ziffern) und Hexadezimalzahlen (mit 16 Ziffern).

Wie das Dezimalsystem ist auch das *Binärsystem* (Dualsystem, Zweiersystem) ein Stellenwertsystem für Zahlen. Aber anstelle von zehn Ziffern gibt es nur zwei, die Null und die Eins. Jede Zahl lässt sich als Summe von Zweierpotenzen (1, 2, 4, 8, 16, ...) darstellen. Die Binärzahl 10011 hat den Wert

```
1*16 + 0*8 + 0*4 + 1*2 + 1*1 = 16 + 2 + 1 = 19
```

Nun muss man natürlich erkennen können, ob eine Ziffernfolge wie 10011 als Dezimalzahl (zehntausendundelf) oder als Binärzahl gemeint ist. Deshalb beginnen bei Python Literale für Binärzahlen immer mit der Ziffer 0 und dem Buchstaben b, also z. B. 0b10011. Wenn Sie in der Python-Shell eine solche Ziffernfolge eingeben und ⏎ drücken, erscheint in der nächsten Zeile der Wert als Dezimalzahl:

```
>>> 0b10011
19
```

Mit der Funktion `bin()` können Sie zu einer Dezimalzahl die Binärdarstellung berechnen lassen:

```
>>> bin(19)
'0b10011'
```

Das *Oktalsystem* verwendet die Zahl 8 als Zahlenbasis. Jede Oktalzahl repräsentiert eine Summe aus Achterpotenzen (1, 8, 64, 512, ...). Bei Python beginnen die Literale von Oktalzahlen mit der Ziffer 0 und dem Buchstaben o oder O. Beispiel:

```
>>> 0o210
136
```

Der Dezimalwert berechnet sich so: 2*64 + 1*8 + 0*1 = 128 + 8 = 136

Im *Hexadezimalsystem* ist 16 die Zahlenbasis. Eine Hexadezimalzahl repräsentiert also eine Summe aus Potenzen der Zahl 16. Die 16 Ziffern werden durch die üblichen Dezimalziffern 0 bis 9 und die sechs ersten Buchstaben des Alphabets dargestellt. Dabei hat A den Wert 10, B den Wert 11 usw. Bei Python beginnen Hexadezimalzahlen immer mit den Zeichen 0x oder 0X. Das erste Zeichen ist die Ziffer null und nicht der Buchstabe O. Beispiel:

```
>>> 0x10A
266
```

Der Dezimalwert berechnet sich so: 1*256 + 0*16 + 10*1 = 256 + 10 = 266

Die Tatsache, dass die 16 Ziffern der Hexadezimalzahlen auch Buchstaben enthalten, hat Programmierer zum *Hexspeak* inspiriert. Zahlen, die in einem Programmsystem eine besondere Bedeutung haben (*magical numbers*), werden gerne so gewählt, dass ihre Hexadezimaldarstellung ein sinnvolles Wort ist.

```
>>> 0xCAFE
51966
>>> 0xBADBEEF
195935983
>>> xABAD1DEA
2880249322
```

Gleitkommazahlen (Typ float)

Gleitpunktzahlen oder Gleitkommazahlen (engl. *floating point numbers*) sind Dezimalbrüche. Meist schreibt man eine Gleitkommazahl als eine Folge von Ziffern mit einem einzigen Punkt auf. In der Schulmathematik verwenden wir in Deutschland ein Komma, in Python und allen anderen Programmiersprachen wird die angelsächsische Schreibweise verwendet, bei der ein Punkt an die Stelle des Kommas tritt. Es ist ein bisschen seltsam, von einer Gleitkommazahl zu sprechen und dann einen Punkt zu schreiben. Um diesen Widerspruch zu vermeiden, verwenden viele Leute den Begriff Gleich*punkt*zahl. »Gleitkommazahl« ist übrigens ein Gegenbegriff zu »Festkommazahl«. Eine Festkommazahl ist ein Dezimalbruch mit einer festen Anzahl von Nachkommastellen. Zum Beispiel geben wir Geldbeträge in Euro immer mit zwei Nachkommastellen an. Wir schreiben 3,50 Euro anstelle von 3,5 Euro.

Gültige Python-Gleitkommazahlen sind

3.14 oder 0.2 oder 0.00012

.2 (eine Null vor dem Punkt darf man auch weglassen)

5. (eine Null nach dem Punkt darf man weglassen)

Das Literal 5 ist dagegen keine Gleitkommazahl (Punkt fehlt).

Für Zahlen, die sehr nahe bei 0 liegen oder sehr groß sind, wird die Exponentialschreibweise verwendet. Dabei wird die Zahl als Produkt einer rationalen Zahl m (Mantisse) mit einer Zehnerpotenz mit dem Exponenten e dargestellt:

```
z = m*10^e
```

Beispiele:

```
123000000 = 123*10^6
0.00012 = 1.2*10^-4
```

Bei Python ist eine Gleitkommazahl in Exponentialschreibweise so aufgebaut: Sie beginnt mit einem Dezimalbruch oder einer ganzen Zahl (ohne Punkt) für die Mantisse. Danach folgt der Buchstabe e oder E, ein Vorzeichen (+ oder -), das bei positiven Exponenten auch weggelassen werden kann, und schließlich eine ganze Zahl als Exponent.

Gültige Literale sind:

1.0e-8 – entspricht der Zahl 0.00000001

2.1E+7 – entspricht der Zahl 21000000

.2e0 – entspricht der Zahl 0.2

001e2 – entspricht der Zahl 100 (mehrere führende Nullen sind erlaubt)

Ungültig sind:

> 0.1-E7 – (Minuszeichen vor dem E)
> 1.2e0.3 – (keine ganze Zahl als Exponent)

Mantisse und Exponent sind immer Dezimalzahlen und niemals Oktal- oder Hexadezimalzahlen.

Gleitkommazahlen sind vom Datentyp `float`. Mit der Funktion `type()` können Sie das nachprüfen:

```
>>> type(1.2)
<class 'float'>
```

Im Unterschied zu ganzen Zahlen (Typ `int`), die immer exakt sind, haben Gleitkommazahlen nur eine begrenzte Genauigkeit. Gibt man längere Ziffernfolgen ein, so werden die letzten Stellen einfach abgetrennt.

```
>>> 1.2345678901234567890
1.2345678901234567
```

Komplexe Zahlen (Typ complex)

Komplexe Zahlen werden als Summe aus einem Real- und einem Imaginärteil beschrieben:

```
c = a + b*i
```

Dabei bezeichnet der Buchstabe i die Wurzel aus –1. Python verwendet (wie in der Elektrotechnik üblich) den Buchstaben j oder J anstelle von i, um Verwechslungen mit dem Symbol für die Stromstärke zu vermeiden. Beispiele sind:

```
0.3j
1.2e-3J
12 + 20j
```

Keine gültige komplexe Zahl ist übrigens der Buchstabe j alleine. Die imaginäre Zahl i schreiben Sie 1j.

1.4.3 Mathematische Funktionen

Wenn Sie die Python-Shell als Taschenrechner verwenden wollen, benötigen Sie auch mathematische Funktionen wie Sinus, Kosinus, die Quadratwurzelfunktion oder die Exponentialfunktion. Nun stellt Python eine Reihe von Standardfunktionen zur Verfügung, die gewissermaßen fest in die Sprache eingebaut sind (*built-in functions*). Wir haben schon die Funktion `type()` verwendet, die den Typ eines Objekts (z. B. einer Zahl) zurückgibt. Nur wenige Standardfunktionen haben eine mathematische Bedeutung (Tabelle 1.3). Der Aufruf einer Funktion ist so aufgebaut: Zuerst kommt der Name der Funktion, dahinter folgen in runden Klammern die Argumente. Das sind Objekte, die die Funktion verarbeitet, um daraus einen neuen Wert zu berechnen und zurückzugeben. Statt *Argument* sagt man manchmal auch *Parameter*. Beispiel:

```
>>> abs(-12)
12
```

Hier ist `abs` der Name der Funktion und die Zahl -12 das Argument. Die Funktion `abs()` liefert den positiven Wert einer Zahl. Die Funktion ist einstellig, das heißt, sie akzeptiert immer nur genau ein Argument. Wenn Sie zwei Argumente angeben, erhalten Sie eine Fehlermeldung:

```
>>> abs(-2, 5)
Traceback (most recent call last):
  File "<pyshell#33>", line 1, in <module>
    abs(-2, 5)
TypeError: abs() takes exactly one argument (2 given)
```

Es gibt aber auch Funktionen, die man mit einer unterschiedlichen Anzahl von Argumenten aufrufen kann. So liefert `min()` die kleinste Zahl von den Zahlen, die als Argumente übergeben worden sind.

```
>>> min (3, 2)
2
>>> min (2.5, 0, -2, 1)
-2
```

Die Funktion `round()` können Sie mit einem oder zwei Argumenten aufrufen. Das erste Argument ist die Zahl, die gerundet werden soll. Das zweite Argument ist optional und gibt die Anzahl der Nachkommastellen an, auf die gerundet werden soll. Fehlt das zweite Argument, gibt die Funktion eine ganze Zahl zurück.

```
>>> round(1.561)
2
>>> round(1.561, 1)
1.6
```

Funktion	Erklärung
abs(x)	Liefert den absoluten (positiven) Wert einer Zahl x.
float(x)	Liefert zu einer Zahl (oder einem anderen Objekt) eine Gleitkommazahl.
int(x)	Liefert zu einer Gleitkommazahl (oder einem anderen Objekt) eine nach unten gerundete ganze Zahl.
max(x0, ..., xn)	Liefert die größte Zahl von x0, ... , xn.
min(x0, ..., xn)	Liefert die kleinste Zahl von x0, ... , xn.
round(x,[n])	Die Zahl x wird auf n Stellen nach dem Komma gerundet und das Ergebnis zurückgegeben.

Tabelle 1.3: Mathematische Standardfunktionen (müssen nicht importiert werden)

Module importieren

Die meisten mathematischen Funktionen gehören nicht zu den Standardfunktionen. Will man sie benutzen, muss man zunächst das Modul math importieren. Module sind Sammlungen von Funktionen, Klassen und Konstanten zu einer Thematik. Sie sind so etwas wie Erweiterungen der Grundausstattung. Das Modul math enthält z. B. die Konstanten e und pi und mathematische Funktionen wie die Quadratwurzelfunktion sqrt(). Für Python gibt es Tausende von Modulen. Die wichtigsten gehören zum Standardpaket von Python und sind auf Ihrem RPi bereits installiert. Speziellere Module müssen zuerst aus dem Internet heruntergeladen werden. Dazu später mehr (z. B. in Abschnitt 1.7).

Sie können ein Modul auf verschiedene Weisen importieren. Beispiele:

```
>>> import math
>>> import math as m
>>> from math import *
>>> from math import pi, sqrt
```

Mit dem Befehl

```
>>> import math
```

importieren Sie den Modulnamen. Wenn Sie eine Funktion aufrufen wollen, müssen Sie dem Funktionsnamen noch den Modulnamen voranstellen.

```
>>> math.sqrt(4)
2.0
>>> math.pi
3.141592653589793
```

Sie können ein Modul unter einem anderen Namen importieren. Das ist vor allem dann praktisch, wenn ein Modul einen langen Namen hat, den man im Programmtext nicht immer wieder ausschreiben will.

```
>>> import math as m
>>> m.pi
3.141592653589793
```

Mit dem Befehl

```
>>> from math import *
```

importieren Sie alle Namen des Moduls math. Sie können dann die Funktionen und Konstanten ohne vorangestellten Modulnamen verwenden.

```
>>> math.sqrt(4)
2.0
>>> math.pi
3.141592653589793
```

Sie können auch gezielt nur die Namen importieren, die Sie auch verwenden wollen. Dann müssen Sie die Namen der benötigten Funktionen und Konstanten auflisten. Beispiel:

```
>>> from math import pi, sqrt
>>> sqrt(4)
2.0
>>> exp(1)
Traceback (most recent call last):
  File "<pyshell#4>", line 1, in <module>
    exp(1)
NameError: name 'exp' is not defined
```

Die Funktion exp() wurde nicht importiert und bleibt deswegen unbekannt.

Mathematische Funktionen und Konstanten

Wenn Sie die Python-Shell als wissenschaftlichen Taschenrechner verwenden wollen, geben Sie einmal die Import-Anweisung

```
>>> from math import *
```

ein. Dann können Sie auf einen Fundus mathematischer Funktionen und Konstanten zurückgreifen. Hier einige Beispiele:

1.4 Die Python-Shell als Taschenrechner

```
>>> degrees (2*pi)
360.0
>>> radians(180)
3.141592653589793
```

Winkel können in Grad ° oder als Bogenmaß angegeben werden. Der Winkel von 360° entspricht dem Bogenmaß 2π.

Mithilfe der Angaben aus Abbildung 1.3 soll die Höhe des Turms berechnet werden.

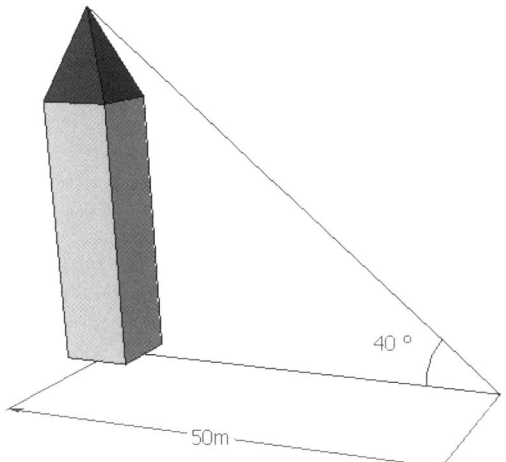

Abb. 1.3: Bestimmung der Höhe eines Turms durch Anpeilen der Turmspitze

Nun verarbeiten die trigonometrischen Funktionen (sin(), cos(), ...) des Moduls math keine Winkel (0° bis 360°), sondern Bogenmaße (Radianten). Deshalb muss der Winkel aus der Abbildung in den Radianten umgerechnet werden. Die Höhe des Turms können Sie mit folgendem Ausdruck berechnen:

```
>>> tan(radians(40))*50
41.954981558864
```

Funktion/Konstante	Erklärung
acos(x)-->	Arcuskosinus von x (Bogenmaß)
asin(x)	Arcussinus von x (Bogenmaß)
atan(x)	Arcustangens von x (Bogenmaß)
cos(x)	Kosinus von x (x ist das Bogenmaß eines Winkels)

Tabelle 1.4: Die wichtigsten Funktionen und Konstanten des Moduls math

Funktion/Konstante	Erklärung
cosh(x)	Hyperbolischer Kosinus von x
degrees(x)	Liefert zu einem Winkel, der als Bogenmaß angegeben ist, den Winkel in Grad.
e	Die mathematische Konstante e == 2.7182...
exp (x)	e^x
fabs(x)	Absolutwert der Gleitkommazahl x
floor(x)	Der nach unten gerundete Wert von x
log (x)	Natürlicher Logarithmus von x (Basis e)
log10(x)	Logarithmus von x zur Basis 10
modf(x)	Liefert ein Paar bestehend aus dem Nachkommateil und dem ganzzahligen Teil der Gleitkommazahl x. Beispiel: modf(4.2) ergibt (0.2, 4.0).
radians(x)	Berechnet zum Winkel von x Grad das Bogenmaß.
sin(x)	Sinus von x (x ist das Bogenmaß eines Winkels)
sinh(x)	Hyperbolischer Sinus von x
pi	Die mathematische Konstante pi == 3.1415...
sqrt(x)	Quadratwurzel von x
tan(x)	Tangens von x (x ist das Bogenmaß eines Winkels)
tanh(x)	Hyperbolischer Tangens von x

Tabelle 1.4: Die wichtigsten Funktionen und Konstanten des Moduls math (Forts.)

1.5 Hilfe

Mit der Funktion help() können Sie detaillierte Informationen zu allen Sprachelementen von Python abfragen. Sie verwenden help() auf zwei unterschiedliche Weisen: mit und ohne Argument.

Wenn Sie Informationen zu einer bestimmten Funktion (oder einem anderen Objekt) benötigen, übergeben Sie den Namen als Argument. Beispiel:

```
>>> help(round)
Help on built-in function round in module builtins:
round(...)
    round(number[, ndigits]) -> number
...
```

Wenn Sie nicht genau wissen, was Sie suchen, geben Sie help() ohne Argument ein. Dann wechselt die Python-Shell in einen interaktiven Hilfe-Modus. Sie sehen ein neues Prompt:

```
help>
```

Das Hilfesystem gibt Ihnen Hinweise, was Sie nun tun können. Wenn Sie z.B. eine Liste aller verfügbaren Module haben wollen, geben Sie `modules` ein. Um den Hilfe-Modus zu verlassen, geben Sie `quit` ein.

```
help> quit
You are now leaving help and returning to the Python interpreter ...
>>>
```

1.6 Namen und Zuweisungen

Namen für Objekte spielen in der Programmierung eine wichtige Rolle. Bei einer Zuweisung wird ein Name mit einem Objekt (z.B. die Zahl 12) verbunden. Über den Namen kann man auf das Objekt später wieder zugreifen. Der Zuweisungsoperator ist ein Gleichheitszeichen. Links vom Gleichheitszeichen steht ein Name, rechts ein Ausdruck.

Die einfachste Form der Zuweisung hat die Form

```
name = wert
```

Beispiel:

```
>>> x = 12
```

Über den Namen x kann man auf den zugeordneten Wert wieder zugreifen:

```
>>> x
12
```

Eine solche Zuweisung kann man sich anschaulich als Speichern von Daten vorstellen. Die Variable ist eine Art Behälter. Der Name x ist ein Etikett auf dem Behälter und der Zahlenwert 12 ist der Inhalt des Behälters.

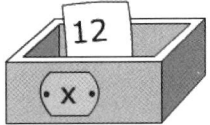

Abb. 1.4: Visualisierung einer Variablen als Behälter mit Inhalt

Wenn ein Name einmal in einer Zuweisung verwendet worden ist, kann er in Ausdrücken anstelle des Zahlenwerts verwendet werden.

```
>>> x*2
24
```

Das Einführen von Namen ist bei Python ein sehr einfacher Mechanismus. Im Unterschied zu anderen Programmiersprachen (wie z.B. Java) müssen Namen nicht deklariert und mit einem Datentyp verknüpft werden.

Statt *Name* sagt man im Deutschen häufig auch *Bezeichner*. Beides meint dasselbe. Das Wort *Bezeichner* ist eine schlechte Übersetzung des englischen Begriffs *identifier*. Der englische Begriff weist auf die wichtigste Funktion von Namen hin, nämlich Objekte eindeutig zu identifizieren.

Der Inhalt einer Variablen kann einer anderen Variablen zugewiesen werden.

```
>>> y = x
>>> y
12
```

Nun trägt y denselben Wert wie x. Diese Zuweisung stellen sich viele Leute wie im Abbildung 1.5 vor. Die Variable y erhält eine Kopie des Inhalts von x.

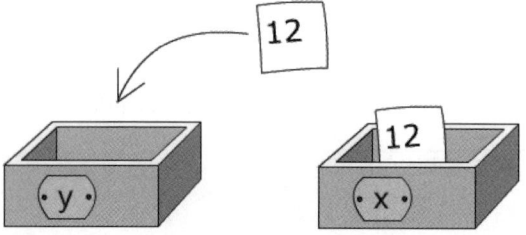

Abb. 1.5: Visualisierung einer Wertübertragung

Namen kann man sich auch als Etiketten vorstellen, die an Objekten (wie Zahlen) kleben. Man kann auch sagen, dass die Zahl 12 nun an zwei Namen gebunden ist. In vielen Fällen ist diese Etiketten-Intuition angemessener.

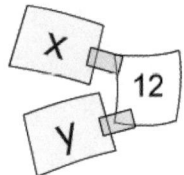

Abb. 1.6: Zuweisen als Hinzufügen eines neuen Namens

1.6.1 Zuweisungen für mehrere Variablen

Die Programmiersprache Python ist so gestaltet, dass man möglichst kurze und verständliche Programmtexte schreiben kann. Das merkt man an vielen Stellen – auch bei Zuweisungen. Sie können in einer einzigen Anweisung mehrere Variablen mit dem gleichen Wert belegen. Anstelle von

```
>>> x = 1
>>> y = 1
```

schreiben Sie

```
>>> x = y = 1
```

Und so ordnen Sie in einer einzigen Zuweisung mehreren Variablen *unterschiedliche* Werte zu:

```
>>> x, y = 1, 2
```

Prüfen Sie nach:

```
>>> x
1
>>> y
2
```

Es ist möglich, in einer einzigen Zuweisung ohne Hilfsvariable die Werte zweier Variablen zu vertauschen.

```
>>> x, y = 1, 2
>>> x, y = y, x
>>> x
2
>>> y
1
```

1.6.2 Rechnen mit Variablen in der Shell

Im Unterschied zur Mathematik sind Namen in Computerprogrammen meist nicht nur einzelne Buchstaben (wie z. B. x), sondern ganze Wörter, die eine sinnvolle Bedeutung haben (»sprechende Namen«). Das erleichtert das Verstehen von Berechnungen.

```
>>> from math import pi
>>> erddurchmesser = 12756
>>> erdradius = erddurchmesser/2
>>> erdvolumen = 4/3 * pi * erdradius ** 3
>>> erdoberfläche = 4 * pi * erdradius ** 2
>>> erdvolumen
1086781292542.8892
>>> round(erdoberfläche)
511185933
```

1.6.3 Syntaxregeln für Bezeichner

Man darf nicht jede beliebige Zeichenfolge als Namen (Bezeichner) verwenden. Es sind folgende Regeln zu beachten:

1. Ein Bezeichner darf kein Python-Schlüsselwort sein (*keyword*). Schlüsselwörter sind reservierte Wörter, die eine festgelegte Bedeutung haben, z.B. not (Negation einer logischen Aussage) oder if (Start einer bedingten Anweisung). Eine vollständige Liste der Schlüsselwörter erhalten Sie in der Python-Shell über die Hilfe-Funktion. Geben Sie zuerst help() ein und wechseln Sie in den Hilfemodus (das Prompt ist nun help>). Dann geben Sie das Kommando keywords ein. Mit quit gelangen Sie wieder in den Interpreter-Modus der Shell.
2. Ein Bezeichner besteht nur aus Buchstaben (a...z), Ziffern (0...9) oder Unterstrichen (_).
3. Ein Bezeichner muss mit einem Buchstaben oder Unterstrich beginnen.

Gültige Bezeichner sind: summe, __summe, summe_1, nicht aber 1_summe (Ziffer zu Beginn ist nicht erlaubt), summe-1 (Minuszeichen ist nicht erlaubt).

Tückisch ist es, wenn Sie (vielleicht aus Versehen) einen Funktionsnamen als Variablennamen verwenden. Das ist zwar erlaubt, aber Sie können anschließend die Funktion nicht mehr aufrufen. Beispiel:

```
>>> int(1.2)
1
```

Die Funktion int() liefert zu einer Zahl eine ganze Zahl. Nun ordnen wir dem Namen int eine Zahl zu.

```
>>> int = 12.78
>>> int
12.78
```

Damit ist die Funktion `int()` nicht mehr verfügbar:

```
>>> int(1.2)
Traceback (most recent call last):
  ...
TypeError: 'float' object is not callable
```

Die Fehlermeldung ist so zu lesen: Der Name `int` ist nun einer Gleitkommazahl (Objekt vom Typ `float`) zugeordnet und kann nicht (wie eine Funktion) aufgerufen werden.

1.6.4 Neue Namen für Funktionen und andere Objekte

Mittels einer Zuweisung können Sie einer Funktion einen neuen (zusätzlichen) Namen geben:

```
>>> runden = round
```

Nun haben Sie für die Funktion `round()` einen zweiten (deutschen) Namen eingeführt. Probieren Sie aus:

```
>>> runden(1.23)
1
```

Solche Zuweisungen kann man sich als Benennungen vorstellen. Es ist so, als ob Sie einem Freund einen Spitznamen geben. Damit verschwindet der richtige Name nicht. Aber der Spitzname ist eine zweite Möglichkeit, die Person anzusprechen.

1.6.5 Erweiterte Zuweisungen

Eine erweiterte Zuweisung ist eine Kombination aus einer Operation und einer Zuweisung. Sie bewirkt die Änderung des Wertes einer Variablen. Der Operator einer erweiterten Zuweisung endet mit einem Gleichheitszeichen: +=, -=, *=, /=, //=, **=.

Die Anweisung

```
>>> x += 2
```

liest man so: »Der Wert von x wird um 2 erhöht.« Diese Anweisung hat die gleiche Wirkung wie

```
>>> x = x + 2
```

Kapitel 1
Begegnung mit Python

Bei einer erweiterten Zuweisung wird der aktuelle Wert der Variablen als erster Operand gewählt. Der zweite Operand ist der Wert des Ausdrucks, der hinter dem Gleichheitszeichen steht. Auf beide Werte wird die Operation angewendet und das Ergebnis der Variablen vor dem Gleichheitszeichen zugewiesen.

Weitere Beispiele:

```
>>> a = 2
>>> a *= 3
>>> a
6
>>> a //= 2
>>> a
3
>>> a **= 3
>>> a
27
```

Inkrementierungen und Dekrementierungen (wie z.B. x++, x-- bei Java oder C) gibt es bei Python übrigens nicht.

1.7 Mit Python-Befehlen Geräte steuern

Bisher ging es um die reine Programmierung mit Python. In diesem Abschnitt soll nun erstmals die Elektronik des Raspberry Pi angesprochen werden. Mit Python-Programmen können Sie elektrische Geräte steuern. Wir fangen mit dem Einfachsten an und schalten eine LED über Python-Befehle in der Kommandozeile an und aus. Bevor es an die Programmierung geht, müssen Sie eine kleine Schaltung aufbauen und an den GPIO anschließen. Zusätzliche Informationen zu den Hardware-Grundlagen finden Sie im Anhang B.

1.7.1 Projekt: Eine LED ein- und ausschalten

Für dieses Projekt benötigen Sie

- eine Steckplatine (*Breadboard*)
- Jumperkabel (female-male)
- eine LED
- Kabelbrücken für die Steckplatine
- einen elektrischen Widerstand mit R = 130 Ohm

Abbildung 1.7 zeigt, wie die Schaltung in der Realität aussieht. Die (+)-Leiterbahn (rot) der Steckplatine ist mit einem Jumperkabel mit Pin 1 des GPIO verbunden. Pin 1 ist auf der Platine mit P1 gekennzeichnet. Pin 10 ist über ein Jumperkabel mit einem Ende des Widerstands verbunden. Auf der Steckplatine sind Widerstand und die LED in Reihe geschaltet.

Abb. 1.7: Die Steckplatine trägt die Schaltung und ist über Jumperkabel mit dem GPIO verbunden.

Besser zu lesen ist meist ein Schaltdiagramm mit Schaltsymbolen wie in Abbildung 1.8.

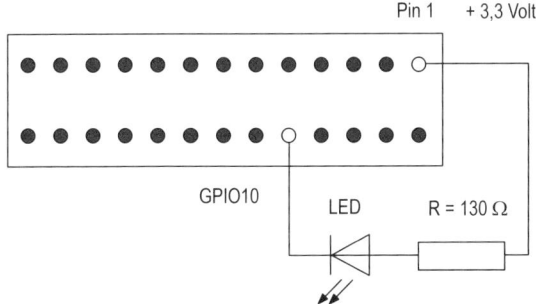

Abb. 1.8: Schaltdiagramm für den Anschluss einer LED an den GPIO des Raspberry Pi

Wenn Sie wie bei diesem Projekt elektronische Bauteile über Jumperkabel an den GPIO anschließen, sollten Sie genauestens aufpassen, nicht einen der 5-Volt-Pins zu berühren. Ein versehentlicher Kontakt kann die Elektronik Ihres RPi zerstören.

Eine Leuchtdiode (oder LED von engl. *light-emitting diode*) ist ein Halbleiterbauteil, das Licht aussendet und sich elektrisch wie eine Diode verhält. Das bedeutet insbesondere, dass LEDs nur in einer Richtung den Strom leiten. Sie wirken wie ein Ventil für Elektronen. Das Schaltsymbol ähnelt ein bisschen einem Pfeil und deutet die technische Fließrichtung des Stroms von Plus nach Minus an. Bei einer neuen LED ist die Anode (+) etwas länger als die Kathode (-). Leuchtdioden haben nur einen äußerst geringen Widerstand und vertragen nur eine begrenzte Stromstärke. Bei den normalen LEDs, die Sie von Anzeigeleuchten in Elektrogeräten und Armaturenbrettern kennen und die wir auch für Schaltungen mit dem RPi verwenden, beträgt die zulässige Maximalstromstärke etwa 20 mA (Milliampere). Um die Stromstärke zu begrenzen, muss ein Widerstand in den Stromkreis geschaltet werden. Ein guter Widerstandswert für unsere Zwecke ist R = 130 Ohm. Das können Sie selbst nachrechnen: Nach dem ohmschen Gesetz gilt immer die Beziehung R = U/I. Nun haben wir an den steuerbaren Pins des GPIO eine Spannung von 3,3 Volt. An einer Leuchtdiode ist meist eine Spannung von 2 Volt. Damit liegt am Widerstand eine Spannung von 1,3 Volt an. Wenn wir den Strom auf 10 mA begrenzen wollen, ergibt sich für den Vorwiderstand: R = 1,3V/0,01A = 130 Ω.

1.7.2 Das Modul RPI.GPIO

Kommen wir nun zur Programmierung. Sie können nur mit Root-Rechten (als Administrator) auf die GPIO-Schnittstelle zugreifen. Öffnen Sie ein LX-Fenster und starten Sie die Python-Shell mit dem Befehl

```
sudo idle3
```

Versuchen Sie zunächst, das Modul RPi.GPIO zu importieren. Achten Sie dabei auf das kleine i bei RPi.

```
>>> from RPi import GPIO
```

Falls es nun eine Fehlermeldung gibt, ist das Modul noch nicht installiert. Öffnen Sie dann ein LX-Fenster und geben Sie das folgende Kommando ein:

```
sudo apt-get install python-rpi.gpio
```

Nun geht es wieder in der Python-Shell weiter. Stellen Sie den Modus der Pin-Nummerierung ein:

```
>>> GPIO.setmode(GPIO.BOARD)
```

Machen Sie Pin 10 zum Ausgabekanal.

```
>>> GPIO.setup(10, GPIO.OUT)
```

Schalten Sie die LED aus, indem Sie den Ausgang mit dem Wahrheitswert True belegen. Dann hat der Pin 10 den Spannungspegel von +3,3 V. Beide Anschlüsse der LED haben dann das gleiche elektrische Potenzial (+3,3 V gegenüber der Masse). Das heißt, an der LED liegt keine Spannung an und es fließt auch kein Strom.

```
>>> GPIO.output(10, True)
```

Wenn Sie den Wahrheitswert False an den Ausgang legen, ist am Pin 10 der Spannungspegel 0 V. Nun gibt es an der LED einen Spannungsabfall, es fließt Strom und die LED leuchtet.

```
>>> GPIO.output(10, False)
```

1.7.3 Das Interface PiFace Digital

Die Ausgänge des GPIO können Sie mit maximal 50 mA belasten. Für die Steuerung größerer elektrischer Geräte (Motoren, Lampen) brauchen Sie Relais. Wenn Sie umfangreichere Projekte zum Messen, Steuern und Regeln vorhaben, lohnt sich vielleicht die Anschaffung eines *PiFace Digital*, das an der Universität von Manchester entwickelt worden ist und von der Firma Element14 gebaut und vertrieben wird (www.element14.com).

Das PiFace ist ein sogenanntes Shield und wird einfach auf den RPi aufgesteckt. Die beiden Teile sind stabil über den GPIO verbunden.

Abb. 1.9: PiFace Digital

Abbildung 1.9 zeigt, wie das PiFace aussieht. Es enthält

- zwei Umschaltrelais (schwarze Blöcke rechts)
- acht digitale Eingänge (unten)

Kapitel 1
Begegnung mit Python

- vier Tastschalter (über den Eingängen)
- acht digitale Ausgänge (oben)
- acht LED-Anzeigen (direkt unter den Ausgängen)

PiFace Digital kommuniziert mit dem RPi über eine SPI-Schnittstelle (Serial Peripherial Interface). Der Treiber ist Teil der Wheezy-Standarddistribution, aber er ist nicht aktiviert.

Sie können den SPI-Treiber »von Hand« aktivieren, indem Sie im LX-Terminalfenster folgendes Kommando eingeben:

```
sudo modprobe spi-bcm2708
```

Wenn Sie wollen, dass bei jedem Boot Ihres RPi der SPI-Treiber aktiviert wird, müssen Sie die Blacklist bearbeiten.

Starten Sie als Administrator einen Texteditor, z.B. LeafPad. Dazu geben Sie im LX-Terminalfenster folgenden Befehl ein:

```
sudo leafpad
```

Öffnen Sie die Datei /etc/modprobe/.d/raspi-blacklist.conf.

Fügen Sie am Anfang der Zeile

```
blacklist spi-bcm2708
```

ein Doppelkreuz # ein. Die Zeile lautet nun

```
# blacklist spi-bcm2708
```

Im nächsten Schritt müssen Sie Software für das PiFace vom Server der University of Manchester herunterladen und installieren. Vorher sollten Sie Ihr Betriebssystem auf den neuesten Stand bringen. Sorgen Sie dafür, dass Ihr RPi mit dem Internet verbunden ist, und geben Sie im LX-Terminalfenster nacheinander die folgenden Kommandos ein:

```
sudo apt-get update
wget http://pi.cs.man.ac.uk/download/install.txt
bash install.txt
```

Update und Installation dauern einige Minuten. Danach starten Sie mit folgendem Kommando den RPi neu:

```
sudo reboot
```

1.7.4 Projekt: Eine Taschenlampe an- und ausschalten

Für die Kommunikation mit dem PiFace gibt es ein eigenes Python-Modul – zurzeit leider nur für Python 2.7. Es enthält drei wichtige Funktionen, die in Tabelle 1.5 beschrieben sind.

Funktion	Erklärung
digital_read(n)	Je nach dem Zustand von Eingang n gibt die Funktion den Wert 0 oder 1 zurück.
digital_write(n, state)	Setzt den Zustand von Ausgang n auf 0 oder 1. Der neue Zustand wird im zweiten Argument state übergeben.
digital_write_pullup(n, state)	Wenn state den Wert 1 hat, wird der 10-kΩ-Pull-up-Widerstand am Eingang n aktiviert. Wenn state 0 ist, wird er deaktiviert.

Tabelle 1.5: Funktionen des Moduls pfio

Öffnen Sie im LX-Terminal mit dem Kommando

```
sudo idle
```

die IDLE-Shell für Python 2.7 und testen Sie das Modul mit einfachen Python-Kommandos:

```
>>> from piface import pfio
>>> pfio.init()
>>> pfio.digital_write(0, 1)
```

Ausgang 0 ist nun im Zustand 1. Sie erkennen es daran, dass die LED-Anzeige leuchtet. Außerdem haben Sie ein leises Klacken gehört.

An die Ausgänge 0 und 1 sind nämlich zwei Relais angeschlossen. Sie werden bei jedem Zustandswechsel geschaltet.

Die Relais

Die Relais sind zwei schwarze Blöcke auf dem PiFace. Sie sind leicht zu erkennen, denn es sind die größten Bauteile auf der Platine. Neben den Relais sind jeweils drei Schraubklemmen.

Sie können die Relais von den Ausgängen trennen, indem Sie die Jumper JP5 und JP6 (links neben dem oberen Relais) entfernen. Abbildung 1.10 zeigt die Arbeitsweise des Umschaltrelais. Grundsätzlich ist ein Relais nichts weiter als ein elektrisch gesteuerter Schalter. Es kann einen Stromkreis öffnen und schließen. Die beiden Relais werden von den digitalen Ausgängen 0 und 1 gesteuert.

Wenn der steuernde Ausgang im Zustand 0 ist, wird der mittlere Anschluss mit dem oberen verbunden. Wenn er sich im Zustand 1 befindet, wird der mittlere Anschluss mit dem unteren verbunden.

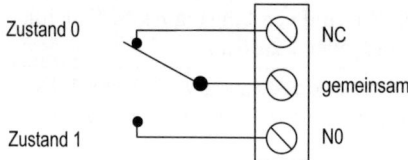

Abb. 1.10: Schaltung eines Umschaltrelais

Auf der Oberseite der Relais finden Sie Angaben zur maximalen Belastbarkeit. Zugelassen sind angeblich 10 A und 250 V. Aber Vorsicht! Der Hersteller des PiFace nennt als Grenzwerte eine *maximale Stromstärke von 5A bei einer Spannung von maximal 20V!* Sicherheitshalber werden wir uns an diese strengeren Empfehlungen halten.

Anschluss der Taschenlampe

In diesem Abschnitt wird erklärt, wie man mit Alltagsmaterialien (Kabel, Pappe, Alufolie, Kreppklebeband und ein Gummiband) eine Taschenlampe an das Relais 0 des PiFace anschließen kann. Es gibt natürlich verschiedene Typen von Taschenlampen. Diese Anleitung bezieht sich auf eine LED-Taschenlampe mit Metallgehäuse. Der Schalter sitzt auf der Rückseite. Wenn Sie eine andere Art von Taschenlampe verwenden, müssen Sie etwas anderes erfinden. Abbildung 1.11 zeigt das Endergebnis. Sie erkennen, dass an die beiden ersten Klemmen von Relais 0 zwei Kabel angeschlossen sind.

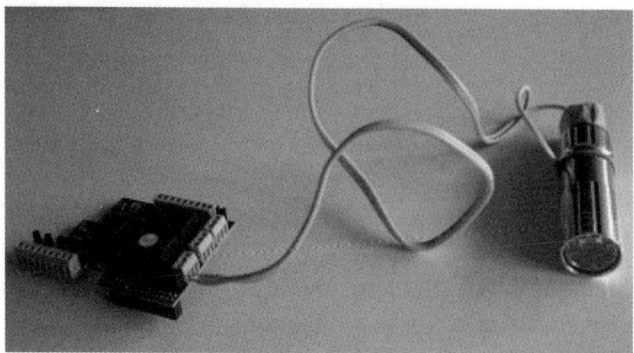

Abb. 1.11: Eine Taschenlampe ist mit Relais 0 des PiFace verbunden.

Und so gehen Sie vor: Schrauben Sie die Verschlusskappe des Batteriefachs der Taschenlampe ab. Im Inneren sehen Sie einen Pol des Batteriesets. Wenn man ihn mit der Metallhülle der Taschenlampe verbindet, leuchten die LEDs.

Sie brauchen ein Kabel mit zwei Adern. Entfernen Sie am Ende einer Ader etwa acht Zentimeter Isolierung. Wickeln Sie um die Mitte des entisolierten Bereichs etwas Alufolie, so dass dort eine Verdickung entsteht (Abbildung 1.12, linkes Bild).

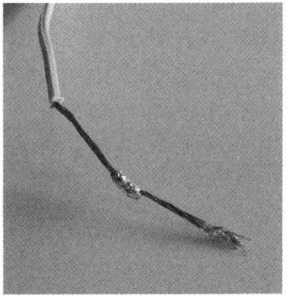  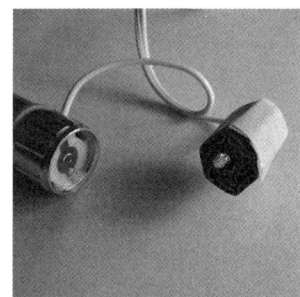

Abb. 1.12: Anschluss eines Steuerkabels an die Taschenlampe

Schneiden Sie aus Wellpappe einen etwa drei Zentimeter schmalen Streifen aus und wickeln Sie um ihn an einer Seite das entisolierte Kabelende, so dass die Verdickung aus Alufolie an einer Kante der Pappe hervorragt (Abbildung 1.12, mittleres Bild). Sorgen Sie dafür, dass die Metalllitze fest verdrillt ist.

Rollen Sie die Pappe zu einem Zylinder zusammen. An der einen Seite ragt in der Mitte die Verdickung aus Aluminiumfolie hervor, auf der anderen Seite kommt das Kabel heraus (Abbildung 1.12, rechtes Bild).

Mit dem Gummiband befestigen Sie die zweite Ader an dem Metallgehäuse der Taschenlampe. Eventuell müssen Sie das Metall an der Berührstelle etwas ankratzen, damit es besser leitet.

Zum Schluss schließen Sie die beiden anderen Enden des Kabels an das Relais Nummer 0 an. Testen Sie Ihren Aufbau mit Python-Befehlen:

```
>>> from piface import pfio
>>> pfio.init()
>>> pfio.digital_write(0, 1)   # Lampe einschalten
>>> pfio.digital_write(0, 0)   # Lampe ausschalten
```

Im nächsten Kapitel verwenden wir auch die *Eingänge* des GPIO und des PiFace.

1.8 Aufgaben

1.8.1 Aufgabe 1: Formeln

Berechnen Sie die drei handschriftlichen Formeln in der Python-Shell.

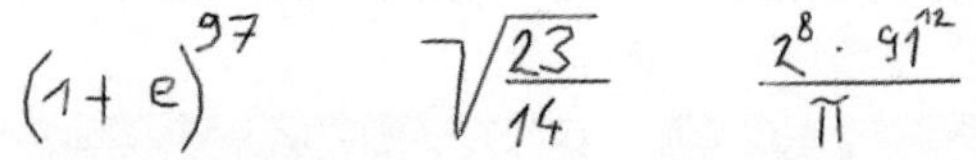

$$(1+e)^{97} \qquad \sqrt[7]{\frac{23}{14}} \qquad \frac{2^8 \cdot 91^{72}}{\pi}$$

Abb. 1.13: Drei Formeln in mathematischer Schreibweise

1.8.2 Aufgabe 2: Gebäude

Berechnen Sie in der Python-Shell das Volumen des Gebäudes in Abbildung 1.14.

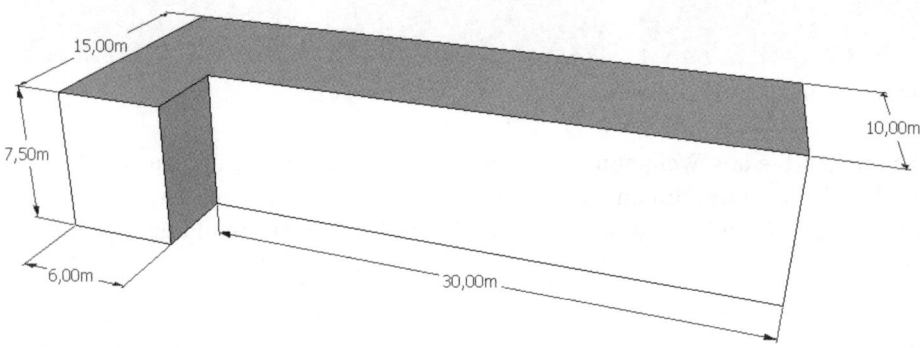

Abb. 1.14: Wohnblock

1.8.3 Aufgabe 3: Zylinder

Berechnen Sie in der Python-Shell das Volumen des Zylinders aus Abbildung 1.15.

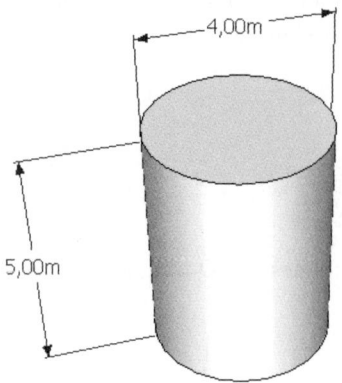

Abb. 1.15: Zylinder

1.8.4 Aufgabe 4: Anweisungen

Welche Ergebnisse liefern folgende Anweisungen?

```
>>> float(9)
>>> int(7/2)3
>>> 0b100 + 0b100
>>> bin(2**4)
>>> bin(2**5 + 2**0)
>>> 10*10/10
>>> 2/2
>>> 3**2
>>> 9**0.5
```

1.8.5 Aufgabe 5: Visualisierungen interpretieren

Formulieren Sie zu den drei Bildern in Abbildung 1.16 passende Python-Anweisungen.

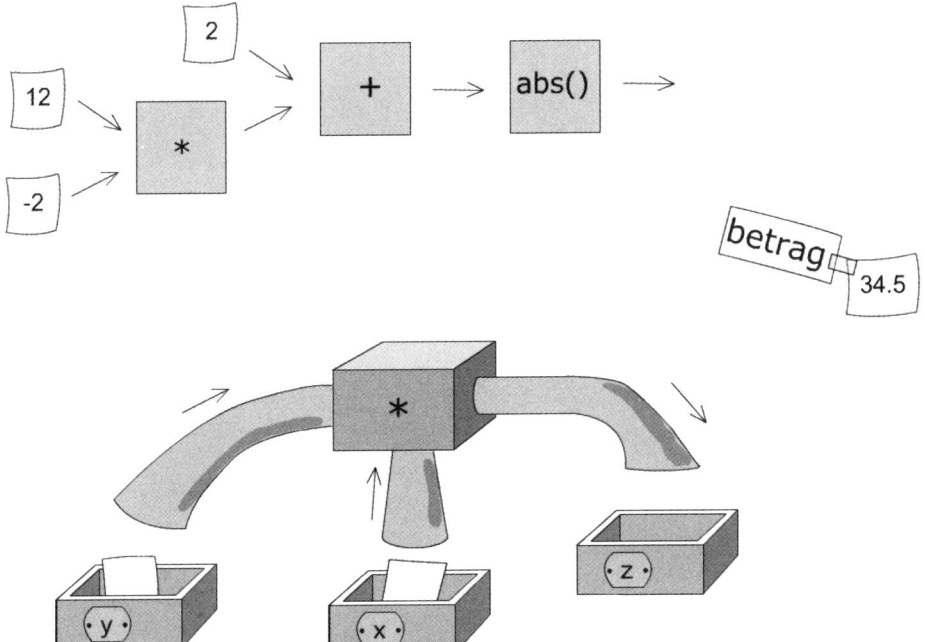

Abb. 1.16: Visualisierungen von Python-Anweisungen

1.8.6 Aufgabe 6

Welche der folgenden Wörter sind nicht als Bezeichner zulässig?

```
name
Erdumfang
ErdUmfang
False
false
round
x(1)
x1
```

1.9 Lösungen

1.9.1 Lösung 1

```
>>> from math import *
>>> (1 + e)**97
2.1047644793816324e+55

>>> sqrt(23/14)
1.2817398889233114

>>> (2**8 * 91**12)/pi
2.6277666738095865e+25
```

1.9.2 Lösung 2

```
>>> (30*10 + 6*15)*7.5
2925.0
```

1.9.3 Lösung 3

```
>>> pi*(4/2)**2 * 5
62.83185307179586
```

1.9.4 Lösung 4

```
>>> float(9)
9.0
```

```
>>> int(7/2)
3
```

Kommentar: 7/2 ergibt 3.5, die int()-Funktion lässt die Nachkommastellen weg.

```
>>> 0b100 + 0b100
8
```

Kommentar: Die Summe zweier Binärzahlen wird als Dezimalzahl ausgegeben.

```
>>> bin(2**4)
'0b10000'
bin(2**5 + 2**0)
'0b100001'
```

Kommentar: An den Beispielen erkennt man den Aufbau von Binärzahlen als Summe von Zweierpotenzen.

```
>>> 10*10/10
10.0
>>> 2/2
1.0
>>> 3**2
9
>>> 9**0.5
3.0
```

Kommentar: Division / und Potenzieren ** mit einer Gleitkommazahl liefern immer ein Objekt vom Typ float, auch wenn – rein mathematisch – eine ganze Zahl herauskommt.

1.9.5 Lösung 5

```
abs(12*-2 + 2)
betrag = 34.5
z = y * x
```

1.9.6 Lösung 6

Nicht erlaubt sind False (Schlüsselwort) und x(1) (Klammern sind nicht erlaubt). Dagegen ist das Wort false als Name erlaubt, da es mit einem kleinen f beginnt und sich somit von dem Schlüsselwort False unterscheidet.

Kapitel 2

Python-Skripte

Im letzten Kapitel haben Sie einzelne Python-Anweisungen in der Shell getestet. In diesem Kapitel erstellen Sie mit dem Programmeditor von IDLE interaktive Programme, die aus mehreren Anweisungen bestehen. Interaktiv heißt, dass der Computer mit einem Menschen (dem Benutzer) eine Art Gespräch führt. Der Mensch gibt Daten ein, der Computer verarbeitet die Daten und gibt ein Ergebnis aus (EVA-Prinzip). In den Projekten dieses Kapitels lernen Sie Eingabe- und Ausgabe-Operationen, Programmverzweigungen, Wiederholungen und das Formulieren logischer Ausdrücke mit Python kennen. Zum Schluss gibt es noch einige Beispiele für Interaktion über externe Schalter und LEDs.

2.1 Ein Skript mit IDLE erstellen

Programme bestehen aus einer oder mehreren Anweisungen, die vom Computer automatisch ausgeführt werden können. Python-Programme nennt man häufig auch *Skripte*. In diesem Abschnitt geht es um die grundsätzliche Vorgehensweise bei der Entwicklung eines Python-Skripts mit IDLE.

2.1.1 Ein neues Projekt starten

Öffnen Sie IDLE 3 und klicken Sie im Menü FILE auf NEW WINDOW. Es öffnet sich ein neues Editor-Fenster. Obwohl Sie noch keine einzige Programmzeile geschrieben haben, sollten Sie Ihr Projekt schon jetzt unter einem sinnvollen Namen speichern. Klicken Sie in der Menüleiste des Editorfensters auf das Kommando FILE|SAVE AS.... Wählen Sie ein geeignetes Verzeichnis für Ihr Projekt.

Das erste Programm soll die aktuelle Uhrzeit ausgeben. Ein sinnvoller Name ist dann z.B. uhrzeit.py. Geben Sie diesen Namen in das Feld FILE NAME (DATEINAME) ein. Beachten Sie: Dateinamen für Python-Skripte müssen mit der Extension .py oder .pyw enden. Verwenden Sie .pyw nur für Programme mit grafischer Benutzungsoberfläche (siehe Kapitel 5).

Achten Sie darauf, dass in der unteren Auswahlliste FILES OF TYPE (DATEITYP) die Option PYTHON FILES ausgewählt ist. Klicken Sie dann auf die Schaltfläche SAVE (SPEICHERN).

2.1.2 Programmtext eingeben

In das Editorfenster schreiben Sie den folgenden Programmtext:

```
import time
print("Die aktuelle Uhrzeit")
print(time.asctime())
```

Achten Sie auf die Textfarben:

- Das Wort `import` ist rot geschrieben. Denn es handelt sich um eines der Python-Schlüsselworte.
- Das Wort `print` ist violett; denn es ist der Name einer Standardfunktion. Die Funktion `print()` gibt Texte in der Standardausgabe, das ist das Python-Shell-Fenster, aus.
- Die Anführungsstriche und der Text dazwischen sind grün. Es handelt sich um eine Zeichenkette, die durch die `print()`-Funktion auf den Bildschirm gebracht wird.
- Alle anderen Zeichen sind schwarz.

Durch die Farbgebung können Fehler leichter erkannt (und somit vermieden) werden. Man nennt diese Technik *Syntax-Highlighting*. Wenn Ihnen die Farben nicht gefallen oder Sie andere gewohnt sind, können Sie sie ändern (OPTIONS|CONFIGURE IDLE).

Das fertige Skript wird wieder abgespeichert. Da der Dateiname bereits festgelegt worden ist, klicken Sie jetzt auf FILE|SAVE (statt FILE|SAVE AS ...) und speichern es unter dem bestehenden Namen ab.

2.1.3 Das Skript ausführen

Klicken Sie im Menü RUN auf das Feld RUN MODULE, um das Programm zu starten. Es öffnet sich das Shell-Fenster (sofern es nicht schon geöffnet war). Der Python-Interpreter wird gestartet. Er liest den Programmtext, übersetzt ihn in Befehle, die vom Prozessor Ihres Computers verstanden werden, und sorgt dafür, dass diese Befehle direkt ausgeführt werden.

Im Shell-Fenster sehen Sie die Ausgabe Ihres Programms – oder aber eine Fehlermeldung, falls Sie sich vertippt haben.

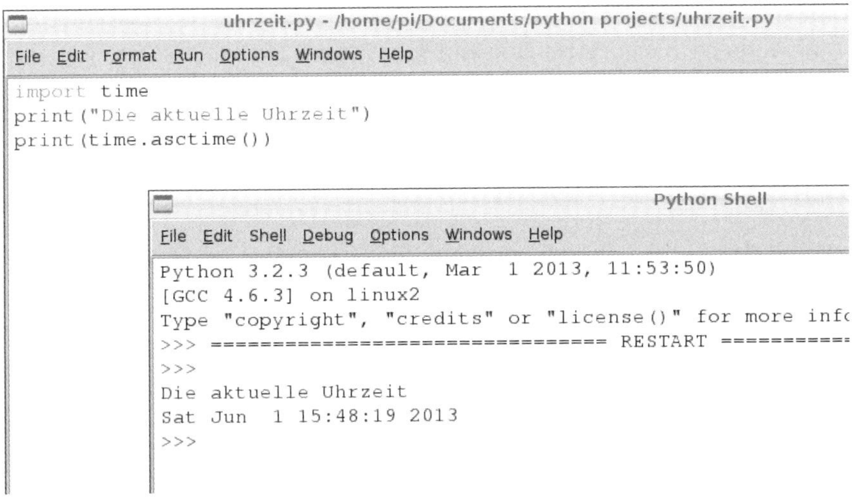

```
uhrzeit.py - /home/pi/Documents/python projects/uhrzeit.py
File Edit Format Run Options Windows Help
import time
print("Die aktuelle Uhrzeit")
print(time.asctime())
```

```
                                                      Python Shell
File Edit Shell Debug Options Windows Help
Python 3.2.3 (default, Mar  1 2013, 11:53:50)
[GCC 4.6.3] on linux2
Type "copyright", "credits" or "license()" for more info
>>> ================================ RESTART ===========
>>>
Die aktuelle Uhrzeit
Sat Jun  1 15:48:19 2013
>>>
```

Abb. 2.1: Programmtext im Editor-Fenster und Ausgabe im Shell-Fenster

2.1.4 Shortcuts

In den Menüs des Editors sind für fast alle Befehle Tastenkombinationen angegeben (*Shortcuts*). Wenn Sie Shortcuts anstelle des Menüs verwenden, sparen Sie viel Zeit. Die beiden folgenden sollten Sie unbedingt auswendig lernen, denn Sie werden sie bei einer Programmentwicklung manchmal im Sekundentakt verwenden:

- FILE|SAVE (Programm speichern): `Strg`+`S`
- RUN|RUN MODULE (Programm testen): `F5`

2.2 Programme ausführen

Sie können ein Skript direkt von der Programmentwicklungsumgebung IDLE aus starten. Das ist sehr praktisch, wenn man ein Programm testen will, das gerade in der Entwicklung ist. Es gibt aber auch andere Wege. Darum geht es in diesem Abschnitt.

2.2.1 Programm in der Konsole starten

Auf der Kommandozeile in der Konsole (LX-Terminal) können Sie ein Python-Skript durch ein Kommando der folgenden Form starten:

```
python3.2 meinSkript.py
```

Dabei wird der Python-Interpreter gestartet, der dann das Skript *meinSkript.py* ausführt. So starten Sie zum Beispiel das Programm `uhrzeit.py`.

Öffnen Sie ein Konsolenfenster (LXTerminal anklicken). Wechseln Sie mit dem Unix-Kommando cd in das Verzeichnis mit dem Python-Skript. Praktisch ist dabei die automatische Vervollständigung von Verzeichnisnamen mit der Tabulatortaste (siehe Tabelle 2.1). Wenn Sie z. B. im Home-Verzeichnis

```
cd Do
```

eingeben und dann ⇆ drücken, erscheint der vollständige Name des Unterverzeichnisses:

```
cd Documents
```

Im Verzeichnis mit dem Python-Skript geben Sie das folgende Kommando ein und drücken ⏎:

```
python3.2 uhrzeit.py
```

Damit starten Sie die Ausführung des Skripts. Die Programmausgabe (Text mit aktueller Uhrzeit) erscheint in der Konsole (Abbildung 2.2).

Abb. 2.2: Start eines Python-Skripts in der Konsole (LX-Terminal)

Kommando	Erklärung
ls	Ausgabe des aktuellen Arbeitsverzeichnisses
cd dir	In das Unterverzeichnis *dir* wechseln. Dabei bezeichnen zwei Punkte .. das übergeordnete Verzeichnis.
Pfeil ↑	Der zuletzt eingegebene Befehl wird wieder in die Kommandozeile eingetragen.
⇆	Autovervollständigung. Wenn Sie z. B. in das Unterverzeichnis python_games/ wechseln wollen geben Sie cd py ein. Nach Drücken der Taste ⇆ wird das Präfix py zum Verzeichnisnamen python_games/ vervollständigt.

Tabelle 2.1: Einige Linux-Kommandos und Funktionstasten für die Benutzung des LX-Terminals

2.2.2 Anklicken des Programmicons im File-Manager

Programme mit grafischer Benutzungsoberfläche möchte man gerne durch bloßes Anklicken des Programmicons starten. In der grafischen Oberfläche Ihres RPi werden Python-Skripte durch das Standard-Icon für ausführbare Dateien (Textblatt mit Zahnrad) dargestellt. Wenn Sie das Programmicon anklicken, öffnet sich ein IDLE-Fenster, aber das Programm selbst wird nicht gestartet. Klicken Sie das Programmicon mit der rechten Maustaste an und schauen Sie sich die Eigenschaften der Datei (File Properties) an. Auf der Registerkarte General sehen Sie, dass die Datei mit IDLE verknüpft ist (Abbildung 2.3). Und das ist auch gut so.

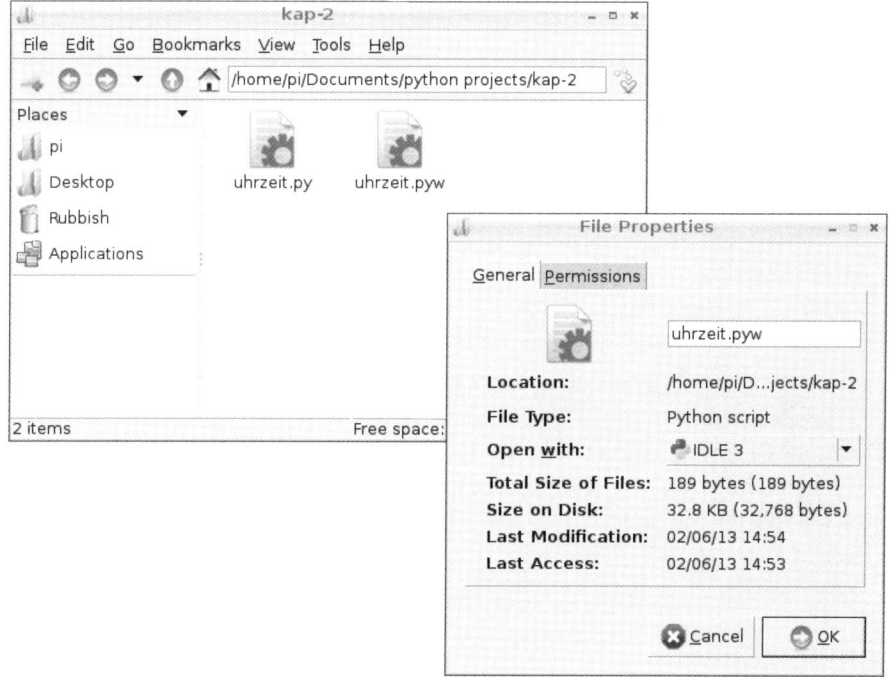

Abb. 2.3: Icon des Python-Skripts uhrzeit.pyw und allgemeine Eigenschaften

Damit ein Skript direkt ausgeführt werden kann, müssen folgende Voraussetzungen erfüllt sein:

- Der Programmdatei muss das Attribut ausführbar (*executable*) zugeordnet worden sein. Dazu wählen Sie in der Dialogbox File Properties die Registerkarte Permissions und selektieren die Checkbox neben Make the file executable (Abbildung 2.4). Oder Sie öffnen ein LXTerminal-Fenster, wechseln in das Verzeichnis mit der Programmdatei und geben das folgende Kommando ein:

```
chmod +x dateiname
```

- In der ersten Zeile des Skripts muss in einer *magic line* spezifiziert werden, mit welchem Interpreter das Skript ausgeführt werden soll. Die *Magic Line* beginnt mit *Shebang*, der Zeichenfolge #!, dahinter folgt der Pfad zum Python-Interpreter. Sie haben auf Ihrem RPi zwei unterschiedliche Python-Versionen installiert und können auf diese Weise festlegen, mit welchem der beiden Interpreter das Programm ausgeführt werden soll.

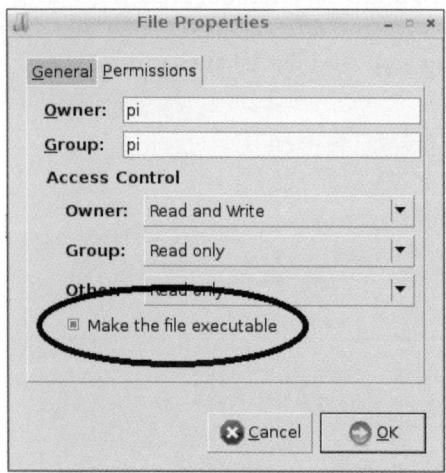

Abb. 2.4: Eine Programmdatei ausführbar machen

Das folgende Skript erzeugt ein kleines Fenster, in dem die aktuelle Uhrzeit angezeigt wird (Abbildung 2.5). Sie müssen es mit der Extension .pyw abspeichern. In Kapitel 5 erfahren Sie mehr über die Programmierung grafischer Benutzungsoberflächen.

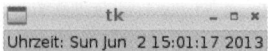

Abb. 2.5: Anwendungsfenster des Python-Skripts uhrzeit.pyw

Skript

```
#!/usr/bin/python3.2                                    #1
import time, tkinter
window = tkinter.Tk()                                   #2
label=tkinter.Label(master=window,
            text="Uhrzeit: " + time.asctime())#3
label.pack()                                            #4
window.mainloop()                                       #5
```

Kommentare

#1: Magic Line mit Pfad zum Python-Interpreter

#2: Definition eines Anwendungsfensters

#3: Hier wird ein Label definiert, das zum Anwendungsfenster gehört. Es trägt einen Text mit aktuellem Datum und Uhrzeit.

#4: Das Label wird in das Anwendungsfenster gesetzt.

#5: Start der Benutzungsoberfläche

Dieses Python-Skript mit einer *Magic Line* ist direkt ausführbar. Es kann durch Anklicken des Programmicons im File-Manager gestartet werden. Zum Start in der Konsole reicht die Eingabe des Dateinamens. Probieren Sie es aus!

2.3 Interaktive Programme – das EVA-Prinzip

Viele Computerprogramme arbeiten nach folgendem Muster:

- Zuerst werden in einem Dialog Eingabedaten abgefragt (Eingabe).
- Aus den Eingabedaten berechnet das Programm neue Daten (Verarbeitung).
- Das Ergebnis wird auf dem Display ausgegeben (Ausgabe).

Diese Abfolge von Eingabe, Verarbeitung und Ausgabe nennt man auch das *EVA-Prinzip*.

Entwickeln wir nun ein interaktives Python-Programm zu folgender Problemstellung:

Das Programm soll das Volumen eines beliebigen Zylinders berechnen, dessen Durchmesser und Höhe angegeben werden.

Hier ist ein Python-Skript, das die Anforderungen erfüllt. Probieren Sie es aus und speichern Sie es unter `zylinder.py` ab.

```python
# zylinder.py
from math import pi

# Eingabe
eingabe_durchmesser = input ("Durchmesser in m: ")
eingabe_höhe = input ("Höhe in m: ")

# Verarbeitung
d = float(eingabe_durchmesser)
h = float(eingabe_höhe)
volumen = pi * (d/2)**2 * h
```

```
# Ausgabe
print("Der Zylinder hat folgendes Volumen (Kubikmeter)")
print (round (volumen, 2))
```

Beispiel für einen Programmlauf:

```
>>> ================== RESTART =========================
>>> 
Durchmesser in m: 4
Höhe in m: 5
Der Zylinder hat folgendes Volumen (Kubikmeter)
62.83
>>>
```

2.3.1 Format mit Bedeutung – Aufbau eines Python-Programmtextes

Zunächst ein paar Worte zum Aufbau des Programms. Jede Anweisung steht in einer einzigen Zeile. Das unterscheidet Python von den meisten Programmiersprachen. Der Zeilenumbruch hat eine *Bedeutung*. Er trennt Anweisungen voneinander.

Erlaubt ist

```
volumen = pi * (d/2)**2 * h
```

Nicht erlaubt ist

```
volumen = pi *
         (d/2)**2 * h
```

Allerdings dürfen die Elemente von Klammerausdrücken (z.B. Parameterliste eines Funktionsaufrufs) auf mehrere Zeilen verteilt werden. Man nennt diese Zeilen dann *implizit verbunden*. Erlaubt ist z.B.

```
print (round (
            volumen,
            2
            )
      )
```

Anweisungen eines Programmblocks müssen genau untereinander geschrieben werden. Sie dürfen nicht eingerückt werden. Verboten ist z.B.

```
from math import pi
   eingabe_durchmesser = input ("Durchmesser in m: ")
```

Ein Programmtext kann *Kommentare* enthalten. Ein Kommentar beginnt mit einer Raute #. Der gesamte Text dahinter in derselben Zeile gehört *nicht* zum Programm und wird vom Interpreter ignoriert. Im Beispielprogramm wurden die Abschnitte durch Kommentare markiert, z. B. # Eingabe. Es gehört zum guten Programmierstil, Kommentare einzufügen, die die Arbeitsweise des Programms verständlicher machen.

2.3.2 Eingabe – die input()-Funktion

In einem kleinen Dialog erfragt das Programm zunächst die Eingabedaten. Die Funktion input() hat folgendes Aufrufformat:

```
input([prompt])
```

Als optionales Argument *prompt* kann ein Text in Anführungsstrichen übergeben werden, eine Zeichenkette (String). Vergessen Sie die Anführungszeichen nicht. Wenn die Anweisung

```
eingabe_durchmesser = input ("Durchmesser in m: ")
```

ausgeführt wird, passiert Folgendes: Auf dem Bildschirm erscheint das Prompt, also der Text

```
Durchmesser in m:
```

und zwar *ohne* die Anführungszeichen. Dann wartet der Interpreter, bis der Benutzer etwas über die Tastatur eingibt und ⏎ drückt. Die Eingabe (ohne das Steuerzeichen für ENTER) wird dann als Zeichenkette der Variablen eingabe_durchmesser zugewiesen.

2.3.3 Verarbeitung – Umwandeln von Datentypen und Rechnen

Beachten Sie: Das, was die input()-Funktion liefert, sind immer Zeichenketten – auch wenn der Benutzer Zahlen eingibt. Die Zahl 4 ist nicht dasselbe wie die Zeichenkette "4". Mit Zeichenketten kann man keine arithmetischen Operationen ausführen. Das geht nur mit Zahlen. Die Eingabe muss deshalb zuerst in eine Gleitkommazahl, ein Objekt vom Typ float, umgewandelt werden. Das geschieht mit der Funktion float() in der Zeile

```
d = float(eingabe_durchmesser)
```

Die Variable d enthält nun den eingegebenen Wert als Gleitkommazahl. Und damit kann gerechnet werden.

Experiment – Addition und Konkatenation

Machen Sie im interaktiven Modus der Python-Shell folgendes Experiment:

```
>>> a = input("Zahl: ")
Zahl: 4
```

Wenn Sie die Anweisung mit der `input()`-Funktion eingegeben und ⏎ gedrückt haben, wird sie sofort ausgeführt. Es erscheint das Prompt und Sie tippen z. B. die Zahl 4 ein. Nun lassen Sie den Inhalt von a ausgeben:

```
>>> a
'4'
```

Es erscheint eine Zeichenkette (in Hochkommata) und *nicht* eine Zahl. Versuchen Sie eine Addition!

```
>>> a + a
'44'
```

Das ist keine Summe! Bei Zeichenketten wird die Addition als Konkatenation (Verkettung) interpretiert. Hier wurde hinter die Zeichenkette '4' noch einmal die Zeichenkette '4' geschrieben.

2.3.4 Ausgabe – die print()-Funktion

Mit der `print()`-Funktion können Werte von Objekten auf dem Bildschirm ausgegeben werden. Im einfachsten Fall übergibt man als Argument den Text, der ausgegeben werden soll.

```
print("Der Zylinder hat folgendes Volumen (Kubikmeter)")
```

Das Argument kann auch ein Ausdruck mit Variablen und Funktionsaufrufen sein. Im Beispielprogramm wird der auf zwei Nachkommastellen gerundete Wert der Variablen `volumen` ausgegeben:

```
print(round(volumen, 2))
```

Im Beispielprogramm wurde die Ausgabe auf zwei Zeilen verteilt. Nach jedem Aufruf von `print()` wird standardmäßig eine neue Zeile begonnen. Es können auch mehrere Werte in einem einzigen Aufruf der `print()`-Funktion ausgegeben werden. Dazu werden in den Klammern hinter `print` mehrere Ausdrücke, durch Kommata getrennt, aufgeführt. Zwischen die ausgegebenen Objekte schreibt das System ein Leerzeichen. Mit dieser Technik können Sie schönere und besser lesbare Ausgabetexte erzeugen. Ersetzen Sie in dem Programm den Ausgabeteil durch folgende Anweisung:

```
print("Der Zylinder hat ein Volumen von",
      round (volumen, 2),
      "Kubikmetern.")
```

Die Ausgabe lautet nun:

```
Der Zylinder hat ein Volumen von 62.83 Kubikmetern.
```

Beachten Sie folgendes Detail: Der Funktionsaufruf steht nicht in *einer* Zeile, sondern ist – aus Gründen der Übersichtlichkeit – auf drei Zeilen verteilt. In jeder Zeile steht ein Parameter des Funktionsaufrufs, in diesem Fall also ein Objekt, das ausgegeben wird. Python erlaubt, dass die Elemente von Parameterlisten und anderen Sequenzen auf verschiedene Zeilen verteilt werden.

Zeilenwechsel unterdrücken

Nach jedem Aufruf von `print()` wird in der Standardausgabe eine neue Zeile begonnen. Man kann sich das so vorstellen, dass die `print()`-Funktion an das Ende des auszugebenden Textes ein Sonderzeichen zum Zeilenwechsel anhängt. Dieses Sonderzeichen ist \n. Das ist so voreingestellt, aber Sie können es ändern, indem Sie ein optionales Schlüsselwort-Argument verwenden. Schlüsselwort-Argumente (*keyword arguments*) haben immer die Form

schlüsselwort=wert

Das Schlüsselwort für den Zeilenwechsel lautet `end`. Um den voreingestellten Zeilenwechsel zu unterdrücken, fügen Sie das Schlüsselwort-Argument `end=""` hinzu. Beispiel:

```
print("Der Zylinder hat ein Volumen von ", end="")
print(round (volumen, 2), end="")
print(" Kubikmetern.", end="")
```

2.4 Programmverzweigungen

Die bisherigen Programme waren linear. Sie bestanden aus einer Folge von Anweisungen, die nacheinander vom Interpreter ausgeführt wurden. Programme können aber auch Verzweigungen enthalten. Bei einer Verzweigung werden bestimmte Anweisungen nur dann ausgeführt, wenn Bedingungen erfüllt sind. Aber was genau ist eine Bedingung?

2.4.1 Einfache Bedingungen

Eine Bedingung ist eine logische Aussage, die wahr oder falsch sein kann. Sie verwenden Bedingungen, wenn Sie im Alltag Entscheidungen treffen:

Wenn es regnet, nehme ich einen Regenschirm mit.

Hier ist die Aussage »Es regnet« eine Bedingung. Sie kann wahr sein (es regnet tatsächlich) oder falsch (die Sonne scheint).

Für Bedingungen hat Python den Datentyp bool. Die Bezeichnung erinnert an den englischen Mathematiker George Boole, der 1854 erstmals eine Theorie logischer Formeln veröffentlichte. Objekte vom Typ bool können die Werte True (wahr) oder False (falsch) annehmen. Achten Sie auf die Schreibweise! Beide Literale beginnen mit großen Buchstaben.

Eine Besonderheit von Python ist, dass Daten zusätzlich zu ihrem eigentlichen Wert auch einen Wahrheitswert besitzen. So haben alle Zahlen mit dem Wert null (0, 0.0) und alle leeren Kollektionen (z.B. eine leere Zeichenkette "" oder eine leere Liste[]) den Wahrheitswert False. Mit der Funktion bool() können Sie den Wahrheitswert eines Objekts abfragen.

```
>>> bool(0)
False
>>> bool(100)
True
>>> bool(-23)
True
```

Bedingungen sind meistens Vergleiche. Vergleiche sind Ausdrücke mit Vergleichsoperatoren, die Sie aus der Mathematik kennen, etwa

```
a < b
```

Tabelle 2.2 gibt einen Überblick über die Vergleichsoperatoren bei Python.

Operator	Erklärung	Beispiel	Wahrheitswert
<	kleiner	10 < 20	True
		10 < 10	False

Tabelle 2.2: Vergleichsoperatoren bei Python

Operator	Erklärung	Beispiel	Wahrheitswert
<=	kleiner oder gleich	10 <= 20	True
		10 <= 10	True
>	größer	5.0 > 5.0	False
>=	größer oder gleich	5 >= 6	False
==	gleich	1 == 1.000	True
!=	ungleich	2 != 3	True
is	identisch	2 is 2	True
is not	nicht identisch	1 is not 2	True

Tabelle 2.2: Vergleichsoperatoren bei Python (Forts.)

Probieren Sie im interaktiven Modus einige Vergleiche aus:

```
>>> 1.0 == 1
True
>>> 1 == 2
False
>>> 1 == 1
True
>>> 1 < 2
True
>>> 0b10 == 2
True
```

Der Interpreter wertet den Vergleich aus und liefert einen Wahrheitswert als Ergebnis.

Beachten Sie, dass der Vergleichsoperator – anders als in der Mathematik – aus zwei Gleichheitszeichen == besteht. Das einfache Gleichheitszeichen = wird für Zuweisungen verwendet.

Ansonsten können Sie bei Python arithmetische Vergleiche wie in der Mathematik formulieren. Insbesondere können Sie mehrere Vergleiche verketten.

```
>>> 1 < 2 < 3 < 4 < 5
True
```

Etwas typisch Informatisches ist die Unterscheidung zwischen Identität und Gleichheit. Zwei Objekte können den gleichen Wert haben, aber dennoch nicht identisch sein.

```
>>> 1 == 1.0
True
>>> 1 is 1.0
False
```

So haben 1 und 1.0 den gleichen Zahlenwert, es sind aber unterschiedliche Objekte. Denn 1 ist eine ganze Zahl (Typ `int`) und 1.0 eine Gleitkommazahl (Typ `float`).

2.4.2 Wie erkennt man eine gute Melone? Zusammengesetzte Bedingungen

Aus einfachen Bedingungen kann man mit logischen Operatoren komplexere Bedingungen zusammensetzen. Wie erkennen Sie zum Beispiel, ob eine Melone reif und saftig ist, ohne sie aufzuschneiden? Zwei Bedingungen müssen erfüllt sein:

- Der Stiel muss braun und trocken sein.
- Wenn Sie gegen die Melone klopfen, muss sie hohl klingen.

Beide (einfachen) Bedingungen müssen erfüllt sein. Sonst taugt die Melone nichts und Sie sollten sie liegen lassen. Hier ist die logische Operation eine UND-Verknüpfung. Die Gesamtaussage ist nur dann wahr, wenn beide Einzelaussagen wahr sind. Der Python-Operator lautet `and`. In einem Python-Programm könnte die zusammengesetzte Bedingung ungefähr so formuliert werden:

```
guteMelone = (stielfarbe == "braun") and (klang == "hohl")
```

Bei der ODER-Operation reicht es, wenn eine der beiden einfachen Bedingungen wahr ist, damit die komplexe Bedingung erfüllt ist. Zum Beispiel gibt es mehrere Gründe, auf der Autobahn in Ihrem Fahrzeug das Warnblinklicht einzuschalten, z. B.:

- Sie nähern sich dem Ende eines Staus.
- Sie haben eine Panne und müssen auf dem Seitenstreifen anhalten.

Wenn eine der beiden Situationen eintritt oder beide gleichzeitig, ist die Bedingung zum Einschalten des Warnblinklichts gegeben. Der Operator für ODER-Verknüpfungen lautet bei Python `or`. In einem Programm könnte die Bedingung in etwa so formuliert werden:

```
warnblink = stau or panne
```

Schließlich gibt es noch den Negationsoperator `not`. Eine Bedingung der Form

not *bedingung*

ist genau dann wahr, wenn *bedingung* falsch ist.

Die Bedeutung der logischen Operatoren wird in Wahrheitstafeln definiert. Dabei wird für alle Belegungen der Operanden jeweils der Wahrheitswert der Verknüpfung mit dem Operator angegeben.

a	b	a and b	a or b	not a
False	False	False	False	True
False	True	False	True	True
True	False	False	True	False
True	True	True	True	False

Tabelle 2.3: Wahrheitstafeln für die logischen Operatoren and, or und not

Logische Operatoren haben bei Python eine schwächere Bindung als Vergleichsoperatoren. Damit kann man häufig auf Klammern verzichten. Dennoch: Klammern verbessern die Lesbarkeit komplexer logischer Ausdrücke. Urteilen Sie selbst!

Ohne Klammern:

```
krank = kopfschmerzen or temperatur > 37 or puls > 100
```

Mit Klammern:

```
krank = kopfschmerzen or (temperatur > 37) or (puls > 100)
```

2.4.3 Einseitige Verzweigungen und Programmblöcke

Die einfachste Programmverzweigung ist die bedingte Anweisung, oder if-Anweisung. Wenn eine Bedingung erfüllt ist (wahr ist), wird ein zusammenhängender Block von Anweisungen ausgeführt. Wenn die Bedingung nicht erfüllt ist, passiert nichts. Das allgemeine Format ist:

```
if bedingung:
    anweisungsblock
```

Nach dem Schlüsselwort if folgt ein boolescher Ausdruck, der die Bedingung darstellt, dann kommt ein Doppelpunkt. Die Bedingung braucht nicht eingeklammert zu werden. In der nächsten Zeile beginnt der Abweisungsblock, der nur ausgeführt ist, wenn die Bedingung erfüllt ist, die if-Klausel. Wie werden Anfang und Ende dieses Blocks markiert? In Java werden die Anweisungen durch geschweifte Klammern eingerahmt. Bei Python ist der Abweisungsblock eingerückt. Das wird bei Java üblicherweise auch gemacht, weil es die Lesbarkeit verbessert. Bei Python ist es Pflicht. Die Einrückung (*indentation*) hat eine *Bedeutung*.

Um wie viel Stellen eingerückt wird, ist beliebig (meist sind es vier Stellen). Es muss aber jede Zeile eines Blocks an der gleichen Stelle beginnen. Verwenden Sie den Tabulator oder Leerzeichen zum Einrücken, aber mischen Sie nicht Tabulator- und Leerzeichen. Hier ein Beispiel:

```
# passwort.py
name = input("Name: ")
passwort = input("Passwort: ")
if (passwort == "geheim") and (name ="Mike"):
    print ("Passwort korrekt.")
    print ("Herzlich willkommen!")
```

Weil Ein- und Ausrücken so wichtig ist, enthält der IDLE-Programmeditor im Menü FORMAT zwei Kommandos INDENT REGION und DEDENT REGION. Damit können Sie Programmstücke (die Sie zum Beispiel aus einem anderen Programm kopiert haben) einheitlich nach rechts und links verschieben. Das Verschieben geschieht durch Hinzufügen und Entfernen von Leerzeichen.

2.4.4 Haben Sie Ihr Idealgewicht?

Der Body-Mass-Index (BMI) ist eine Zahl, die nach folgender Formel aus dem Körpergewicht in Kilogramm (m) und der Körpergröße in Metern (l) berechnet wird: $bmi=m/l^2$. Das folgende Programm bestimmt den BMI und gibt eine Einschätzung auf der Basis der Klassifikation der Weltgesundheitsorganisation WHO (Stand 2008).

```
# Eingabe
print("Haben Sie Ihr Idealgewicht?")
masse = float(input ("Ihr Gewicht in kg: "))
größe = float (input("Ihre Größe in m: "))

# Verarbeitung
bmi = masse/größe**2

# Ausgabe
print ("Ihr Body-Mass-Index beträgt:", round(bmi, 2))
if bmi < 18.5:
    print("Sie haben Untergewicht.")
if 18.5 <= bmi <= 25:
    print ("Sie haben Normalgewicht.")
if 25 < bmi <= 30:
```

```
    print ("Sie haben Übergewicht.")
if bmi > 30:
    print ("Sie leiden unter Adipositas.")
```

Ein Beispielprogrammlauf:

```
Ihr Gewicht in kg: 80
Ihre Größe in m: 1.80
Ihr Body Mass Index beträgt: 24.69
Sie haben Normalgewicht.
```

In diesem Fall haben Sie eine Kette von bedingten Anweisungen mit sehr selektiven Bedingungen. Alle Bedingungen werden beim Programmlauf getestet, aber nur eine einzige Bedingung kann zutreffen, so dass nur einmal `print()` ausgeführt wird.

Hier testet der Interpreter bei jedem Programmlauf vier boolesche Ausdrücke. Auch wenn der erste Test bereits ein Treffer war und die folgenden booleschen Ausdrücke nicht mehr wahr sein können, werden sie dennoch ausgewertet und geprüft. Das ist nicht besonders effizient. Es geht aber auch besser, wenn Sie `if else`-Anweisungen verwenden. Man nennt sie zweiseitige Verzweigungen. Sie enthalten zusätzlich das Schlüsselwort `else` (sonst) und einen zweiten Anweisungsblock, der dann ausgeführt wird, wenn die Bedingung nicht erfüllt ist (else-Klausel). Das allgemeine Format ist:

```
if bedingung:
  Anweisungsblock 1 (if-Klausel)
else:
    Anweisungsblock 2 (else-Klausel)
```

Mit dieser Technik können Sie den letzten Teil des Programmtextes so gestalten:

```
if bmi <=25:
    if bmi < 18.5:
        print("Sie haben Untergewicht.")
    else:
        print ("Sie haben Normalgewicht.")
else:
    if bmi <= 30:
        print ("Sie haben Übergewicht.")
    else:
        print ("Sie leiden unter Adipositas.")
```

Das ist eine verschachtelte if else-Anweisung. Abbildung 2.6 veranschaulicht den Unterschied zur ersten Variante. Sie haben jetzt eine Baum-Struktur. Bei einem Programmlauf wird ein Pfad von oben (Wurzel des Baums) bis nach unten zu einem print()-Aufruf (Blatt des Baums) durchlaufen. Auf jedem Pfad von oben nach unten wird genau zwei Mal eine Bedingung getestet.

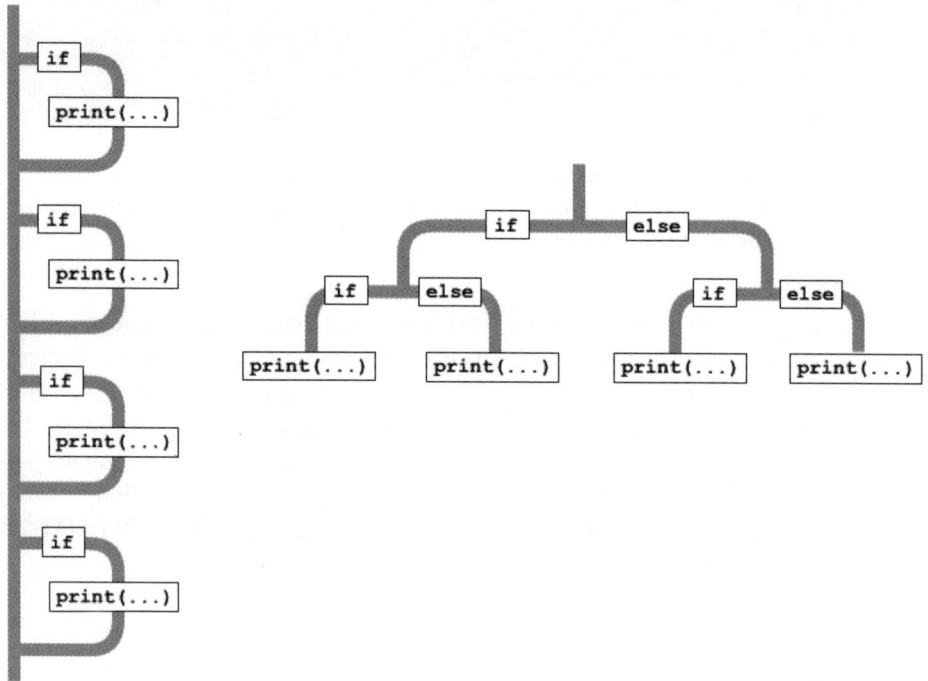

Abb. 2.6: Einseitige und zweiseitige Verzweigung

Der Programmtext verschachtelter if else-Anweisungen kann leicht unübersichtlich werden. Ein Kompromiss zwischen beiden Techniken ist die if elif else-Anweisung. Sie ähnelt einer Fallunterscheidung (*case*) bei anderen Programmiersprachen.

Das Schlüsselwort elif ist eine Kombination aus else und if. Das Format der Anweisung ist:

```
if bedingung 1:
    Anweisungsblock 1
elif bedingung 2:
    Anweisungsblock 2
...
else:
    Anweisungsblock n
```

Wenn *bedingung 1* nicht erfüllt ist, wird die nächste Bedingung geprüft. Es gibt beliebig viele elif-Klauseln mit weiteren Bedingungen. Sobald der Interpreter auf eine Bedingung stößt, die erfüllt ist, führt er den zugehörigen Anweisungsblock aus. Damit ist dann die Ausführung der if elif else-Anweisung abgeschlossen. Die nachfolgenden Klauseln werden übersprungen. Im Beispielprogramm sieht das dann so aus:

```
if bmi < 18.5:
    print("Sie haben Untergewicht.")
elif bmi <= 25:
    print ("Sie haben Normalgewicht.")
elif bmi <= 30:
    print ("Sie haben Übergewicht.")
else:
    print ("Sie leiden unter Adipositas.")
```

Abbildung 2.7 illustriert die Struktur einer solchen Verzweigung.

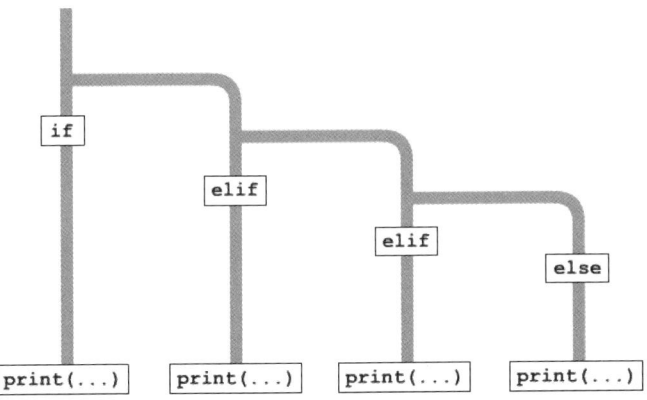

Abb. 2.7: Fallunterscheidungen mit if, elif und else

2.4.5 Eine Besonderheit von Python: Wahrheitswerte für Objekte

Mit Python kann man besonders kurze Programme schreiben. Ein Sprachmerkmal, mit dem dieses Ziel erreicht wird, ist folgendes: Jedes Objekt eines Standardtyps hat zusätzlich zu seinem eigentlichen Wert noch einen Wahrheitswert. Es ist ganz einfach: Leere Objekte (z.B. die Zahl 0 oder der leere String "") haben den Wahrheitswert False und alle anderen Objekte (z.B. die Zahl 1 oder der String "Hallo!") sind »wahr« und haben damit den Wert True. Probieren Sie aus:

```
>>> if 3:
    print ("Ungleich null")
```

2.5 Bedingte Wiederholung – die while-Anweisung

In vielen Programmen werden Programmblöcke wiederholt ausgeführt. Im Programmierjargon werden Wiederholungen oft als *Schleifen* bezeichnet. Man stellt sich dann eine Bahn wie in Abbildung 2.8 vor, die einen kreisförmigen Abschnitt mit einer Weiche enthält. Ein Zug fährt so lange im Kreis, bis die Weiche umgelegt wird. Dann kann er die Schleife verlassen.

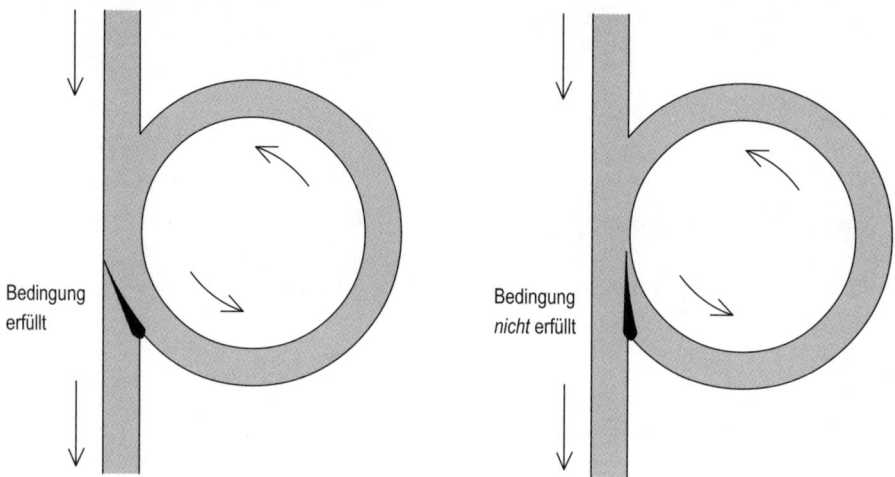

Abb. 2.8: Visualisierung einer while-Anweisung als Schleife

Bei Python gibt es zwei Typen von Wiederholungsanweisungen:

- die for-Anweisung (Iteration über eine Kollektion) und
- die while-Anweisung (bedingte Wiederholung)

Die for-Anweisung gehört zu Kollektionen (das sind Objekte, die mehrere Elemente enthalten) und wird deshalb in Kapitel 3 im Zusammenhang mit Listen, Tupeln und Mengen behandelt. Hier geht es zunächst um die while-Anweisung, die auch am besten zum Bild der Schleife passt.

Bei einer bedingten Wiederholung wird eine Anweisung oder Anweisungsfolge so lange wiederholt, wie eine *Bedingung* erfüllt ist. Beispiele aus dem Alltag sind:

- Solange das Spiel läuft, bleibe im Stadion und unterstütze deinen Verein.
- Solange das Auto langsamer als 50 km/h ist, gib Gas.
- Solange der Konflikt noch nicht gelöst ist, rede und verhandle.

```
while Bedingung:
    anweisungsblock
```

Hinter dem Schlüsselwort while steht ein Ausdruck, der die Bedingung darstellt, gefolgt von einem Doppelpunkt. In den folgenden Zeilen stehen die Anweisungen, die wiederholt werden sollen – das *Schleifeninnere*. Sie müssen um die gleiche Anzahl von Stellen eingerückt sein, damit sie der Interpreter als zusammengehörigen Block erkennt.

Es kann sein, dass die Anweisungen des Schleifeninneren nicht ein einziges Mal ausgeführt werden, nämlich dann, wenn die Bedingung von Anfang an nicht erfüllt ist.

```
while False:
    print("Das wird niemals gedruckt werden ...")
```

2.5.1 Projekt: Zahlenraten

Das Spiel geht folgendermaßen: Der Computer wählt eine Zufallszahl und der Spieler muss die Zahl mit möglichst wenig Versuchen erraten. Nach jeder Eingabe meldet der Computer, ob die Zahl zu klein oder zu groß war.

Beispieldialog:

```
Ich denke an eine Zahl zwischen 1 und 100.
Rate mal, welche Zahl das ist.
Zahl: 50
Zu klein!
Zahl: 80
Zu groß!
Zahl: 70
Richtig!
```

Skript:

```
# zahlenraten.py
from random import randint
zufallszahl = randint(1, 100)                           #1
print("Ich denke an eine Zahl zwischen 1 und 100.")
print("Rate mal, welche Zahl das ist.")
zahl = int(input("Zahl: "))                             #2
while zahl != zufallszahl:
    if zahl < zufallszahl:
        print("Zu klein!")
    else:
        print("Zu groß!")
    zahl = int(input("Zahl: "))
print("Richtig!")
```

Kommentare:

#1: Der Funktionsaufruf liefert eine Zahl zwischen 1 und 100, die der Variablen zufallszahl zugewiesen wird.

#2: Der Interpreter wartet, bis über die Tastatur eine Eingabe erfolgt ist. Die eingegebene Zeichenkette wird in eine ganze Zahl (Typ int) »umgewandelt«.

2.5.2 Have a break! Abbruch einer Schleife

Die Anweisung

```
break
```

im Schleifeninneren bewirkt, dass die while-Anweisung abgebrochen wird. Mit break können Sie Wiederholungen als Endlosschleifen definieren.

Im folgenden Beispiel wird so lange eine Benutzereingabe eingefordert, bis eine Zahl zwischen 1 und 10 eingegeben worden ist:

```
print("Bitte geben Sie eine Zahl zwischen 1 und 10 ein.")
while True:
    zahl = input("Zahl: ")
    if 1 <= int(zahl) <= 10:
        break   # Zahl ist in Ordnung
    else:
        print("Die Zahl muss zwischen 1 und 10 liegen.")
print("Danke für die Zahl.")
```

Programmlauf:

```
Bitte geben Sie eine Zahl zwischen 1 und 10 ein.
Zahl: 12
Die Zahl muss zwischen 1 und 10 liegen.
Zahl: 4
Danke für die Zahl.
```

Eine solche Konstruktion ist manchmal besser zu verstehen als eine übliche while-Anweisung mit einer Bedingung, die irgendwann den Wert False annimmt und dann für ein Ende der Wiederholung sorgt.

2.6 Projekte mit dem GPIO

while-Schleifen sind für die Kommunikation mit der Außenwelt über den GPIO unentbehrlich. Wenn der Computer auf das Signal eines Sensors (etwa das Schließen eines Schalters) reagieren soll, muss er den Sensor ständig beobachten, damit er eine Zustandsänderung erkennen kann. Informationen zum GPIO finden Sie im Anhang B.

2.6.1 Blinklicht

Verwenden Sie die Schaltung mit einer LED aus Abschnitt 1.7.1. Das folgende Programm lässt die LED blinken.

Programm

```
from RPi import GPIO
from time import sleep
GPIO.setmode(GPIO.BOARD)
GPIO.setup(10, GPIO.OUT)              #1
while True:                           #2
    GPIO.output(10, False)            #3
    sleep(0.5)                        #4
    GPIO.output(10, True)             #5
    sleep(0.5)
```

Kommentare

#1: Pin 10 des GPIO wird als Ausgang konfiguriert.

#2: Endlosschleife. Der folgende eingerückte Block wird ewig wiederholt.

#3: Pin 10 wird auf 0 Volt gesetzt. Es fließt Strom und die LED leuchtet.

#4: 0,5 Sekunden warten.

#5: Die LED wird wieder ausgeschaltet.

2.6.2 Schalter

Wenn Sie die Pins des GPIO als Eingang verwenden wollen, benötigen Sie Schalter. Es gibt vielfältige Schaltertypen: Drehschalter, Kippschalter, Tastschalter, Reed-Schalter, Fußschalter, Schlüsselschalter usw. Natürlich kann man Schalter im Elektronikfachhandel kaufen. Aber bei Projekten mit dem Raspberry Pi entwickelt man häufig experimentelle Prototypen, und da kann es reizvoll sein, aus Alltagsmaterialien, die man sowieso im Haus hat, Schalter selbst zu bauen.

Mit einem Schalter wird mechanisch ein Stromkreis geschlossen. Das ist alles. In Abbildung 2.9 sehen einen Tastschalter, der aus einer Holzklammer und zwei Reißnägeln (Heftzwecken) zusammengebaut worden ist.

In späteren Kapiteln finden Sie noch weitere Bauanleitungen für spezielle Schalter wie z. B. Fußschalter für Actionspiele.

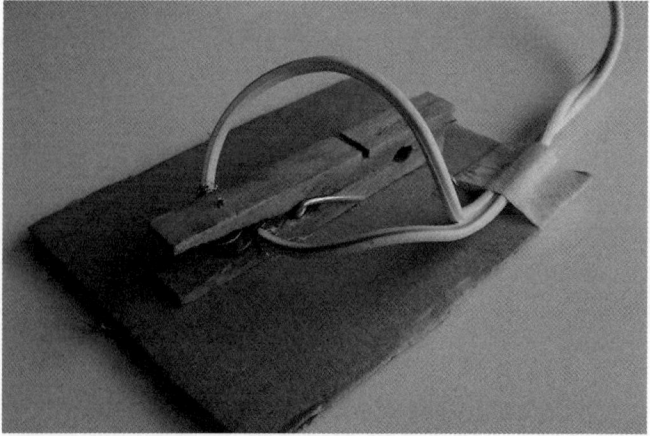

Abb. 2.9: Tastschalter aus einer Wäscheklammer und zwei Reißnägeln (Bauzeit 1 min)

Ein Pin des GPIO, der als Eingang verwendet wird, muss sich in einem von zwei definierten elektrischen Zuständen befinden:

- 0 Volt. Das entspricht dem Wahrheitswert `False`.
- +3,3 Volt. Das entspricht dem Wahrheitswert `True`.

Abbildung 2.10 zeigt den Aufbau einer Schaltung, bei der Pin 10 als Eingang verwendet wird. Pin 10 ist über einen 10-Kiloohm-Widerstand an die Masse (GND) angeschlossen. Wenn der Schalter geöffnet ist, hat Pin 10 deshalb ein niedriges elektrisches Potenzial (0 Volt).

Wenn der Schalter geschlossen ist, ist Pin 10 mit Pin 1 verbunden, an dem gegenüber der Masse eine Spannung von +3,3 Volt anliegt. Pin 10 hat dann also ein hohes elektrisches Potenzial (+3,3 Volt).

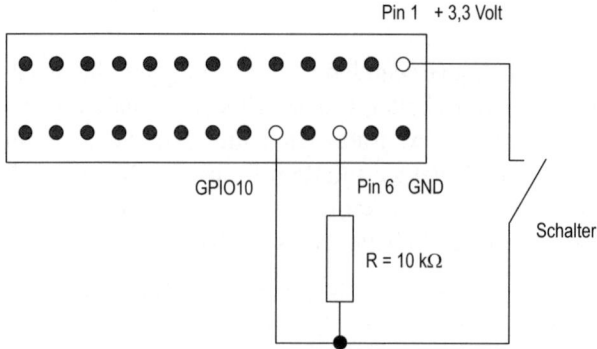

Abb. 2.10: Pin 10 wird als Eingang verwendet und kann durch Schließen und Öffnen des Schalters seinen Zustand wechseln.

Nun geht es darum, wie das Eingangssignal an Pin 10 in einem Python-Programm verarbeitet werden kann.

2.6.3 Zähler

In diesem Projekt verwenden wir die Schaltung aus Abbildung 2.10. Das Programm soll in einer Endlosschleife zählen, wie oft der Schalter gedrückt worden ist, und die Zahl (nach jedem Drücken) auf dem Bildschirm ausgeben.

```
>>>
1
2
3
...
```

Programm

```
# zaehler.py
from RPi import GPIO
from time import sleep
GPIO.setmode(GPIO.BOARD)
GPIO.setup(10, GPIO.IN)                  #1
count=0                                  #2
while True:
    if GPIO.input(10):
        count += 1                       #3
        print(count)
        sleep(0.05)                      #4
        while GPIO.input(10):            #5
            sleep(0.05)
```

Kommentare

#1: Pin 10 wird als Eingang konfiguriert.

#2: Der Zähler wird auf null gesetzt.

#3: Über den Widerstand ist Pin 10 auf ein Potenzial von 0 Volt gesetzt (`False`). Wenn der Schalter geschlossen worden ist, springt die Spannung auf +3.3 Volt (`True`). Dann wird der eingerückte Anweisungsblock ausgeführt.

#4: Um ein etwaiges Prellen des Schalters auszuschalten, wartet das Programm 50 Millisekunden. (Prellen heißt, dass der Kontakt in den ersten Millisekunden nicht stabil ist.)

#5: Nun wartet das Programm so lange, bis der Schalter wieder geöffnet ist und an Pin 10 wieder eine Spannung von 0 Volt anliegt (Wahrheitswert `False`).

2.7 Projekt: Eine Alarmanlage

In diesem Abschnitt erfahren Sie, wie Sie eine voll funktionsfähige Alarmanlage bauen können. Falls Sie nicht vorhaben, Ihr Haus zu verkabeln, aber dennoch an der Programmiertechnik interessiert sind, können Sie das Programm auch allein auf Ihrem Raspberry Pi in Kombination mit einem PiFace testen. Das PiFace besitzt nämlich LEDs und Tastschalter, die zum Testen von Steuerungssoftware hervorragend geeignet sind.

2.7.1 Die digitalen Eingänge des PiFace

In diesem Abschnitt erfahren Sie ein paar Hintergrundinformationen zu den digitalen Eingängen des PiFace. Am vorderen Rand des PiFace befindet sich eine hellgraue Leiste mit neun Schraubklemmen. Der Anschluss rechts ist mit der Masse (GND) verbunden. Auf der Platine sehen Sie hinter dem Anschluss ganz klein die Beschriftung 0V. Links daneben sind acht Eingänge. Sie haben die Nummern 0 bis 7.

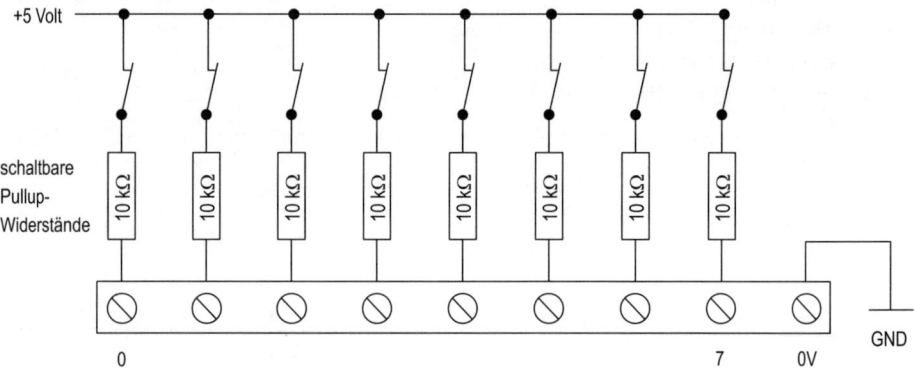

Abb. 2.11: Die Input-Anschlüsse des PiFace Digital

Eine Besonderheit des PiFace ist, dass die Eingangsanschlüsse über 10-kΩ-Widerstände an +5V angeschlossen sind. Mit einem digitalen Universalmessgerät können Sie nachprüfen, dass im Ausgangszustand des PiFace alle acht Eingänge ein positives Potenzial tragen.

Das positive Potenzial ist aber bei der Programmierung mit dem Python-Modul PiFace mit dem Wahrheitswert `False` bzw. der Zahl 0 assoziiert. Starten Sie als Administrator die Python-Shell (Python 2.7) mit

```
sudo idle
```

und machen Sie einige Experimente:

```
>>> from piface import pfio
>>> pfio.init()
>>> print pfio.digital_read(0)
0
```

Eingang 0 trägt also eine positive elektrische Spannung, repräsentiert aber eine 0.

Beachten Sie: Wir verwenden hier ja (ausnahmsweise) Python 2.7. In Python 2 wird print ohne Klammern verwendet.

Abb. 2.12: Messung der Spannung an Eingang 0 (links) gegenüber der Masse (rechts)

Diese sogenannten Pullup-Widerstände können Sie mit der Python-Funktion digital_write_pullup() aktivieren und deaktivieren. Wenn *Pullup ein* deaktiviert ist, liegt eine Spannung von 0 Volt an, die die Zahl 1 repräsentiert. Die Funktion wird mit zwei Argumenten aufgerufen. Das erste Argument ist die Pin-Nummer. Das zweite Argument kann 0 (zum Deaktivieren) oder 1 (zum Aktivieren) sein. So deaktivieren Sie den Pullup-Widerstand von Eingang 0:

```
>>> pfio.digital_write_pullup(0, 0)
>>> pfio.digital_read(0)           # Eingang lesen
1
```

Und so aktivieren Sie ihn wieder.

```
>>> pfio.digital_write_pullup(0, 1)
>>> pfio.digital_read(0)           # Eingang lesen
0
```

Am besten lassen Sie den Pullup-Widerstand so, wie er voreingestellt ist, also aktiviert. Um einen Eingang von außen zu steuern, verbinden Sie ihn über einen Schalter mit der Masse (siehe Abbildung 2.13). Die Eingänge 0 bis 3 können Sie auch über die Tastschalter S1 bis S4 ansteuern.

2.7.2 Aufbau und Arbeitsweise der Alarmanlage

Die Alarmanlage soll folgendermaßen verwendet werden. Wenn alle Fenster und Türen des geschützten Bereichs geschlossen sind, wird die Anlage mit einem Schlüsselschalter aktiviert. Wenn jetzt jemand eine Tür oder ein Fenster öffnet, gibt es nach fünf Sekunden Alarm. Wenn Sie den Bereich wieder betreten wollen, ohne Alarm auszulösen, müssen Sie innerhalb von fünf Sekunden den Alarm deaktivieren. Wenn der Alarm ausgelöst ist, endet er wieder, wenn die Anlage über den Schlüsselschalter deaktiviert worden ist.

Für die Alarmanlage benötigen Sie folgende Bauteile:

- Raspberry Pi und PiFace
- Kabel
- Schalter für die Fenster und Türen, die gesichert werden sollen (z.B. Reed-Schalter)
- Einen Schlüsselschalter zum Aktivieren und Deaktivieren der Alarmanlage
- Alarmsirene oder Scheinwerfer (max. 20 V und 5 A).
- Kabel

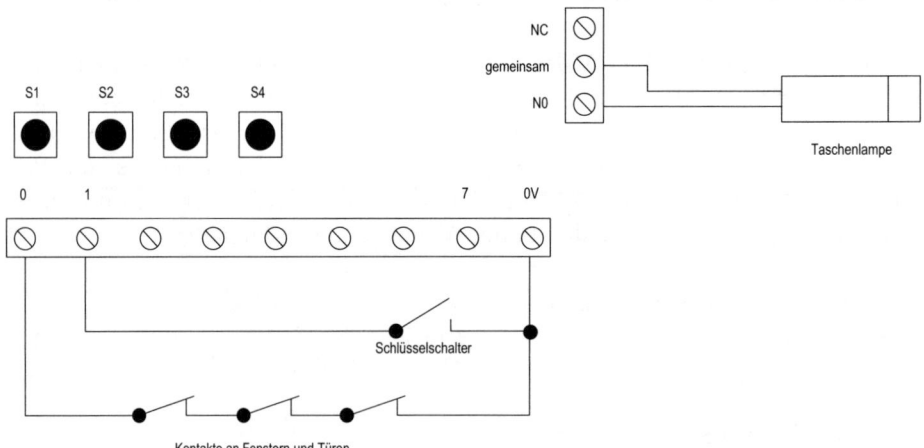

Abb. 2.13: Schaltung einer Alarmanlage

Abbildung 2.13 zeigt den Aufbau der Anlage. Zur Absicherung der Fenster und Türen verwendet man am besten Reed-Schalter, die unsichtbar angebracht werden können. Ein Reed-Schalter besteht aus zwei ferromagnetischen Metallplättchen, die in ein Glasröhrchen mit Schutzgas eingeschmolzen sind. Sie liegen dicht zusammen, aber berühren sich nicht. Kommt ein Magnet in die Nähe des Röhrchens, ziehen sich die beiden Metallstreifen an und schließen den Kontakt. In den beweglichen Teil des Fensters wird ein kleiner Magnet gesetzt und der Reed-Schalter kommt an passender Stelle in den Rahmen. Wenn das Fenster geschlossen wird, wird auch der Reed-Schalter (berührungsfrei) unter dem Einfluss des Magneten geschlossen.

2.7.3 Programmierung

Die Schalter zur Sicherung sind alle in Serie geschaltet und schalten Eingang 0. Wenn alles geschlossen ist, hat Eingang 0 den Wert 1. Sobald ein Fenster oder eine Tür geöffnet wird, wird der Stromkreis unterbrochen. Eingang 0 des PiFace hat dann den Wert 0.

Der Schlüsselschalter ist mit Eingang 1 verbunden. Wenn der Schlüsselschalter geschlossen ist (1), ist die Anlage aktiviert, sonst (0) ist sie deaktiviert.

Die Lampe oder Sirene wird durch Relais 0 geschaltet. Sie geht an, wenn der Ausgang 0 den Wert 1 hat.

Auf dieser Basis funktioniert das folgende Programm.

Programm

```
# alarm.py
from piface import pfio
from time import sleep
pfio.init()
read = pfio.digital_read                          #1
write = pfio.digital_write
write (0, 0)                                      #2
while True:
    if (read(0), read(1)) == (0, 1):              #3
        sleep(5)                                  #4
        if (read(0), read(1)) != (1, 0):          #5
            write(0, 1)                           #6
            while read(1) == 1:                   #7
                sleep(1)
            write(0, 0)                           #8
```

Kommentare

#1: Hier werden kürzere Namen für `digital_read` und `digital_write` eingeführt. Damit wird der Programmtext besser lesbar.

#2: Hier wird sichergestellt, dass der Alarm abgeschaltet ist.

#3: Wenn ein Fenster oder eine Tür geöffnet ist (0) und der Alarm aktiviert ist (1), wird der folgende eingerückte Anweisungsblock ausgeführt.

#4: Das System wartet fünf Sekunden. (Zum Testen sollte man hier eine kleinere Zahl einsetzen.)

#5: Wenn nicht alle Türen und Fenster wieder geschlossen sind und das Alarmsystem mit dem Schlüsselschalter nicht wieder deaktiviert ist, wird der Alarm ausgelöst.

#6: Relais 0 wird eingeschaltet (ebenso Ausgang 0 und LED 0) und damit Alarm gegeben.

#7: Die Warteschleife wird erst verlassen, wenn das Alarmsystem mit dem Schlüsselschalter deaktiviert worden ist.

#8: Der Alarm wird ausgeschaltet. Das System ist nun wieder im Ausgangszustand.

2.8 Aufgaben

2.8.1 Aufgabe 1: Anpeilen

Durch Anpeilen kann man Gelände vermessen und die Höhe von Gebäuden bestimmen. Entwickeln Sie ein interaktives Programm, das die im Bild angegebenen Größen abfragt und dann die Höhe berechnet und ausgibt. Für die Höhe des Gebäudes (im Bild nur bis zur Unterkante des Daches) gilt:

gebäudehöhe = tan(alpha)*entfernung + höhe

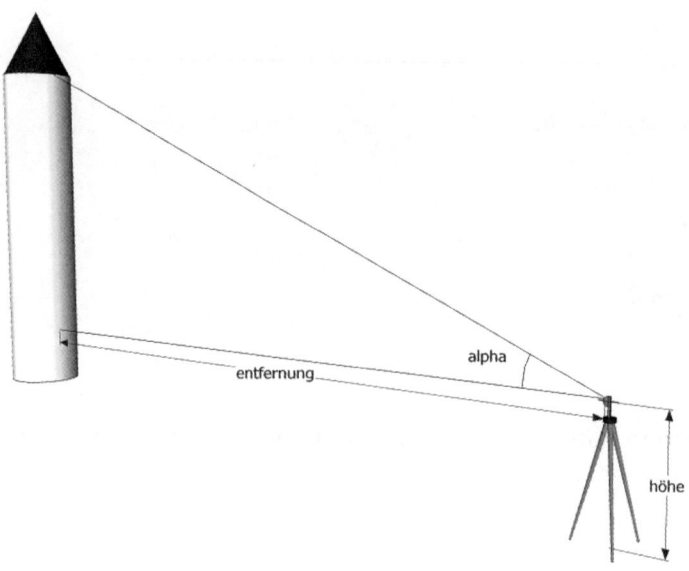

Abb. 2.14: Die Höhe eines Turms durch eine Winkelbestimmung ermitteln.

2.8.2 Aufgabe 2: Boolesche Ausdrücke

Welches Ergebnis liefert die Auswertung folgender – zum Teil etwas seltsamen – Ausdrücke? Probieren Sie sie in der Python-Shell aus!

Ausdruck	Ergebnis
not 2 > 1	
not False and True	
not not False	
not "Fisch" and not "Fleisch"	
1 or 0	
(2 > 2)	
1//2 and 2//1	

2.8.3 Aufgabe 3: Quiz

Erfinden Sie ein Quiz zu einer Thematik. Zu jeder Frage gibt es mehrere Antwortmöglichkeiten, von denen der Spieler eine auswählen kann. Jede richtige Antwort gibt einen Punkt. Nach drei Fragen gibt es eine Auswertung. Wurden drei Punkte erreicht, gibt es ein Lob.

Beispieldialog:

```
Wofür steht das "Pi" des Raspberry Pi
(P)ython Interpreter
(K)reiszahl Pi
Public (I)nternet
Antwort: P
Richtig.
Welches Betriebssystem funktioniert auf dem RPi nicht?
(R)ISC OS
(W)indows 8
(A)rch Linux
Antwort: w
Richtig.
In welchem Land wurde der RPi entwickelt?
(D)eutschland
(E)ngland
(U)SA
Antwort: e
Richtig.
Alles richtig beantwortet! Danke fürs Mitmachen!
```

2.8.4 Aufgabe 4: Wiederholte Berechnung

Erweitern Sie das Programm zur Berechnung eines Zylinders, so dass beliebig viele Rechnungen hintereinander ausgeführt werden. Beispieldialog:

```
Durchmesser in m: 2
Höhe in m: 10
Der Zylinder hat ein Volumen von 31.42 Kubikmetern.
Noch eine Rechnung (j/n)?
```

2.8.5 Aufgabe 5: Gesteuertes Blinken

Blinklichter werden oft zur Warnung bei gefährlichen Vorgängen eingesetzt. Wenn zum Beispiel ein Tor automatisch geöffnet oder geschlossen wird, blinkt währenddessen eine orangefarbene Warnleuchte. Modellieren Sie diese Situation mit dem Raspberry Pi. Verwenden Sie die Schaltung aus Abbildung 2.15 und schreiben Sie ein passendes Python-Programm. Nur wenn der Schalter geschlossen ist, soll die LED blinken, sonst nicht.

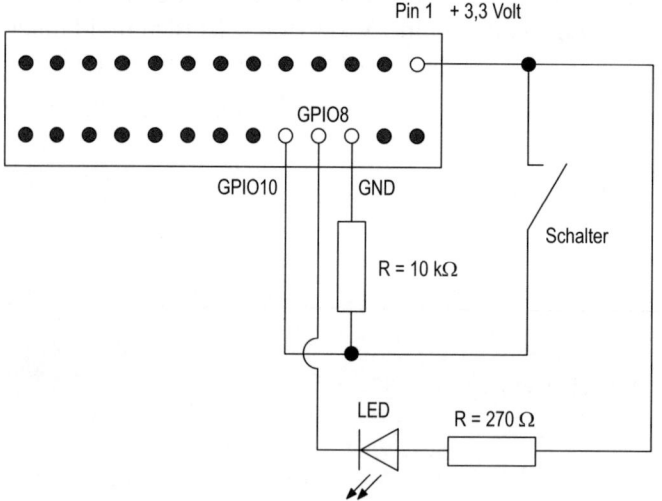

Abb. 2.15: Schaltung für ein gesteuertes Blinklicht

2.9 Lösungen

2.9.1 Lösung 1

```
# anpeilen.py
from math import tan, radians
```

```
# Eingabe
höhe = input("Höhe des Winkelmessers gegenüber dem Boden (m): ")
entfernung = input("Entfernung vom Gebäude (m): ")
winkel = input("Winkel (Grad): ")

# Verarbeitung
h = float(höhe)                              #1
e = float(entfernung)
alpha = radians(float(winkel))               #2
gebäudehöhe = h + e*tan(alpha)

# Ausgabe
print("Das Gebäude ist",
      round(gebäudehöhe, 2),
      "m hoch.")                             #3
```

Kommentare:

#1: Die Funktion input() liefert eine Zeichenkette, die in eine Gleitkommazahl umgewandelt werden muss.

#2: Der Winkel (in Grad) muss in den Radianten (Kreisbogen) umgewandelt werden.

#3: Die Ausgabe wird aus konstanten und variablen Teilen zusammengesetzt.

2.9.2 Lösung 2

Ausdruck	Ergebnis
not 2 > 1	True
not False and True	True
not not False	False
not "Fisch" and not "Fleisch"	False
1 or 0	True
(2 > 2)	False

2.9.3 Lösung 3

```
# Quiz
punkte=0                                                #1
print("Wofür steht das \"Pi\" des Raspberry Pi")        #2
print("(P)ython Interpreter")
print("(K)reiszahl Pi")
```

```
print("Public (I)nternet")
antwort = input("Antwort: ")
if (antwort == "p") or (antwort == "P"):            #3
    punkte += 1
    print("Richtig.")
else:
    print("Falsch. Richtig ist: Python Interpreter")

print("Welches Betriebssystem funktioniert auf dem RPi nicht?")
print("(R)ISC OS")
print("(W)indows 8")
print("(A)rch Linux")
antwort = input("Antwort: ")
if (antwort == "w") or (antwort == "W"):
    punkte += 1
    print("Richtig.")
 else:
    print("Falsch. Richtig ist: Windows 8")

print("In welchem Land wurde der RPi entwickelt?")
print("(D)eutschland")
print("(E)ngland")
print("(U)SA")
antwort = input("Antwort: ")
if (antwort == "e") or (antwort == "E"):
    punkte += 1
    print("Richtig.")
else:
    print("Falsch. Richtig ist: England")
if punkte == 3:
    print ("Alles richtig beantwortet! " , end="")      #4
print("Danke fürs Mitmachen!")
```

Kommentare:

#1: Die Variable punkte erhält den Anfangswert 0.

#2: Diese Zeichenkette enthält auch Anführungszeichen, die nicht als Begrenzungszeichen, sondern wie normale Buchstaben behandelt werden sollen. Sie werden durch die Folge \" kodiert. So etwas nennt man eine Escape-Sequenz.

#3: Die Antwort ist immer ein Buchstabe, er darf groß- oder kleingeschrieben werden.

#4: Der zweite Parameter (ein optionales Schlüsselwortargument) bewirkt, dass mit dem nächsten Aufruf von print() keine neue Zeile begonnen wird.

2.9.4 Lösung 4

Programm

Die Erweiterungen des Programms sind fett gedruckt.

```
# zylinder_mehrmals.py
from math import pi
antwort = "j"                                          #1
while antwort == "j":
    eingabe_durchmesser = input ("Durchmesser in m: ")
    eingabe_höhe = input ("Höhe in m: ")
    d = float(eingabe_durchmesser)
    h = float(eingabe_höhe)
    volumen = pi * (d/2)**2 * h
    print("Der Zylinder hat ein Volumen von ",
          round (volumen, 2), " Kubikmetern.")
    antwort = input("Noch eine Rechnung (j/n)? ")
print ("Auf Wiedersehen.")
```

Kommentare

#1: Die Variable antwort muss auf den Anfangswert "j" gesetzt werden, damit die Schleife wenigstens einmal durchlaufen wird.

2.9.5 Lösung 5

Programm

```
from RPi import GPIO
from time import sleep
GPIO.setmode(GPIO.BOARD)
GPIO.setup(10, GPIO.OUT)              #1
GPIO.setup(8, GPIO.IN)                #2
while True:
    if GPIO.input(8):                 #3
        GPIO.output(10, False)        #4
        sleep(0.5)
        GPIO.output(10, True)         #5
        sleep(0.5)
```

Kommentare

#1: Pin 10 ist Ausgang.

#2: Pin 8 ist Eingang.

#3: Wenn der Schalter geschlossen ist, hat Pin 8 den Zustand **True**. Dann wird der folgende (eingerückte) Block ausgeführt.

#4: Pin 10 hat niedriges elektrisches Potenzial. Strom fließt und die LED leuchtet.

#5: Pin 10 hat hohes elektrisches Potenzial. Strom fließt nicht mehr und die LED geht aus.

Kapitel 3

Kollektionen: Mengen, Listen, Tupel und Dictionaries

Zahlen und boolesche Werte (True, False) sind einfache Datentypen. Darüber hinaus gibt es Kollektionen, die aus mehreren Elementen oder Items zusammengesetzt sind. Dazu gehören Mengen, Listen, Tupel, Dictionaries, aber auch die Zeichenketten, die ja schon in den ersten beiden Kapiteln vorkamen. In praktisch allen etwas komplexeren Programmen spielen Kollektionen gleichartiger Objekte eine Rolle: die Pixel eines Fotos, die grafischen Elemente auf einer Bildfläche, Wörterbücher, eine Sammlung von Klängen, Zahlenfolgen usw.

In den Projekten in diesem Kapitel stehen die programmtechnischen Grundlagen der Verarbeitung von Kollektionen im Mittelpunkt.

3.1 Die Typhierarchie

Kollektionen sind Sammlungen von Objekten, die aus anderen Objekten zusammengesetzt sind. Die Elemente einer Kollektion nennt man auch *Items*. Man kann sich eine Kollektion als Behälter vorstellen, der leer sein kann oder aber mit einer gewissen Anzahl von Items gefüllt ist.

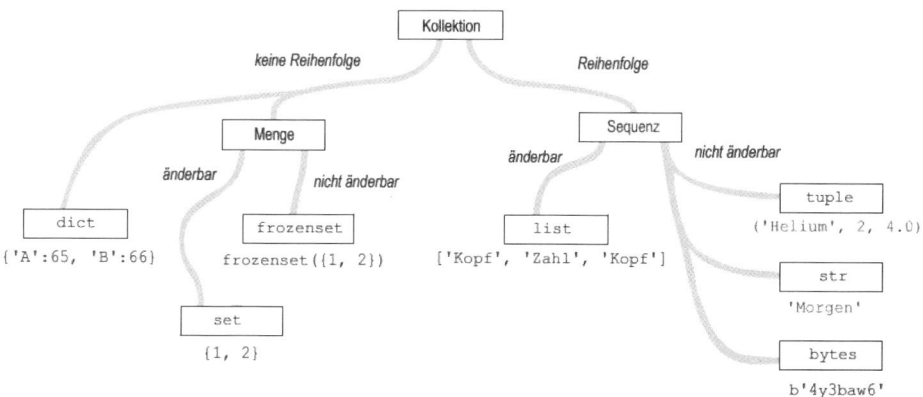

Abb. 3.1: Die Typ-Hierarchie der Kollektionen

Kapitel 3
Kollektionen: Mengen, Listen, Tupel und Dictionaries

Abbildung 3.1 gibt einen Überblick über die Standardtypen für Kollektionen bei Python. Der aktuelle Wert einer Kollektion kann durch ein Literal dargestellt werden. Das ist eine Zeichenfolge, die nach bestimmten Regeln aufgebaut ist. Am Aufbau eines Literals können Sie den Typ des Objekts erkennen. Zum Beispiel sind Zeichenketten immer mit Anführungszeichen oder Hochkommata versehen, Listen sind durch eckige Klammern und Mengen durch geschweifte Klammern eingerahmt. In der Abbildung finden Sie für jeden Typ ein Beispiel.

Die Typen von Kollektionen sind vor allem nach zwei Merkmalen geordnet: Reihenfolge und Änderbarkeit.

Reihenfolge der Elemente und Zugriff

Bei *Sequenzen* (die Typen `string`, `tuple`, `list`) befinden sich die Elemente in einer bestimmten Reihenfolge. Sie sind durchnummeriert, beginnend mit 0: Das heißt, jedes Element ist eine Zahl zugeordnet, der *Index*. Über den Index kann man auf ein Element direkt zugreifen. Man schreibt hinter den Namen der Sequenz den Index in eckige Klammern. Beispiel:

```
>>> w = "Tag"
>>> w[0]
'T'
>>> w[1]
'a'
>>> w[2]
'g'
```

Mengen (Typ `set` oder `frozenset`) und *Dictionaries* sind Kollektionen ohne bestimmte Reihenfolge der Elemente. Sie können die Elemente z. B. einer Menge aufzählen, aber die Reihenfolge kann bei jedem Aufzählen anders sein.

Änderbarkeit

Es gibt änderbare (*mutable*) und nicht änderbare Kollektionen. Eine änderbare Sequenz beliebiger Objekte heißt *Liste* (Typ `list`). Das Literal einer Liste beginnt und endet mit eckigen Klammern, z. B. [1, 2, 3]. Die Elemente einer Liste kann man durch andere ersetzen. Man kann an eine Liste neue Elemente anhängen, Elemente entfernen oder an eine Liste eine zweite Liste anhängen. Trotz solcher Änderungen bleibt es immer dieselbe Liste. Beispiel:

```
>>> s = [1, 2, 3]
>>> s[0] = 100
>>> s
[100, 2, 3]
```

Strings (Typ str) und Tupel (Typ `tuple`) sind dagegen *nicht änderbare* Kollektionen. Man kann z. B. nicht den ersten Buchstaben eines Strings austauschen. Probieren Sie aus:

```
>>> w = "Sonne"
>>> w[0]="T"
Traceback (most recent call last):
  File "<pyshell#5>", line 1, in <module>
    w[0]="T"
TypeError: 'str' object does not support item assignment
```

Eine besondere Art von Strings sind Bytestrings (Typ: `bytes`), z. B. b"m12ss". Sie stellen keine Texte, sondern binäre Daten dar, also Folgen von Nullen und Einsen. Jedes Zeichen des Bytestrings repräsentiert eine Gruppe von acht Bits (1 oder 0). Eine solche Gruppe aus acht Bits nennt man Oktette oder Byte.

Ein *Tupel* (Typ `tuple`) ist eine nicht änderbare Sequenz von beliebigen Objekten. Häufig modelliert man mit Tupeln Dinge, die aus mehreren Komponenten bestehen, beispielsweise ein chemisches Element, das einen Namen, eine Ordnungszahl und eine mittlere Atommasse hat:

```
("Helium", 2, 4.0)
```

Auch Mengen können änderbar oder nicht änderbar sein. Die normale Menge (Typ `set`) kann verändert werden, es können z. B. Elemente entfernt oder hinzugefügt werden. Daneben gibt es auch unveränderbare Mengen. Dieser Typ heißt `frozenset`.

Vielleicht fragen Sie sich, wozu man überhaupt unveränderbare Kollektionen braucht. Der Vorteil einer unveränderbaren Kollektion ist, dass der Python-Interpreter aus ihrem (konstanten) Wert einen Schlüssel erzeugen kann, der zur Identifikation eines anderen Objekts genutzt werden kann. Solche Schlüssel benötigt man z. B. für Dictionaries.

3.2 Gemeinsame Operationen für Kollektionen

Die Standardtypen für Kollektionen sind als Hierarchie aufgebaut. Das heißt, es gibt Eigenschaften und Operationen, die für alle Arten von Kollektionen gelten, dann gibt es speziellere Eigenschaften und Operationen, die nur für Sequenzen gelten, usw. Das erleichtert das Programmieren, weil man nur relativ wenige Befehle lernen muss. Das sind wichtige gemeinsame Eigenschaften von Kollektionen:

- Kollektionen enthalten Objekte (*Items*). Man kann prüfen, ob ein Objekt in einer Kollektion enthalten ist.

Kapitel 3
Kollektionen: Mengen, Listen, Tupel und Dictionaries

- Kollektionen sind iterierbar. Das heißt, es ist möglich, alle Elemente der Kollektion nacheinander zu durchlaufen.
- Kollektionen haben eine Länge. Darunter versteht man die Anzahl der enthaltenen Elemente. Eine leere Kollektion hat die Länge 0.

Operation	Ergebnis
x in s	True, wenn das Objekt x in der Kollektion s enthalten ist, und False sonst
x not in s	True, wenn das Objekt x in der Kollektion s nicht enthalten ist, und False sonst
frozenset(s)	Eine konstante Menge aus den Elementen von s
len(s)	Die Länge, d.h. die Anzahl der Elemente der Kollektion s
list(s)	Eine Liste aus den Elementen der Kollektion s
min(s)	Das kleinste Item der Kollektion s
max(s)	Das größte Item der Kollektion s
set(s)	Eine Menge mit den Elementen der Kollektion s
sorted(s)	Eine sortierte Liste mit den Elementen aus s
str(s)	Ein String, der das Literal von s wiedergibt
tuple(s)	Ein Tupel mit den Elementen von s

Tabelle 3.1: Operationen für Kollektionen

Tabelle 3.1 zeigt die gemeinsamen Operationen für Kollektionen. Beachten Sie, dass Sie aus jeder Kollektion eine Kollektion eines anderen Typs gewinnen können (*Casting*). Beispiele:

```
>>> set('raspberry')
{'e', 'a', 'b', 'p', 'r', 's', 'y'}
>>> tuple('raspberry')
('r', 'a', 's', 'p', 'b', 'e', 'r', 'r', 'y')
```

3.3 Kollektionen in Bedingungen

Mit den Operatoren in und not in kann man prüfen, ob ein Objekt in einer Kollektion enthalten ist oder nicht. Beispiele:

```
>>> 1 in [1, 2, 3, 4]
True
>>> "x" in "War wohl nichts"
False
```

Solche Tests sind besonders praktisch für die Programmierung benutzerfreundlicher Dialogsysteme, die auf Eingaben flexibel reagieren. Hier einige Beispiele:

3.3.1 Projekt: Kundenberatung

Ein Kunde wird aufgrund seines Nachnamens einem Sachbearbeiter zugeordnet.

Beispieldialog

```
Herzlich willkommen bei der Bürgerberatung!
Geben Sie Ihren Nachnamen an.
Nachname: Hohler
Für Sie ist Simone Meier zuständig.
```

Skript

```
print ("Herzlich willkommen bei der Bürgerberatung!")
print ("Geben Sie Ihren Nachnamen an.")
name = input("Nachname: ")
if name[0] in "abcdefghijkABCDEFGHIJK":            #1
    bearbeiter = "Simone Meier"
else:
    bearbeiter = "Frank Kabus"
print ("Für Sie ist", bearbeiter, "zuständig.")    #2
```

Kommentare

#1: name[0] ist der erste Buchstabe der Zeichenkette, die der Benutzer eingegeben hat. Hier wird geprüft, ob der Anfangsbuchstabe des Nachnamens zwischen A und K liegt.

#2: Der Ausgabetext enthält einen variablen Teil. Das ist der Name des Bearbeiters.

3.3.2 Projekt: Sichere Kommunikation

Das Dialogsystem wartet so lange, bis ein gültiges Wort eingegeben worden ist.

Beispieldialog

```
Bitte wählen Sie ein Metall aus.
Metall: Holz
Metall: Kupfer
Sie haben Kupfer gewählt.
```

Skript

```
metalle = ["Gold", "Zinn", "Silber", "Kupfer"]     #1
m = "x"                                             #2
print ("Bitte wählen Sie ein Metall aus.")
while m not in metalle:
    m = input("Metall: ")
print ("Sie haben", m, "gewählt.")
```

Kommentare

#1: Hier haben wir eine Liste mit den Namen von Metallen.

#2: Die Variable m erhält einen Wert, der *nicht* in der Liste `metalle` vorkommt, damit die `while`-Schleife mindestens einmal durchlaufen wird.

3.4 Iteration – die for-Anweisung

Bei einer Iteration (*iter*: lateinisch für Marsch oder Gang) werden alle Elemente einer Kollektion durchlaufen und in der Regel für jedes einzelne Element gewisse Anweisungen ausgeführt. Die Iteration ist also eine Form der Wiederholung, die durch eine Kollektion gesteuert wird. Iterationen kennen wir aus dem Alltag:

- Klebe auf jede Urlaubskarte eine Marke.
- Gib jedem Gast der Party die Hand.
- Iss alle Kekse.

Iterationen definieren Sie durch `for`-Anweisungen. Eine `for`-Anweisung hat folgendes Muster:

```
for item in kollektion:
    anweisungsblock
```

Nach dem Schlüsselwort `for` folgt ein Name für das aktuelle Item der Kollektion (Laufvariable). Danach kommen das Schlüsselwort `in`, die Bezeichnung der Kollektion, die durchlaufen werden soll, und schließlich ein Doppelpunkt. Nach der ersten Zeile folgt eingerückt der Anweisungsblock, der für jedes Item ausgeführt werden soll. Darin kann natürlich die Variable `item` verwendet werden, die sozusagen die Verbindung zur Kollektion herstellt. Hier einige Beispiele zum Ausprobieren. Zuerst eine Iteration über eine Zeichenkette (String):

```
for c in "SOS":
    print(c)
```

Eine Iteration über eine Liste von Zahlen:

```
for i in [1, 2, 3]:
    print (i**3)

1
8
27
```

Abbildung 3.2 veranschaulicht die Ausführung von Iterationen mit einem Klebezettelmodell. Die Laufvariable kann man sich als Zettel vorstellen, der nacheinander an die Items der Sequenz geheftet wird und der so das aktuelle Item markiert.

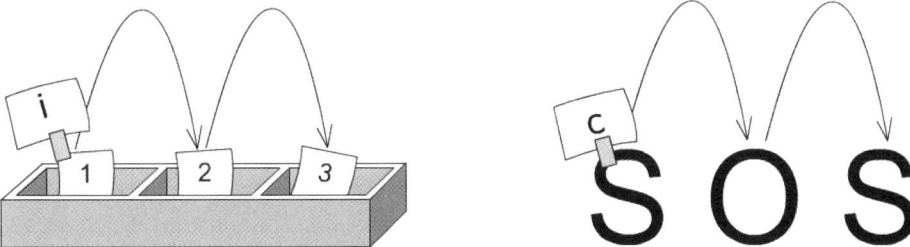

Abb. 3.2: Veranschaulichung einer Iteration über eine Sequenz.

Bei einer Iteration über eine Menge entspricht die Reihenfolge, in der die Elemente verarbeitet werden, nicht unbedingt der Reihenfolge im Literal:

```
>>> for i in {2, 3, 13, 1}:
    print (i, end=" ")

1 2 3 13
```

3.4.1 Verwendung von break

Die Ausführung einer Iteration kann durch die Anweisung break abgebrochen werden. Im folgenden Beispiel wird in einer Menge eine Zahl gesucht, die durch 7 teilbar ist. Wenn sie gefunden worden ist, wird sie ausgegeben und die Iteration abgebrochen.

```
>>> zahlen = {12, 57, 45, 13, 14}
>>> for i in zahlen:
    if i%7 == 0:
        print(i, "ist durch 7 teilbar.")
```

```
            break
14 ist durch 7 teilbar.
```

3.5 Sequenzen

Eine Sequenz ist eine Folge von Objekten. Das heißt: Sequenzen sind Kollektionen mit einer definierten Reihenfolge der Elemente. Zu den Sequenzen gehören Listen, Tupel und Zeichenketten (Strings). Jedes Element einer Sequenz besitzt einen Index, mit dessen Hilfe man direkt auf das zugehörige Element zugreifen kann. Sequenzen kann man aneinanderhängen und vervielfältigen. Tabelle 3.2 gibt einen Überblick über gemeinsame Operationen aller Sequenzen.

Operation	Ergebnis
s + t	Konkatenation der beiden Sequenzen s und t
s * n , n * s	n Kopien der Sequenz s werden hintereinander gehängt.
s[i]	Das i-te Element der Sequenz s
s[i:j]	Ein Ausschnitt (*slice*) von s, der vom i-ten bis zum j-ten Element (nicht einschließlich) geht
sorted(s)	Eine sortierte Liste mit den Elementen aus s

Tabelle 3.2: Gemeinsame Operationen für Sequenzen

3.5.1 Konkatenation und Vervielfältigung

Mit dem Plusoperator + kann man Sequenzen aneinanderhängen. Das nennt man *Konkatenation*. Beispiele:

```
>>> 'Hello ' + 'World'
'Hello World'
>>> (1, 2) + (3, 4)
(1, 2, 3, 4)
```

Der Ausdruck

```
n * s
```

bewirkt die Vervielfältigung einer Sequenz. Die Sequenz s wird n Mal aneinandergehängt:

```
>>> 3 * 'Hoch! '
'Hoch! Hoch! Hoch! '
```

3.5.2 Direkter Zugriff auf Elemente – Indizierung

Jedem Element einer Sequenz ist eine ganze Zahl als Index zugeordnet. In einer Sequenz mit n Elementen verwendet man die ganzen Zahlen 0, ..., n-1. Das heißt, das erste Element hat den Index 0, das zweite den Index 1 usw. (In der Informatik beginnen Nummerierungen in der Regel mit 0.) Um auf ein Sequenzelement zuzugreifen, verwendet man den Namen der Sequenz gefolgt vom Index in eckigen Klammern. Beispielsweise ist a[0] das erste Element der Liste a.

Beispiele:

```
>>> a = [1, 4, 9, 16]
>>> a[1]
4
```

Verwendet man beim Zugriff auf ein Listenelement einen negativen Index, so wird vom Ende der Liste rückwärts gezählt. Der Index -1 bezeichnet das letzte Element, -2 das vorletzte usw.

```
>>> a = [1, 4, 9, 16]
>>> a[-1]
16
```

3.5.3 Slicing

Durch Slicing können Sie aus Sequenzen Ausschnitte (*slices*) bilden.

```
>>> w = "Raspberry Pi"
>>> w[0:2]
'Ra'
```

Ein Slice besteht aus dem Namen einer Sequenz, gefolgt von einer sogenannten *Sliceliste* in eckigen Klammern. Sie enthält in der Mitte einen Doppelpunkt. Davor und dahinter sind Indexnummern zur Begrenzung des Ausschnitts. Der Index vor dem Doppelpunkt gibt an, bei welchem Element der Ausschnitt beginnen soll, und der Index dahinter, *vor* welchem er aufhört.

Der Slice w[0:2] aus dem obigen Beispiel beginnt mit dem Element mit Index 0 ('R') und endet mit dem Zeichen mit Index 1 ('a').

Wird einer der beiden Indexe ausgelassen, beginnt der Slice am Anfang bzw. am Ende der Sequenz.

```
>>> w = 'Raspberry Pi'
>>> w[:3]
```

```
'Ras'
>>> w[3:]
'pberry Pi'
```

Der Slice [:] ist eine komplette Kopie der Sequenz.

```
>>> w[:]
'Raspberry Pi'
```

Ein Index in der Sliceliste kann auch negativ sein. Dann wird von hinten gezählt.

```
>>> w = 'Raspberry Pi'
>>> w[-2:]
'Pi'
```

3.5.4 Projekt: Lesbare Zufallspasswörter

Welche der beiden folgenden Zeichenketten würden Sie als Passwort nehmen?

```
0qwpX3e_sd$3
baloschung27
```

Vermutlich werden Sie die zweite Zeichenkette bevorzugen. Ein Passwort ist nur dann wirklich brauchbar, wenn man es sich merken kann. Dazu gehört, dass man es aussprechen kann. Darüber hinaus muss ein Passwort natürlich auch sicher sein. Es darf z.B. kein sinnvoller Begriff sein, den man in einem Wörterbuch finden könnte. Ein gutes Passwort enthält neben Buchstaben auch Ziffern, am besten aber keine Null, da man sie mit dem großen O verwechseln kann.

Das folgende Programm erzeugt automatisch gut merkbare und sichere Passwörter. Es verwendet Listen, Zeichenketten und Zufallszahlen. Das Passwort wird aus mehreren kleinen Stücken zusammengesetzt. Dabei wird darauf geachtet, dass nicht zu viele Konsonanten hintereinander stehen.

Beispieldialog

```
Sichere und lesbare Passwörter
Ihr Passwort:  bluzuss5
Noch ein Passwort? (j/n): j
Ihr Passwort:  stokomm8
Noch ein Passwort? (j/n): n
Auf Wiedersehen.
```

Skript

```python
Vokale = "aeiouy"                                          #1
konsonanten = "bdfghjklmnprstvwxz"
anfangsgruppen = ["st", "sch", "sp", "qu", "kr", "bl"]
endgruppen = ["ch", "ng", "rt", "ll", "tt", "ss", "mm"]
ziffern = "123456789"

from random import randint
print ("Sichere und lesbare Passwörter")
antwort = "j"
while antwort == "j":
    z1_vok = randint(0,len(vokale)-1)                      #2
    z2_vok = randint(0,len(vokale)-1)
    z_kons = randint(0,len(konsonanten)-1)
    z_anfang = randint(0,len(anfangsgruppen)-1)
    z_ende = randint(0,len(endgruppen)-1)
    z_ziffern = randint(0,8)
    pw = anfangsgruppen[z_anfang] + vokale[z1_vok] + \
         konsonanten[z_kons] + vokale[z2_vok] + \
         endgruppen[z_ende] + ziffern[z_ziffern]            #3

    print ("Ihr Passwort: ", pw)
    antwort = input("Noch ein Passwort? (j/n): ")
print("Auf Wiedersehen.")
```

Kommentare

#1: Zunächst werden einige Sequenzen definiert: Drei Strings, also Folgen aus einzelnen Zeichen, und zwei Listen mit Strings aus Konsonanten. Es gibt Konsonantenfolgen, die in deutschen Wörtern eher zu Beginn eines Wortes vorkommen und die man besser aussprechen kann, wenn ein Vokal folgt, wie z. B. *sp* in *sp*aren. Andere Konsonantenpaare stehen nicht am Anfang eines Wortes, sondern immer nach einem Vokal wie z. B. *tt* in *matt* oder *Butter*.

#2: Der Aufruf randint(*a*, *b*) liefert eine ganze Zufallszahl zwischen *a* und *b* (einschließlich). Beachten Sie, dass der letzte Index einer Sequenz um 1 kleiner ist als die Länge, da die Nummerierung bei 0 beginnt.

#3: Hier wird ein String aus zufällig ausgewählten kleineren Strings zusammengesetzt. Diese Anweisung geht über drei Zeilen. Durch den Backslash \ werden die Zeilen zu einer »logischen Zeile« verbunden. In einem Python-Programm muss eine Anweisung in einer einzigen Zeile stehen.

3.6 Tupel

Tupel (Typ `tuple`) sind unveränderbare Sequenzen beliebiger Objekte. Die Elemente eines Tupels werden in runde Klammern gesetzt und durch Kommata getrennt. Die Klammern können auch weggelassen werden. Beispiele:

```
>>> a = (1,2,3,4)
>>> a
(1, 2, 3, 4)
>>> 1,2,3
(1, 2, 3)
```

Im Unterschied zu einer Liste ist ein Tupel unveränderbar, wenn es einmal geschaffen worden ist. Das heißt, Sie können ein einzelnes Element eines Tupels nicht mit einem neuen Wert überschreiben.

```
>>> a = ("Sonne", "Mond", "Sterne")
>>> a[1]='Venus'
Traceback (most recent call last):
  File "<pyshell#58>", line 1, in ?
    a[1]='Venus'
TypeError: 'tuple' object does not support item assignment
```

Wollen Sie ein Tupel mit nur einem Item erzeugen, müssen Sie hinter das Item ein Komma setzen, wie das folgende Beispiel illustriert. Durch das Komma unterscheidet es sich von einem geklammerten Ausdruck.

```
>>> a = (1,)
>>> a
(1,)
>>> b = (1)
>>> b
1
```

Für das leere Tupel benötigt man kein Komma:

```
>>> c = ()
>>> c
()
```

3.7 Zeichenketten (Strings)

Zeichenketten (*Strings*) sind Folgen von Unicode-Zeichen. Für Strings gibt es bei Python den Typ `str`. Beispiele sind `"Python"`, `'Raspberry Pi'` oder `"12345"`. Man unterscheidet zwischen kurzen und langen Zeichenketten.

Kurze Zeichenketten sind durch Hochkommata `'` oder Anführungszeichen `"` eingerahmt. Wenn ein String in Hochkommata eingeschlossen ist, darf in ihm selbst kein Hochkomma, wohl aber ein Anführungszeichen vorkommen, und umgekehrt. Gültig sind folgende Literale: `'Die Kurzbezeichnung ist "RPi"'` oder `"Die Kurzbezeichnung ist 'RPi'"`.

Ungültig dagegen ist `'Die Kurzbezeichnung ist "RPi'"`.

Lange Zeichenketten können über mehrere Zeilen gehen. Sie werden durch drei hintereinandergestellte Anführungszeichen (`"""`) oder Hochkommata (`'''`) eingeschlossen. Beispiel:

```
>>> """Eine lange
Zeichenkette
"""
'Eine lange\nZeichenkette\n'
```

Das Beispiel zeigt, dass lange Zeichenketten von Python intern durch kurze Zeichenketten repräsentiert werden. Die Zeilenumbrüche werden durch die Zeichenkette `\n` codiert. Dabei handelt es sich um eine sogenannte *Escape-Sequenz*. Mit Escape-Sequenzen können Sie Sonderzeichen darstellen. Sie beginnen immer mit einem Backslash `\`.

Tabelle 3.3 gibt einen Überblick über die wichtigsten Escape-Sequenzen.

Escape-Sequenz	Erklärung	Beispiel
`\\`	Backslash in einem String	`"Backslash \\ heißt Rückstrich"` Backslash \ heißt Rückstrich
`\'`	Hochkomma in einem String	`"Es ist ein \'RPi\'"` Es ist ein 'RPi'
`\"`	Anführungszeichen in einem String	`"Es ist ein \"RPi\""` Es ist ein "RPi"
`\n`	Zeilenumbruch (*line feed*)	`"eins\nzwei"` eins zwei
`\N{Name}`	Zeichen mit einem Namen aus der Unicode-Datenbank	`"\N{CYRILLIC CAPITAL LETTER ZHE}"`

Tabelle 3.3: Escape-Sequenzen

Escape-Sequenz	Erklärung	Beispiel
\uxxxx	Zeichen, dessen 16-Bit-Unicode-Nummer durch eine vierstellige Hexadezimalzahl xxxx angegeben wird	"\u0416"

Tabelle 3.3: Escape-Sequenzen (Forts.)

Strings bestehen aus Unicode-Zeichen. Im Unicode-Standard (http://www.unicode.org/) sind inzwischen mehr als 90.000 verschiedene Zeichen erfasst. Jedem Zeichen ist eine Nummer als vier- oder achtstellige Hexadezimalzahl (16 Bit bzw. 32 Bit) und ein Name eindeutig zugeordnet. Um für ein spezielles Zeichen die Unicode-Nummer zu finden, können Sie im Internet in den offiziellen Code-Charts des Unicode-Konsortiums nachsehen (http://www.unicode.org/charts/).

3.7.1 Strings durch Bytestrings codieren

Ein Bytestring ist eine nicht änderbare Sequenz aus Oktetten (Bytes). Jedes Byte wird zwar als ASCII-Zeichen dargestellt, repräsentiert aber eigentlich eine Dezimalzahl zwischen 0 und 255. Literale für Bytestrings beginnen mit dem Präfix b oder B. Ansonsten sind sie wie Strings aufgebaut, z. B. b'acxb2'.

Mit der Standardfunktion bytes() kann aus einem String ein Bytestring erzeugt werden. Dabei muss jedoch im zweiten Argument eine Codierung (z. B. latin-1, utf-8 oder utf-16) angegeben werden. Beispiel:

```
>>> w1 = bytes('Frühling', 'utf-8')
>>> print (w1)
b'Fr\xc3\xbchling'
```

Mit der String-Methode decode() können Sie aus einem Bytestring, also einer zunächst bedeutungslosen Folge von Oktetten, einen String, d.h. eine Folge von Unicode-Zeichen gewinnen. Dabei muss eine geeignete Codierung gewählt werden. Wenn die Codierung nicht zu dem Bytestring passt, gibt es eine Fehlermeldung (UnicodeDecodeError).

```
>>> w2 = w1.decode("utf-8")
>>> print (w2)
Frühling
```

Wie bei allen Sequenzen können einzelne Items eines Bytestrings über den Index selektiert werden. Allerdings wird kein Zeichen, sondern eine ganze Zahl (Typ int) zurückgegeben:

```
>>> b = b'abcde'
>>> b[0]
97
```

3.7.2 Der Formatierungsoperator %

Strings werden oft aus mehreren Teilen zusammengesetzt. Dazu kann man den Plus-Operator verwenden. Das nennt man eine Konkatenation. Wenn man aber viele Stücke verketten muss, kann das unübersichtlich werden:

```
>>> x = 1000
>>> obj = "Sterne"
>>> satz = "Ich sehe " + str(x) + " " + obj + "."
>>> print(satz)
Ich sehe 1000 Sterne.
```

Mit dem Formatierungsoperator % können Sie in einen Text sehr viel eleganter variable Teile einbauen. Das allgemeine Format eines Formatierungsausdrucks lautet:

```
Formatstring % Werte
```

Dabei ist *Formatstring* ein Text, der (im einfachsten Fall) Platzhalter der Form %s enthält. Diese Platzhalter werden bei der Auswertung des Ausdrucks der Reihe nach durch Werte ersetzt. Dabei ist es unerheblich, ob diese Werte Zeichenketten oder Zahlen sind. Bei der Auswertung wird alles in Strings übersetzt. Beispiel:

```
>>> satz = "Ich sehe %s %s." % (x, obj)
>>> print(satz)
Ich sehe 1000 Sterne.
```

Hier wurden die drei Platzhalter im Formatstring durch die Werte der Variablen x und obj ersetzt. Die Zahl 1000 wurde automatisch in den String '1000' umgewandelt.

Die Platzhalter im Formatstring können auch komplexer aufgebaut sein und weitere Informationen enthalten.

- Zuerst kommt immer das %-Zeichen.
- Optional kann die Ziffer 0 kommen. Sie zeigt an, dass eine Zahl mit führenden Nullen dargestellt wird.
- Dann folgt optional eine minimale Feldweite.

- Danach folgt ein Symbol für den Typ der eingefügten Daten:
  - s für String (oder ein beliebiges Objekt, das in einen String umgewandelt wird)
  - i oder d für eine ganze Zahl mit Vorzeichen
  - f für eine Gleitkommazahl, die als Dezimalbruch (»Kommazahl«) dargestellt wird
  - x für eine Hexadezimalzahl

Beispiele zum Ausprobieren:

Eine ganze Zahl mit führenden Nullen:

```
>>> 'Nummer %04i' % 27
'Nummer 0027'
```

Hier werden zwei unterschiedliche Gleitkommazahlen einheitlich dargestellt. Die Feldweite bezieht sich nur auf die Nachkommastellen.

```
>>> '%6f %6f' % (2.34, 4.3e-2)
'2.340000 0.043000'
```

Hier wird eine Farbe im Format von tkinter-Widgets definiert (Kapitel 5). Die Dezimalzahlen werden als Hexadezimalzahlen mit jeweils zwei Ziffern dargestellt:

```
>>> '#%02x%02x%02x' % (255, 0, 0)
'#ff0000'
```

3.8 Listen

Listen sind veränderbare Sequenzen. Sie enthalten Objekte beliebigen Typs, die über Indexe erreicht werden. Das Literal einer Liste beginnt und endet mit eckigen Klammern, z.B. [1,3,5,6,8].

Weil Listen veränderbar sind, spielt bei ihnen die Idee der Objektorientierung eine wichtige Rolle. Dazu kommen wir im folgenden Abschnitt.

3.8.1 Listen sind Objekte und empfangen Botschaften

Python ist eine objektorientierte Programmiersprache. In der objektorientierten Programmierung stellt man sich vor, dass ein Programm aus Objekten besteht, die gewissermaßen ein Eigenleben führen und untereinander Botschaften austauschen. Wenn Sie dieses Konzept noch nicht kennen, klingt das zunächst etwas rätselhaft, aber ich kann Ihnen versichern, dass Sie mit der Zeit in diese Denkweise hineinfinden werden.

Jedes Objekt besitzt Attribute (Eigenschaften) und es beherrscht Operationen, die man *Methoden* nennt. Die Methoden sind eigentlich kaum etwas anderes als Funktionen, also aufrufbare Objekte. Der einzige Unterschied ist, dass Funktionen unabhängig sind und Methoden zu einem Objekt gehören. Nehmen wir ein Beispiel.

Die Standardfunktion `len()` ist eine unabhängige *Funktion*, sie gehört zu keinem Objekt. Sie liefert zu einer Liste der Anzahl der enthaltenden Elemente:

```
>>> len([5, 2, 1])
3
```

Listenobjekte besitzen aber auch *Methoden* wie z. B. die Methode `sort()`. Ein Aufruf dieser Methode bewirkt, dass die Elemente der Liste sortiert werden. Ein Beispiel zum Ausprobieren (interaktiver Modus):

```
>>> zahlen = [4, 9, 3, 1, 5]
>>> zahlen.sort()         # Aufruf der Methode sort()
>>> zahlen
[1, 3, 4, 5, 9]
```

Ein Methodenaufruf ist immer so aufgebaut: Er beginnt mit dem Namen des Objekts (hier: `zahlen`), danach kommt ein Punkt, dann der Name der Methode mit der Parameterliste (hier: `sort()`).

In der Redeweise der objektorientierten Programmierung sagt man, dass an das Objekt `zahlen` eine Botschaft geschickt wurde. Die Botschaft enthält den Auftrag, dass die Liste sortiert werden soll. Das Objekt `zahlen` empfängt die Botschaft und erledigt den Auftrag. Es wird selbst aktiv. Abbildung 3.3 versucht, diese Idee zu visualisieren.

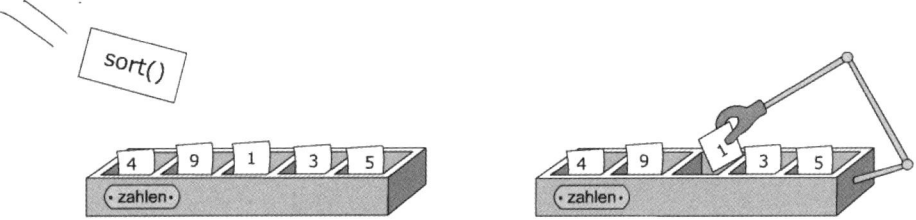

Abb. 3.3: Ein `list`-Objekt empfängt eine Botschaft und führt einen Auftrag aus.

3.8.2 Klasse, Typ und Instanz

Objekte sind Instanzen einer Klasse. Die Klasse kann man sich als Bauplan vorstellen. In der Klasse ist definiert, welche Attribute die Instanzen der Klasse haben und wie die Methoden funktionieren. Eine Klasse ist fast das Gleiche wie ein Typ. Oft werden diese Begriffe auch synonym verwendet. Der Typ ist gewissermaßen das äußere Erscheinungsbild der Objekte einer Klasse. In der Klassendefinition dagegen werden auch innere Zusammenhänge und Arbeitsweisen festgelegt. Jede konkrete Liste ist eine *Instanz* der Klasse `list`.

Bei einer Zuweisung der Art

```
s = [a0, a1, ...]
```

wird ein neues Objekt der Klasse `list` erzeugt. Man sagt, es wird *instanziiert*. Das neue Objekt hat nun den Namen s.

3.8.3 Kopie oder Alias?

Bei der Zuweisung

```
t = s
```

erhält dasselbe Objekt einen weiteren zusätzlichen Namen, nämlich t. Es entsteht also kein neues Objekt, keine Kopie. Die Variablennamen s und t beziehen sich auf exakt dasselbe Objekt. Man sagt auch, s und t sind identisch oder t ist ein *Alias* für s. Die Identität können Sie mit dem Operator `is` prüfen.

Probieren Sie aus:

```
>>> s = [1, 1, 1]
>>> t = s
>>> t is s
True
```

Jedes Objekt hat eine eindeutige Identität. Das ist eine ganze Zahl, die Sie mit der Funktion `id()` abfragen können:

```
>>> id(s)
34734808
>>> id(t)
34734808
```

Sie sehen, s und t haben dieselbe Identität, bezeichnen also dasselbe Objekt.

Verändern Sie das erste Element der Liste s.

```
>>> s[0] = 100
>>> t
[100, 1, 1]
```

Sie sehen, dass die Veränderung auch in der Liste t sichtbar ist. Das muss ja auch so sein, denn beide Namen, s und t, bezeichnen dieselbe Liste.

Um eine Kopie einer Liste herzustellen, verwenden Sie Slicing:

```
>>> s = [1, 1, 1]
>>> t = s[:]          # Kopie der Liste s
>>> t is s
False
>>> t == s
True
```

Den Unterschied zwischen Alias und Kopie veranschaulicht Abbildung 3.4.

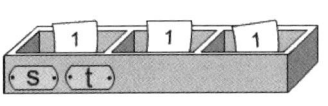
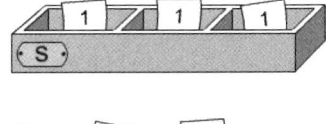
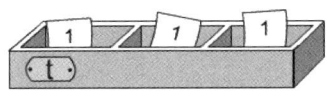

Abb. 3.4: Zwei Namen für dieselbe Liste (links) und zwei gleiche (aber nicht identische) Listen (rechts)

3.8.4 Listenoperationen

Natürlich können Sie auf Listen alle Operationen anwenden, die für Kollektionen und Sequenzen definiert sind, also z. B. len() oder min().

Darüber hinaus gibt es spezielle Operationen, die eine Veränderung der Liste bewirken. Die wichtigsten sind das Löschen oder Ändern einzelner Elemente der Liste. Das Löschen mit del oder remove() führt dazu, dass die Liste kürzer wird:

```
>>> s = [1, 2, 3]
>>> del s[0]
>>> s
[2, 3]
```

Tabelle 3.4 gibt einen Überblick über die wichtigsten Listenoperationen. Die meisten davon sind Methoden, die eine Veränderung der Liste bewirken.

Operation	Ergebnis
s[i] = x	Das Element mit Index i wird durch x ersetzt.
s[i:j] = [a1,...,ak]	Die Elemente mit den Indexen i bis j werden durch die Elemente der Liste [a1,...,ak] ersetzt.
s.append(x)	An die Liste s wird als neues Element x angehängt.
s.count(x)	Zurückgegeben wird die Anzahl der Listenelemente mit dem Wert x.
del s[i:j]	Die Elemente mit den Indexen i bis j werden gelöscht.
s.extend(t)	Die Liste s wird um die Elemente der Liste t verlängert.
s.index(x)	Zurückgegeben wird der kleinste Index i mit s[i] == x.
s.insert(i,x)	Falls i >= 0, wird das Objekt x vor dem Element mit dem Index i eingefügt.
s.pop()	Das letzte Listenelement wird aus s entfernt und der Wert zurückgegeben.
s.remove(x)	Das erste Element mit dem Wert x wird aus der Liste s entfernt.
s.reverse()	Die Reihenfolge der Elemente wird umgekehrt.
s.sort()	Die Elemente der Liste werden aufsteigend sortiert.

Tabelle 3.4: Wichtige Listenoperationen

Zufallsfunktionen

Interessant sind auch Zufallsfunktionen für Listen, die im Modul random definiert sind. Die Funktion choice(s) liefert ein zufälliges Element der Sequenz s.

```
>>> from random import *
>>> choice([1, 2, 3, 4])
2
>>> choice([1, 2, 3, 4])
4
```

Diese Funktion funktioniert übrigens mit allen Arten von Sequenzen:

```
>>> choice("aeiou")
'i'
```

Die Funktion shuffle() (*to shuffle* = mischen) mischt die Elemente einer Liste und bringt sie in eine zufällige Reihenfolge:

```
>>> s = [1, 2, 3, 4]
>>> shuffle(s)
>>> s
[4, 2, 1, 3]
```

3.8.5 Projekt: Zufallsnamen

Sie haben eine Liste von Namen und wollen nach dem Zufallsprinzip nacheinander mehrere Personen auswählen. Dabei darf keine Person zweimal gewählt werden. Ohne Computer würde man die Namen auf Zettel schreiben, in einen Hut geben und dann nacheinander Zettel ziehen, ohne sie wieder zurückzugeben. Mit einer Liste, der Funktion `shuffle()` aus dem Modul `random` und der Listenmethode `pop()` können Sie diese Idee realisieren.

Ausgabe (Beispiel):

```
Drücken Sie ENTER!
Der/die Nächste ist Karla.
Drücken Sie ENTER!
Der/die Nächste ist Simon.
Drücken Sie ENTER!
...
```

Skript

```
# zufallsnamen.py
from random import *
namen = ["Simon", "Karla", "Maike", "Tom"]
shuffle(namen)                                      #1
while namen:                                        #2
    input("Drücken Sie ENTER!")                     #3
    print("Der/die Nächste ist", namen.pop()+".")   #4
```

Erläuterungen

#1: Die Elemente der Liste werden in eine zufällige Reihenfolge gebracht.

#2: Wenn die Liste `namen` kein Element mehr besitzt, erhält sie den Wahrheitswert `False`. Alternativ hätte man auch schreiben können: `while namen != []`.

#3: Der Interpreter wartet auf eine Eingabe, das heißt, er wartet, bis ⏎ gedrückt ist.

#4: Mit dem Methodenaufruf `namen.pop()` wird das letzte Element ausgegeben und gleichzeitig auch aus der Liste entfernt. Die Liste wird kürzer.

3.8.6 Projekt: Telefonliste

Eine Telefonliste kann man als Liste von Tupeln organisieren. Jedes Tupel besteht aus zwei Items: einem Namen und einer Nummer. Diese Datenstruktur kann man sich als Zettelkasten wie in Abbildung 3.5 vorstellen.

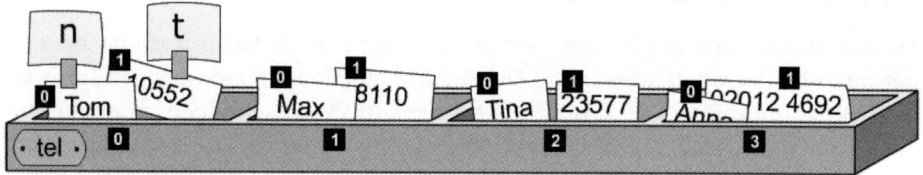

Abb. 3.5: Eine Telefonliste als Zettelkasten mit Indexen. Die Laufvariable wird durch zwei Klebezettel visualisiert. Diese springen von Fach zu Fach.

Ein Programm, das den Zugriff auf diese Daten ermöglicht, soll ähnlich wie die Suchfunktion eines Handys funktionieren: Der Benutzer gibt einen Buchstaben ein und das Programm liefert die Namen und Telefonnummern der Personen, deren Name mit diesem Buchstaben beginnt.

Programmlauf (Beispiel)

```
Anfangsbuchstabe: T
Tom Tel: 10552
Tina Tel: 23577
Weitere Nummern(j/n)?: n
Auf Wiedersehen!
```

Skript

```
# telefon.py
tel = [("Tom", "10552"),
       ("Max", "8110"),
       ("Tina", "23577"),
       ("Anna", "02012 4692")]              #1

antwort = "j"
while antwort =="j":
    a = input("Anfangsbuchstabe: ")
    for (n, t) in tel:                      #2
        if n[0] == a:                       #3
            print (n, "Tel:", t)
    antwort = input("Weitere Nummern(j/n)?: ")
print ("Auf Wiedersehen!")
```

Kommentare

#1: Der Datenbestand ist als eine Liste von (vier) Tupeln organisiert.

#2: Laufvariable dieser Iteration ist das Tupel (n, t). Abbildung 3.5 illustriert diese Technik. Zwei Zettel markieren die beiden Teile des aktuellen Items. Sie springen von Fach zu Fach. Diese Schreibweise ist praktisch, weil man n und t im Schleifeninneren für den Namen (erstes Item) und die Telefonnummer (zweites Item) verwenden kann.

#3: Die Variable n bezeichnet den Namen einer Person, also eine Zeichenkette, n[0] ist der erste Buchstabe dieser Zeichenkette.

3.8.7 Listen durch Comprehensions erzeugen

Listen können Sie auch auf eine sehr kompakte Weise definieren. Sie schreiben in eckige Klammern eine Konstruktionsvorschrift, die *Comprehension* genannt wird. Sie besteht aus einem Ausdruck, der eine Variable enthält und einem Konstrukt, das dieser Variablen Werte zuweist. Durch Auswertung des Ausdrucks entstehen die Elemente der Liste. Probieren Sie aus:

```
>>> b = [i**2 for i in [0, 1, 2, 3, 4]]
>>> b
[0, 1, 4, 9, 16]
```

Hier erhält die Variable i nacheinander ganze Zahlen von 0 bis einschließlich 4. Der Ausdruck i**2 wird für diese Zahlen ausgewertet und die Ergebnisse bilden die Elemente der Liste.

i	i**2
0	0
1	1
2	4
3	9
4	16

Mit if können Sie Bedingungen formulieren, unter denen Elemente in die Liste aufgenommen werden. Im folgenden Beispiel enthält Liste c alle Elemente, die sowohl in Liste a als auch in Liste b vorkommen.

```
>>> a = [1,2,3,4]
>>> b = [2,3,4,5]
>>> c =[i for i in a if i in b]
>>> c
[2, 3, 4]
```

Wirklich interessant wird diese Technik der Listendefinition erst, wenn man die range()-Funktion verwendet. Dazu mehr im folgenden Abschnitt.

3.9 Zahlen in einer Folge – range()-Funktion

Mit der Funktion range() können Sie eine Zahlenfolge bilden, die Sie in einer for-Anweisung verwenden können. Die range()-Funktion kann mit einem, zwei oder drei Parametern ausgeführt werden.

Probieren Sie die Beispiele im interaktiven Modus aus!

```
>>> for i in range(4):
        print(i)
>>> for i in range(10, 13):
        print(i)
>>> for i in range (10, 2, -1):
        print(i)
>>> for i in range(-10, 10, 2):
        print(i)
```

Die Bedeutungen der drei optionalen Parameter werden in Tabelle 3.5 beschrieben.

Aufruf	Ergebnis
range(*stop*)	Zahlenfolge von 0 bis *stop-1*
range(*start*, *stop*)	Zahlenfolge von *start* bis *stop-1*
range(*start*, *stop*, *step*)	Zahlenfolge von *start* bis *stop-1* mit Schrittweite *step*

Tabelle 3.5: Aufruf der Funktion range() mit einem, zwei und drei Parametern

Die range()-Funktion produziert ein sogenanntes range-Objekt. Dem range-Objekt kann man leider nicht direkt ansehen, welche Zahlenfolge es darstellt. Sie können aber das range-Objekt in eine Liste umwandeln. Probieren Sie es aus!

```
>>> list(range(4))
>>> list(range(10, 13))
>>> list(range(10, 2, -1))
>>> list(range(-10, 10, 2))
```

Bei sehr langen Folgen wie z.B. range(100000000000) hat das range-Objekt gegenüber einer Liste einen großen Vorteil. Es beansprucht nicht viel Arbeitsspeicher. Denn die Elemente des range-Objekts werden nicht »als Vorrat« gespeichert, sondern nacheinander immer erst dann erzeugt, wenn sie benötigt werden (Abbildung 3.6).

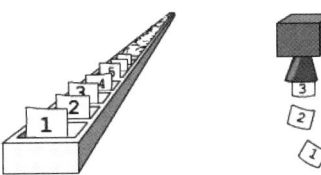

Abb. 3.6: Visualisierung einer Liste (links) und eines range-Objekts (rechts)

Mit sehr großen Listen hat Ihr Computer Schwierigkeiten. Probieren Sie folgende Anweisung aus:

```
>>> list(range(10000))
```

Auf meinem Computer dauert es mehrere Sekunden, bis die Liste auf dem Display erscheint.

Mit der Funktion range() können Sie Zahlenlisten sehr elegant definieren. Beispiel: die Liste der ersten zehn Quadratzahlen:

```
>>> [i**2 for i in range(1, 11)]
[1, 4, 9, 16, 25, 36, 49, 64, 81, 100]
```

Die Funktion range() wird oft für Wiederholungen verwendet:

```
>>> for i in range(3):
        print ("Hurra! ", end = "")

Hurra! Hurra! Hurra!
```

3.10 Projekt: Klopfzeichen

Meine Großmutter war eine vorsichtige Frau und machte nicht jedem die Tür auf. Wenn ich sie besuchte, musste ich fünf Mal in gleichmäßigem Tempo klingeln. Dann wusste sie, dass ich es war, und öffnete mir die Tür. In diesem Projekt entwickeln wir ein System, das Klopfzeichen erkennt und dann den elektrischen Türöffner für einige Sekunden einschaltet. Für den Prototyp können Sie die Schaltung aus Abbildung 2.14 in Kapitel 2 verwenden. Anstelle eines Türöffners wird eine LED an Pin 8 angeschlossen und der Schalter an Pin 10 des GPIO.

Das Programm muss Klopfzeichen erkennen und mit gespeicherten Klopfzeichen vergleichen. Wenn das »empfangene« Klopfzeichen dem Programm »bekannt« ist

– das heißt, es stimmt mit einem der gespeicherten Klopfzeichen überein –, dann soll die LED für drei Sekunden leuchten und dann wieder ausgehen.

Die Frage ist nun: Wie speichert man Klopfzeichen bzw. wie kann man Klopfzeichen durch Daten repräsentieren?

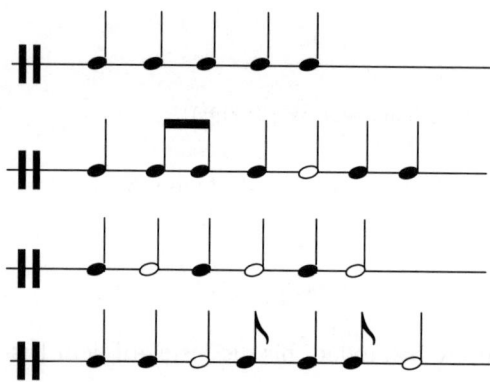

Abb. 3.7: Drumscores für Klopfzeichen

Abbildung 3.7 zeigt einige Rhythmen in Form von Schlagzeug-Noten (*Drumscores*). Es kommen Achtelnoten, Viertelnoten und halbe Noten vor. Diese Noten stellen wir im Programm durch Folgen der Zahlen 0 (Achtelnote), 1 (Viertelnote) und 2 (halbe Note) dar. Das Klopfzeichen, das ich mit meiner Großmutter vereinbart hatte – fünf Schläge in gleichmäßigem Rhythmus –, kann durch eine Liste aus fünf Einsen dargestellt werden:

```
[1, 1, 1, 1, 1]
```

Nun gibt es zwei Probleme:

- Ein Klopfzeichen kann in unterschiedlichen Geschwindigkeiten gegeben werden. Das Programm verwendet die Länge des ersten Schlages als Maßstab. Damit ein Rhythmus sicher erkannt wird, muss deshalb der erste Schlag immer ein Viertel sein.
- Die Länge des letzten Schlags kann man nicht erkennen. Die Tonlänge eines Schlags ist ja eigentlich der zeitliche Abstand zum nächsten Schlag. Aber nach dem letzten Schlag kommt ja nichts mehr. Deshalb lassen wir den letzten Schlag in dem gespeicherten Muster weg. Das Klopfzeichen meiner Großmutter wird – obwohl es aus fünf Schlägen besteht – durch die Liste [1, 1, 1, 1] repräsentiert.

Abbildung 3.8 illustriert das Erfassen einer Signalfolge an einem Beispiel.

3.10 Projekt: Klopfzeichen

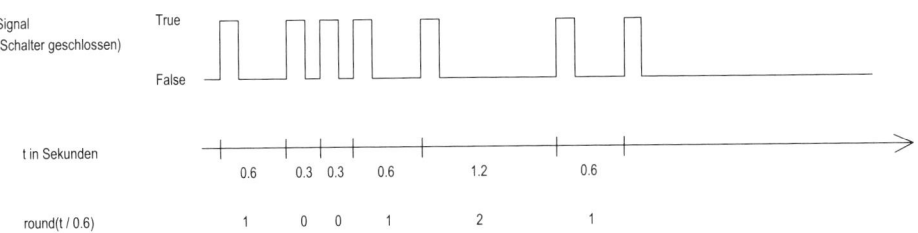

Abb. 3.8: Ein Klopfzeichen (Signal) wird durch Zeitmessungen erfasst und durch ganze Zahlen repräsentiert. Die Länge des ersten Schlags dient als Referenzzeit.

Programm

```
# knock.py
from RPi import GPIO
from time import sleep
GPIO.setwarnings(False)                      #1
GPIO.setmode(GPIO.BOARD)
GPIO.setup(10, GPIO.IN)         # Schalter
GPIO.setup(8, GPIO.OUT)         # LED

TIMEOUT = 3                                  #2
STEP = 0.01                                  #3
codes = [[1, 1, 1, 1],
         [1, 0, 0, 1, 2, 1],
         [1, 2, 1, 2, 1]
         [1, 1, 2, 0, 1, 0]]                 #4

GPIO.output(8, True)            # LED ausschalten
while True:
    knock = []
    while not GPIO.input(10):                #5
        sleep(0.01)
    knocking = True
    while knocking:                          #6
        t = 0
        while GPIO.input(10):                #7
            sleep(STEP)
            t += STEP
        while not GPIO.input(10) and (t< TIMEOUT):
            sleep(STEP)                      #8
            t += STEP
```

```
            if t < TIMEOUT:                    #9
                knock.append(t)
            else:
                knocking = False
        a = knock[0]
        for i in range (len(knock)):
            knock[i] = round(knock[i] / a)      #10
        print('Klopfsignal:', knock)            #11
        if knock in codes:                      #12
            GPIO.output(8, False)
            sleep(3)
            GPIO.output(8, True)
```

Kommentare

#1: Hier werden die (hier überflüssigen) Warnungen des GPIO-Moduls ausgeschaltet. Diese Anweisung kann man auch weglassen.

#2: Das ist die maximale Wartezeit für den nächsten Schlag. Ist diese Zeit verstrichen, ist das Klopfzeichen abgeschlossen und kann mit den gespeicherten Klopfzeichen verglichen werden.

#3: Zeitschritt bzw. Wartezeit, bis das nächste Mal der Schalter befragt wird.

#4: Das ist eine Multiliste, eine Liste aus Listen, die jeweils ein Klopfzeichen darstellen.

#5: Warte, bis der Schalter gedrückt worden ist.

#6: Nun beginnt ein neues Klopfzeichen, das aus beliebig vielen einzelnen Schlägen besteht. In dieser while-Schleife wird eine Liste konstruiert, die zunächst das empfangene Klopfzeichen als Liste von Zeiten (Gleitkommazahlen) zwischen Schalterbetätigungen repräsentiert.

#7: Warte, bis der Schalter wieder losgelassen wird. Die Wartezeit wird in der Variablen t aufsummiert.

#8: Warte, bis der Schalter wieder gedrückt ist oder die maximale Wartezeit erreicht ist. Die Wartezeit wird weiterhin in der Variablen t aufsummiert.

#9: Nun ist der Schalter geschlossen worden oder das Timeout wurde erreicht. Wenn noch nicht das Timeout erreicht ist, hänge die Wartezeit an die Liste an. Diese Zahl ist die Länge des letzten Schlages in Sekunden. Ansonsten (wenn das Timeout erreicht ist) ist das Klopfzeichen beendet. Die Länge des letzten Schlages kann nicht gemessen werden.

#10: Nun werden die gemessenen Zeiten normalisiert. Alle Zeiten werden durch die Länge des ersten Schlages dividiert und das Ergebnis gerundet. Da der erste

Schlag eine Viertelnote sein soll, werden alle Viertelnoten durch eine 1, alle halben Noten durch eine 2 (doppelt so lang) und alle kürzeren Noten (insbesondere Achtelnoten) wegen der Rundung durch eine 0 dargestellt.

#11: Zur Kontrolle wird das Klopfzeichen auf dem Bildschirm ausgegeben (kann man weglassen).

#12: Wenn das Klopfzeichen erkannt wurde, wird die LED für drei Sekunden eingeschaltet.

3.11 Mengen

Eine Menge ist eine ungeordnete Sammlung von Objekten. Dabei kommt jedes Objekt nur einmal vor. Für Mengen gibt es bei Python die Typen `set` und `frozenset`. Dabei sind `set`-Objekte änderbar (wie z.B Listen) und `frozenset`-Objekte sind es nicht (wie z.B. Strings). Einem `set`-Objekt kann man z.B. Elemente hinzufügen oder daraus entfernen, ohne die Identität des Objekts zu ändern.

Operation	Operator	Erklärung
s.difference(t)	s - t	Liefert die Differenz der Mengen s und t.
s.intersection(t)	s & t	Liefert den Durchschnitt der Mengen s und t.
s.issubset(t)	s <= t	Liefert True, falls s eine Teilmenge von t ist, und False sonst.
s.issuperset(t)	s >= t	Liefert True, falls s eine Obermenge von t ist, und False sonst.
s.union(t)	s | t	Liefert die Vereinigung der Mengen s und t.

Tabelle 3.6: Gemeinsame Operationen für `set`- und `frozenset`-Objekte

Operation	Erklärung
s.add(x)	Der Menge s wird ein neues Element x hinzugefügt.
s.discard(x)	Aus der Menge s wird das Element x entfernt, sofern es existiert.

Tabelle 3.7: Zusätzliche Operationen für `set`-Objekte

Mengen können auf verschiedene Weise erzeugt werden:

Sie können einfach das Literal einer Menge aufschreiben. Die Elemente werden in geschweiften Klammern aufgezählt:

```
>>> a = {1, 2, 3}
```

Duplikate werden automatisch entfernt:

```
>>> a = {1, 1, 1}
>>> a
{1}
```

Mit den Funktionen `set()` und `frozenset()` können Sie aus beliebigen Kollektionen Mengen erzeugen:

```
>>> set("barbara")
{'r', 'a', 'b'}
>>> set(range(10))
{0, 1, 2, 3, 4, 5, 6, 7, 8, 9}
```

3.11.1 Projekt: Häufigkeit von Buchstaben in einem Text

Das Programm liest einen Text und berechnet die Häufigkeit aller vorkommenden Buchstaben. Eine solche Häufigkeitsverteilung kann (bei längeren Texten) dazu verwendet werden, herauszufinden, in welcher Sprache der Text geschrieben worden ist.

```
Geben Sie einen Text ein: Banane
Häufigkeit von B: 1
Häufigkeit von a: 2
Häufigkeit von e: 1
Häufigkeit von n: 2
```

Skript

```
text = input("Geben Sie einen Text ein: ")
buchstaben = set(text)                                      #1
liste = list(buchstaben)                                    #2
liste.sort()
for c in liste:
    print("Häufigkeit von " + c + ":", text.count(c)) #3
```

Kommentare

#1: Zu dem eingegebenen Text (ein String) wird die Menge der vorkommenden Buchstaben berechnet. Jedes Zeichen kommt in der Menge `buchstaben` nur einmal vor.

#2: Aus den Elementen der Menge wird eine Liste gebildet und diese dann sortiert.

#3: Mit der Methode `count()` wird zu jedem Buchstaben die Vorkommenshäufigkeit ermittelt und ausgegeben.

3.12 Projekt: Zufallssounds

In diesem Projekt wird eine Menge Krach gemacht – und zwar im wahrsten Sinne des Wortes. Wir entwickeln ein Programm, das eine Menge von Klängen verarbeitet. Python-Kollektionen können beliebige Objekte als Elemente enthalten, also auch Sound-Objekte.

Projektziel ist eine besondere Türklingel. Bei jedem Druck auf den Klingelknopf wird ein anderer zufällig gewählter Sound abgespielt.

3.12.1 Wie kommen Töne aus dem Raspberry Pi?

Der Raspberry Pi besitzt zwei Ausgänge für Sounds:

- Der digitale HDMI-Ausgang überträgt neben Bildinformation auch Sound an den angeschlossenen Monitor. Voreingestellt ist, dass dieser Audio-Ausgang verwendet wird.
- Eine Buchse für 3,5-Millimeter-Klinkenstecker ist der analoge Audio-Ausgang des Raspberry Pi (Abbildung 3.9). Hier können Sie Aktivboxen oder Kopfhörer anschließen.

Abb. 3.9: Klinkenstecker und analoger Audio-Eingang des RPi (eingekreist)

Machen Sie einen Soundcheck! Auf Ihrem RPi ist die *Advanced Linux Sound Architecture* (ALSA) installiert. ALSA bietet einige Sound-Kommandos, die Sie auf der Kommandozeile in einem LXTerminal-Fenster direkt ausprobieren können.

Lautsprecher-Test: Wenn alles funktioniert, ist für einige Sekunden ein Sinuston (440 Hertz) zu hören.

```
speaker-test -t sine -f 440 -c 2 -s 1
```

Abspielen einer WAVE-Datei mit aplay: Auf Ihrem RPi sind (für das Programm Scratch) schon einige Sounds gespeichert. Freie Klangdateien im WAVE-Format finden Sie im Internet.

```
aplay /usr/share/scratch/Media/Sounds/Vocals/Singer1.wav
```

Normalerweise verwendet der RPi den digitalen HDMI-Ausgang für die Ausgabe von Sound. Wenn Sie eine Aktivbox an den analogen Ausgang anschließen, wird zunächst kein Ton herauskommen. Mit folgendem Kommando können Sie den Audiokanal wählen:

```
amixer cset numid=3 n
```

Dabei ist *n* eine der Zahlen 0, 1 oder 2 mit folgender Bedeutung:

0: automatische Wahl, 1: analoger Ausgang, 2: HDMI. Wenn Sie den analogen Ausgang einstellen wollen, geben Sie

```
amixer cset numid=3 1
```

ein.

3.12.2 Sounds mit PyGame

Auf Ihrem Raspberry Pi ist das Modul pygame für Python 2.7 vorinstalliert. PyGame ist eine umfangreiche Bibliothek für die Entwicklung von Multimedia-Programmen. Insbesondere unterstützt PyGame die Entwicklung von Computerspielen – daher der Name. In diesem Abschnitt nutzen wir nur das Modul pygame.mixer zur Darstellung und Wiedergabe von Klängen. Das Modul bietet zwei Klassen:

- Die Klasse Sound modelliert Klänge.
- Die Klasse Channel modelliert Abspielgeräte, die Sound-Objekte abspielen können.

Ein Sound-Objekt wird durch eine Anweisung im folgenden Format instanziiert:

```
sound = pygame.mixer.Sound(soundfile)
```

Dabei ist *soundfile* ein String mit dem Namen einer Sounddatei im WAVE-Audioformat (.wav).

Für einfache Projekte braucht man die Klasse Channel nicht. Denn durch einen Aufruf der Art

```
sound.play()
```

kann man veranlassen, dass das Sound-Objekt abgespielt wird. Es sucht sich dann selbst einen freien Kanal. Einige wichtige Methoden der Klasse Sound finden Sie in Tabelle 3.8.

Methode	Erklärung
fadeout(*time*)	Das Argument time ist die Zeit in Millisekunden, nach der der Klang allmählich ausgeblendet wird.
get_length()	Liefert die Länge des Klangs in Sekunden.
get_volume()	Liefert die Lautstärke der Wiedergabe.
play(..)	Der Sound wird wiedergegeben. Optionale Argumente: loops gibt an, wie oft der Sound nach dem ersten Abspielen wiederholt werden soll. Dabei bedeutet 0 (voreingestellt) einmaliges Abspielen ohne Wiederholung und -1 permanente Wiederholung. maxtime ist die Anzahl der Millisekunden, nach denen der Sound auf jeden Fall gestoppt werden soll. 0 (voreingestellt) bedeutet, dass die Soundwiedergabe nicht vorzeitig beendet wird.
set_volume(*value*)	Das Argument ist eine Zahl zwischen 0.0 und 1.0. Die Methode setzt die Lautstärke der Wiedergabe auf einen neuen Wert.
stop()	Wiedergabe anhalten

Tabelle 3.8: Einige Methoden der Klasse Sound im Modul pygame.mixer

3.12.3 Programmierung

Schließen Sie wie in der Schaltung aus Abbildung 2.14 in Kapitel 2 einen Schalter an Pin 10 des GPIO an.

Programm

```
import pygame, random, time
from RPi import GPIO

pygame.mixer.pre_init()                                    #1
```

```
pygame.init()                                           #2
soundfiles = {"buzz.wav", "explosion.wav",
              "singer.wav"}                             #3
sounds    = [pygame.mixer.Sound(filename) for filename in soundfiles]
GPIO.setwarnings(False)                                 #4
GPIO.setmode(GPIO.BOARD)
GPIO.setup(10, GPIO.IN)
while True:
    if GPIO.input(10):
        sound = random.choice(sounds)                   #5
        sound.play()                                    #6
        time.sleep(0.5)                                 #7
```

Kommentare

#1: Mixer initialisieren.

#2: PyGame initialisieren.

#3: Hier wird eine Menge von Sounddateien (Dateinamen) definiert. Anschließend wird mithilfe dieser Menge eine *Liste* von **Sound**-Objekten erzeugt.

#4: Lästige Warnungen des GPIO-Moduls über bereits genutzte Kanäle des GPIO werden unterdrückt. (Diese Anweisung kann man auch weglassen.)

#5: Ein Sound wird zufällig ausgewählt ...

#6: ... und wiedergegeben.

#7: Es wird etwas gewartet, damit nicht direkt noch ein Sound abgespielt wird.

3.13 Dictionaries

Ein *Dictionary* (engl. für Wörterbuch) ist eine Abbildung, die gewissen Schlüsseln (*key*) jeweils einen Wert (*value*) zuordnet. Der Schlüssel ermöglicht den direkten Zugriff auf die zugeordneten Daten. Dictionaries spielen auch im Alltag eine Rolle:

- In einem Telefonbuch findet man über den Namen (Schlüssel) Telefonnummer und Adresse einer Person (Wert).
- In einem deutsch-englischen Wörterbuch finden Sie zu einem deutschen Wort (Schlüssel) eine Liste von englischen Wörtern mit der gleichen Bedeutung (Wert).
- Über die ISBN-Nummer (Schlüssel) hat man Zugang zu der Beschreibung eines Buches.

Mit Python wird ein Dictionary durch eine Folge von Paaren der Form *schlüssel:wert* dargestellt. Ein solches Paar nennt man *Item*. Mehrere Items werden durch Kommata getrennt und zwischen geschweifte Klammern {} geschrieben. Achten Sie auf die Schreibweise der Klammern! Geschweifte Klammern kann man am Bildschirm oft schlecht von runden Klammern unterscheiden.

Ein englisch-deutsches Wörterbuch mit zwei Einträgen kann durch folgendes Python-Dictionary implementiert werden (interaktiver Modus):

```
>>> deutsch = {"sun":"Sonne", "moon":"Mond"}
```

Schlüssel sind hier englische Wörter, denen jeweils ein deutsches Wort als Wert zugeordnet ist. Mit dem Schlüssel können Sie auf den zugehörigen Wert direkt zugreifen. Dazu schreiben Sie den Schlüssel in eckige Klammern hinter den Namen des Dictionarys. Beispiel:

```
>>> deutsch["moon"]
'Mond'
```

Ein Dictionary d können Sie leicht durch Anweisungen der Form

```
d[schlüssel] = wert
```

erweitern. Beispiel:

```
>>> deutsch["star"] = "Stern"
>>> deutsch
{'sun': 'Sonne', 'star': 'Stern', 'moon': 'Mond'}
```

Die Schlüssel eines Dictionarys müssen einmalige und unveränderbare Objekte sein. Listen sind nicht geeignet. Anstelle von Strings können Sie auch ganze Zahlen oder Tupel verwenden.

```
>>> noten = {1:"sehr gut", 2:"gut", 3:"befriedigend"}
>>> noten[1]
'sehr gut'
```

Für ein Telefonverzeichnis könnte man Tupel aus Name, Vorname, Geburtsjahr und Geburtsort als Schlüssel verwenden. Es ist eher unwahrscheinlich, dass es zwei Personen gibt, bei denen diese Merkmale übereinstimmen:

```
tel = {("Conny", "Masche", 1987, "Bochum"): "0235 67644",
       ("Marion", "Fischer", 1990, "Berlin"): "030 837221"}
```

Die *Werte* eines Dictionarys können beliebige Objekte sein. Bei einem Englisch-Deutsch-Wörterbuch ist es sinnvoll, jedem englischen Begriff eine Liste mit Übersetzungsmöglichkeiten zuzuordnen:

```
>>> deutsch = {'key':['Schlüssel', 'Taste'],
    'slice':['Scheibe', 'Stück'],
    'value': ['Wert']}
>>> deutsch['slice']
['Scheibe', 'Stück']
```

3.13.1 Operationen für Dictionaries

In Tabelle 3.9 sind die wichtigsten Operationen für Dictionaries zusammengestellt.

Operation	Ergebnis
d[k]	Zurückgegeben wird der Wert mit Schlüssel k. Falls k im Dictionary nicht existiert, gibt es einen keyError.
d[k] = x	Dem Schlüssel k wird der Wert x zugeordnet.
d.clear()	Alle Items werden aus d entfernt. Zurück bleibt ein leeres Dictionary {}.
d.copy()	Zurückgegeben wird eine Kopie von d mit eigener Identität.
del d[k]	Das Item mit Schlüssel k wird entfernt. Falls k im Dictionary nicht existiert, gibt es einen keyError.
k in d	Liefert True, falls d einen Schlüssel k enthält, und sonst False.
d.items()	Liefert eine Darstellung des Dictionarys d als dict_items-Objekt. Dieses repräsentiert eine Kollektion von Items, also *Paaren* der Form *(Schlüssel, Wert)*.
d.keys()	Liefert ein dict_keys-Objekt, das eine Kollektion der Schlüssel von d repräsentiert.
d1.update (d2)	Für alle Schlüssel k im Dictionary d2 wird im Dictionary d1 ein neues Item d2[k] eingefügt.
d.values()	Liefert die Werte von d in Form eines dict_values-Objekts.

Tabelle 3.9: Wichtige Operationen für Dictionaries

3.13.2 Projekt: Morsen

Seit Erfindung der Telegrafie gibt es den Morse-Code. Damit ist es möglich, Texte durch einfache physikalische Signale (Ton, elektrischer Puls, Licht) zu codieren. Ein Morsezeichen besteht aus kurzen und langen Signalen, die man durch Punkte und Striche darstellt. Zwischen den einzelnen Morsezeichen ist eine kurze, zwischen Wörtern eine längere Pause (durch Leerzeichen repräsentiert). Das Programm liest zunächst einen Text ein und übersetzt ihn dann in eine Folge von Morsezeichen. Satzzeichen und unbekannte Zeichen werden einfach ignoriert.

Beispielprogrammlauf

```
Geben Sie einen Text ein: here comes the sun.
.... . .-. .   -.-. --- -- . ...   - .... .   ... ..- -.
```

Skript

```
morse = {"a":".-", "b":"-...", "c":"-.-.", "d":"-..",
         "e":".", "f": "..-.", "g":"--.", "h":"....",
         "i":"..", "j":".---", "k":"-.-", "l":".-..",
         "m":"--", "n":"-.", "o":"---", "p":".--.",
         "q":"--.-", "r":".-.", "s":"...", "t":"-",
         "u":"..-", "v":"...-", "w":".--", "x":"-..-",
         "y":"-.--", "z":"--..", "ä":".-.-", "ö":"---.",
         "ü":"..--", "ß":"...--.", " ":" "}           #1

text = input("Geben Sie einen Text ein: ")
morsetext = []
for buchstabe in text:                                #2
    if buchstabe in morse.keys():
        morsetext.append(morse[buchstabe])            #3

for m in morsetext:
    print(m, end=" ")                                 #4
```

Kommentare

#1: Das Dictionary ordnet jedem Buchstaben ein Morsezeichen aus Punkten und Strichen zu. Dem Leerzeichen wird ein Leerzeichen zugeordnet. So wird ein größerer Abstand zwischen Wörtern erzielt.

#2: Iteration über alle Zeichen des eingegebenen Textes. Schritt für Schritt wird eine Liste von Strings aufgebaut.

#3: Erst wird geprüft, ob das aktuelle Zeichen ein Schlüssel des Dictionarys ist. Wenn das zutrifft, wird der zugehörige Wert (ein Morsezeichen aus Punkten und Strichen oder ein Leerzeichen) an die Liste `morsetext` angehängt.

#4: Die Elemente der Liste `morsetext` werden nacheinander ausgegeben. Der Parameter `end=" "` bewirkt, dass hinter jedes Morsezeichen ein Leerzeichen gesetzt wird.

3.14 Projekt: Der kürzeste Weg zum Ziel

Python-Kollektionen eignen sich hervorragend, um Wegesysteme zu modellieren. Die Abstraktion eines Wegenetzes ist ein gerichteter Graph mit Gewichten. Er besteht aus folgenden Komponenten:

- Knoten, die Kreuzungspunkte, Start- und Zielpunkte repräsentieren
- Kanten, die direkte Verbindungen zwischen Knoten repräsentieren
- Gewichte, die den Kanten zugeordnet sind. Ein Gewicht kann man sich als geografische Entfernung zwischen zwei Knoten oder als Zeitbedarf für das Absolvieren der Strecke vorstellen.

Üblicherweise stellt man die Knoten als Kreise, die Kanten als Pfeile und die Gewichte als Zahlen an den Kanten dar (Abbildung 3.10 links).

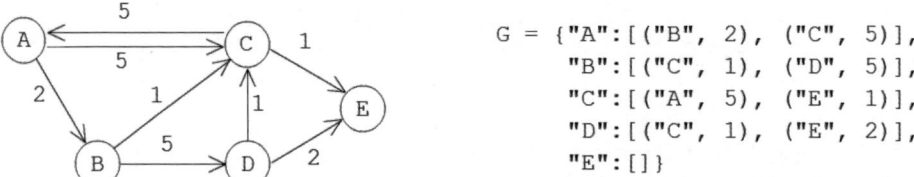

Abb. 3.10: Ein gerichteter Graph mit fünf Knoten und seine Darstellung als Dictionary

Jeder Routenplaner (Google Maps, DB-Navigator) und jedes Navigationssystem arbeitet auf der Basis einer solchen Datenstruktur. Eines der wichtigsten Probleme im Zusammenhang mit Graphen ist die Frage nach dem kürzesten Pfad zwischen zwei Knoten. Wie komme ich am schnellsten von A nach B? Ein Algorithmus zur Lösung dieses Problems wurde im Jahre 1959 von dem niederländischen Informatiker Edsger Wybe Dijkstra veröffentlicht.

Die Idee des Algorithmus ist, für jeden Knoten des Graphen die kürzeste Entfernung zum Startknoten zu berechnen. Wir verwenden mehrere Kollektionen:

1) Der Graph wird durch ein Dictionary G repräsentiert. Darin wird jedem Knoten seine Adjazenzliste zugeordnet. Die Adjazenzliste enthält die Nachbarknoten (und ihre Abstände zum Knoten), die unmittelbar über eine Kante erreichbar sind. Abbildung 3.11 illustriert den Aufbau eines Eintrags in das Dictionary am Beispiel von Knoten A.

2) Sämtliche Knoten des Graphen werden bei der Suche nach dem kürzesten Pfad besucht. In einer Menge namens nicht_besucht halten wir fest, welche Knoten noch nicht besucht worden sind. Anfangs sind das alle Knoten des Graphen (**#1**). Mit dieser Buchführung kann sichergestellt werden, dass das Programm auch wirklich anhält und nicht versehentlich ewig weiterläuft.

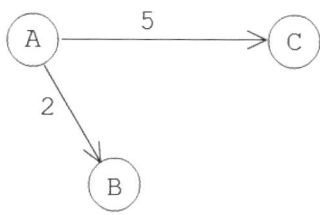 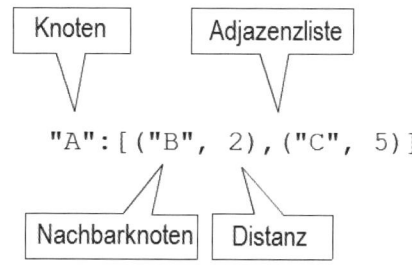

Abb. 3.11: Knoten A und seine Adjazenzliste

3) In einem Dictionary namens entfernung wird für jeden Knoten des Graphen die Entfernung zum Startknoten festgehalten (**#2**). Dieses Dictionary ist gewissermaßen das Herzstück des Dijkstra-Algorithmus. Das Dictionary enthält zunächst nur vorläufige Werte. Am Anfang ist die Entfernung zum Startknoten logischerweise null und die Entfernungen zu allen anderen Knoten unendlich groß. Denn man kennt ja noch gar nicht irgendwelche Wege zu den Knoten und muss vom Schlimmsten ausgehen. (Vielleicht gibt es ja gar keinen Weg.)

Sobald ein kürzerer Weg zu einem Knoten gefunden worden ist, wird der Wert für die Entfernung in diesem Dictionary aktualisiert. Am Ende, wenn alle Knoten und Kanten des Graphen geprüft worden sind, enthält das Dictionary entfernung die kürzesten Wege vom Startknoten zu allen anderen Knoten, also insbesondere auch zum Zielknoten.

4) Schließlich haben wir noch ein Dictionary namens vorgänger, das zu jedem Knoten den Vorgänger auf dem Pfad vom Startknoten zu diesem Knoten angibt (**#3**). Mit diesem Dictionary kann am Ende der gesuchte Weg rückwärts vom Zielknoten zum Startknoten aufgebaut werden. Immer wenn man zu einem Knoten einen besseren Pfad gefunden hat, wird der betreffende Eintrag in diesem Dictionary aktualisiert.

Programmlauf (Beispiel)

```
Start: A
Ziel: E
A --> B --> C --> E Entfernung: 4
```

Skript

```
G = {"A":[("B", 2), ("C", 5)],
     "B":[("C", 1), ("D", 5)],
     "C":[("A", 5), ("E", 1)],
     "D":[("C", 1), ("E", 2)],
     "E":[]}
```

Kapitel 3
Kollektionen: Mengen, Listen, Tupel und Dictionaries

```
start = input("Start: ")
ziel = input ("Ziel: ")
nicht_besucht = G.keys()                                    #1
entfernung = {k:1000000 for k in G.keys()}                  #2
entfernung[start] = 0
vorgänger = dict()                                          #3

while nicht_besucht:
    weglänge, knoten = min([(entfernung[k], k)
                            for k in nicht_besucht])        #4
    nicht_besucht -= {knoten}
    for nachbar, distanz in G[knoten]:                      #5
        if (nachbar in nicht_besucht) and \
           (weglänge + distanz < entfernung[nachbar]):      #6
                vorgänger[nachbar] = knoten
                entfernung[nachbar] = weglänge + distanz

# Weg berechnen
knoten = ziel                                               #7
weg = []
while knoten in vorgänger.keys():
    weg = [knoten] + weg
    knoten = vorgänger[knoten]

# Ausgabe
print(start, end=" ")
for k in weg:
    print ("-->", k, end=" ")
```

Kommentare

#1: Die Schlüssel des Dictionarys G sind die Knoten des Graphen.

#2: Wie Listen können auch Dictionaries durch Comprehensions aufgebaut werden. Hier wird ein Dictionary für die Entfernungen der Knoten vom Startknoten erzeugt. Dabei wird zunächst jedem Knoten eine sehr große Zahl (eigentlich müsste es unendlich sein) zugeordnet. In der nächsten Anweisung erhält der Startknoten die Entfernung 0.

#3: Das Dictionary vorgänger speichert zu jedem Knoten den Vorgängerknoten auf dem Pfad vom Startknoten bis zu diesem Knoten.

#4: Hier wird tief in die Trickkiste gegriffen: Zunächst wird aus dem Dictionary entfernung eine Liste von Paaren erzeugt. Jedes Paar besteht aus der Entfernung eines Knotens vom Startknoten und dem Namen des zugehörigen Knoten. Warum kommt die Entfernung zuerst? Es soll mit der Funktion min() das kleinste dieser Tupel gesucht werden. Da das erste Item der Tupel die Entfernung ist, ist das Minimum dieser Liste das Tupel mit der geringsten Entfernung. Die beiden Teile dieses minimalen Tupels werden (auf einen Schlag) den beiden Variablen weglänge und knoten zugewiesen.

#5: G[knoten] ist die Adjazenzliste des Knotens. Sie beschreibt die Nachbarknoten durch Tupel der Form (*Name des Nachbarknotens, Gewicht der Kante*). In der for-Anweisung werden nun alle diese Nachbarknoten besucht und bearbeitet.

#6: Hier wird geprüft, ob wir nun einen kürzeren Weg zu dem Nachbarknoten gefunden haben. Ist das der Fall, werden zwei Einträge geändert: Im Dictionary entfernung erhält der untersuchte Nachbarknoten den neuen, kleineren Wert. Im Dictionary vorgänger ist nun der aktuelle Knoten der Vorgänger des untersuchten Nachbarknotens. Denn nun hat sich ja der (bisher) kürzeste Pfad geändert.

#7: Hier wird nun von hinten der Pfad vom Startknoten zum Zielknoten aufgebaut. Beachten Sie: Es kann sein, dass es überhaupt keinen Pfad vom Start zum Ziel gibt. In diesem Fall wird irgendwann kein Vorgänger zu einem Knoten gefunden und die Iteration bricht ab, bevor der Startknoten erreicht ist.

3.15 Aufgaben

3.15.1 Aufgabe 1: Länge von Sequenzen

Welche Länge haben die Sequenzen in der Tabelle? Mit der Funktion len() können Sie Ihr Ergebnis überprüfen.

Sequenz	Länge
"A\nB"	
b"1-2"	
[]	
[[]]	
[1, [2, 3]]	
"Power" + "Pop"	
"Boden"[:2]	
{1, 1, 1, 1}	
{{1, 2}|{2, 3}	

3.15.2 Aufgabe 2: Lottozahlen

Schreiben Sie ein Programm, dass die Ziehung der Lottozahlen simuliert (6 aus 49). Verwenden Sie die Funktionen range() und choice() und eine for-Anweisung.

Die Funktion choice() importieren Sie aus dem Modul random. Der Aufruf choice(s) liefert ein zufälliges Element aus der Kollektion s.

Beispielprogrammlauf

```
Ziehung der Lottozahlen
16   21   27   28   29   40
```

3.15.3 Aufgabe 3: Visualisierung der range()-Funktion

Betrachten Sie Abbildung 3.12: Ordnen Sie den Bildern (links) passende Python-Befehle (rechts) zu.

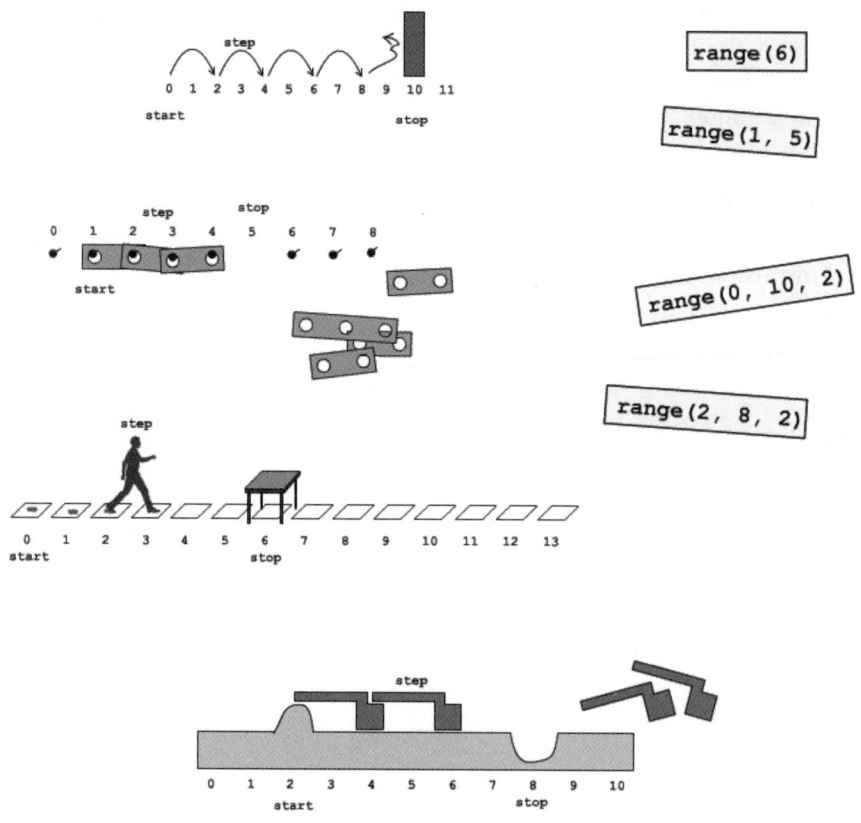

Abb. 3.12: Visualisierungen für range()

3.16 Lösungen

3.16.1 Lösung 1

Sequenz	Länge	Erklärung
"A\nB"	3	Die Escape-Sequenz \n ist *ein* Zeichen.
b"1-2"	3	Das Präfix b ist kein Teil des Bytestrings.
[]	0	Die leere Liste enthält kein Item.
[[]]	1	Die Liste enthält eine leere Liste als Item.
[1, [2, 3]]	2	Zwei Items: Die Zahl 1 und die Liste [2, 3]
"Power" + "Pop"	8	Die Konkatenation enthält 5+3 Items.
"Boden"[:2]	2	Der Slice "Bo" enthält 2 Zeichen.
{1, 1, 1, 1}	1	Die Menge hat nur ein (einmaliges) Element.
{1,2}|{2, 3}	3	Die Vereinigung ist {1, 2, 3}.

3.16.2 Lösung 2

Skript

```
from random import choice
zahlen = list(range(1,50))                    #1
gezogen = []                                  #2

for i in range(6):                            #3
    zahl = choice(zahlen)                     #4
    zahlen.remove(zahl)
    gezogen.append(zahl)

gezogen.sort()                                #5
print("Ziehung der Lottozahlen")
for z in gezogen:
    print(z, end=" ")
```

Kommentare

#1: Hier wird zunächst ein range-Objekt mit Zahlen zwischen 1 und 49 erzeugt und daraus eine Liste gebildet. Warum eine Liste? Wir brauchen eine *veränderbare* Kollektion, weil später die bereits gezogenen Zahlen daraus entfernt werden sollen.

#2: Eine zunächst leere Liste für die gezogenen Lottozahlen wird instanziiert.

#3: Der nächste Anweisungsblock wird sechs Mal ausgeführt.

#4: Ein zufälliges Element der Liste zahlen wird ausgewählt, dann aus der Liste entfernt und der Liste gezogen zugefügt. Beachten Sie, dass der Name zahl keinen *Index*, sondern ein *Item* der Liste zahlen (also eine Zahl zwischen 1 und 49) bezeichnet.

#5: Die gezogenen Lottozahlen werden sortiert.

3.16.3 Lösung 3

Die Bilder visualisieren in der Reihenfolge von oben nach unten die folgenden Aufrufe der Funktion range():

```
range(0, 10, 2)
range(1, 5)
range(6)
range(2, 8, 2)
```

Kapitel 4

Funktionen

Programmtexte können lang und schwer verständlich werden. Mit Funktionen können Sie ein Programm übersichtlicher gestalten. Sie zerlegen eine komplexe Aufgabe in kleinere Teile und definieren für jede Teilaufgabe eine eigene Funktion. Im Hauptprogramm werden dann diese Funktionen aufgerufen. Eine Funktion übernimmt Daten als Eingabe, verarbeitet diese und liefert dann ein Objekt als Ausgabe zurück.

In diesem Kapitel erhalten Sie zunächst einen Einblick in Grundprinzipien der Python-Funktionen. Anschließend geht es darum, wie man eigene Funktionen definiert. Dabei werden folgende Punkte behandelt:

- Positions- und Schlüsselwort-Argumente
- Default-Werte für Argumente
- Rekursion (Beispiel: Fraktale)
- Testen von Vorbedingungen

4.1 Aufruf von Funktionen

Python bietet eine Reihe von Standardfunktionen (*built-in functions*) für häufig vorkommende Aufgaben. Sie haben in diesem Buch bereits einige kennengelernt.

Der Aufruf einer Funktion hat folgendes Format:

funktion(parameterliste)

Eine Funktion wird aufgerufen, indem der Name der Funktion angegeben wird, gefolgt von einer Liste aktueller Parameter in runden Klammern. Die aktuellen Parameter nennt man auch *Argumente*. Aktuelle Parameter sind entweder konkrete Werte (Literale) oder Variablennamen oder Ausdrücke, deren Auswertung Werte ergeben. Die Funktion abs() akzeptiert genau ein Argument, das eine Zahl sein muss. Zurückgegeben wird der absolute Betrag des Argumentes. Beispiele:

```
>>> abs(-3)
3
>>> abs (3/2-2)
0.5
```

Im interaktiven Modus der Python-Shell wird das Objekt, das die Funktion zurückgibt, in der nächsten Zeile dargestellt. In Programmtexten steht ein Funktionsaufruf oft im rechten Teil einer Zuweisung. Der zurückgegebene Funktionswert wird dann einer Variablen zugewiesen. Er wird gespeichert.

```
a = input("Ihr Name: ")            # Aufruf von input()
b = len(a)                         # Aufruf von len()
print (a, "hat", b, "Buchstaben")
```

Programmlauf:

```
Ihr Name: Michael
Michael hat 7 Buchstaben
```

4.1.1 Unterschiedliche Anzahl von Argumenten

Manche Funktionen können mit einer unterschiedlichen Anzahl von Argumenten aufgerufen werden. Beispiel: Die Funktion round() akzeptiert ein oder zwei Argumente. Mit *einem* Argument liefert sie eine ganze Zahl, nämlich den gerundeten Wert des Arguments:

```
>>> round(173.234)
173
```

Wird round() mit zwei Argumenten aufgerufen, so ist das erste Argument die zu rundende Zahl und das zweite Argument die Anzahl der Nachkommastellen, auf die gerundet wird:

```
>>> round(173.234, 1)
173.2
```

4.1.2 Positionsargumente und Schlüsselwort-Argumente

Die Parameter können als Positionsargumente oder als Schlüsselwort-Argumente übergeben werden. Beim Aufruf

```
round(173.234, 1)
```

werden Positionsargumente verwendet. Jedes Argument wird anhand seiner Position in der Parameterliste erkannt. Das *erste* Argument ist die zu rundende Zahl, das optionale *zweite* Argument ist die Anzahl der Nachkommastellen.

Bei einem Aufruf mit Schlüsselwort-Argumenten (*key word arguments*) wird durch einen Ausdruck der Form *parametername=wert*

übergeben. Beispiel:

```
>>> round(number=173.234, ndigits=1)
173.2
```

Die Reihenfolge der Argumente ist beliebig.

```
>>> round(ndigits=1, number=173.234)
173.2
```

Wenn Sie eine Funktion mit Schlüsselwort-Argumenten aufrufen wollen, müssen Sie die Namen der Parameter kennen. Wenn Sie bei IDLE (im Editor oder im interaktiven Modus) einen Funktionsaufruf eingeben, erscheint eine Infobox mit einer Kurzbeschreibung, sobald Sie die öffnende Klammer der Parameterliste eingegeben haben.

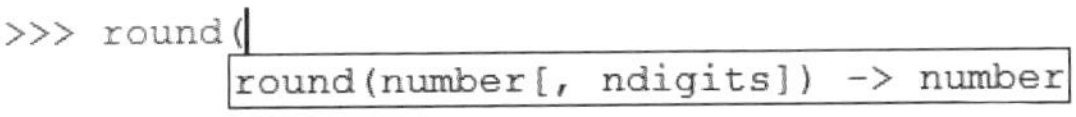

```
>>> round(
        round(number[, ndigits]) -> number
```

Abb. 4.1: Infobox zur Funktion round()

Sie finden dort zumindest die Namen und Reihenfolge der Parameter. Übrigens, eine Beschreibung der Funktion finden Sie auch mit der help()-Funktion:

```
>>> help(round)
Help on built-in function round in module builtins:
round(...)
    round(number[, ndigits]) -> number
...
```

4.1.3 Für Experten: Funktionen als Argumente

Python ist objektorientiert. Auch eine Funktion ist ein Objekt und kann (wie eine Zahl) einer anderen Funktion als Argument übergeben werden. Ein Beispiel für eine Funktion, die Funktionen verarbeitet, ist die Standardfunktion map(). Sie hat folgendes Aufrufformat:

```
map(function, iterable, ...)
```

Dabei ist *function* der Name einer Funktion und *iterable* eine Kollektion. Die Funktion map() sorgt dafür, dass die Funktion *function* auf alle Objekte der Kollektion angewendet wird. Hinter dem Parameter *iterable* kann noch ein Tupel mit weiteren Argumenten folgen, die von der Funktion *function* benötigt werden. Die Funktion `map()` gibt ein sogenanntes `map`-Objekt zurück. Das repräsentiert eine Kollektion mit den Ergebnissen und kann mit der Funktion `list()` leicht in eine Liste umgewandelt werden. Beispiel:

```
>>> messwerte = [1.234, 3.4566, 5.888]
>>> gerundet = map(round, messwerte)
>>> print(gerundet)
<map object at 0x02C13E70>
>>> list(gerundet)
[1, 3, 6]
```

Nun kann die Funktion `round()` auch mit einem Parameter aufgerufen werden, der die Anzahl der Nachkommastellen angibt. Beim Aufruf der `map()`-Funktion wird als drittes Argument ein Tupel übergeben, das für jedes Element der Kollektion eine Zahl enthält:

```
>>> gerundet = map(round, messwerte, (1, 1, 2))
>>> list(gerundet)
[1.2, 3.5, 5.89]
```

4.2 Definition von Funktionen

Eine Funktion wird durch eine besondere Anweisung definiert. Sie hat folgendes Format:

```
def funktionsname(parameterliste):
        anweisungsblock
```

Die Definition besteht aus zwei Teilen, einem Kopf und einem Körper.

- Der Funktionskopf beginnt mit dem Schlüsselwort `def`, gefolgt vom Funktionsnamen und einer eventuell leeren Parameterliste in runden Klammern. Am Ende des Kopfes steht ein Doppelpunkt.

- Der Funktionskörper ist ein Anweisungsblock, also eine Folge von Anweisungen, die gegenüber der Kopfzeile eingerückt ist. Wenn die Funktion einen Wert zurückgeben soll, muss der Funktionskörper eine `return`-Anweisung enthalten.

Im folgenden Beispiel hat die Funktion den Namen `anteilZeichen` und die beiden formalen Parameter heißen `text` und `zeichen`. Die Funktion berechnet die relative Häufigkeit des Zeichens `zeichen` im Text `text`.

4.2 Definition von Funktionen

```
def anteilZeichen(text, zeichen):
    n = text.count(zeichen)
    a = n/len(text)
    return a
```

Die beiden Parameter werden im Funktionskörper wie eine Variable verwendet. In der `return`-Anweisung wird der Wert der Variablen a zurückgegeben.

Um die Wirkung der Funktion zu beobachten, muss sie aufgerufen werden. Sie können unter die Funktionsdefinition ein Hauptprogramm schreiben, das die neue Funktion verwendet. Das folgende Programm fragt zuerst nach einem Text, berechnet die relative Häufigkeit jedes Buchstabens in dem Text und gibt dann das Ergebnis aus.

Programmlauf (Beispiel)

```
Bitte geben Sie einen Text ein: Eile mit Weile
W Häufigkeit: 0.07
E Häufigkeit: 0.07
t Häufigkeit: 0.07
  Häufigkeit: 0.14
e Häufigkeit: 0.21
i Häufigkeit: 0.21
m Häufigkeit: 0.07
l Häufigkeit: 0.14
```

Skript

```
def anteilZeichen(text, zeichen):
    n = text.count(zeichen)
    a = n/len(text)
    return a

# Hauptprogramm
t = input("Bitte geben Sie einen Text ein: ")
for z in set(t):                              #1
    a = anteilZeichen(t, z)                   #2
    print(z, "Häufigkeit:", round(a, 2))      #3
```

Kommentare

#1: Aus den Zeichen der Zeichenkette t wird eine Menge gebildet, in der jedes Zeichen nur einmal vorkommt. Die Iteration läuft über diese Menge.

#2: Hier wird die Funktion `anteilZeichen()` aufgerufen.

#3: Ausgabe einer Berechnung. Damit es schöner aussieht, wird die Gleitkommazahl, die `anteilZeichen()` zurückgibt, auf zwei Stellen nach dem Komma gerundet.

4.3 Funktionen in der IDLE-Shell testen

Wenn Sie mit IDLE arbeiten, können Sie eine Funktion auch folgendermaßen testen: Geben Sie die Funktionsdefinition in einem IDLE-Editorfenster ein. Speichern Sie den Programmtext und starten Sie ihn mit RUN|RUN MODULE oder F5. Im Shell-Fenster erscheint eine Restart-Meldung. Danach ist die Funktionsdefinition dem Laufzeitsystem bekannt und Sie können die Funktion im Shell-Fenster aufrufen. Beachten Sie: Bei jeder Änderung des Programmtextes der Funktion müssen Sie die Programmdatei mit der Funktionsdefinition erneut ausführen (F5), damit die Änderungen wirksam sind.

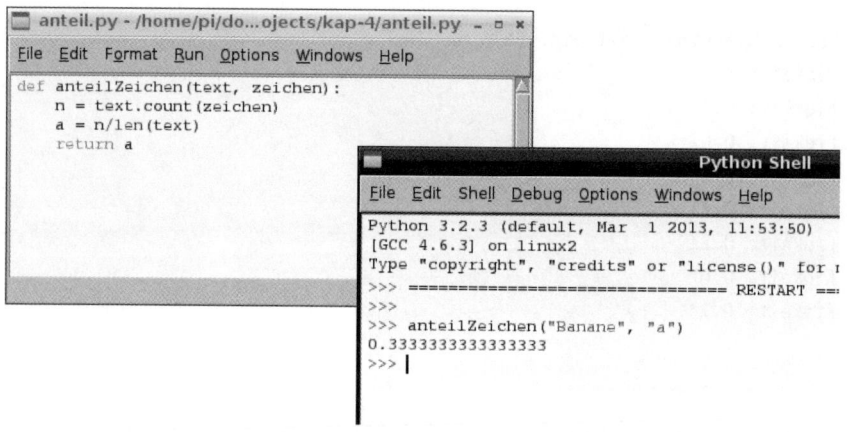

Abb. 4.2: Eine Funktion können Sie in einem Editor-Fenster editieren und im Shell-Fenster testen.

Übrigens: Die IDLE-Shell bietet Ihnen den gleichen Service wie bei den Standardfunktionen. Sobald Sie den Namen der Funktion und die öffnende Klammer dahinter eingegeben haben, erscheint eine Infobox mit der Parameterliste.

```
>>> anteilZeichen(
              (text, zeichen)
```
Abb. 4.3: Infobox zu einer selbst definierten Funktion

4.4 Docstrings

Die erste Zeile des Funktionskörpers kann einen sogenannten *Docstring* enthalten. Das ist ein Text zur Dokumentation der Funktion, der in dreifachen Anführungszeichen (oder dreifachen Hochkommata) steht. Beispiel:

```
def anteilZeichen(text, zeichen):
    """Relative Häufigkeit eines Zeichens

    Die Funktion liefert die relative Häufigkeit des
    Zeichens zeichen im String text.
    """
    n = text.count(zeichen)
    a = n/len(text)
    return a
```

Die erste Zeile des Docstrings enthält eine umgangssprachliche Kurzbeschreibung der Wirkung der Funktion. Danach lässt man eine Leerzeile. Der Docstring hat gegenüber einem Kommentar den Vorteil, dass er vom Python-Laufzeitsystem ausgewertet wird.

Der gesamte Inhalt des Docstrings wird beim Aufruf der help()-Funktion ausgegeben. Die erste Zeile hat eine besondere Bedeutung. Sie erscheint in der Infobox, wenn Sie im IDLE-Editor oder in der Shell den Funktionsnamen eingeben (Abbildung 4.4).

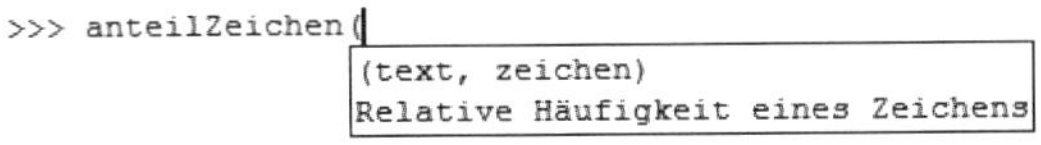

```
>>> anteilZeichen(
                 (text, zeichen)
                 Relative Häufigkeit eines Zeichens
```

Abb. 4.4: Die erste Zeile des Docstrings erscheint in der Infobox.

4.5 Veränderliche und unveränderliche Objekte als Parameter

Wenn das als Parameter übergebene Objekt *unveränderbar* ist, dann haben alle Operationen, die vom Prozess der Funktion aufgeführt werden, *keine Auswirkungen* auf den aktuellen Parameter des Funktionsaufrufs. *Formale* Parameter – das sind die Namen, die in der Parameterliste des Funktionskopfes stehen – werden wie lokale Variablen behandelt. Im folgenden Beispiel hat der formale Parameter der Funktion verdopple() den Namen objekt:

```
def verdopple(objekt):
    objekt = 2 * objekt
    return objekt
```

Wenn die Funktion aufgerufen wird, schreibt man hinter den Funktionsnamen in Klammern einen *aktuellen* Parameter (Argument). Das kann ein Literal sein, z.B. die Zahl 10.

```
>>> verdopple(10)
20
```

Das Argument kann auch ein Variablenname sein, z. B. der Name n.

```
>>> n = 10
>>> verdopple (n)
20
>>> n              # n bleibt unverändert
10
```

Innerhalb der Funktion wird für die internen Berechnungen ein anderer Name verwendet – nämlich der Name des formalen Parameters aus dem Kopf der Funktionsdefinition (hier: objekt). Abbildung 4.5 visualisiert die Ausführung des Funktionsaufrufs.

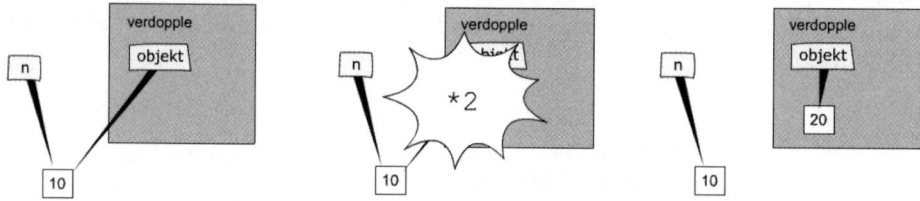

Abb. 4.5: Der Name objekt wird an eine neue Zahl gebunden.

Wenn das Argument der Name eines unveränderbaren Objekts ist (z. B. eine Zahl oder ein String), dann haben die Operationen in der Funktion keinerlei Auswirkungen. Im Beispiel ist der Name objekt zunächst an die gleiche Zahl gebunden wie der Name n (zwei Namen für die gleiche Zahl). Beim Verdoppeln wird der Name objekt an die Zahl 20 gebunden. Das hat aber keinen Einfluss auf die Bindung des Namens n.

Eine andere Situation tritt auf, wenn das Argument eines Funktionsaufrufs eine Liste ist. Denn Listen sind *veränderbare* Objekte. Wenn innerhalb der Funktion die übergebene Liste modifiziert wird, so ist diese Änderung auch außerhalb der Funktion sichtbar. Die folgende Funktion listmult() multipliziert jedes Element einer Liste mit einem Faktor:

```
def listmult(liste, faktor):
    for i in range(len(liste)):
        liste[i] *= faktor                              #1
    return liste
```

Geben Sie diese Funktion im Editor ein, speichern Sie die Programmdatei und
führen Sie sie aus (RUN|RUN MODULE), damit der IDLE-Shell die Funktion zur Verfügung steht. Testen Sie dann in der IDLE-Shell ihre Arbeitsweise:

```
>>> s = [1, 2, 3]
>>> listmult(s, 2)
[2, 4, 6]
>>> s                  # s wurde verändert
[2, 4, 6]
```

Sie sehen: Die Funktion `listmult()` hat die Liste s verändert. Um das richtig zu verstehen, muss man sich in Erinnerung rufen, dass Variablen Namen für Objekte sind. Der Name s des Beispiels bezieht sich auf ein Objekt, das nur *einmal* existiert. In Zeile **#1** des Beispielskripts wird dieses Objekt verändert. Dabei ist es völlig unerheblich, dass es innerhalb der Funktion mit liste angesprochen wird.

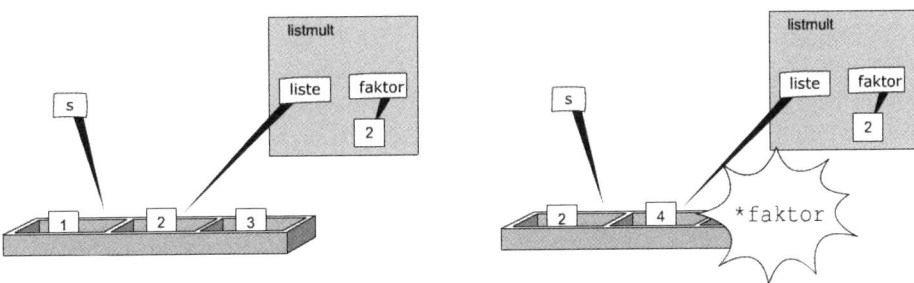

Abb. 4.6: Die Funktion verändert ein Objekt, das nur einmal existiert.

4.6 Voreingestellte Parameterwerte

Funktionen können optionale Parameter besitzen, die bei einem Aufruf weggelassen werden können. Optionale Argumente haben voreingestellte Werte (Default-Werte). Wenn beim Aufruf der Funktion das betreffende Argument fehlt, wird der voreingestellte Wert verwendet.

Den optionalen Parametern werden innerhalb der Parameterliste im Funktionskopf Werte zugewiesen. Format:

```
def funktion(arg1=wert1, arg2=wert2,...):
```

Die folgende Funktion berechnet den Energieverbrauch beim Radfahren. Beide Parameter sind optional. Der erste Parameter bezeichnet die Dauer des Radfahrens in Stunden (voreingestellt: 1 Stunde), der zweite Parameter das Körpergewicht in kg (voreingestellt: 75 kg).

```
def kalorien(zeit=1, gewicht=75):
    return zeit*gewicht*7.5
```

Der Faktor 7.5 ist übrigens der MET-Wert für das Radfahren (MET=Metabolic Equivalent). Dieser Wert ist nur eine grobe Schätzung; denn der genaue Energieumsatz beim Radfahren hängt natürlich stark vom Fahrstil ab.

Geben Sie die Funktion mit IDLE in einem Editorfenster ein und führen Sie sie aus (RUN|MODULE RUN). Die Funktion können Sie nun (im Shell-Fenster) auf verschiedene Weise aufrufen: ohne Argument, mit einem oder mit zwei Argumenten.

```
>>> kalorien()              # 1 Stunde, 75kg
562.5
>>> kalorien(2)             # 2 Stunden, 75kg
1125.0
>>> kalorien(0.5, 65)       # 1/2 Stunde, 65kg
243.75
```

Wenn Sie nur für den zweiten Parameter gewicht einen Wert übergeben wollen, müssen Sie ein Schlüsselwort-Argument verwenden:

```
>>> kalorien(gewicht=65)
487.5
```

Weitere Informationen und jede Menge Daten zum Thema Energieumsatz bei sportlichen Aktivitäten finden Sie im *Compendium of Physical Activities*: https://sites.google.com/site/compendiumofphysicalactivities/

4.7 Beliebige Anzahl von Parametern

Die Standardfunktion min() akzeptiert zwei oder mehr Argumente und gibt das kleinste dieser Objekte zurück:

```
>>> min(1, 2)
1
>>> min(-2, 1, 3, -5, 2, 1, 1, 5)
-5
```

Wie programmiert man eine Funktion, die eine *beliebige Anzahl von Argumenten* verarbeiten kann?

In der Parameterliste des Funktionskopfes wird vor einen formalen Parameter ein Stern geschrieben, z. B. *args. Dann repräsentiert der Parameter args ein (eventuell leeres) Tupel von Argumenten. Innerhalb des Funktionskörpers kann man dann auf die übliche Weise auf die Elemente des Tupels zugreifen. Die folgende Funktion akzeptiert eine beliebige Anzahl von Strings (oder andere Objekte, die eine Länge besitzen) als Argumente und gibt das längste Objekt zurück:

```
def längstes(*objekte):
    maximum = ""
    for objekt in objekte:
        if len(objekt) > len(maximum):
            maximum = objekt
    return maximum
```

Hier einige Funktionsaufrufe:

```
>>> längstes("Das", "Spiel", "hat", "neunzig", "Minuten")
'neunzig'
>>> längstes ("Montag", "Dienstag")
'Dienstag'
>>> längstes()
''
```

Wie man sieht, berücksichtigt die Funktion auch den Fall, dass gar kein Argument übergeben wird.

4.8 Die return-Anweisung unter der Lupe

Eine Funktionsdefinition kann mehrere return-Anweisungen enthalten. Es wird bei einem Aufruf der Funktion aber immer nur *ein* return ausgeführt und dann die Ausführung der Funktion abgebrochen. Die folgende Funktion mit zwei return-Anweisungen prüft, ob die als Argument übergebene Kollektion wenigstens eine gerade Zahl enthält:

```
def gerade(s):
    for zahl in s:
        if zahl%2==0:
            return True
    return False
```

Beispielaufrufe:

```
>>> gerade([1, 1, 2, 3, 2])
```

```
True
>>> gerade([1, 1, 1, 3])
False
```

Funktionen, die keine `return`-Anweisung enthalten oder bei denen hinter `return` nichts steht, nennt man *Prozeduren*. Auch sie geben etwas zurück, nämlich das leere Objekt `None`. Es klingt etwas paradox, aber Python hat ein spezielles Objekt für das Nichts. Das Objekt `None` hat den Wahrheitswert `False` und ansonsten keinerlei Eigenschaften. Probieren Sie aus (Python-Shell):

```
>>> def tuNichts():
        pass
```

Die Anweisung `pass` ist eine leere Anweisung, die nichts bewirkt. Python braucht dieses Konstrukt, weil in einem Python-Programm Anweisungsblöcke durch Einrückung und Ausrückung markiert werden. Und nach dem Doppelpunkt im Kopf der Funktionsdefinition *muss* ein neuer Block beginnen. Diesen Block muss man irgendwie darstellen.

Wenn Sie `tuNichts()` aufrufen, wird nichts zurückgegeben:

```
>>> tuNichts()
>>>
```

Nun kommt der Clou. Sie können diese Funktion auch in einer Zuweisung verwenden. Denn sie gibt das Objekt `None` zurück:

```
>>> a = tuNichts()
>>> a
>>> print(a)
None
```

In der `return`-Anweisung kann die Funktion auch mehrere Objekte zurückgeben. Sie müssen allerdings als Tupel verpackt werden. Dabei können Sie die runden Klammern des Tupels weglassen. Das sieht dann noch eleganter aus. Das folgende Programm enthält eine Funktion, die das häufigste Item einer Kollektion ermittelt und das Item und seine Häufigkeit als Tupel zurückgibt.

Skript

```
def häufigster (s):
    items = set(s)                                          #1
    häufigkeitsliste = [(s.count(i), i) for i in items]     #2
```

```
        häufigkeit, item = max(häufigkeitsliste)           #3
        return item, häufigkeit                            #4

spanischkurs = ["Conny", "Monika", "Valentina", "Mike",
                "Michael","Marion", "Doris", "Monika"]
n, h = häufigster(spanischkurs)
print (n, h, "Mal")
```

Ausgabe

```
Monika 2 Mal
```

Kommentare

#1: Die Menge `items` enthält jedes vorkommende Item einmal.

#2: Hier wird eine Liste von 2-Tupeln aufgebaut. Die erste Komponente eines Tupels ist die Häufigkeit von Item `i`, die zweite Komponente ist das Item `i` aus der Menge `items`.

#3: Weil die erste Komponente eines jeden Tupels die Häufigkeit des betreffenden Items ist, liefert die Funktion `max()` das Tupel mit der höchsten Häufigkeit.

#4: Zurückgegeben wird ein Tupel ohne Klammern.

4.9 Mehr Sicherheit! Vorbedingungen testen

Bei Python kann eine Funktion Objekte *unterschiedlicher Typen* verarbeiten. Nehmen wir als Beispiel die Funktion `len()`. Sie berechnet die Länge aller Objekte, die eine Länge besitzen. Das sind z.B. Listen, Tupel, Mengen oder Zeichenketten, nicht aber Zahlen oder Wahrheitswerte:

```
>>> len([1, 2])
2
>>> len("Raspberry")
9
>>> len(1)
... TypeError: object of type 'int' has no len()...
```

Die `len()`-Funktion ist ein Beispiel dafür, dass es sehr praktisch sein kann, wenn die Parameter von Funktionen nicht an Typen gebunden sein müssen. Das Konzept der *Länge* passt auf viele Datentypen. Aber diese Freiheit birgt auch Risiken. Die folgende kleine Funktion berechnet das Volumen eines Quaders:

```
def quader(länge, breite, höhe):
    volumen = länge * breite * höhe
    return volumen
```

Probieren wir nun einige Aufrufe der Funktion aus:

```
>>> print(quader(5, 2, 10))
100
```

Das ist das Ergebnis, das man erwartet: das Produkt der drei Zahlen 5, 2 und 10. Aber der Aufruf funktioniert auch, wenn das dritte Argument ein String ist:

```
>>> print (quader(5, 2, "10"))
10101010101010101010
```

Das Ergebnis sieht auch aus wie eine Zahl, aber es ist eigentlich ein String. Die ersten beiden Zahlen wurden multipliziert. Das ergibt 10. Dann wurde der String "10" zehnmal hintereinander geschrieben.

Solche »Missverständnisse« können in großen Programmen zu logischen Fehlern führen, die nur schwer aufzuspüren sind. Eine Funktion wird sicherer, wenn sie zu Beginn prüft, ob die Parameter überhaupt geeignet sind. Nur wenn bestimmte *Vorbedingungen* erfüllt sind, kann die Funktion das leisten, was sie leisten soll. Vorbedingungen können Sie durch *Zusicherungen* (`assert`-Anweisungen) testen. Sie haben folgendes Format:

```
assert bedingung
```

Dabei ist *bedingung* ein Ausdruck, dessen Auswertung `True` oder `False` ergibt.

Im Falle der Volumenberechnung müssen folgende Vorbedingungen erfüllt sein:

- Alle Argumente sind Zahlen (`int` oder `float`).
- Alle Argumente sind größer als null.

Die folgende Funktionsdefinition enthält passende `assert`-Anweisungen (fett):

```
def quader(länge, breite, höhe):
    assert type(länge) in [type(1), type(1.0)]
    assert type(breite) in [type(1), type(1.0)]
    assert type(höhe) in [type(1), type(1.0)]
    assert (länge > 0) and (breite > 0) and (höhe > 0)
    volumen = länge * breite * höhe
    return volumen
```

Wenn der Python-Interpreter die `assert`-Anweisungen ausführt, prüft er, ob die angegebenen Bedingungen erfüllt sind. Sind sie es nicht, bricht er die Programmausführung ab und gibt eine Fehlermeldung aus. Hier zwei Beispiele:

```
>>> quader(5, 2, "10")
Traceback (most recent call last):...
    assert type(höhe) in [type(1), type(1.0)]
AssertionError

>>> quader(-1, 1, 1)
Traceback (most recent call last): ...
    assert (länge > 0) and (breite > 0) and (höhe > 0)
AssertionError
```

4.10 Namensräume: Global und lokal

Eine Funktion kann man sich als relativ abgeschottete Einheit vorstellen. Die Verbindung mit der Außenwelt ist in der Regel über die Parameter im Funktionskopf geregelt. Die Namen, die innerhalb einer Funktionsdefinition verwendet werden, gehören zum *lokalen Namensraum* der Funktion. Sollte ein Name – sagen wir: der Name n – auch außerhalb der Funktionsdefinition existieren, so hat er grundsätzlich nichts mit dem lokalen Namen zu tun. Hier ein Beispiel:

```
def f():
    n = 2       # lokaler Name n
    return n

# Hauptprogramm
n = 1
print(f())      # Aufruf von f()
print(n)        # n wurde nicht geändert
```

Die Funktion liefert folgende Ausgabe:

```
2
1
```

Zuerst wird die Funktion f() aufgerufen. Sie gibt den Wert der *lokalen* Variablen n zurück. Das ist die Zahl 2, die von der print()-Funktion ausgegeben wird.

Dann wird der Wert der Variablen n aus dem Namensraum des Hauptprogramms ausgegeben. Er wurde durch die Funktion nicht geändert. Offenbar gibt es zwei unterschiedliche Variablen n. Abbildung 4.7 illustriert dies.

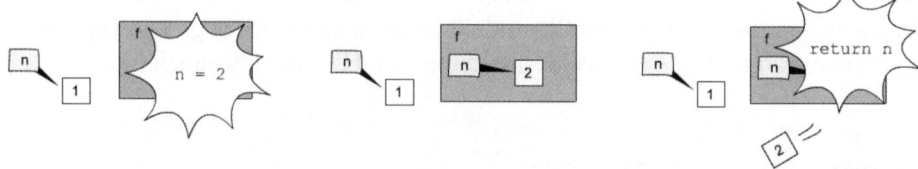

Abb. 4.7: Eine Funktion mit lokalem Variablennamen

Wenn auf eine Variable zugegriffen wird, die innerhalb der Funktion nicht definiert ist, sucht der Interpreter außerhalb des lokalen Namensraumes der Funktion nach dem Namen. Beispiel:

```
def f():
    return n

# Hauptprogramm
n = 1
print(f())
```

Die Funktion gibt den Wert der Variablen n zurück. Ausgabe des Skripts im Shell-Fenster:

```
1
```

Abbildung 4.8 illustriert die Ausführung des Programms.

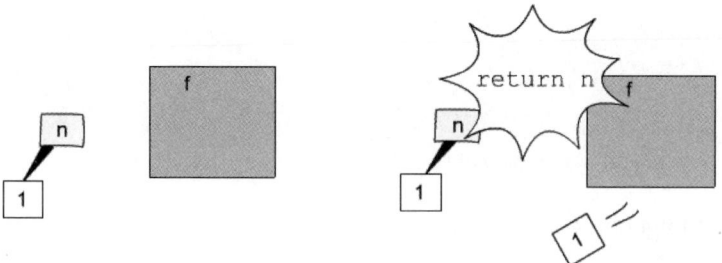

Abb. 4.8: Lesender Zugriff auf eine Variable außerhalb des lokalen Namensraums

Funktionen können auch Variablen außerhalb ihres lokalen Namensraumes verändern. Allerdings nur solche, die zuvor mit einer global-Anweisung freigegeben worden sind. Eine solche Veränderung einer externen Variablen nennt man *Seiteneffekt*. Hier ein Beispiel:

```
def f():
    global n
    n += 1           # Seiteneffekt

# Hauptprogramm
n = 1
f()
print(n)   # n wurde von f() geändert
```

Das Skript liefert folgende Bildschirmausgabe:

```
2
```

Die Funktion hat also über einen Seiteneffekt den Wert von n um eins erhöht. Abbildung 4.9 visualisiert die Ausführung des Skripts.

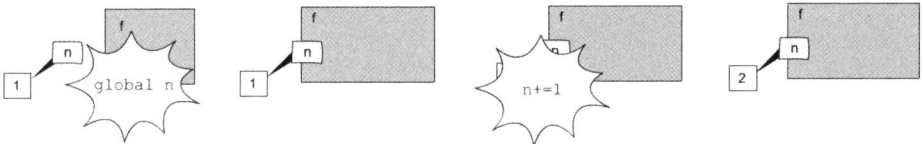

Abb. 4.9: Erweiterung der Zugriffsmöglichkeit der Funktion durch die global-Anweisung

4.11 Rekursive Funktionen – die Hohe Schule der Algorithmik

Eine rekursive Funktion ist eine Funktion, die sich selber aufruft. Jede rekursive Funktion hat folgenden Aufbau:

- Falls das Problem einfach genug ist, löse es direkt (Elementarfall).
- Anderenfalls tue so, als hättest du bereits einen Algorithmus und mache Folgendes:
    - Zerlege das Problem in kleinere Teile.
    - Wende den Algorithmus (rekursiv) auf die Teilprobleme an.
    - Konstruiere aus den Teillösungen eine Gesamtlösung.

4.11.1 Projekt: Rekursive Summe

Die Funktion im folgenden Programm berechnet rekursiv die Summe der Elemente einer Zahlenfolge.

Ausgabe

```
Zufällige Zahlenliste:
[23, 49, 64, 3, 26, 26, 100, 18, 74, 54]
Summe: 437
```

Skript

```
import random

def summe(s):
    if len(s) == 0:                    #1
        return 0
    elif len(s) == 1:
        return s[0]
    else:
        mitte = len(s)//2              #2
        s1 = s[:mitte]
        s2 = s[mitte:]
        return summe(s1) + summe(s2)   #3

# Hauptprogramm
s = [random.randint(0, 100) for i in range(10)]
print ("Zufällige Zahlenliste:")
print (s)print("Summe:", summe(s))
```

Kommentare

#1: Hier gibt es zwei Elementarfälle, die sofort gelöst werden. Wenn die Liste nur aus einem Element besteht, ist die Summe gerade dieses Element. Und wenn die Liste leer ist, ist die Summe der Elemente 0.

#2: Hier wird die Liste durch Slicing in zwei Hälften zerlegt.

#3: Durch rekursive Aufrufe werden die Summen der beiden Teillisten gebildet und daraus dann durch eine einfache Addition die Gesamtsumme berechnet.

4.11.2 Projekt: Quicksort

Mit Python können Sie rekursive Funktionen so kurz und knapp formulieren, dass die Idee des Algorithmus klar und deutlich zu erkennen ist. Einer der berühmtesten rekursiven Algorithmen ist Quicksort, ein schnelles Sortierverfahren für Sequenzen, das im Jahre 1960 von Tony Hoare veröffentlicht wurde. Mit Python reichen ganze sieben Programmzeilen, um die Sortierfunktion aufzuschreiben.

Ausgabe

```
Unsortierte Liste:
[0, 11, 8, 12, 9, 4, 14, 10, 7, 5, 1, 13, 3, 2, 15, 6]
Sortierte Liste:
[0, 1, 2, 3, 4, 5, 6, 7, 8, 9, 10, 11, 12, 13, 14, 15]
```

Skript

```
def qsort(s):
    if s == []: return []                       #1
    else:
        p = s[0]                                #2
        s1 = [x for x in s[1:] if x < p]        #3
        s2 = [x for x in s[1:] if x >= p]
        return qsort(s1) + [p] + qsort(s2)      #4
```

Kommentare

#1: Elementarfall: Wenn die Liste leer ist, ist sie schon sortiert und die leere Liste wird wieder zurückgegeben.

#2: Das erste Element der Liste ist das Pivotelement, das zum Zerlegen der Liste in zwei kürzere Listen verwendet wird.

#3: Die Liste s1 besteht aus den Elementen aus s, die echt kleiner als p sind.

#4: Die beiden Teillisten werden sortiert und dann zusammen mit p zu einer sortierten Liste zusammengefügt.

4.12 Experimente zur Rekursion mit der Turtle-Grafik

Rekursive Funktionen sind nur schwer zu verstehen. Man kann sich ihre Ausführung nicht wirklich vorstellen. Dieser Abschnitt ist eine praktische Einführung in das rekursive Denken mit dem Python-Modul `turtle`. Stellen Sie sich eine mechanische Roboter-Schildkröte vor (*turtle* = engl. Schildkröte), die über den Bildschirm wandert, einen Stift hinter sich herzieht und auf diese Weise Bilder zeichnet. Sie wird durch ein Computerprogramm ferngesteuert. Mit relativ einfachen rekursiven Funktionen kann man sehr komplexe Strukturen erzeugen. Das Schöne ist: Man kann die Turtle bei ihrer Arbeit beobachten und erhält auf diese Weise ein Gefühl für die Arbeitsweise rekursiver Funktionen.

4.12.1 Turtle-Befehle im interaktiven Modus

Sie können die Turtle-Befehle im interaktiven Modus ausprobieren:

```
>>> from turtle import *
>>> clear()
```

Nachdem Sie das zweite Kommando eingegeben haben (ein Funktionsaufruf), öffnet sich ein neues Fenster und Sie sehen in der Mitte eine kleine Pfeilspitze, die nach rechts zeigt. Das ist die Turtle.

```
>>> forward(100)
```

Die Turtle geht 100 Schritte geradeaus und erzeugt auf diese Weise eine gerade Linie.

```
>>> right (90)
```

Die Turtle dreht sich (um ihre Spitze) um 90° nach rechts.

Abb. 4.10: Das Grafik-Fenster der Turtle

Tabelle 4.1 zeigt die wichtigsten Turtle-Kommandos. Beachten Sie, dass es zu vielen Funktionen auch eine Kurzform gibt.

Befehl	Bedeutung
backward (n), bk(n), back(n)	Gehe n Schritte zurück.
begin_fill()	Ab jetzt werden geschlossene Flächen gefüllt.
circle(r)	Zeichne einen Kreis mit Radius r.
clear()	Lösche die Zeichenfläche, gehe in die Mitte.
color(stiftfarbe, füllfarbe)	Setze die Stiftfarbe und die Füllfarbe, mit der geschlossene Flächen gefüllt werden.
end_fill()	Alle geschlossenen Flächen seit dem Aufruf von begin_fill() werden gefüllt. Ab jetzt werden keine Flächen mehr gefüllt.
forward(n), fd(n)	Gehe n Schritte geradeaus.
left(n), lt(n)	Drehe dich um n Grad nach links.
hideturtle(), ht()	Turtle wird unsichtbar.
pendown(), pd(), down()	Stift nach unten!
penup(), pu(), up()	Stift nach oben!
right(n), rt(n)	Drehe dich um n Grad nach rechts.
showturtle(), st()	Turtle wird sichtbar.
speed(n)	Einstellung der Geschwindigkeit; n ist eine ganze Zahl zwischen 0 und 10.

Tabelle 4.1: Einige Funktionen der Turtle-Grafik und ihre Kurzformen

Im Standardmodus bewegt sich die Turtle relativ langsam, damit man die Bewegung mit dem Auge verfolgen kann. Mit der Funktion speed() können Sie die Geschwindigkeit erhöhen. Der Aufruf speed(0) setzt die Geschwindigkeit auf den maximalen Wert.

4.12.2 Projekt: Eine rekursive Spirale aus Quadraten

Die klassischen Funktionen zur Steuerung einer Turtle sind Prozeduren. Sie verändern den Zustand der Turtle, aber sie geben keine Werte zurück. Das folgende Programm zeichnet eine Spirale aus Quadraten.

Skript

```
from turtle import *

def quadrat(n):
```

```
    for i in range(4):                                    #1
        forward(n)
        right(90)

def spirale(n):
    if n > 5:                                             #2
        quadrat(n)
        right(15)
        spirale(n*0.9)                                    #3

clear()
spirale(100)                                              #4
```

Kommentare

#1: Die folgenden beiden Befehle werden vier Mal wiederholt.

#2: Hier wird für den Abbruch der Rekursion gesorgt. Nur wenn n größer als 5 ist, werden die restlichen Befehle ausgeführt.

#3: Rekursiver Aufruf der Funktion mit kleinerem Argument.

#4: Aufruf der Funktion im Hauptprogramm.

In Abbildung 4.11 sehen Sie links das Ergebnis. Es überschneiden sich viele Linien.

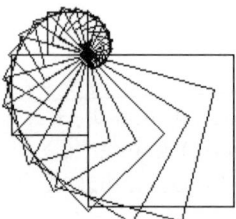 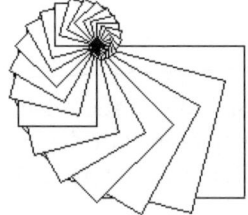

Abb. 4.11: Eine Spirale aus offenen und aus ausgefüllten Quadraten

Wenn Sie wollen, dass sich die Quadrate der Spirale überdecken, müssen Sie sie einfärben. Dazu brauchen Sie nur die Funktion quadrat() abzuändern. Mit begin_fill() und end_fill() sorgen Sie dafür, dass geschlossene Flächen mit Farbe ausgefüllt werden.

Skript

```
from turtle import *

def quadrat(n):
```

```
    begin_fill()                    #1
    for i in range(4):
        forward(n)
        right(90)
    end_fill()                      #2

def spirale(n):
    if n >2:
        quadrat(n)
        right(15)
        spirale(n*0.9)

clear()
speed(0)                            #3
color("black", "white")             #4
spirale(100)
hideturtle()                        #5
```

Kommentare

#1: Die Figur, die ab jetzt gezeichnet wird, soll später ausgefüllt werden.

#2: Die geschlossene Figur, die seit `begin_fill()` gezeichnet worden ist, wird nun mit Farbe gefüllt.

#3: Die Geschwindigkeit wird auf den Maximalwert gesetzt. Wenn Ihnen die Arbeitsweise des Programms noch nicht klar ist, sollten Sie hier eine andere Zahl wählen (z. B. 1 für eine ganz langsame Bewegung).

#4: Hier stellen Sie die Zeichenfarben ein: Schwarz (erstes Argument) für die Linien und Weiß (zweites Argument) für die Füllung.

#5: Am Ende wird die Turtle versteckt.

4.12.3 Projekt: Pythagorasbaum

Vorsicht, jetzt wird es etwas mathematisch. Ein Pythagorasbaum ist aus Quadraten und Dreiecken aufgebaut. Das ist die rekursive Konstruktionsvorschrift für einen Pythagorasbaum mit Unterseite c:

- Zeichne ein Quadrat mit Seitenlänge c. Setze auf das Quadrat ein rechtwinkliges, gleichschenkliges Dreieck. Die Hypotenuse (längste Seite) hat die Länge c und ist unten. Der rechte Winkel ist oben.
- Setze auf jede Kathete des Dreiecks einen kleineren Pythagorasbaum. Die Seitenlänge des untersten Quadrats dieses Pythagorasbaums kann mit dem Satz des Pythagoras berechnet werden (siehe Abbildung 4.12). Daher der Name.

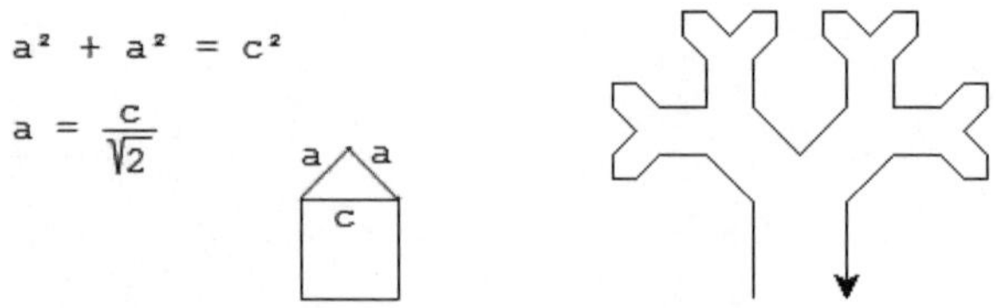

Kapitel 4
Funktionen

$a^2 + a^2 = c^2$

$a = \dfrac{c}{\sqrt{2}}$

Abb. 4.12: Konstruktion des Pythagorasbaums

Das folgende Skript zeichnet nur die Umrandung eines Pythagorasbaums. Das sieht schöner aus und lässt die Struktur besser erkennen.

Skript

```
from turtle import *
from math import sqrt

def baum(c):
    a = c/sqrt(2)
    if c < 10:                              #1
        right(90)
        fd(c)
        right(90)
    else:
        fd(c)
        left(45)
        baum(a)                             #2
        left(90)
        baum(a)                             #3
        left(45)
        fd(c)

left(90)                                    #4
baum(40)
```

Kommentare

#1: Hier wird die Rekursion abgebrochen. Wenn das Argument c kleiner als 10 ist, wird kein weiterer Pythagorasbaum gezeichnet, sondern einfach nur eine Linie.

#2: Erster rekursiver Aufruf: Ein kleinerer Pythagorasbaum wird auf die linke Kathete des Dreiecks gezeichnet.

#3: Zweiter rekursiver Aufruf. Ein kleinerer Pythagorasbaum wird auf die rechte Kathete des Dreiecks gezeichnet.

#4: Im Hauptprogramm wird die rekursive Funktion zum ersten Mal aufgerufen.

4.12.4 Projekt: Eine Koch-Schneeflocke

Eine der ältesten fraktalen Kurven ist die Koch-Schneeflocke (Abbildung 4.13). Sie basiert auf der Koch-Kurve, die der schwedische Mathematiker Helge von Koch im Jahre 1904 veröffentlicht hat. Genauer ausgedrückt: Die Schneeflocke ist aus drei Koch-Kurven – im Dreieck angeordnet – zusammengesetzt. Eine Besonderheit von Fraktalen ist die Selbstähnlichkeit. Wenn man einen Ausschnitt der Koch-Schneeflocke vergrößert, sieht man, dass sich ein charakteristisches Muster aus drei »Auswölbungen« ständig wiederholt.

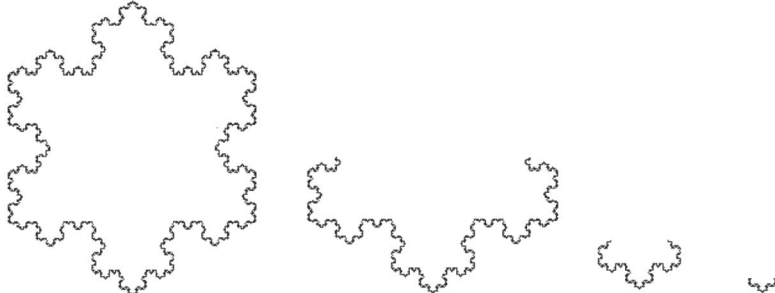

Abb. 4.13: Koch-Schneeflocke (links) und wiederkehrendes Muster

Die Koch-Schneeflocke kann man so konstruieren:

- Zeichne ein gleichseitiges Dreieck.
- Verändere fortlaufend die Liniensegmente auf folgende Weise:
    - Teile ein Segment in drei Drittel.
    - Ersetze das mittlere Drittel durch zwei Seiten eines gleichseitigen Dreiecks (Abbildung 4.14).

Abb. 4.14: Konstruktion der Koch-Kurve durch Verändern von Liniensegmenten

Abbildung 4.14 zeigt die ersten Schritte einer Ausführung dieser Konstruktionsvorschrift. Zuerst hat man ein Dreieck. Dann werden zum ersten Mal alle Liniensegmente verändert und ein Stern entsteht. Dann werden zum zweiten Mal alle Segmente verändert und die rechte Figur entsteht.

Damit eine Koch-Schneeflocke entsteht, müssen diese Veränderungen unendlichmal durchgeführt werden. Damit entsteht eine ziemlich sonderbare Struktur. Obwohl die Koch-Schneeflocke aus geraden Liniensegmenten konstruiert worden ist, enthält sie selbst kein einziges noch so kleines gerades Stück. Denn wenn es ein solches gäbe, müsste es ja durch eine Linie mit Knick ersetzt werden. Noch eine zweite Absurdität: Die Umrandung der Koch-Schneeflocke ist unendlich lang.

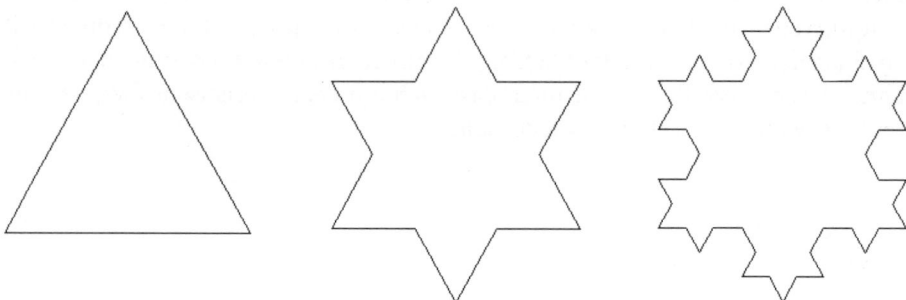

Abb. 4.15: Die ersten drei Durchläufe der Konstruktion einer Koch-Schneeflocke

Kommen wir nun zum Programm: Die obige Konstruktionsvorschrift ist so formuliert, dass sie für Menschen gut verständlich ist. Ein rekursives Programm ist dagegen ganz anders aufgebaut. Erstens werden keine Linien gezeichnet und durch andere ersetzt und zweitens läuft die Rekursion nicht unendlich, sondern endet irgendwann. Die Koch-Schneeflocke wird dann nur *näherungsweise* dargestellt.

Das folgende Skript enthält eine rekursive Funktion seite(), die eine Koch-Kurve in einer gewissen Genauigkeit zeichnet. Die Rekursion bricht ab, sobald der Parameter n so klein geworden ist, dass man gezeichnete Linien kaum noch erkennen kann.

Skript

```
from turtle import *
STOP = 2                                    #1
START = 200

def seite(n):
    if n <= STOP:
        fd(n)                               #2
    else:
        seite(n/3)                          #3
        left(60)
        seite(n/3)
        right(120)
        seite(n/3)
        left(60)
```

```
        seite(n/3)

speed(0)
left(60)
for i in range(3):                                      #4
    seite(START)
    right(120)
hideturtle()
```

Kommentare

#1: Hier werden zwei Konstanten definiert: START für den Startwert der Rekursion. Dieser Wert bestimmt die Größe der Schneeflocke. STOP für das Ende der Rekursion. Je kleiner STOP ist, desto feiner ist später die Schneeflocke strukturiert. Konstanten sind nichts weiter als Variablen, deren Werte während des Programmlaufs nicht geändert werden. Üblicherweise schreibt man die Namen von Konstanten mit großen Buchstaben. In jeder Funktion kann man auf die Konstanten (wie auf andere Variablen des Hauptprogramms) lesend zugreifen.

#2: Wenn der Parameter der Funktion den STOP-Wert erreicht hat, wird die Rekursion abgebrochen und eine Linie gezeichnet. Tatsächlich wird nur an dieser einen Stelle des Programms tatsächlich etwas gezeichnet.

#3: In der else-Klausel wird die gewinkelte Seite der Schneeflocke aus vier Stücken der Länge n/3 konstruiert – so wie in Abbildung 4.14. Allerdings ist jedes Stück nicht eine gerade Linie, sondern wieder eine Koch-Kurve.

#4: Im Hauptprogramm wird die Schneeflocke aus drei Koch-Kurven zusammengesetzt. Die Schneeflocke ist gewissermaßen ein Dreieck, dessen drei Seiten jeweils eine Koch-Kurve sind.

4.13 Projekt: Der Sierpinski-Teppich

Der Sierpinski-Teppich ist ein Fraktal, das auf einer Konstruktionsvorschrift des polnischen Mathematikers Waclaw Sierpinski basiert.

Abb. 4.16: Ein Sierpinski-Teppich

Kapitel 4
Funktionen

Abbildung 4.16 lässt die rekursive Konstruktionsidee erkennen. Ein Sierpinski-Teppich ist ein Quadrat, das in neun gleiche Teilquadrate aufgeteilt ist. Das mittlere Quadrat wird schwarz gefüllt. Die acht übrigen Quadrate sind kleinere Sierpinski-Teppiche.

In dem folgenden Programm ist diese Konstruktionsidee realisiert. Die Turtle wandert über die Bildfläche und zeichnet den Teppich. Nach dem Prinzip der schrittweisen Verfeinerung wurden für komplexere Aktivitäten (z. B. ein Quadrat zeichnen) Prozeduren definiert.

```
from turtle import *
START = 200
STOP = 5


def quadrat(seitenlänge):
    """ Zeichne ein schwarzes Quadrat"""
    down()
    color("black", "black")
    begin_fill()
    for i in range(4):
        fd(seitenlänge)
        right(90)
    end_fill()
    up()


def übergang(spaltenbreite):
    """Übergang zur nächsten Spalte"""
    right(90)
    forward(spaltenbreite)
    left(90)


def zurück(seitenlänge):
    """Zurück zur linken unteren Ecke"""
    left(90)
    forward(2*seitenlänge/3)
    right(90)


def sierpinski(x):
    """Zeichne Sierpinski-Teppich"""
    if x <= STOP: return
    for i in range(3):   # linke Spalte
        sierpinski(x/3)
```

```
        forward(x/3)
    backward(x)
    übergang(x/3)
    sierpinski(x/3)     # mittlere Spalte
    forward(x/3)
    quadrat(x/3)
    forward(x/3)
    sierpinski(x/3)
    backward(2*x/3)
    übergang(x/3)
    for i in range(3):  # rechte Spalte
        sierpinski(x/3)
        forward(x/3)
    backward(x)
    zurück(x)

speed(0)
left(90)
up()
sierpinski(START)
hideturtle()
```

4.14 Aufgaben

4.14.1 Aufgabe 1: Morsen

Schreiben Sie ein interaktives Programm mit Funktionen, das über den GPIO Morsezeichen ausgibt. An Pin 10 ist eine LED angeschlossen. Der Benutzer gibt über die Tastatur einen Text als Folge von Punkten (kurzes Signal), Strichen (langes Signal) und Leerzeichen (Pause) ein. Nach Drücken von ⏎ blinkt die LED entsprechend der Symbolfolge.

Vervollständigen Sie das folgende Programmskelett:

```
from RPi import GPIO
from time import sleep
PIN = 10
DIT = 0.2  # zeitliche Länge eines Punkts in Sekunden

def initGPIO():
    # Initialisierung des GPIO
    ...
```

Kapitel 4
Funktionen

```
def blink (länge):
    # Das Argument länge ist ein Zeitintervall (float).
    # Die LED wird für diese Zeit zum Leuchten gebracht
    # Danach kommt eine kurze Pause der Länge DIT
    ...

def morsen(text):
    # Das Argument text ist ein String aus Punkten,
    # Strichen und Leerzeichen. Diese Morsesymbole
    # werden durch kurze und lange Lichtzeichen bzw.
    # eine Pause dargestellt
    ...

# Hauptprogramm
initGPIO()
text = input("Morsezeichen: ")
while text:
    morsen(text)
    text = input("Morsezeichen: ")
```

Hinweis: Sie müssen IDLE3 als Administrator (Root) öffnen, da der Zugriff auf den GPIO nur mit erweiterten Rechten möglich ist.

```
sudo idle3
```

4.14.2 Aufgabe 2: Rekursive Funktionen – Puzzle

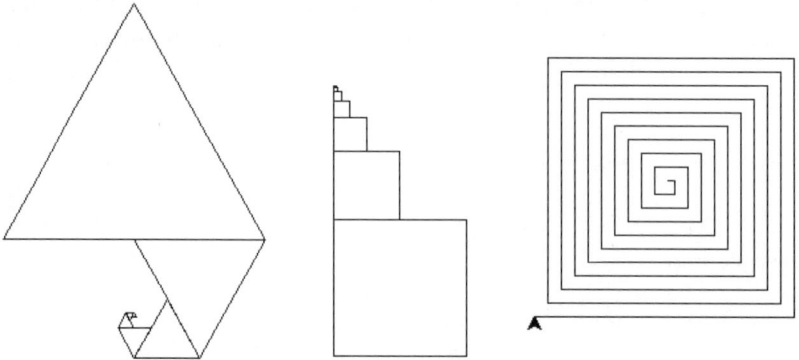

Abb. 4.17: Figuren, die von rekursiven Turtle-Funktionen gezeichnet worden sind

Schreiben Sie Skripte mit rekursiven Funktionen, die die Figuren in Abbildung 4.17 zeichnen. Verwenden Sie die Programmstücke als Puzzleteile.

Dreiecke

```
fd(n)
fd(n)
right(60)
right(120)
for i in range(3):
if n > 2:
def spirale(n):
spirale(n/2)
spirale(200)
hideturtle()
```

Turm

```
from turtle import *
def quadrat(n):
def figur(n):
fd(n)
fd(n)
right(90)
left(90)
for i in range(4):
if n >1:
quadrat(n)
figur(n/2)
figur(100)
hideturtle()
```

Spirale

```
from turtle import *
MAX = 200
def spirale(n):
forward(n)
right(90)
if n < MAX:
spirale(n+5)
spirale(5)
```

4.14.3 Aufgabe 3: Ein Pythagorasbaum mit Zufallselementen

Der Pythagorasbaum aus Abschnitt 4.12.3 ist völlig regelmäßig und sieht nicht wie ein wirklicher Baum aus. Verändern Sie das Skript so, dass ein unregelmäßiger Baum wie in Abbildung 4.18 entsteht. *Hinweis:* Verwenden Sie die Funktion random() aus dem Modul random. Die Funktion erzeugt eine Zufallszahl zwischen 0 und 1.

Abb. 4.18: Ein Pythagorasbaum mit Zufallselementen

4.15 Lösungen

4.15.1 Lösung 1

Programm

```
from RPi import GPIO
from time import sleep
PIN = 10
DIT = 0.2  # zeitliche Länge eines Punkts in Sekunden

def initGPIO():
    # Initialisierung des GPIO
    GPIO.setmode(GPIO.BOARD)
    GPIO.setup(PIN, GPIO.OUT)
    GPIO.output(PIN, True)

def blink (länge):
    # Das Argument länge ist ein Zeitintervall (float).
    # Die LED wird für diese Zeit zum Leuchten gebracht
    # Danach kommt eine kurze Pause der Länge DIT
    GPIO.output(PIN, False)
```

```
        sleep(länge)
        GPIO.output(PIN, True)
        sleep(DIT)

def morsen(text):
    # Das Argument text ist ein String aus Punkten,
    # Strichen und Leerzeichen. Diese Morsesymbole
    # werden durch kurze und lange Lichtzeichen bzw.
    # eine Pause dargestellt

    for zeichen in text:
        if zeichen == ".":
            blink(DIT)
        elif zeichen == "-":
            blink(3*DIT)
        else:
            sleep(3*DIT)

# Hauptprogramm
initGPIO()
text = input("Morsezeichen: ")
while text:
    morsen(text)
    text = input("Morsezeichen: ")
```

4.15.2 Lösung 2

Dreiecke

```
from turtle import *

def spirale(n):
    if n > 2:
        right(60)
        for i in range(3):
            fd(n)
            right(120)
        fd(n)
        spirale(n/2)

spirale(200)
hideturtle()
```

Turm

```
from turtle import *
def quadrat(n):
    for i in range(4):
        fd(n)
        right(90)

def figur(n):
    if n >1:
        quadrat(n)
        fd(n)
        figur(n/2)

left(90)
figur(100)
hideturtle()
```

Spirale

```
from turtle import *
MAX = 200

def spirale(n):
    if n < MAX:
        forward(n)
        right(90)
        spirale(n+5)

spirale(5)
```

4.15.3 Lösung 3

```
from turtle import *
from math import sqrt
from random import random
START = 80
STOP = 5

def baum(c):
    a = c/sqrt(2)
    if c < STOP:
```

```
            right(90)
            fd(c)
            right(90)
        else:
            zufall = c*(0.8 + random())        #1
            fd(zufall)
            left(45)
            baum(a)
            left(90)
            baum(a)
            left(45)
            fd(zufall)

speed(0)
left(90)
color("blue", "blue")                          #2
begin_fill()
baum(START)
right(90)                                      #3
fd(START)
end_fill()                                     #4
```

Kommentare

#1: In der äußeren Klammer wird ein Zufallsfaktor erzeugt, der zwischen 0,8 und 1,8 liegt. Mit diesem Faktor wird der Parameter c multipliziert. Damit erhält der »Ast« eine zufällige Länge. Die Dicke ist aber nicht zufällig.

#2: Die Linienfarbe und die Füllfarbe sollten gleich sein.

#3: Der Baum, den die Prozedur baum() zeichnet, ist unten offen. Nun wird die Figur geschlossen, damit sie mit Farbe gefüllt werden kann.

#4: Die komplette Figur wird in der gewählten Farbe (Blau) ausgefüllt.

Kapitel 5

Fenster für den RPi – Grafische Benutzungsoberflächen

Praktisch alle Computerprogramme, mit denen man heute im Alltag zu tun hat, besitzen eine grafische Benutzungsoberfläche: ein Anwendungsfenster mit Bildern und interaktiven Elementen wie Schaltflächen zum Anklicken und Eingabefeldern, in die man etwas hineinschreiben kann. Die Kommunikation mit dem Computer ähnelt nicht so sehr einem Dialog mit einem Gesprächspartner als einer komplexen, mehrkanaligen Interaktion über unterschiedliche Ein- und Ausgabegeräte. Es ist ein bisschen wie beim Autofahren: Sie bedienen parallel verschiedene Eingabegeräte (Lenkrad, Gaspedal, Schaltung) und achten auf Kontrollleuchten und Anzeigen (Geschwindigkeit, Tankfüllung).

In diesem Kapitel geht es um die Programmierung grafischer Benutzungsoberflächen (Graphical User Interface, GUI) mit dem Modul `tkinter`. Der Name ist eine Abkürzung von *Tk-Interface*. Das heißt, es ist eine Schnittstelle zu *Tk* (*tool kit*), einer Bibliothek zur GUI-Programmierung. In diesem Kapitel geht es um die Grundlagen: Schaltflächen, Eingabefelder, Schieberegler, Menüstrukturen. Zusätzliche Features werden in weiteren Kapiteln behandelt: Dialogboxen (Kapitel 6) und Canvas (Kapitel 8). Übrigens wurde das Titelbild dieses Buches mit einem kleinen interaktiven Python-Programm gestaltet. Den Programmtext finden Sie im Anhang D.

5.1 Wie macht man eine Benutzungsoberfläche?

Wenn Sie eine grafische Benutzungsoberfläche designen, müssen Sie drei Probleme lösen:

- **Widgets.** Zunächst definieren Sie die »Bausteine« der Benutzungsoberfläche: grafische Elemente, Texte, Schaltflächen, Eingabefelder etc. Diese werden *Widgets* genannt (*window gadgets*).
- **Layout.** Die Widgets müssen im Anwendungsfenster auf bestimmte Weise angeordnet werden. Während der Laufzeit des Programms können sich dessen Form und Größe ändern. Die darin enthaltenen Widgets müssen dynamisch entsprechend angepasst werden. Darum kümmern sich sogenannte *Layout-Manager*, die der Programmentwickler definieren muss.

- **Interaktivität.** Als Drittes müssen Sie die Benutzungsoberfläche mit Systemaktivität verknüpfen. Das heißt, Sie müssen dafür sorgen, dass bei bestimmten Benutzeraktionen zugehörige Prozeduren aufgerufen werden. Das geht auf zweierlei Weise: über interaktive Widgets und über Ereignisse (Events).
  - Ein interaktives Widget (z.B eine Schaltfläche) können Sie direkt bei seiner Instanziierung einer Prozedur zuordnen.
  - Ein Ereignis (Mausklick, Betätigung einer Taste etc.) können Sie mit der Funktion `bind()` mit einer Prozedur verknüpfen, die ausgeführt wird, sobald das Ereignis eintritt.

5.2 Projekt: Die digitale Lostrommel

Im folgenden Einführungsbeispiel werden alle drei Aspekte des GUI-Designs angesprochen. Das Ziel ist eine Anwendung mit einer Oberfläche wie in Abbildung 5.1. Das Fenster enthält ein Label mit großer Schrift, das anfangs ein Fragezeichen und dann immer wieder neue Zufallszahlen anzeigt, sobald man die Schaltfläche anklickt.

Abb. 5.1: Ein Zufallsgenerator mit grafischer Benutzungsoberfläche

Öffnen Sie ein Editorfenster (FILE|NEW WINDOW) und geben Sie den folgenden Programmtext ein. Speichern Sie das Programm unter dem Namen `zufall.pyw` ab. Achten Sie darauf, dass die Extension `.pyw` lautet. Das w steht für *window*. Denn Ihr Programm läuft in einem Applikationsfenster (Window). Dank der *magic line* in der ersten Programmzeile, in der der Python-Interpreter spezifiziert wird, kann es durch bloßes Anklicken des Programmsymbols im Dateimanager gestartet werden (siehe Kapitel 2).

Programm

```
#!/usr/bin/python3.2
from tkinter import *
from random import randint
```

```
def choose():                                           #1
    zufallszahl = randint(1, 6)                         #2
    label.config(text=zufallszahl)                      #3


window = Tk()                                           #4
button = Button(master=window,
                text="Zufallszahl",
                command=choose,
                font=("Arial",10), fg="blue" )          #5

label = Label(master=window,
              font=("Arial",50),
              text="?",
              width = 3)                                #6
label.pack()                                            #7
button.pack()                                           #8

window.mainloop()                                       #9
```

Kommentare

#1: Wenn man die Schaltfläche anklickt, soll etwas geschehen. Diese Aktivität wird in einer Prozedur definiert. Das ist eine Funktion, die nichts zurückgibt. Sie sehen, dass diese Funktionsdefinition kein `return` enthält. Die Definition der Funktion muss im Programmtext *vor* der Instanziierung der Schaltfläche (**#5**) stehen, damit der Name der Funktion bekannt ist und mit der Schaltfläche verknüpft werden kann.

#2: Hier wird eine ganze Zufallszahl zwischen 1 und 6 erzeugt.

#3: Hier wird der Text des Labels geändert. Alle Widget-Objekte besitzen die Methode `config()`, mit der die Eigenschaften geändert werden können.

#4: Hier wird ein Fenster-Objekt erzeugt. In das Fenster kommen später ein Label und eine Schaltfläche.

#5: Hier wird eine Schaltfläche erzeugt und mit Optionen der Form *Schlüsselwort=Wert* das Aussehen der Schaltfläche eingestellt. Der Master ist das Objekt mit dem Namen `window`. Auf dem Button steht *Zufallszahl*. Wenn der Button angeklickt wird, wird die Funktion `choose()` ausgeführt. Es wird ein Font definiert: Schriftart ist *Arial*, die Größe der Buchstaben ist 10 Punkt. Die Farbe der Buchstaben ist blau (`fg` steht für *foreground*, also Vordergrund).

#6: Hier wird ein Label (Etikett) definiert. Ein Label ist ein Bereich, auf dem ein Text oder ein Bild zu sehen ist.

#7: Das Label wird in seinen Master (das Fenster) gepackt.

#8: Der Button wird in an die nächste freie Stelle in das Fenster gepackt.

#9: Hier wird das Anwendungsfenster aktiviert.

5.2.1 Die Gestaltung der Widgets

Das Modul `tkinter` bietet Ihnen viele Möglichkeiten, das Aussehen der Widgets zu gestalten. Zu jedem Widget gibt es voreingestellte Optionen für das Aussehen. Wenn Sie ein neues Widget (außer Anwendungsfenster) erzeugen, müssen Sie einen Master als Argument angeben. Für die anderen Eigenschaften gibt es Voreinstellungen. Mit Schlüsselwortargumenten können Sie gezielt nur die Eigenschaften bestimmen, die vom Standard abweichen sollen. Es ist ungefähr so, als ob Sie ein Auto mit Sonderausstattung kaufen.

Probieren Sie aus: Was ändert sich, wenn Sie in Zeile **#6** die Option `width=3` (und das Komma davor) weglassen?

```
label = Label(master=window,
              font=("Arial",50),
              text="?")
```

Dann wird das Label dynamisch seine Größe an die Größe des Textes, den es trägt, anpassen. Das Anwendungsfenster passt sich an und wird auch kleiner (siehe Abbildung 5.2. links).

Sie können auch die Hintergrundfarbe (`background`, `bg`) dunkel und die Schriftfarbe (`foreground`, `fg`) hell machen (siehe Abbildung 5.2 Mitte):

```
label = Label(master=window,
              font=("Arial",50),
              fg="white",
              bg="black",
              text="?")
```

Alle Widgets haben einen Rahmen. Ein Rahmen hat eine Form (Option `relief`) und eine Breite (Option `bd`). Bei den Label-Widgets ist die Rahmenform FLAT voreingestellt. Das heißt, man sieht keinen Rahmen. Aber das können Sie ändern (siehe Abbildung 5.2 rechts):

```
label = Label(master=window,
              font=("Arial",50),
              bd=2,
              relief =SUNKEN,
              text="?")
```

Abb. 5.2: Das Aussehen eines Labels konfigurieren

Die grundlegenden Optionen zur Konfiguration des Aussehens sind bei allen Widgets gleich. Die Voreinstellungen sind jedoch unterschiedlich.

Option	Erklärung
activebackground	Hintergrundfarbe, wenn das Widget aktiv ist (z.B. wenn Button »gedrückt« wird)
activeforeground	Vordergrundfarbe, wenn das Widget aktiv ist
bd, borderwidth	Breite des Rahmens des Widgets, z.B. "1c" oder 10
bg, background	Hintergrundfarbe
fg, foreground	Vordergrundfarbe (Textfarbe)
font	Front-Deskriptor für den verwendeten Schrifttyp (Font)
height	Höhe des Widgets (senkrecht)
image	Name eines Bildes (Image-Objekt), das auf dem Widget zu sehen ist
justify	Ausrichtung von Textzeilen auf dem Widget: CENTER: zentriert LEFT, RIGHT: links- oder rechtsbündig
padx	Leerer Raum rechts und links vom Widget oder Text, z.B. "0.5c" oder 10
pady	Leerer Raum über und unter dem Widget oder Text, z.B. "1c" oder 10
relief	Form des Rahmens: SUNKEN, RAISED, GROOVE, RIDGE, FLAT
text	Beschriftung des Widgets (z.B. Button oder Label)
width	Breite des Widgets (horizontal)

Tabelle 5.1: Optionen für das Aussehen von Widgets

5.2.2 Das Layout-Management

Wenn ein neues Widget erzeugt wird, muss ihm ein Master zugeordnet werden. Das ist entweder das Anwendungsfenster (ein Tk-Objekt) oder ein Frame (dazu später mehr). Es entsteht eine Master-Slave-Hierarchie (Abbildung 5.3).

Mit der Zuordnung eines Masters ist noch nicht geklärt, wo das Widget erscheint. Das wird erst im Layout festgelegt. Der Layout-Manager regelt die Anordnung der Widgets auf der Fläche des Masters. Tkinter bietet drei verschiedene Layout-Stile an:

- **Packer.** Das Widget wird an eine freie Stelle in den Master gesetzt. Es berührt einen Rand des Masters oder ein bereits platziertes Widget. Insofern werden hier die Widgets gepackt, so wie man Koffer in einen Kofferraum packt.
- **Grid-Layout.** Das Widget wird in eine bestimmte Zelle eines Rasters aus Zeilen und Spalten gesetzt. Es ist ungefähr so, als ob Sie ein Buch in ein Regal stellen.
- **Placer.** Das Widget wird auf eine feste Position im Koordinatensystem des Masters gesetzt. Es ist ungefähr so, als ob Sie ein Bild aufhängen. Sie wählen eine beliebige Position an der Wand, hämmern dort einen Nagel hinein und hängen das Bild auf. Da bleibt es dann.

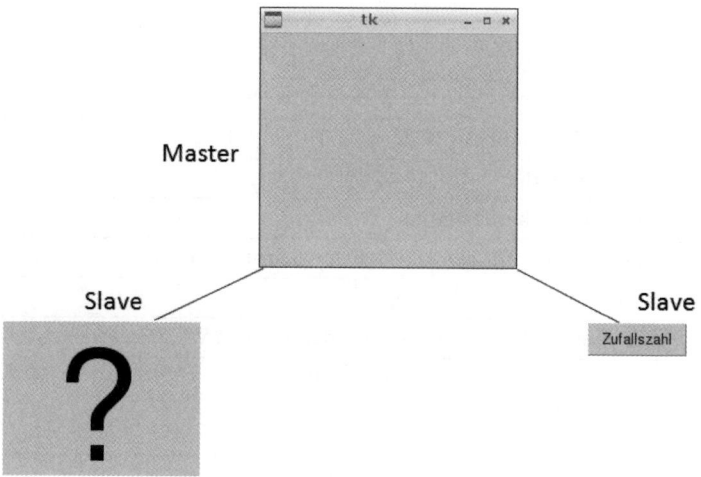

Abb. 5.3: Master-Slave-Hierarchie der Widgets

Im Beispielprogramm wurde der Packer verwendet. Zum Packen der Widgets verwenden Sie die Methode pack(). Wird sie ohne Parameter aufgerufen, wird das neue Widget einfach unter das vorige Widget gesetzt. Was ändert sich, wenn Sie die Reihenfolge der beiden pack()-Aufrufe vertauschen?

```
button.pack()
label.pack()
```

Nun ist die Schaltfläche oberhalb des Labels (Abbildung 5.4, erstes Bild).

Abb. 5.4: Konfiguration des Packer-Layouts

Tabelle 5.2 erklärt zwei wichtige Optionen für das Pack-Layout. Wenn Sie die Größe der Schaltfläche an die Ausmaße des Anwendungsfensters anpassen wollen, verwenden Sie die Option fill=X (Abbildung 5.4, Mitte):

```
button.pack(fill=X)
label.pack()
```

Um Widgets nebeneinander zu packen, verwenden Sie die Option side=LEFT:

```
label.pack(side=LEFT)
button.pack(side=LEFT)
```

Option	Erklärung
anchor	Mögliche Werte: CENTER, E, N, W, S, NE, NW, SE, SW Immer, wenn ein Widget kleiner ist als der Platz, der dafür vorgesehen ist (Zelle), wird mit diesem Attribut die Platzierung in der Zelle durch »Himmelsrichtungen« festgelegt. Voreingestellt ist CENTER (in der Mitte), NE: rechte obere Ecke, N: mittig an der oberen Seite, E: mittig an der rechten Seite usw.
fill	fill=X: Das Widget wird in waagerechter Richtung (»x-Achse«) so weit mit leerem Raum gefüllt, dass sich seine Ausmaße der Größe des Masters anpassen. fill=Y: Das Widget wird in senkrechter Richtung (»y-Achse«) an die Größe des Masters angepasst. fill=BOTH: Das Widget passt sich in beiden Richtungen dem Master an. fill=None: Das Widget behält seine Größe unabhängig von den Ausmaßen des Masters.
side	LEFT: Das Widget wird an den linken Rand des Masters gesetzt. RIGHT: Das Widget wird an den rechten Rand des Masters gesetzt. TOP: Das Widget wird nach oben gesetzt. BOTTOM: Das Widget wird nach unten gesetzt.

Tabelle 5.2: Wichtige Optionen für den Packer

5.3 Bilder auf Widgets

Mit der tkinter-Klasse PhotoImage können Sie digitale Fotos und Bilder in eine Applikation einbinden. Sie erzeugen ein PhotoImage-Objekt durch eine Anweisung folgender Art:

```
image = PhotoImage(file=path)
```

Dabei ist *path* ein String, der eine Bilddatei im Format GIF, PPM oder PGM spezifiziert. Achten Sie darauf, ein Schlüsselwort-Argument zu verwenden. PhotoImage-Objekte können erst *nach* der Instanziierung eines Tk-Fensters erzeugt werden, sonst erhalten Sie den Laufzeitfehler

```
Too early to create image
```

PhotoImage-Objekte können Sie auf bestimmte Widgets setzen (z. B. Buttons und Labels) und so sichtbar machen. Wie das geht, wird im nächsten Abschnitt erklärt.

5.3.1 Projekt: Ein visueller Zufallsgenerator

Das Ziel dieses Projekts ist eine Applikation, die Zufallszahlen zwischen 1 und 6 erzeugt und bildhaft darstellt (Abbildung 5.5). Die Benutzungsoberfläche soll ganz ohne Text auskommen. Auch die Schaltfläche trägt ein Symbol, z. B. einen fallenden Würfel.

Abb. 5.5: Ein Zufallsgenerator mit Bildern

Zur Vorbereitung schießen Sie geeignete Fotos, die Sie dann mit einem Rastergrafik-Editor in passende Größe bringen. Die digitalen Bilder müssen im Format PPM (Portable Pixelmap) für farbige Bilder oder PGM (Portable Graymap) für Schwarzweißbilder vorliegen. Diese beiden Formate für Rastergrafiken sind in der Praxis eher unüblich und werden nicht von allen Grafikwerkzeugen unterstützt. Mit dem frei verfügbaren Rastergrafikeditor Irfanview können Sie aber Ihre digitalen Bilder in eines der akzeptierten Formate überführen. Das GIF-Format ist für Fotos nicht so gut geeignet, weil es nur 256 Farben darstellen kann.

Programm

```
#!/usr/bin/python3.2
from tkinter import *
from random import randint
def choose():
    i = randint(0, 5)
    label.config(image=items[i])          #1
```

```
window = Tk()                                               #2

items = [PhotoImage(file="1.ppm"),
         PhotoImage(file="2.ppm"),
         PhotoImage(file="3.ppm"),
         PhotoImage(file="4.ppm"),
         PhotoImage(file="5.ppm"),
         PhotoImage(file="6.ppm")]                          #3

new_image = PhotoImage(file="new_image.ppm")
button = Button(master=window, command=choose,
                image=new_image)                            #4

label = Label(master=window, image=items[0])                #5
label.pack()
button.pack()
window.mainloop()
```

Kommentare

#1: Das Label wird neu konfiguriert und mit dem zufällig ausgewählten Bild (ein PhotoImage-Objekt) belegt. Dem Label kann immer nur ein einziges Bild zugeordnet werden. Es passt sich in der Größe dem Bild an.

#2: Ein Anwendungsfenster wird instanziiert. Erst *nach dieser Anweisung* dürfen PhotoImage-Objekte erzeugt werden.

#3: Hier wird eine Liste von sechs PhotoImage-Objekten erzeugt. Die Bilddateien sind im gleichen Verzeichnis gespeichert wie das Python-Programm.

#4: Die Schaltfläche wird erzeugt und mit einem Bild versehen.

#5: Das Label erhält zu Beginn das erste Bild der Liste items.

5.3.2 Bilder verarbeiten

PhotoImage-Objekte können verarbeitet und in Dateien abgespeichert werden. Tabelle 5.3 gibt einen Überblick über wichtige Methoden. Ein Bild besteht aus lauter winzigen quadratischen Bildelementen (Pixel). Jedem Pixel ist eine Farbe zugeordnet.

Farben

Es gibt zwei Methoden, Farben zu definieren:

- In einem String werden hinter einem Doppelkreuz # die Rot-, Grün- und Blauanteile als Hexadezimalzahlen zwischen 00 und FF angegeben. Beispiele:

"#A0A0A0" (helles Grau, alle drei Farben haben den gleichen Wert A0), "#800000" (Dunkelrot, Rot hat den Wert 80, Grün und Blau jeweils 00).
- Für einige Grundfarben können vordefinierte Strings verwendet werden: "white", "black", "red", "green", "blue", "cyan", "yellow", "magenta".

Etwas trickreich: Die Methode put()

Mit der Methode `put()`kann man einzelne Pixel oder aber ein ganzes Rechteck aus Pixeln neu setzen.

Wird im ersten Argument nur eine einzige Farbe angegeben, so wird auch nur ein einzelnes Pixel verändert. Seine Position wird als Tupel im zweiten Argument angegeben. Beispiel:

```
image.put("red", (0, 0))
```

Das Pixel in der linken oberen Ecke des `PhotoImage`-Objekts `image` wird rot.

Man kann mit `put()` auch auf einen Schlag ein rechteckiges Pixelmuster setzen. Die Farben einer Zeile werden in geschweifte Klammern geschrieben. Mehrere Zeilen dieser Art ergeben das Pixelmuster. Das zweite Argument ist dann die Position, an der sich die linke obere Ecke des neuen Pixelmusters befindet. Beispiel:

```
image.put("{red green} {red green}", (4,6))
```

Hier wird an die Position (4, 6) ein kleines Quadrat aus zwei roten und zwei grünen Pixeln gesetzt.

Methode	Erklärung
`get(x, y)`	Liefert die Farbe des Pixels an der Position (x, y) als Zeichenkette der Form "r g b". Dabei sind die RGB-Werte Dezimalzahlen zwischen 0 und 255, z.B. "100 100 200" (Hellblau). Achtung, diese Art der Darstellung von Farben ist unkonventionell.
`height()`	Liefert die Höhe des Bildes in Pixeln.
`put(data, (x, y))`	An die Position (x, y), die als Tupel (mit Klammern) übergeben wird, wird entweder ein einzelnes Pixel oder ein Rechteck aus Pixeln (reihenformatierte Farbwerte) gesetzt. Beispiel: `image.put("{red green} {blue yellow}", (4,6))`
`width()`	Liefert die Breite des Bildes in Pixeln.
`write(filename)`	Speichert das Bild unter dem angegebenen Dateinamen.
`zoom(X)`	Liefert ein neues PhotoImage-Objekt, das um den Faktor X vergrößert ist.

Tabelle 5.3: Methoden der PhotoImage-Objekte

5.3.3 Projekt: Schwarzweißmalerei

Das Programm lädt ein Foto aus einer Datei und verwandelt es auf Knopfdruck in ein echtes Schwarzweißbild, das nur aus schwarzen und weißen Pixeln besteht.

Abb. 5.6: Aus einem Farbbild wird ein Schwarzweißbild.

Die algorithmische Idee ist ganz einfach: Wenn man die drei Farbwerte eines Pixels für Rot, Grün und Blau addiert, kommt man auf eine Zahl zwischen 0 (Schwarz) und 765 (3*255, Weiß). Diese Zahl ist ein Maß für die Helligkeit eines Pixels. Der Mittelwert ist 382,5. Jedes Pixel, das dunkler als der Mittelwert ist, wird schwarz gefärbt und alle anderen weiß. Diese Technik der Bildrasterung nennt man *Schwellwertverfahren*.

Programm

```
from tkinter import *

def black_white ():
    average = 382.5                                    #1
    for x in range (image.width()):                    #2
        for y in range (image.height()):
            c = image.get(x, y).split()                #3
            brightness = int(c[0]) + int(c[1]) + int(c[2])  #4
            if brightness < average:
                image.put("black", (x, y))
            else:
                image.put("white", (x, y))

window = Tk()
image = PhotoImage(file="face.gif")
button = Button(master=window, command=black_white,
                font=("Arial", 14),
                text="Bearbeiten")
```

```
label = Label(master=window, image=image)
label.pack()
button.pack(fill=X)
window.mainloop()
```

Kommentare

#1: Mittlere Helligkeit eines Pixels.

#2: Alle denkbaren Positionen (x, y) des Bildes werden gebildet.

#3: Die Methode get() liefert eine Zeichenkette der Form "r g b". Dabei sind r, g, b Zahlen, die Farbanteile darstellen. Die Zeichenkette wird in eine Liste von Strings der Form ["r", "g", "b"] zerlegt.

#4: Hier werden dunkle Pixel schwarz und helle Pixel weiß gefärbt.

5.4 Projekt: Der Krimiautomat

Ziel des Projekts ist ein Programm, das eine Geschichte schreibt und dabei Leserwünsche einbezieht. Der Leser gibt einen Namen, einen Monat und eine Farbe ein. Das Programm kombiniert das mit bereits vorhandenen Textfragmenten und erzeugt einen zusammenhängenden Text (siehe Abbildung 5.7). Das ist natürlich nur eine Minimalversion. Man kann das Projekt mit Zufallselementen versehen und erheblich erweitern.

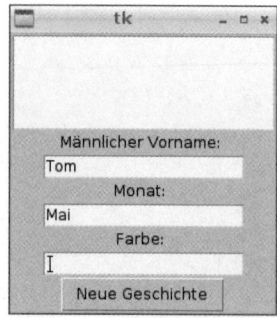 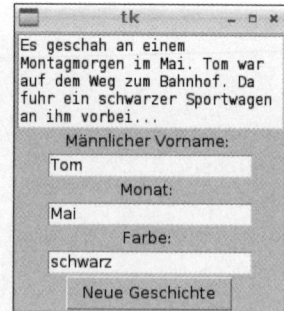

Abb. 5.7: Die Benutzungsoberfläche des Krimiautomaten

5.4.1 Texteingabe

Tkinter bietet zwei Widgets für die Eingabe von Texten:

- Das Entry-Widget ermöglicht die Eingabe eines kurzen Textes in einer einzigen Zeile.

- Das Text-Widget ist für längere Texte gedacht. Es ist ein rechteckiges Feld, dessen Abmessungen man einstellen kann, und enthält beliebig viele Textzeilen. In diesem Projekt verwenden wir das Text-Widget allein für die Ausgabe. Gegenüber dem Label hat es den Vorteil, dass lange Texte automatisch umbrochen werden.

Methode/Option	Erklärung
delete(first[,last])	Zeichen aus dem Entry-Feld werden gelöscht. Der Parameter *first* ist der Index des ersten zu löschenden Zeichens. Fehlt ein zweites Argument, so wird nur dieses Zeichen gelöscht. Ansonsten werden alle Zeichen bis zum Index *last* entfernt.
get()	Liefert den Inhalt des Entry-Feldes als String.
show	Die Option show="x" bewirkt, dass anstelle des eingegebenen Zeichens das Zeichen x im Entry-Feld gezeigt wird. Das ist für eine Passwort-Eingabe wichtig.
width	Breite des Entry-Feldes als Anzahl der dargestellten Zeichen. Voreingestellt ist 20.

Tabelle 5.4: Einige Optionen und Methoden der Klasse Entry

Option/Methode	Erklärung
delete(*index1*[,*index2*])	Löscht das Zeichen an Position *index1*, falls nur ein Index angegeben wird. Sonst wird der gesamte Bereich von *index1* bis einschließlich *index2* gelöscht.
get(index1[,*index2*])	Gibt den Text des Widgets von Position *index1* bis einschließlich *index2* als String zurück. Falls das zweite Argument weggelassen wird, wird das Zeichen an der Position *index1* zurückgegeben.
height	Die Höhe eines Text-Widgets wird in Zeilen (und nicht in Pixel) angegeben.
width	Breite eines Text-Widgets als Anzahl der Zeichen, die in eine Zeile passen
wrap	Diese Option regelt, wie Zeilen umbrochen werden, die zu lang sind. CHAR: Umbruch nach dem letzten Zeichen, das in die Zeile passt (Default); WORD: Umbruch nach dem letzten Wort, das in die Zeile passt; NONE: kein Umbruch

Tabelle 5.5: Einige Optionen und Methoden der Klasse Text

5.4.2 Programmierung

Das Programm besteht im Wesentlichen aus drei Teilen:

- Definition eines Eventhandlers, d.h. einer Prozedur, die aufgerufen wird, wenn die Schaltfläche angeklickt wird
- Definition der Widgets
- Layout, d.h. die Anordnung der Widgets im Anwendungsfenster

Programm

```
from tkinter import *

def createStory():
    text = "Es geschah an einem Montagmorgen im "
    text += monthEntry.get() + ". "                       #1
    text += nameEntry.get()
    text += " war auf dem Weg zum Bahnhof. Da fuhr ein "
    text += colorEntry.get()
    text += "er Sportwagen an ihm vorbei..."
    story.delete(1.0, END)                                #2
    story.insert(END, text)                               #3

# Widgets
window = Tk()
button = Button(master=window,
                text="Neue Geschichte",
                command=createStory)
story = Text(master=window,
             width = 30, height = 5, wrap=WORD)           #4
nameLabel = Label(master=window,
                  text="Männlicher Vorname: ")
monthLabel = Label(master=window,text="Monat: ")
colorLabel = Label(master=window,text="Farbe: ")
nameEntry = Entry(master=window)                          #5
monthEntry = Entry(master=window)
colorEntry = Entry(master=window)

# Layout
story.pack()
name_label.pack()
name_entry.pack()
month_label.pack()
month_entry.pack()
```

```
color_label.pack()
color_entry.pack()
button.pack()
window.mainloop()
```

Kommentare

#1: In der Funktion `createStory()` wird zunächst Stück für Stück ein Text aufgebaut. In dieser Zeile wird der Inhalt des `Entry`-Widgets `monthEntry` hinzugefügt.

#2: Der komplette Inhalt des `Text`-Widgets wird gelöscht. Das erste Argument `1.0` bezeichnet den Beginn des zu löschenden Bereichs. Es ist das erste Zeichen in der ersten Zeile. Das zweite Argument bezeichnet das letzte Zeichen des zu löschenden Bereichs. Die Konstante `END` bezeichnet das letzte Zeichen des Textes. (Dessen genaue Position hängt natürlich von der Länge des Textes ab.)

#3: In den aktuellen Inhalt des `Text`-Widgets wird die neue Story eingefügt. Und zwar ab der abgegebenen Position `END`, die das letzte Zeichen bezeichnet. Da wir gerade alle gelöscht haben, wird der neue Text natürlich an den Anfang des leeren Textfeldes gesetzt.

#4: An dieser Stelle wird das `Text`-Widget erzeugt. Es zeigt fünf Zeilen (`height`) der Länge 30 Zeichen (`width`). Der Text kann auch umfangreicher sein. Dann kann man nur einen Ausschnitt auf einen Blick sehen. Die letzte Option legt fest, dass nur nach einem kompletten Wort ein Zeilenumbruch erfolgen kann. Sie können übrigens den Umbruch kontrollieren, indem Sie (zur Laufzeit) das Anwendungsfenster schmaler machen.

#5: Hier werden die `Entry`-Widgets definiert. Ihre Standardgröße (20 Zeichen) ist für dieses Projekt völlig in Ordnung.

5.5 Wer die Wahl hat, hat die Qual: Checkbutton und Radiobutton

Zum Auswählen von Werten gibt es Checkbuttons und Radiobuttons.

- Der Checkbutton ist wie ein gewöhnlicher Lichtschalter. Er kann sich in zwei Zuständen befinden: eingeschaltet (»An«) und ausgeschaltet (»Aus«). Jedem der beiden Zustände ist ein Wert zugeordnet, der abgefragt werden kann. Der aktuelle Wert ist in einer Kontrollvariablen gespeichert.
- Ein Radiobutton gehört immer zu einer Gruppe. In dieser Gruppe ist immer nur *ein* Radiobutton ausgewählt. Wenn man einen Radiobutton anklickt und damit auswählt, wird gleichzeitig der bisher gesetzte Radiobutton der Gruppe wieder in den Zustand »nicht ausgewählt« zurückversetzt. Es ist wie bei einem Radio mit Knöpfen zur Senderauswahl (daher der Name). Es kann höchstens

ein Sender ausgewählt sein – niemals mehrere gleichzeitig. Eine Gruppe von Radiobuttons wird durch eine gemeinsame Kontrollvariable definiert. Jedem Radiobutton ist ein Wert zugeordnet. Die Kontrollvariable trägt immer den Wert des gerade ausgewählten Radiobuttons.

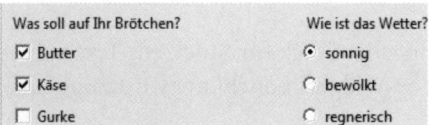

Abb. 5.8: Checkbuttons für Mehrfachauswahl (links) und eine Gruppe von Radiobuttons für eine Einfachauswahl (rechts)

Abbildung 5.8 zeigt das Aussehen von Checkbuttons und Radiobuttons. Das Zusammenspiel dieser Widgets mit Kontrollvariablen soll in den nächsten Abschnitten am Beispiel zweier Projekte erklärt werden.

Zuvor noch ein Hinweis: Kontrollvariablen sind keine einfachen Variablen, sondern komplexe Objekte. Es gibt mehrere Typen von Kontrollvariablen, darunter `StringVar` für Zeichenketten und `IntVar` für ganze Zahlen. Mit der Methode `set()` kann man einer Kontrollvariablen einen Wert zuweisen. Mit `get()` kann man den Inhalt abfragen.

5.5.1 Projekt: Automatische Urlaubsgrüße

In diesem Projekt kann der Benutzer Textbausteine auswählen, aus denen der Text eines Urlaubsgrußes zusammengesetzt wird. Wenn er gar nichts auswählt, erscheint nur eine minimale Grußfloskel.

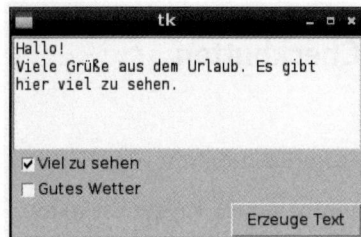

Abb. 5.9: Benutzungsoberfläche mit zwei Checkbuttons

Programm

```
from tkinter import *
from random import randint
def create():
    text = "Hallo!\n"
```

5.5 Wer die Wahl hat, hat die Qual: Checkbutton und Radiobutton

```
        text += "Viele Grüße aus dem Urlaub. "
        text += o1.get()+ o2.get()                    #1
        greeting.delete(1.0, END)
        greeting.insert(END, text)

window = Tk()
# Kontrollvariablen
o1 = StringVar(window)                                #2
o2 = StringVar(window)

# Widgets
button = Button(master=window,
                text="Erzeuge Text",
                command=create)
greeting = Text(master=window, width = 40, height = 6,
                wrap=WORD)
cb1 = Checkbutton (master=window,
            onvalue="Es gibt hier viel zu sehen. ",
            offvalue="",
            text="Viel zu sehen", variable=o1)       #3
cb2 = Checkbutton (master=window,
            onvalue="Das Wetter ist fantastisch. Sonne pur.",
            offvalue="",
            text="Gutes Wetter", variable=o2)
# Layout
greeting.pack()
cb1.pack(anchor=W)                                    #4
cb2.pack(anchor=W)
button.pack(anchor=E)
window.mainloop()
```

Kommentare

#1: Hier wird an den bisherigen Text der Inhalt der beiden Kontrollvariablen angehängt. Der Inhalt der Kontrollvariablen wird mit der Methode get() angefragt.

#2: Hier werden zwei Kontrollvariablen vom Typ StringVar instanziiert. Sie sollen Textbausteine enthalten.

#3: Das ist eine typische Definition eines Checkbutton-Objekts. Mit der Option variable wird das Objekt mit einer Kontrollvariablen verknüpft (hier o1) . Die Option onvalue enthält den Text, den die Kontrollvariable übernimmt, wenn der Checkbutton ausgewählt worden ist (Zustand »On«). Entsprechend ist offvalue der Wert für den Zustand »Off«, in diesem Fall ein leerer String. Die Option text enthält die Beschriftung des Checkbutton-Objekts, also den Text, den man in der Benutzungsoberfläche neben dem quadratischen Auswahlfeld sieht.

#4: In den Aufrufen von `pack()` wird die Option `anchor=W` gesetzt, damit die Checkbutton-Widgets linksbündig (»in den Westen«) platziert werden.

Übrigens gibt es für das Aussehen des Checkbutton-Widgets eine Variante. Wenn Sie die Option `indicatoron=False` setzen, hat der Checkbutton das Aussehen einer Schaltfläche, die im Zustand »On« niedergedrückt erscheint und im Zustand »Off« hervorsteht.

```
cb1 = Checkbutton (master=window,
          onvalue="Es gibt hier viel zu sehen. ",
          offvalue="",
          text="Viel zu sehen", variable=o1,
          inicatoron=False)
```

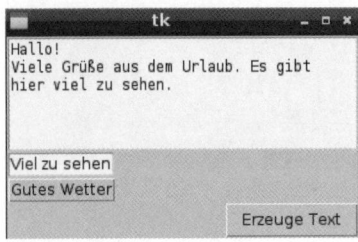

Abb. 5.10: Checkbuttons, die wie Schaltflächen aussehen

5.5.2 Projekt: Digitaler Glückskeks

Abbildung 5.11 illustriert das Zusammenspiel von Radiobutton-Objekten und einer gemeinsamen Kontrollvariablen. Jedem Radiobutton ist ein Wert zugeordnet. Die Kontrollvariable trägt immer den Wert des gerade ausgewählten Radiobuttons.

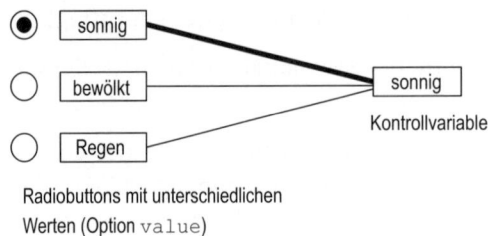

Abb. 5.11: Radiobuttons mit gemeinsamer Kontrollvariablen

In diesem Projekt wird nach einem Klick auf die Schaltfläche ein weiser Ratschlag oder eine Aufmunterung angezeigt. Ein zufällig ausgewählter Spruch, wie man ihn in einem chinesischen Glückskeks findet. Über zwei Radiobuttons kann der Benutzer die Sprache auswählen. Die Kontrollvariable der Radiobuttons ist hier vom Typ IntVar (**#4**). Sie enthält also eine Zahl: 0 für Deutsch und 1 für Englisch. Die Sprüche sind als Liste von Tupeln gespeichert (**#1**). Das erste Element eines jeden Tupels ist ein deutscher und das zweite ein englischer Text.

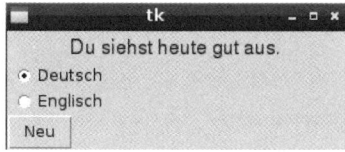

Abb. 5.12: Applikation mit Radiobuttons

Programm

```
from tkinter import *
from random import randint
sayings =[("Du siehst heute gut aus!",
          "You look great!"),
         ("Kopf hoch!"),
          "Cheer up!"),
         ("Du schaffst es!",
          "You will make it!")]                    #1

def pick():
    nr = randint(0, len(sayings)-1)
    t = sayings[nr]                                #2
    label.config(text = t[language.get()])         #3

# Widgets
window = Tk()
language = IntVar(window)                          #4
button = Button(master=window, text="Neu",
                command=pick)
label = Label(master=window, width = 30,
              font=("Arial", 12))
german_rb = Radiobutton(master=window, value=0,
                   text="Deutsch",
                   variable=language)              #5
english_rb = Radiobutton(master=window, value=1,
                   text="Englisch",
```

```
                        variable=language)
# Layout
label.pack()
german_rb.pack(anchor=W)
english_rb.pack(anchor=W)
german_rb.select()                                      #6
button.pack(anchor=W)

window.mainloop()
```

Kommentare

#1: Die Sprüche werden als Liste von Stringpaaren gespeichert.

#2: t ist ein zufällig ausgewähltes Spruchpaar (deutsch, englisch).

#3: Die Kontrollvariable language enthält entweder die Zahl 0 oder die Zahl 1.

#4: Hier wird die Kontrollvariable für die Radiobuttons definiert.

#5: Hier nun werden die Radiobuttons definiert. Die Option variable legt (wie bei Checkbuttons) die zugehörige Kontrollvariable fest. Die Option text enthält (wie bei allen Widgets) die Beschriftung, also den Text, den man sieht. Mit der Option value wird dem Radiobutton ein Wert zugeordnet. Der Datentyp ist durch die Kontrollvariable festgelegt. Hier ist es die Zahl 0 (Datentyp int). Dieser Wert wird nur intern verwendet und ist nicht in der GUI sichtbar. Beide Radiobuttons haben dieselbe Kontrollvariable. Ihr Wert (0 oder 1) ist immer der Wert (Option value) des ausgewählten Radiobuttons.

#6: Auswahl eines Radiobuttons.

5.6 Viele Widgets schnell platziert: Das Grid-Layout

Wenn eine Anwendung viele Widgets enthält, ist es oft praktisch, anstelle des Packers das Grid-Layout zu verwenden. Die Widgets werden dann in ein Raster (engl. *grid* = Raster) aus Zeilen (*row*) und Spalten (*column*) eingetragen. Das Raster müssen Sie nicht explizit definieren, sondern es entsteht einfach, wenn Sie die einzelnen Widgets platzieren. Zeilen und Spalten sind von oben nach unten bzw. von rechts nach links durchnummeriert, beginnend bei null. Sie platzieren das Widget *w* in die Zelle *x/y* durch eine Anweisung des folgenden Formats:

```
w.grid(column=x, row=y, ...)
```

Ein Widget kann auch über mehrere benachbarte Zellen gelegt werden. Dazu verwenden Sie die Option rowspan bzw. columnspan und geben die Anzahl der Zellen an, über die das Widget gehen soll. Die Größe einer einzelnen Zelle passt sich flexibel der Größe des Widgets in ihrem Innern an. Tabelle 5.6 gibt einen Überblick über die wichtigsten Optionen.

Option	Erklärung
column	Die Nummer der Spalte, in die das Widget eingetragen werden soll. Default ist null.
columnspan	Normalerweise befindet sich das Widget in genau einer Zelle. Wenn aber ein Widget sich über *n* benachbarte Zellen in einer Zeile erstrecken soll, wird die Option columnspan=*n* gesetzt.
row	Die Nummer der Zeile, in die das Widget eingetragen werden soll. Default ist null.
rowspan	Das Widget erstreckt sich über *n* Zellen in der gleichen Spalte.
sticky	NE, SE, SW, NW: Das Widget wird an einer Ecke der Zelle »festgeklebt« (*sticky* = klebrig), die durch die »Himmelsrichtung« spezifiziert worden ist (z. B. NE = Ecke rechts oben). N, E, S, W: Widget wird entsprechend der angegebenen »Himmelsrichtung« an einer Zellenseite festgeklebt (z. B. E = Osten = rechte Seite). N+S: Das Widget wird in Nord-Süd-Richtung (vom oberen Rand der Zelle zum unteren Rand) so gestreckt, dass es in dieser Dimension die gesamte Zelle ausfüllt. E+W: Das Widget wird in Ost-West-Richtung gestreckt. N+E+S+W: Das Widget wird in alle Richtungen so gestreckt, dass es die gesamte Zelle ausfüllt.

Tabelle 5.6: Optionen des Grid-Layout-Managers

5.6.1 Projekt: Rechenquiz

Das Projektziel ist eine Anwendung mit folgenden Merkmalen: Im oberen Teil des Applikationsfensters erscheint eine Rechenaufgabe, z. B. »Wie viel ist 14*9?« Darunter sieht man vier Schaltflächen mit unterschiedlichen Antwortmöglichkeiten. Nur eine davon ist die richtige Lösung der Aufgabe. Die anderen weichen ein wenig ab. Klickt der Benutzer eine der Schaltflächen an, wird das Ergebnis geprüft. Ist es korrekt, wird der Punktezähler um eins erhöht. Die Schaltfläche mit dem korrekten Ergebnis wird grün eingefärbt. Klickt man auf die Schaltfläche WEITER, wird eine neue Aufgabe erzeugt. Beim Klick auf NEU wird der Punktezähler auf null gesetzt. Eine neue Runde beginnt.

In diesem Projekt werden einige Techniken des Grid-Layouts verwendet:

- Wie setzt man ein Widget in eine Zelle des Rasters?
- Wie kann man eine Sequenz von gleichartigen Widgets mit möglichst wenig Aufwand platzieren?
- Wie kann man ein Widget über mehrere benachbarte Zellen platzieren?
- Wie kann man ein Widget an eine vorgegebene Zellengröße anpassen?

Kapitel 5
Fenster für den RPi – Grafische Benutzungsoberflächen

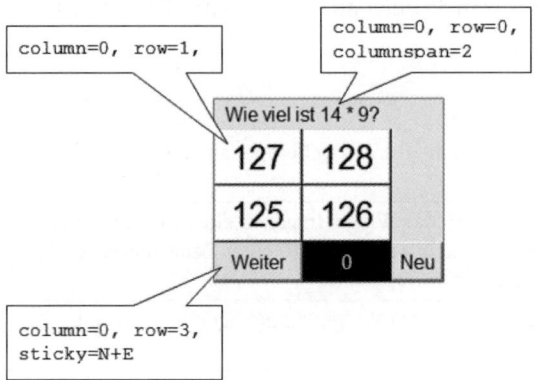

Abb. 5.13: Benutzungsoberfläche mit Grid-Layout

Abbildung 5.13 zeigt einen Screenshot der Benutzungsoberfläche und für einige Elemente im Raster die zugehörigen Optionen für den Aufruf der Funktion grid().

Programm

```
from tkinter import *
from random import shuffle, randint, choice

# globale Variablen
correct = 0

# Funktionen
def new_game():
    points.set(0)
    new_task()


def check():
    if selected.get() == correct:                    #1
        points.set(points.get() + 1)
    for ob in option_buttons:                        #2
        ob.deselect()
        if ob.cget("value") == correct:
            ob.config(bg="green")


def new_task ():
    global correct
    a = randint(2, 20)                               #3
```

```
    b = randint(2, 10)
    task = "Wie viel ist " + str(a) + " * " + str(b) +"?"
    task_label.config (text=task)
    correct = a*b                                         #4
    numbers =[a*b, a*b -1, a*b + 1, a*b + choice([-2, 2])]
    shuffle(numbers)                                      #5
    for i in range(4):
        option_buttons[i].config(value=numbers[i],
                           text=numbers[i],bg="white")

# Widgets
window = Tk()
points = IntVar(master=window)        # Punktzahl
selected = IntVar(master=window)      # ausgewählte Zahl
option_buttons = [
        Radiobutton(master = window,
                    command=check,
                    font=("Arial", 20), width=4,
                    variable=selected, value=0,
                    indicatoron=False)
        for i in range(4)]                                #6
new_game_button = Button(master=window, text = "Neu",
                    font=("Arial", 12),
                    command = new_game)
new_task_button = Button(master=window, text = "Weiter",
                    font=("Arial", 12),
                    command = new_task)
task_label= Label(master=window, font=("Arial", 12))
points_label = Label(master=window, textvariable=points,
                    font=("Arial", 12), bg="black", fg="white")

# Layout
task_label.grid(column=0, row=0, columnspan=2)
for i, col, row in [(0, 0, 1), (1, 1, 1), (2, 0, 2), (3, 1, 2)]:
    option_buttons[i].grid(column=col, row=row)           #7
new_task_button.grid(column=0, row=3 sticky=E+W)
points_label.grid(column=1, row=3, sticky = E+W+N+S)      #8
new_game_button.grid(column=2, row=3)
new_task()

window.mainloop()
```

Kommentare

#1: Wenn die richtige Zahl ausgewertet worden ist, wird der Punktestand um eins erhöht.

#2: Alle Checkbuttons werden deselektiert und der Checkbutton mit dem korrekten Ergebnis grün eingefärbt.

#3: Eine Multiplikationsaufgabe wird aus ganzen Zufallszahlen zwischen 2 und 20 bzw. zwischen 2 und 10 konstruiert.

#4: Der globalen Variablen `correct` wird die Lösung zugewiesen. In der nachfolgenden Zeile wird eine Liste aus vier Zahlen konstruiert: die korrekte Lösung, dann drei *unterschiedliche* Zahlen, die von der korrekten Zahl abweichen. Dabei liefert `choice([-2, 2])` nach dem Zufallsprinzip entweder -2 oder 2.

#5: Diese Liste von vier Zahlen wird zufällig gemischt. Anschließend werden diese Zahlen den vier Radiobuttons als Wert (Option `value`) zugewiesen.

#6: Es wird eine Liste von vier völlig gleichen Radiobuttons konstruiert. Sie werden alle mit der Kontrollvariablen `selected` verknüpft. Wenn jemand einen Radiobutton anklickt, so wird die zugehörige Zahl (Option `value`) der Kontrollvariablen zugewiesen.

#7: Hier zeigt sich die Stärke des Grid-Layouts: Widgets werden mithilfe von Nummern (für Spalte und Reihe) platziert. Nummern kann man leicht verarbeiten. Hier wird zunächst eine Liste von Tupeln erzeugt. Jedes Tupel besteht aus dem Index des Checkbuttons, einer Spaltennummer und einer Zeilennummer. In einer Iteration über diese Liste werden dann vier Checkbutton-Widgets in das Raster eingefügt, z. B. kommt das Widget `option_buttons[0]` in Spalte 0 und Zeile 1.

#8: Das Label mit dem schwarzen Hintergrund sieht nur gut aus, wenn es die gesamte Zelle ausfüllt. Dies wird durch die `sticky`-Option bewirkt.

5.7 Projekt: Farbmixer

Farben spielen in grafischen Benutzungsoberflächen eine große Rolle. In diesem Projekt entwickeln wir einen Farbmixer, der zu einer Kombination von RGB-Werten die resultierende Farbe anzeigt (Abbildung 5.14).

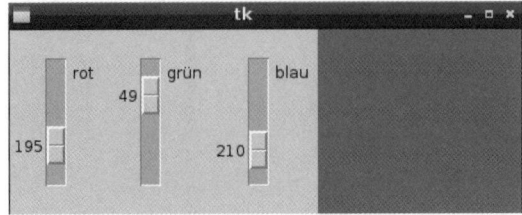

Abb. 5.14: Farbmixer

Die Besonderheit: Wir verwenden Schieberegler zur Einstellung der Werte. Sie werden durch Widgets der Klasse `Scale` dargestellt. Tabelle 5.7 zeigt einige Optionen der `Scale`-Objekte. Jedes `Scale`-Objekt ist mit einem Zahlenwert assoziiert. Mit der Methode `get()` kann die aktuell eingestellte Zahl abgefragt werden.

Option	Erklärung
command	Bei jeder Bewegung des »Schiebers« wird die angegebene Funktion oder Methode aufgerufen.
foreground, fg	Textfarbe im Label und bei den Zahlenangaben
from_	Untere Grenze des Wertebereichs. Default ist null.
label	Text, der in einem Label erscheint. Voreingestellt ist kein Label.
length	Länge der Rinne des Schiebereglers. Default ist 100 Pixel.
orient	Mögliche Werte: VERTICAL, HORIZONTAL. Legt fest, ob der Schieberegler vertikal oder horizontal ausgerichtet ist.
resolution	Schrittweite für die einstellbaren Werte des `Scale`-Objekts. Default ist 1. `resolution=0.5` bewirkt, dass zwei Werte einen Mindestabstand von 0.5 aufweisen.
to	Obere Grenze des Wertebereiches
width	Breite der Rinne, in der der Schieber hin- und hergleitet, Default ist 15 Pixel.

Tabelle 5.7: Die wichtigsten Optionen der Klasse `Scale`

Programm

```
from tkinter import *

def update(event):
    color = "#%02x%02x%02x" \
        % (scale1.get(), scale2.get(),scale3.get())    #1
    label.config(bg=color)

window = Tk()
scale1 = Scale(window, orient=VERTICAL,
            label="rot", to=255,
            command=update)                            #2
scale1.grid(column=0,row=0)
scale2 = Scale(window, orient=VERTICAL,
            label="grün", to=255,
            command=update)
scale2.grid(column=1,row=0)
scale3 = Scale(window, orient=VERTICAL,
```

```
                label="blau", to=255, command=update)
scale3.grid(column=2,row=0)
label = Label(window, width= 20, height = 10,bg="black")
label.grid(column=3,row=0)
window.mainloop()
```

Kommentare

#1: Die Funktion `update()` wird immer aufgerufen, wenn ein Schieberegler bewegt worden ist. Sie enthält nur zwei Anweisungen. Die erste Anweisung ist mit \ auf zwei Zeilen verteilt. Der Formatstring beschreibt das Muster eines Farbstrings. Er besteht aus einem # und drei zweistelligen Hexadezimalzahlen mit führenden Nullen. Hinter dem Formatstring kommt der Formatierungsoperator % und dahinter ein Tupel aus drei Zahlen, die mit den Schiebereglern assoziiert sind. Die Zahlen werden als Hexadezimalzahlen in den Formatstring eingefügt. Die Auswertung dieses Ausdrucks liefert also eine Farbe. In der nächsten Zeile wird diese Farbe zur Hintergrundfarbe des Labels.

#2: Hier wird ein `Scale`-Objekt instanziiert. Der Regler steht senkrecht und trägt die Beschriftung rot. Das `Scale`-Objekt repräsentiert ganze Zahlen von 0 bis 255. Bei Veränderungen des Schiebers wird die Funktion `update()` aufgerufen.

5.8 Projekt: Editor mit Pulldown-Menüs

Komplexe Programme mit GUI haben in der Regel eine Menüleiste mit Pulldown-Menüs. Als Beispiel für ein solches Programm entwickeln wir einen kleinen Editor zum Schreiben von Briefen mit Textbausteinen. An der rechten Seite des Textfensters ist ein senkrechter Rollbalken. Die Menüleiste enthält einen Kommando-Button und zwei Pulldown-Menüs mit Radiobuttons zum Auswählen von Optionen.

Klickt man auf den Kommando-Button LÖSCHEN, wird der Inhalt des Textfensters gelöscht. Im Pulldown-Menü SCHRIFTTYP kann man einen Font auswählen. Im Pulldown-Menü TEXTBAUSTEINE werden Textbausteine angeboten. Klickt man auf eines der Auswahlfelder, so wird der gewünschte Text an der momentanen Cursorposition eingefügt.

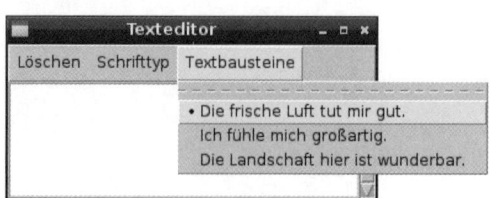

Abb. 5.15: Texteditor mit Menüs und Rollbalken

5.8.1 Aufbau einer Menüstruktur

Eine Menüleiste mit Pulldown-Menüs können Sie mit dem `tkinter`-Widget `Menu` aufbauen. Mit einer Anweisung der Art

```
menu = Menu(master=window)
```

Erzeugen Sie eine neue Menüleiste. Dabei ist `window` der Name eines Tk-Objekts, also des Applikationsfensters, in dem die Menüleiste verankert ist.

Ein `Menu`-Widget kann folgende Typen von Auswahlfeldern (*Choices*) enthalten:

- Ein einfaches *Kommando*, d. h. einen Button, der angeklickt werden kann und eine Aktion auslöst
- eine *Kaskade*, das ist ein weiteres (untergeordnetes) Menü
- eine *Checkbox*
- eine Gruppe von *Radiobuttons*

Standardmäßig besitzen bei Python Pulldown-Menüs am oberen Rand eine gestrichelte Linie (*Tear-off*-Linie). Klickt man diese an, so »reißt« das Menü »ab« und es entsteht ein neues separates Fenster mit der Überschrift des Menüs.

Tabelle 5.8 gibt eine Übersicht über Methoden der Klasse `Menu` zum Einfügen von Auswahlfeldern. In optionalen Schlüsselwort-Argumenten können Eigenschaften der Auswahlelemente festgelegt werden. Die Optionen entsprechen im Wesentlichen den Optionen für die Widgets gleichen Typs (siehe Tabelle 5.9).

Methode	Erklärung
add_cascade ([coption1=wert1 ...])	Dem Menü wird eine »Kaskade« hinzugefügt. Das heißt, beim Anklicken dieses Choices erscheint ein weiteres Menü. In der `menu`-Option (siehe Tabelle 5.9) wird der Name des zugehörigen `Menu`-Widgets angegeben.
add_checkbutton ([coption1=wert1 ...])	Hinzufügen eines Checkbuttons als neues Auswahlfeld (Choice). Die Optionen werden wie bei der Generierung eines Checkbutton-Widgets gesetzt.
add_command ([coption1=wert1 ...])	Hinzufügen eines einfachen Kommandos als neues Auswahlfeld
add_radiobutton ([coption1=wert1 ...])	Hinzufügen eines Radiobuttons als neues Auswahlfeld (Choice). Die Optionen werden wie bei der Generierung eines normalen Radiobutton-Widgets gesetzt.
add_separator()	Setzt hinter die aktuelle Position des Menus einen Separator, das heißt eine waagerechte Linie. Sie hat nur eine dekorative Funktion und kann nicht angeklickt werden.

Tabelle 5.8: Einige wichtige Methoden der Klasse Menu

Attribut	Erklärung
command	Name einer Prozedur, die nach Aktivierung dieses Auswahlfeldes aufgerufen wird
image	Name des Bildes (`PhotoImage`-Objekt), das (anstelle von Text) in diesem Auswahlfeld gezeigt werden soll
label	Text für dieses Auswahlfeld
menu	Die Option gibt es nur bei Kaskaden. Sie enthält den Namen des Untermenüs, das beim Anklicken dieses Auswahlfeldes erscheinen soll.
offvalue	Wert eines nicht gesetzten Checkbuttons (Zustand »Aus«)
onvalue	Wert eines gesetzten Checkbuttons (Zustand »An«)
state	Wird diese Option auf `DISABLED` gesetzt, so erscheint das Auswahlfeld grau und kann nicht angeklickt werden.
value	Wert der zugehörigen Kontrollvariablen für einen Radiobutton. Die kann eine ganze Zahl sein, falls die Kontrollvariable eine Instanz der Klasse `IntVar` ist oder ein String, falls es sich um ein Objekt der Klasse `StringVar` handelt.
variable	Bei Checkbuttons oder Radiobuttons der Name der zugehörigen Kontrollvariablen

Tabelle 5.9: Die wichtigsten Optionen der Choices eines Menu-Widgets

5.8.2 Programmierung

Programm

```
from tkinter import *

def format_text():
    font = selected_font.get()
    text.config(font=(font, 10))

def insert_phrase():
  text.insert(INSERT, selected_phrase.get())

def delete_text():
  text.delete(1.0, END)

window = Tk()
window.title("Texteditor")
scrollbar = Scrollbar(master=window)
```

```
scrollbar.pack(side=RIGHT, fill=Y)            #1
text= Text(master=window,
           width = 30, height=5,
           wrap=WORD, font=('Arial', 10),
           yscrollcommand=scrollbar.set)      #2
text.pack(expand=1)
scrollbar.config(command=text.yview)


# Menü
menubar = Menu(master=window)                 #3
window.config(menu=menubar)                   #4

# Löschen
menubar.add_command(label="Löschen",
                    command=delete_text)      #5


# Menü Schrifttyp
font_menu = Menu(master=menubar)              #6
selected_font = StringVar()                   #7
menubar.add_cascade(label="Schrifttyp",
                    menu=font_menu)           #8
for font in ["Arial", "Courier", "Times"]:    #9
  font_menu.add_radiobutton(label=font,
             variable=selected_font, value=font,
             command=format_text)


# Menü Textbausteine
phrase_menu = Menu(master=menubar)            #10
selected_phrase = StringVar()
menubar.add_cascade(label="Textbausteine",
                    menu=phrase_menu)
phrases = ["Die frische Luft tut mir gut.",
           "Ich fühle mich großartig."
           "Die Landschaft hier ist wunderbar."]

for ph in phrases:
  phrase_menu.add_radiobutton(label=ph,
             variable=selected_phrase, value=ph,
             command=insert_phrase)

window.mainloop()
```

Kommentare

#1: Ein senkrechter Rollbalken wird an die rechte Seite des Fensters gesetzt.

#2: Das Textfeld wird mit dem Rollbalken verknüpft. Die letzte Option legt fest, dass die Bewegung des Schiebers auf dem Rollbalken ein Scrollen in y-Richtung bewirkt.

#3: Ein Menu-Objekt, das die Menüleiste darstellen soll, wird definiert.

#4: Das Menu-Objekt wird als Menüleiste in das Applikationsfenster eingebaut.

#5: Ein Kommando-Button wird eingefügt. Wenn man ihn anklickt, wird die Funktion delete_text() aufgerufen.

#6: Dieses Menu-Objekt wird ein Pulldown-Menü. Der Master ist die Menüleiste.

#7: In dieser Steuerungsvariablen wird der ausgewählte Font gespeichert.

#8: Das neue Menu-Objekt wird als Kaskade in die Menüleiste eingebaut.

#9: In dieser Iteration werden drei Radiobuttons als Auswahlfelder eingefügt.

#10: Völlig analog zum Pulldown-Menü für Schrifttypen wird nun ein zweites Pulldown-Menü für Textbausteine eingefügt.

5.9 Aufgaben

5.9.1 Aufgabe 1: Hangman mit Tastaturfeld

Kennen Sie das Spiel »Galgenmännchen«, oder – auf Englisch – »Hangman«? Jemand denkt sich ein geheimes Wort aus und schreibt für jeden Buchstaben des Wortes einen Strich auf ein Blatt Papier. Die anderen Mitspieler versuchen, das Wort herauszufinden. Sie sagen nacheinander Buchstaben. Wenn ein Buchstabe in dem Wort vorkommt, wird er an die richtige Stelle auf einen der Striche geschrieben. Entwickeln Sie eine Variante dieses Spiels als interaktives Programm mit einer grafischen Benutzungsoberfläche wie in Abbildung 5.16.

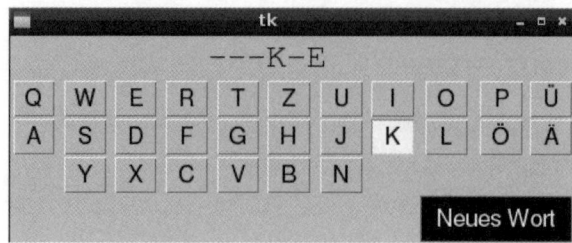

Abb. 5.16: Das Spiel »Hangman« mit Bildschirmtastatur

Das Programm könnte auf einem RPi laufen, der mit einem Touchscreen verbunden ist. Das ganze System könnte ein interaktives Exponat einer Ausstellung sein. Das Programm wählt aus einem Vorrat von thematisch passenden Begriffen nach dem Zufallsprinzip einen aus und stellt ihn im oberen Feld des Displays als Folge von Minuszeichen dar. Jedes Mal, wenn der Spieler eine Buchstabentaste anklickt, wird geprüft, ob der Buchstabe im Wort vorkommt und gegebenenfalls einige Minuszeichen durch Buchstaben ersetzt.

Tipps

Verwenden Sie für das Zufallswort und seine (momentane) Darstellung durch Minuszeichen und Buchstaben jeweils eine Variable, z. B. word und display.

Wie erhält man ein zufälliges Wort? Verwenden Sie die Funktion choice() aus dem Modul random. Beispiel:

```
word = random.choice(["SEKT", "SELTERS"])
```

Wie ersetzt man ein Minuszeichen durch einen Buchstaben? Das Problem: Zeichenketten (Typ str) sind unveränderliche Sequenzen. Bilden Sie aus der Zeichenkette eine Liste von Buchstaben. Listen sind veränderbar. Ersetzen Sie in der Liste ein Minuszeichen durch einen Buchstaben und verbinden Sie die Elemente der Liste wieder zu einem String:

```
display_list = list(display)     # Liste erzeugen
...
display = "".join(display_list)  # String erzeugen
```

5.9.2 Aufgabe 2: Rasterbilder nach Meisenbach

Grautöne können durch ein Raster aus schwarzen Punkten dargestellt werden. Diese Idee stammt von Georg Meisenbach (1841–1912) und wurde früher im Zeitungsdruck verwendet. Aber gerasterte Bilder sehen auch interessant aus.

    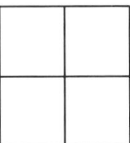

Abb. 5.17: Fünf Raster für Graustufen nach Meisenbach

Entwickeln Sie ein Programm mit grafischer Oberfläche wie in Abbildung 5.18, das ein Bild lädt und auf Knopfdruck ein Rasterbild mit fünf Graustufen erzeugt.

Dabei werden Quadrate aus vier Pixeln des Originalbildes durch Quadrate mit Schwarzweißmustern ersetzt.

Abb. 5.18: Rasterbild mit fünf Graustufen

Tipp

Das Originalbild sollte klein (z.B. 100 mal 100 Pixel) sein, damit die Verarbeitung nicht zu lange dauert. Das Originalbild und das gerasterte Bild sollten aber vergrößert dargestellt werden. Verwenden Sie dazu die Methode zoom() der Photo-Image-Objekte.

5.10 Lösungen

5.10.1 Lösung 1

```
import random
from tkinter import *
words = ["PASSWORT", "VERSCHLÜSSELUNG", "SCHLÜSSEL",
"PRIVAT", "ÖFFENTLICH", "COOKIE"]              #1

def new_word():
    global word, display
    word = random.choice(words)                 #2
    display = len(word)*"-"                     #3
    word_label.config(text=display)
```

```
def check():
    global display
    display_list = list(display)                    #4
    for i in range(len(word)):
        if word[i] == key.get():
            display_list[i] = word[i]               #5
    display = "".join(display_list)                 #6
    word_label.config(text=display)

# Widgets
window=Tk()
word_label = Label(master=window,
                   font=('Courier',20), width=28)
new_button = Button(master=window, text='Neues Wort',
                    command=new_word, font=("Arial", 14),
                    bg="black", fg="white")
key = StringVar(master=window)                      #7
key_rbs = [Radiobutton(master=window, command=check,
                       font=("Arial", 14), width=3,
                       variable=key, value=ch,
                       text=ch, indicatoron=False)
           for ch in "QWERTZUIOPÜASDFGHJKLÖÄYXCVBNM"] #8

# Layout
word_label.grid(column=0,row=0, columnspan=10)      #9
for i in range(11):
    key_rbs[i].grid(row=1, column=i)                #10
for i in range(11,22):
    key_rbs[i].grid(row=2, column=i-11)
for i in range(22,28):
    key_rbs[i].grid(row=3, column=i-21)
new_button.grid(column=8,row=4,
columnspan=3, sticky=E)                             #11

new_word()
window.mainloop()
```

Kommentare

#1: Eine Liste von Wörtern zum Thema Computersicherheit.

#2: Aus der Liste wird ein Suchwort zufällig ausgewählt.

#3: Die Darstellung des Suchwortes auf dem Display – zunächst lauter Striche.

#4: Zur (unveränderbaren) Zeichenkette wird eine (veränderbare) Liste aus Buchstaben gebildet.

#5: Überall dort, wo der gerade angeklickte Buchstabe (in der Steuerungsvariablen key gespeichert) mit dem Buchstaben des Suchwortes an dieser Stelle übereinstimmt, wird das Zeichen in der Liste (im Regelfall ein Strich) durch den betreffenden Buchstaben des Suchwortes ersetzt.

#6: Die Buchstaben der Liste werden zu einer Zeichenkette verbunden.

#7: Hier wird die Kontrollvariable definiert, mit der die Checkbuttons verbunden sind. Sie enthält den ausgewählten Buchstaben.

#8: Hier wird eine Liste mit Checkbuttons erzeugt. Jeder Checkbutton erhält als Wert und als Aufschrift einen (großen) Buchstaben des Alphabets.

#9: Das Label mit dem Suchwort (Striche) wird über zehn Spalten in die oberste Zeile des Grid-Layouts gelegt.

#10: Die Checkbuttons werden wie bei einer QWERTZ-Tastatur in drei Reihen in das Grid-Layout eingefügt.

#11: Nach unten rechts kommt die Schaltfläche, mit der ein neues Suchwort angefordert wird.

5.10.2 Lösung 2

Programm

```
from tkinter import *

GREYS = ["{black black} {black black}",
         "{black black} {white black}",
         "{black white} {white black}",
         "{black white} {white white}",
         "{white white} {white white}"]         #1

def get_brightness(image, a, b):                 #2
    brightness = 0
    for (x, y) in [(x, y), (x+1, y), (x, y+1), (x+1, y+1) ]:
        c = image.get(x, y).split()
        brightness += int(c[0])+ int(c[1]) + int(c[2])
    return round(4* brightness /(4*255*3) )

def grey():                                      #3
    global image, image_zoom
```

```
        for x in range (image.width()//2):              #4
            for y in range (image.height()//2):
                brightness = get_brightness(image, 2*x, 2*y)
                image.put(GREYS[brightness], (2*x, 2*y))  #5
        image_zoom = image.zoom(2)                      #6
        label.config(image=image_zoom)

window = Tk()
image = PhotoImage(master=window, file="face.gif")
image_zoom = image.zoom(2)

button = Button(master=window, command=grey,
                font=("Arial", 14),
                text="Bearbeiten")

label = Label(master=window, image=image_zoom)
label.pack()
button.pack(fill=X)
window.mainloop()
```

Kommentare

#1: Eine Liste mit Schwarzweißmustern (zwei mal zwei Pixel) für fünf verschiedene Grautöne.

#2: Die Funktion liefert die mittlere Helligkeit des Bildausschnitts $x\_, y\_$ bis x_+1, y_+1 als ganze Zahl zwischen 0 (Schwarz) und 4 (Weiß).

#3: Diese Funktion wird aufgerufen, wenn die Schaltfläche gedrückt ist. Sie ersetzt im PhotoImage-Objekt farbige Quadrate aus vier Pixeln durch passende Schwarzweißmuster.

#4: Das ist der algorithmisch schwierigste Teil des Programms. Das Bild wird über 2x2-Pixel-Quadrate gerastert. Die oberen linken Eckpunkte dieser Quadrate liegen immer 2 Pixel in vertikaler und horizontaler Richtung auseinander. Deshalb werden Breite und Höhe des Bildes durch 2 geteilt. Die Operation // ist eine ganzzahlige Division. Das heißt, das Ergebnis ist immer eine ganze Zahl. Für jedes 2x2-Pixel-Quadrat wird eine Zahl für den mittleren Grauwert ermittelt.

#5: Die Variable brightness enthält eine Zahl zwischen 0 (Schwarz) und 4 (Weiß). Sie ist damit der Index für ein passendes Schwarzweißmuster in der Liste greys.

#6: Das Bild wird um den Faktor 2 vergrößert. Wenn Sie den ganzen Bildschirm füllen wollen, wählen Sie ein größeres Argument für die Methode zoom().

Kapitel 6

Daten finden, laden und speichern

In diesem Kapitel geht es um das Speichern von Daten auf der SD-Karte und die Gewinnung von Daten aus lokalen Dateien und Internet-Ressourcen.

6.1 Dateien

Dateien (*Files*) sind Datenobjekte, die unter einem Dateinamen auf einem Peripheriespeicher gespeichert sind und dort vom Betriebssystem verwaltet werden. Beim Raspberry Pi sind Dateien auf der SD-Karte gespeichert.

Um in einem Python-Programm auf eine Datei lesend oder schreibend zugreifen zu können, muss mit der Funktion open() ein Objekt der Klasse File erzeugt werden. Als Parameter werden der Pfad und der Modus übergeben (z. B. "r" für lesen und "w" für schreiben).

6.1.1 Daten speichern

In den folgenden Anweisungen, die Sie im interaktiven Modus (Python-Shell) ausprobieren können, wird zunächst im aktuellen Arbeitsverzeichnis eine Datei zum Schreiben geöffnet. Dabei wird ein Dateiname angegeben. Falls eine Datei mit diesem Namen noch nicht existiert, wird sie angelegt. Anschließend wird mit der Methode write() ein String auf das File-Objekt geschrieben. Dabei wird die Anzahl der Bytes, die als Speicherplatz benötigt wurden, zurückgegeben (hier: 16 Bytes).

```
>>> f = open("daten.txt", "w")
>>> f.write("Telefonnummer: 0210 460486")
>>> f.write("Tel: 0210 460486")
16
>>> f.close()
```

Mit der letzten Anweisung wird das File geschlossen und auf dem Speichermedium (SD-Karte) dauerhaft gespeichert. Auf das geschlossene File kann man nicht mehr zugreifen. Es muss zunächst wieder geöffnet werden.

6.1.2 Daten laden

Um Daten von der SD-Karte zu lesen, muss die Datei im Lese-Modus "r" geöffnet werden:

```
>>> f = open("daten.txt", "r")
>>> daten = f.read()
>>> print(daten)
Tel: 0210 460486
>>> f.close()
```

Attribute und Methoden	Erklärung
close()	Datei schließen und speichern
flush()	Datei speichern, ohne zu schließen
mode	I/O-Modus (z. B. "r": Texte lesen, "w": Texte schreiben, "rb": binäre Daten lesen, "wb": binäre Daten schreiben)
name	Dateiname, so wie er im Verzeichnis erscheint
read()	Inhalt der gesamten Datei lesen
readline()	Die nächste Zeile lesen
write(str)	Zeichenkette str in die Datei schreiben

Tabelle 6.1: Einige Attribute und Methoden von File-Objekten

6.2 Ein Blick hinter die Kulissen: Die SD-Karte

Der Peripheriespeicher des Raspberry Pi ist eine Secure Digital Memory Card, kurz SD Memory Card oder einfach SD-Karte. Die SD-Karte ist ein digitaler Datenspeicher ohne ein bewegliches Teil. Sie wurde 2001 von SanDisk entwickelt und wendet die sogenannte *Flash-Technik* an. Jedes Bit (0 oder 1) wird letztlich durch den elektrischen Zustand des Floating Gates eines Feldeffekttransistors gespeichert. Die SD-Karten, die man heute – insbesondere auch für den RPi – verwendet, haben Speicherkapazitäten von 4 GB und mehr. Sie entsprechen schon nicht mehr der ursprünglichen Spezifikation für SD-Karten, sondern einer Erweiterung, der SDHC-Spezifikation (HC steht für High Capacity). Für SDHC-Karten sind Leistungsklassen definiert: Klasse 2, Klasse 4, Klasse 6, Klasse 8 und Klasse 10. Die Zahlen stehen für die zumindest garantierte Schreibgeschwindigkeit in Megabytes pro Sekunde (MB/s). Eine SDHC-Karte der Klasse 10 hat eine Schreibgeschwindigkeit von 10 MB/s. SD-Karten werden heute meist zum Speichern von Bildern und Videos in Digitalkameras verwendet. Deshalb bezieht sich die Schreibgeschwindigkeit auf das Schreiben von MPEG-Dateien.

Das Speichern auf einer SD-Karte ist ein komplexer Vorgang. Eine SD-Karte enthält neben dem EPROM-Chip für die eigentliche Datenspeicherung einen eigenen

Controller, der nach bestimmten (geheim gehaltenen) Algorithmen die Daten auf das physische Speichermedium verteilt. Dabei führt der Controller Buch, wie oft jeder Speicherbereich schon beschrieben und wieder gelöscht worden ist. Ein Problem der Flash-Technik ist nämlich, dass die Speicherzellen nicht beliebig oft beschrieben werden können. Nach Angaben der Hersteller sind zwischen 3.000 und 100.000 Schreib-/Lösch-Zyklen möglich (man findet dazu sehr unterschiedliche Angaben). Danach kann die Speicherzelle ihren Zustand nicht mehr ändern und ist damit unbrauchbar. Der Controller sorgt dafür, dass der Speicherraum möglichst *gleichmäßig* durch Schreiboperationen belastet wird (*wear leveling*). Das Lesen der Daten ist übrigens völlig problemlos. Jede Speicherzelle kann beliebig oft gelesen werden.

Abb. 6.1: SDHC-Karte der Klasse 10 im Raspberry Pi

In zwei kleinen Experimenten testen wir den Zeitbedarf zum Schreiben und Lesen von Daten.

Experiment 1: Wie viel Zeit wird zum Schreiben von 10 MB auf die SD-Karte benötigt?

Programm

```
from time import time
data = 1000000*b"qwertzuiop"                #1
intervals=[]                                #2
for i in range(10):
    startTime = time()                      #3
    f=open("test.dat", "wb")                #4
    f.write(data)
    f.close()
    intervals.append(time() - startTime)    #5
for t in intervals:
    print(t)
```

Kommentare

#1: Hier wird ein Bytestring der Länge 10 Millionen erzeugt. Das Literal b"qwertzuiop" ist übrigens kein Text, sondern eine Folge von zehn (bedeutungslosen) Oktetten (Bytes). Dieser Bytestring wird eine Million Mal hintereinander gesetzt.

#2: In dem Experiment speichern wir mehrmals 10 MB auf der SD-Karte. In der Liste merkt sich das Programm für jeden Schreibvorgang den Zeitbedarf.

#3: Die Funktion `time()` aus dem Modul `time` liefert die Anzahl der Sekunden seit dem 1. 1. 1970 mindestens auf eine Millisekunde genau (siehe Kapitel 7).

Ausgabe (Beispiel)

```
0.21578598022460938
1.1328508853912354
1.9652149677276611
0.30330610275268555
1.1310851573944092
1.1456880569458008
1.1471879482269287
0.9694859981536865
0.9771568775177002
0.9442169666290283
```

Die Ausgabe des Programms auf dem Display zeigt, dass der Zeitbedarf zum Abspeichern von 10 MB deutlich schwankt und in den meisten Fällen unter dem geforderten Wert von einer Sekunde bleibt.

Experiment 2: Wie viel Zeit wird zum Lesen von 10 MB auf die SD-Karte benötigt?

Ändern Sie das Programm zum Experiment 1 ab und ersetzen Sie die Schreiboperationen in der Iteration durch Leseoperationen:

```
...
f = open("test.dat", "rb")
x = f.read()
f.close()
...
```

Wenn die Datei `test.dat` nicht verändert worden ist, werden jetzt zehn Mal 10 MB aus der Datei gelesen und anschließend die benötigten Zeiten ausgegeben. Sie werden feststellen, dass das Lesen etwa zehn Mal schneller ist als das Schreiben.

6.3 Datenstrukturen haltbar machen mit pickle

Mit den Funktionen dump() und load() aus dem Modul pickle können Sie praktisch beliebige Daten (z.B. Zahlen, Listen und Tupel) in Dateien abspeichern und gespeicherte Objekte wieder laden. Das Format für einen Aufruf der Funktion dump() zum Speichern ist:

```
dump(object, file)
```

Dabei ist das erste Argument ein beliebiges Objekt und das zweite Argument ein geöffnetes File-Objekt im Modus "wb".

Mit

```
load(f)
```

wird ein Objekt, das zuvor mit dump() gespeichert worden ist, wieder rekonstruiert. Dabei ist f ein geöffnetes File-Objekt im Modus "rb".

Beachten Sie, dass die Files im sogenannten *Binärmodus* ("wb" und "rb") verwendet werden. Das heißt, es werden keine Unicode-Zeichen (Text), sondern Oktette (Bytes) auf das File geschrieben. Ein Oktett ist eine Folge von acht Bit (null oder eins), die eine Zahl zwischen 0 und 255 darstellt.

Den Pickle-Mechanismus nennt man auch *Serialisierung*: Eine komplexe Struktur wird durch eine Folge von Bytes repräsentiert.

In den folgenden Anweisungen wird eine Liste von Zahlen gespeichert. Probieren Sie sie im interaktiven Modus aus:

```
>>> import pickle
>>> f = open("numbers.dmp", "wb")  # binärer Schreibmodus
>>> pickle.dump([1, 2, 3], f)      # Daten serialisieren
>>> f.close()                      # speichern
```

Soll die gespeicherte Liste wieder geladen werden, muss zunächst die Datei im Binärmodus zum Lesen geöffnet werden:

```
>>> f = open("numbers.dmp", "rb")  # binärer Lesemodus
>>> x = pickle.load(f)             # Daten rekonstruieren
>>> print(x)
[1, 2, 3]
```

6.4 Versuch und Irrtum – Mehr Zuverlässigkeit durch try-Anweisungen

Ein Problem bei der Programmierung mit Dateien ist, dass man niemals sicher sein kann, ob auf die angegebene Datei auf dem Peripheriespeicher zugegriffen werden kann oder nicht. Vielleicht stimmt der Pfad nicht oder es ist die falsche SD-Karte eingesteckt. Dann erzeugt eine open()- oder write()-Anweisung einen Laufzeitfehler. Das Programm stürzt ab, obwohl es eigentlich keinen Programmierfehler enthält.

Mit einer try...except-Anweisung können Sie versuchsweise auf eine Datei zugreifen und einen etwaigen Laufzeitfehler (eine Exception) abfangen. Die Anweisung hat folgendes Format:

```
try:
    kritische Anweisungen
except:
    Anweisungen, die bei einem Fehler ausgeführt werden
```

Beispiel:

```
try:
    f = open("/Python32/README.txt")
except:
    print("README-Datei konnte nicht geöffnet werden")
```

Wenn in diesem Skript beim Öffnen der Datei etwas schiefläuft, bricht die Programmausführung nicht ab, sondern es wird die except-Klausel ausgeführt.

6.5 Projekt: Karteikasten

In diesem Projekt wird ein Karteikasten zum Lernen simuliert. Jede Karteikarte hat eine Vorder- und Rückseite. Auf der Vorderseite steht eine Frage oder ein Stichwort und auf der Rückseite befindet sich die Antwort oder ein erklärender Text. Die Arbeit mit dem Karteikasten teilt sich in zwei Aufgaben:

- *Karteikarten editieren.* Die Karteikarten müssen geschrieben und später eventuell korrigiert werden. Sie müssen dauerhaft gespeichert werden und es muss möglich sein, in späteren Sitzungen weitere Karteikarten hinzuzufügen.
- *Mit Karteikarten lernen.* Der Benutzer schaut sich nacheinander die Karteikarten an. Zuerst liest er die Vorderseite und versucht, sich den Inhalt der Rückseite in Erinnerung zu rufen. Dann dreht er die Karteikarte um und prüft den

Text. Wenn er das Gefühl hat, den Inhalt der Karteikarte zu beherrschen, nimmt er sie aus dem Karteikasten. Es wird nach diesem Verfahren so lange gelernt, bis der Karteikasten leer ist.

Für diese beiden Aufgaben entwickeln wir zwei getrennte Programme: einen *Editor* zum Edieren der Karteikarten und einen *Presenter* zum Lernen mit den Karteikarten. Die beiden Programme sind auf unterschiedliche Hardwarekonfigurationen zugeschnitten. Der Editor benötigt eine Tastatur zur Eingabe von Texten. Der Presenter kommt mit einem Touchscreen bzw. einer Maus aus. Beide Programme benutzen die gleiche Datei, in der die Karteikarteninhalte gespeichert sind. Jede einzelne Karteikarte wird als Tupel aus zwei Zeichenketten dargestellt, die die Inhalte von Vorderseite und Rückseite enthalten. Die Sammlung der Karteikarten ist eine Liste solcher Tupel:

```
[(vorderseite_0, rückseite_0), (vorderseite_1), rückseite_1), ...]
```

6.5.1 Der Editor

Abbildung 6.2 zeigt die Benutzungsoberfläche des Editors.

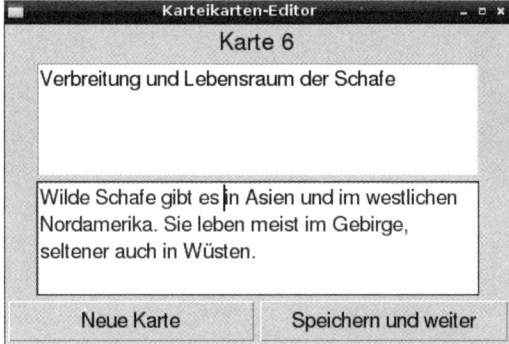

Abb. 6.2: Benutzungsoberfläche des Karteikarteneditors mit zwei Textfeldern

Sie enthält folgende Elemente:

- Das Label oben zeigt die Nummer der aktuellen Karteikarte.
- Die beiden Textfelder zeigen Vorder- und Rückseite der aktuellen Karteikarte. Der Text des unteren Textfeldes (Rückseite) ist blau. In beiden Textfeldern kann der Text editiert werden.
- Die Schaltfläche NEUE KARTE löst beim Anklicken folgende Aktion aus: An die Liste der Karteikarten (2-Tupel aus Strings) wird ein neues Tupel mit zwei leeren Strings angehängt. Es repräsentiert eine neue, leere Karteikarte. Diese Karteikarte wird gezeigt und kann vom Benutzer mit Inhalt gefüllt werden.

Kapitel 6
Daten finden, laden und speichern

- Die Schaltfläche SPEICHERN UND WEITER bewirkt, dass die komplette Liste der Karteikarten (cards) mit dem Pickle-Mechanismus in der Datei cards.dat gespeichert wird. Diese Datei befindet sich in dem gleichen Ordner wie das Programm.

Programm

```
from tkinter import *
import pickle, random
PATH = "cards.dat"                                          #1

def loadCards():
    global cards, num                                       #2
    try:
        f = open(PATH, "rb")                                #3
        cards = pickle.load(f)                              #4
        f.close()
    except:
        cards = [("", "")]                                  #5
        saveCards()
    num = 0
    showCard(num)                                           #6

def saveCards():
    f = open(PATH, "wb")                                    #7
    pickle.dump(cards, f)                                   #8
    f.close()

def showCard(n):
    label.config(text="Karte "+str(n+1))                    #9
    text1.delete(1.0, END)                                  #10
    text1.insert(1.0, cards[n][0])                          #11
    text2.delete(1.0, END)
    text2.insert(1.0, cards[n][1])

def newCard():
    global num, cards
    cards.append(("",""))                                   #12
    num = len(cards) - 1                                    #13
    showCard(num)                                           #14

def nextCard():
    global num, cards
```

```
        cards[num] = (text1.get(1.0, END)[:-1],
                      text2.get(1.0, END)[:-1])              #15
        saveCards()
        num += 1                                             #16
        if num >= len(cards):                                #17
            num = 0
        showCard(num)                                        #18

# Widgets
window = Tk()
window.title("Karteikarten-Editor")                          #19
label = Label(master=window, width=20,font = ("Arial", 16))
buttonNext = Button(master=window,
                text="Speichern und weiter",width=20,
                font = ("Arial", 14), command=nextCard)
buttonNew = Button(master=window,text="Neue Karte",
                width=20,font=("Arial", 14),
command=newCard)
text1 = Text(master=window, width=40, height=4,
             font = ("Arial", 14), wrap=WORD)
text2 = Text(master=window, width=40, height=4,
             fg="blue", font = ("Arial", 14), wrap=WORD)
# Layout
label.pack()
text1.pack(pady=2)
text2.pack(pady=2)
buttonNew.pack(side=LEFT, padx=2, pady=2)                    #20
buttonNext.pack(side=LEFT, padx=2, pady=2)

loadCards()                                                  #21
num = 0
window.mainloop()
```

Kommentare

#1: Der Pfad zum Speicherort der Karteikarten.

#2: Die beiden Variablen müssen in einem `global`-Statement deklariert werden, weil sie in dieser Funktion geändert werden.

#3: In der `try`-Klausel wird versucht, die Datei im Binärmodus zum Lesen zu öffnen.

#4: Es wird versucht, aus den gespeicherten Daten (Folge von Oktetten) eine Liste von Tupeln zu rekonstruieren.

#5: Falls das Laden der Liste von Karteikarten misslingt, wird eine neue Liste angelegt, die eine einzige leere Karteikarte enthält. Diese Liste wird anschließend gespeichert.

#6: Die erste Karteikarte wird angezeigt und kann bearbeitet werden.

#7: Die Datei mit Pfad `cards.dat` wird zum Schreiben im Binärmodus geöffnet.

#8: Die Liste wird serialisiert und auf das File-Objekt `f` geschrieben. Aber erst mit dem anschließenden Aufruf von `close()` wird sie physisch auf der SD-Karte gespeichert.

#9: Auf dem Label erscheint die Nummer der aktuellen Karte, die um eins größer ist als der Index in der Liste `cards`.

#10: Der Inhalt des oberen Textfeldes wird vollständig gelöscht.

#11: Die Vorderseite der aktuellen Karte wird in das obere Textfeld eingefügt.

#12: Ein Tupel mit zwei leeren Strings wird an die Liste `cards` angehängt.

#13: Die Variable `num` enthält nun die Nummer der neuen Karte (letztes Element der Liste).

#14: Die neue, leere Karte wird angezeigt.

#15: Die aktuelle Karte erhält den Inhalt der beiden Textfelder, jeweils ohne das letzte Zeichen. Achtung! In dieser Anweisung steckt ein Kniff. Der Selektor `[:-1]` bewirkt, dass das letzte Zeichen des Strings weggelassen wird. Das letzte Zeichen in den beiden Textfeldern ist immer das Sonderzeichen \n für einen Zeilenumbruch. Ohne diesen Kniff würden sich beim Edieren der Karteikarten immer mehr \n-Zeichen am Ende der Zeichenketten für Vorder- und Rückseiten ansammeln.

#16: Die Nummer (Index) der aktuellen Karte wird um eins erhöht.

#17: Wenn das Ende der Liste erreicht ist, wird wieder vorne angefangen.

#18: Die Karteikarte mit der neuen Nummer wird angezeigt.

#19: Der Titel des Applikationsfensters erscheint oben im Rahmen.

#20: Die Optionen `padx` und `pady` bewirken, dass die Schaltflächen etwas Abstand zu ihrer Umgebung halten.

#21: Zu Beginn werden die Karteikarten aus der dafür vorgesehenen Datei (mit konstantem Pfad) geladen.

6.5.2 Der Presenter

Der Karteikarten-Presenter zeigt die Karteikarten, die mit dem Editor erstellt und gespeichert worden sind, auf dem Display. Da keine Texte verändert werden, kommt dieses Programm ohne Tastatur aus. Jede Karte wird zufällig ausgewählt. Zuerst sieht man die Vorderseite der Karte mit einer Frage. Nach einem Klick auf die Schaltfläche WEITER erscheint unter der Frage die Rückseite der Karte mit der Antwort. Der Benutzer hat die Möglichkeit, eine Karte als *gelernt* zu markieren (Checkbutton). Sie wird dann in der Kopie der Karteikartenliste gelöscht und taucht in dieser Sitzung nicht mehr auf. Das gespeicherte Original des Karteikastens wird nicht geändert. Wenn alle Karten gelernt worden sind, ist die Sitzung beendet.

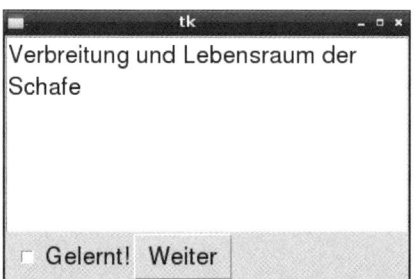 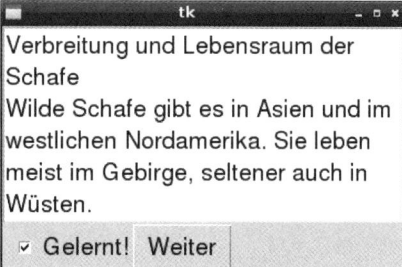

Abb. 6.3: Vorder- und Rückseite einer Karteikarte werden in zwei Schritten dargestellt.

Denkbar ist, das Programm auf einem RPi mit Touchscreen im Vollbildmodus laufen zu lassen. Dann müssten Sie noch einige Anpassungen vornehmen, die in Kapitel 7 beschrieben werden.

Programm

```
from tkinter import *
import pickle, random
PATH = "cards.dat"

def loadCards
    global card, cards
    try: ():                                          #1
        f = open(PATH, "rb")
        cards = pickle.load(f)
        f.close()
        card = random.choice(cards)
        text.insert(END, card[0])
    except:
        text.insert(END,"Sorry, keine Karteikarten vorhanden...")
        cb.destroy()                                  #2
        button.destroy()

def nextCard():
```

Kapitel 6
Daten finden, laden und speichern

```
        global card, cards                              #3
        text.delete(0.0, END)
        if learned.get() == 1:
            cards.remove(card)                          #4
        if cards:
            card = random.choice(cards)                 #5
            text.insert(END, card[0])                   #6
            button.config(command=turnCard)
        else:
            text.insert(END, "Alles gelernt!")          #7
            cb.deselect()

def turnCard():
    text.insert(END, "\n"+card[1])                      #8
    button.config(command=nextCard)                     #9

# Widgets
window = Tk()
learned = IntVar(master=window)                         #10
button = Button(master=window,text="Weiter",
                font = ("Arial", 14), command=turnCard)
text = Text(master=window, width=30, height=6,
            wrap=WORD, font = ("Arial", 14))
cb = Checkbutton(master=window, onvalue=1, offvalue=0,
                 font = ("Arial", 14),
                 variable=learned, text="Gelernt!")
cb.deselect()

# Layout
text.pack()
cb.pack(side=LEFT)
button.pack(side=LEFT)
loadCards()
window.mainloop()
```

Kommentare

#1: In der try-Klausel wird versucht, die Datei mit den Karteikarten zu öffnen (binärer Lesemodus) und die Liste zu rekonstruieren.

#2: Wenn das Laden der Karteikarten misslingt, gibt es eine Meldung. Außerdem werden die beiden interaktiven Elemente entfernt.

#3: Da die globalen Variablen card und cards in dieser Funktion verändert werden, müssen Sie in einem global-Statement deklariert werden.

#4: Wenn die aktuelle Karte vom Benutzer als *gelernt* markiert worden ist, wird sie aus der Liste entfernt.

#5: Sofern es noch Karten gibt, wird nun eine Karte aus der Liste zufällig ausgewählt.

#6: Die Vorderseite der Karte wird in das (zuvor gelöschte) Textfeld eingefügt. Anschließend wird die Schaltfläche mit der Funktion verbunden, die die Karte umdreht und die Rückseite darstellt.

#7: Wenn es keine Karten mehr gibt, erscheint eine entsprechende Meldung.

#8: Die Rückseite der Karte wird in das Textfeld unter die Vorderseite geschrieben.

#9: Die Schaltfläche wird mit der Funktion verbunden, die die nächste Karte holt.

#10: In dieser Kontrollvariablen merkt sich das System, ob der Benutzer die aktuelle Karte als *gelernt* markiert hat (1) oder nicht (0).

6.6 Benutzungsoberfläche zum Laden und Speichern

In diesem Abschnitt erweitern wir das Karteikartenprojekt um die Möglichkeit, Karteikartensätze zu laden und zu speichern. Dabei wird die Verwendung von Dialogboxen zum Zugriff auf Dateien und Messageboxen (z. B. für Fehlermeldungen) behandelt.

6.6.1 Dialogboxen

Eine Dialogbox ist ein Fenster, das mitten auf dem Bildschirm erscheint, und einen Dialog mit dem Benutzer führt. Das Modul `tkinter.filedialog` enthält Funktionen zur Erzeugung von Dialogboxen zum Laden und Speichern von Dateien (Tabelle 6.2). Ihre Verwendung im Programmtext ist denkbar einfach. Die Funktionen erledigen die gesamte Kommunikation mit dem Benutzer und geben entweder ein geöffnetes File-Objekt oder einen gültigen Pfad zu einer Datei zurück.

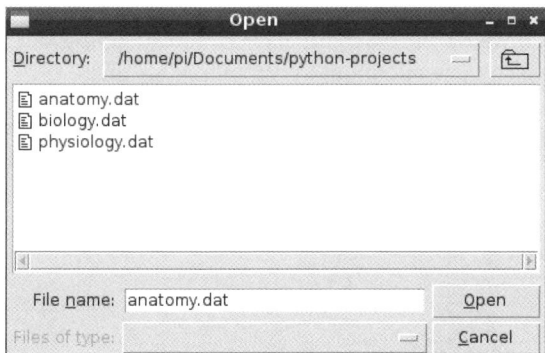

Abb. 6.4: Dialogbox, die die Funktion `askopenfile()` auf den Bildschirm bringt

Die folgenden Anweisungen können Sie auch im interaktiven Modus ausprobieren:

```
>>> from tkinter import *
>>> f = filedialog.askopenfile()
>>> t = f.read()
>>> print (t)
```

Nach der zweiten Anweisung öffnet sich eine Dialogbox des Dateimanagers zur Auswahl einer Datei. Die ausgewählte Datei wird im voreingestellten Modus "r" geöffnet und das File-Objekt zurückgegeben. Falls der Benutzer ABBRECHEN (bzw. CANCEL) angeklickt hat, wird das leere Objekt None zurückgegeben.

Funktion	Erklärung
askopenfile([*modus*])	Erzeugt eine Dialogbox zum Öffnen einer Datei. Zurückgegeben wird ein geöffnetes File-Objekt. Im optionalen Argument kann der Modus angegeben werden. Voreingestellt ist der Modus "r" zum Lesen im Textmodus.
askopenfilename()	Erzeugt eine Dialogbox zum Öffnen einer Datei. Zurückgegeben wird (als String) ein Pfad, den man zum Öffnen einer Datei mit der Funktion open() verwenden kann.
asksaveasfile([*modus*])	Erzeugt eine Dialogbox zum Speichern einer Datei. Zurückgegeben wird ein geöffnetes File-Objekt.
asksaveasfilename()	Erzeugt eine Dialogbox zum Speichern einer Datei. Zurückgegeben wird (als String) ein Pfad.

Tabelle 6.2: Funktionen des Untermoduls tkinter.filedialog zum Laden und Speichern von Dateien

Beim Laden und Speichern von Dateien kann immer etwas schiefgehen. Praktisch für die Gestaltung der Benutzungsoberfläche sind deshalb Messageboxen, die mit dem tkinter-Untermodul messagebox erzeugt werden können. Sie erscheinen als eigenes kleines Fenster in der Mitte des Displays. Oben enthalten sie eine Nachricht (z.B. Fehlermeldung) und unten entweder eine Schaltfläche zur Bestätigung oder zwei Schaltflächen zur Auswahl zwischen zwei Optionen. Probieren Sie aus:

```
>>> messagebox.askyesno(message="Sind Sie sicher?")
True
```

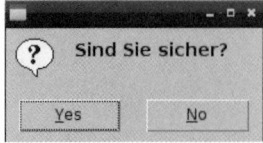

Abb. 6.5: Messagebox mit zwei Antwortalternativen, die von askyesno() erzeugt wird

Funktion	Verwendungszweck
showerror(*title*, *message*)	Fehlermeldung
showinfo(*title*, *message*)	Wichtige Information
showwarning(*title*, *message*)	Warnung
askokcancel(*title*, *message*)	Sicherheitsabfrage mit den Wahlmöglichkeiten »OK« oder »Abbrechen«. Falls »OK« gewählt wurde, gibt die Funktion True zurück, sonst False.
askyesno(*title*, *message*)	Sicherheitsabfrage mit den Antwortmöglichkeiten »Ja« oder »Nein«.

Tabelle 6.3: Funktionen zur Erzeugung von Messageboxen

6.6.2 Erweiterung des Editors für Karteikarten

In der ersten Version gab es eine fest vorgegebene Datei für den einzigen Karteikartensatz. Aus dieser Datei wurde beim Programmstart automatisch eine Liste von Tupeln geladen. Diese Funktionalität fällt jetzt weg, da der Benutzer selbst die Kartei laden soll. Auswirkungen auf das Programm: Die Konstante PATH und der Aufruf loadCards() am Ende werden gelöscht.

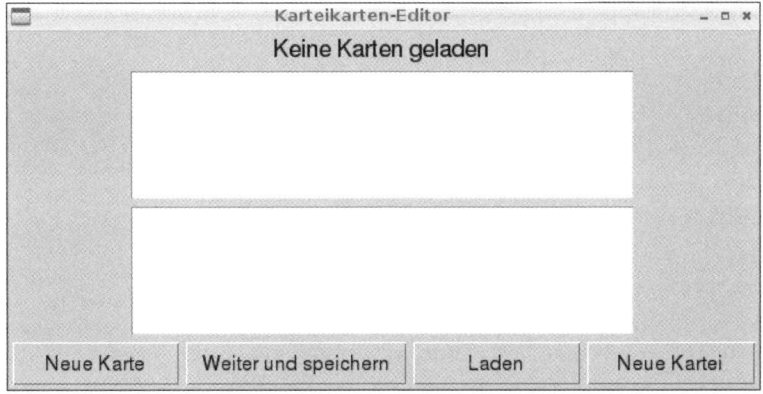

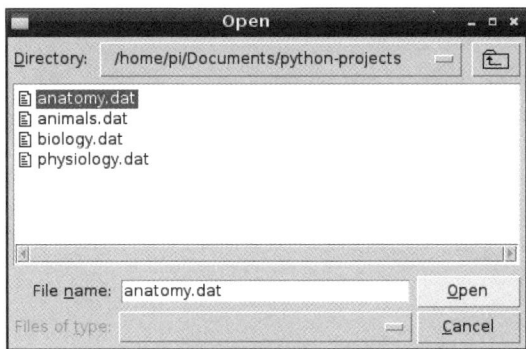

Abb. 6.6: Erweiterter Editor mit Funktionen zum Laden und Neuanlegen einer Kartei

Kapitel 6
Daten finden, laden und speichern

Das sind die zusätzlichen Aufgaben en détail:

- Es kann ein neuer Satz von Karteikarten angelegt werden. Dafür gibt es eine Schaltfläche NEUE KARTEI. Nach dem Klick öffnet sich ein Dialogfenster zum Speichern unter einem neuen Dateinamen. Das Programm merkt sich den Pfad, um immer wieder die Kartei zwischenspeichern zu können.
- Es kann eine beliebige Kartei geladen werden. Dafür gibt es eine Schaltfläche LADEN. Nach dem Klick öffnet sich ein Dialogfenster zum Auswählen und Laden einer Datei. Falls die ausgewählte Datei nicht gelesen werden kann, erscheint eine Messagebox mit einer Fehlermeldung.

Programm

Einige Programmteile, die sich nicht geändert haben, werden hier weggelassen und durch Ellipsen (...) dargestellt. Geänderte oder hinzugefügte Passagen sind fett gedruckt.

```
from tkinter import *
import pickle, random
def loadCards():
    global cards, num, path
    p = filedialog.askopenfilename()            #1
    if p:                                        #2
        try:
            f = open(p, "rb")
            cards = pickle.load(f)              #3
            path = p
            f.close()
            num=0
            showCard(num)
        except:                                  #4
            messagebox.showerror("", "Kartei unleserlich")

def newCards():
    global cards, path, num
    p = filedialog.asksaveasfilename()           #5
    if p:
        path = p
        num=0
        cards = [("", "")]
        showCard(num)
        saveCards()
```

```
def saveCards():
    f = open(path, "wb")                            #6
    pickle.dump(cards, f)
    f.close()

def showCard(n):
    label.config(text="Karte "+str(n+1))
    ...
window = Tk()
window.title("Karteikarten-Editor")
label = Label(master=window, width=20,
            font=("Arial", 14),
        text="Keine Karten geladen")               #7
...
buttonLoad = Button(master=window,text="Laden",
                width=12, font=("Arial", 12),
                command=loadCards)                 #8
buttonNewCards = Button(master=window, text="Neue Kartei",
                width=12, font=("Arial", 12),
                command=newCards)                  #9
...

buttonLoad.pack(side=LEFT, padx=2, pady=2)
buttonNewCards.pack(side=LEFT, padx=2, pady=2)
...
```

Kommentare

#1: Wir brauchen den Dateinamen, weil die Liste mit Karteikarten immer wieder gespeichert wird und dazu die verwendete Datei geöffnet und geschlossen wird. Der Dateiname wird in der globalen Variablen `path` gespeichert.

#2: Hier wird eine Dialogbox zum Laden einer Datei geöffnet und der Dateiname (Pfad) in der Variablen p gespeichert. Falls der Benutzer den Vorgang abgebrochen hat, enthält p einen leeren String. In diesem Fall bleibt der vorige Dateiname in der globalen Variablen `path` erhalten.

#3: In einer `try`-Klausel wird versucht, die Datei zu laden und die Liste mit Karteikarten zu rekonstruieren. Wenn das klappt, wird der Dateiname in die globale Variable `path` übernommen und die erste Karte der geladenen Kartei angezeigt.

#4: Es kann sein, dass die ausgewählte Datei ungeeignet ist und die Rekonstruktion mit `pickle.load()` misslingt. In diesem Fall wird eine Messagebox mit einer Fehlermeldung ausgegeben. Die globale Variable `path` bleibt unverändert.

#5: Hier wird eine Dialogbox zum Speichern unter einem neuen Namen erzeugt. Falls der Benutzer den Vorgang abgebrochen hat, enthält p einen leeren String und ansonsten einen gültigen Pfad.

#6: Nur wenn tatsächlich eine Datei erzeugt und abgespeichert worden ist, wird der Dateiname in die globale Variable `path` übernommen und kann später wiederverwendet werden. In der neuen Datei wird eine Liste mit einer leeren Karteikarte (Tupel aus zwei leeren Strings) gespeichert.

#7: Das Label erhält anfangs den Text *Keine Karten geladen*, weil vom Benutzer erwartet wird, dass er selbst das Laden der Karteikarten übernimmt.

#8: Neue Schaltfläche für das Laden einer Kartei.

#9: Neue Schaltfläche für das Anlegen einer neuen (leeren) Kartei.

6.6.3 Erweiterung des Presenters

Wie der Editor soll auch der Presenter nicht mehr automatisch eine bestimmte Kartei laden. Stattdessen hat der Benutzer die freie Auswahl. Entsprechend gibt es eine zusätzliche Schaltfläche für das Laden einer Kartei.

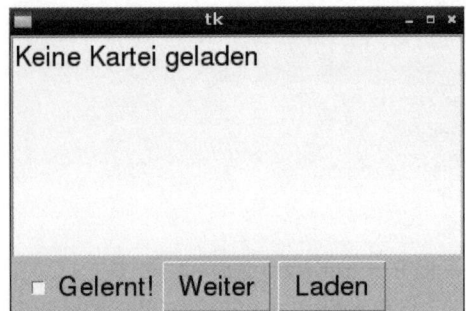

Abb. 6.7: Erweiterter Presenter mit einer Zusatzfunktion zum Laden einer Kartei

Wenn ein Satz Karteikarten vollständig gelernt worden ist und die Karteikartenliste leer ist, kann der Benutzer eine andere Kartei laden und bearbeiten. Eine leere Karteikartenliste ist also keine Ausnahme, sondern kann regelmäßig vorkommen. Die Schaltflächen und der Checkbutton bleiben deshalb immer sichtbar. Die Schaltfläche WEITER reagiert aber nur dann auf einen Klick, wenn noch Karteikarten vorhanden sind.

Programm

```
from tkinter import *
import pickle, random
```

```
def loadCards():
    global card, cards
    f = filedialog.askopenfile("rb")            #1
    if f:                                        #2
        try:
            cards = pickle.load(f)
            card = random.choice(cards)
            text.delete(1.0, END)
            text.insert(END, card[0])
            button.config(command=turnCard)
        except:                                  #3
            messagebox.showerror("", "Kartei unleserlich")
        f.close()                                #4

def turnCard():
    if cards:                                    #5
        text.insert(END, "\n"+card[1])
        button.config(command=nextCard)

def nextCard():
    global card, cards
    if cards:                                    #6
        text.delete(0.0, END)
        if learned.get() == 1:
            cards.remove(card)
        if cards:
            card = random.choice(cards)
            text.insert(END, card[0])
            button.config(command=turnCard)
        else:
            text.insert(END, "Alles gelernt!")
        cb.deselect()

# Widgets
...
buttonLoad = Button(master=window,text="Laden",
            font = ("Arial", 16), command=loadCards) #7
...
# Layout
text.pack()
...
buttonLoad.pack(side=LEFT, padx=2, pady=2)       #8
text.insert(END, "Keine Kartei geladen")          #9
window.mainloop()
```

Kommentare

#1: Die Funktion wird aufgerufen, wenn die Schaltfläche LADEN angeklickt worden ist. Zunächst wird die Dialogbox zum Öffnen einer Datei im binären Lesemodus erzeugt.

#2: Falls der Benutzer den Vorgang nicht abgebrochen hat, wurde eine Datei geladen. In diesem Fall wird in einer try-Klausel versucht, aus der Datei eine Liste mit Karteikarten zu rekonstruieren. Falls das gelingt, wird eine Karteikarte nach dem Zufallsprinzip gezogen und die Vorderseite angezeigt.

#3: Im Ausnahmefall wird eine Messagebox mit Fehlermeldung erzeugt.

#4: Die geöffnete Datei wird in jedem Fall geschlossen.

#5, #6: Es wird zunächst geprüft, ob die Liste cards Karteikarten enthält. (Die Liste cards trägt den Wahrheitswert False, wenn sie leer ist.) Die beiden Funktionen können durch einen Klick auf die Schaltfläche WEITER gestartet werden. Sie machen aber nur dann etwas, wenn es noch Karteikarten gibt.

#7: Neue Schaltfläche zum Laden einer Datei.

#8: Die Schaltfläche wird hinter die andere Schaltfläche gesetzt.

#9: Das Textfeld trägt nun anfangs einen Text, der zum Laden einer Kartei ermuntert.

6.7 Daten aus dem Internet

Der RPi ist normalerweise mit dem Internet verbunden. Da liegt es nahe, dass Programme ihre Daten aus dem Netz beziehen. Mit der Funktion urlopen() aus dem Standard-Modul urllib.request können Sie jede erreichbare Ressource im Internet als File-artiges Objekt öffnen. Das Format eines Funktionsaufrufs ist im einfachsten Fall:

```
urlopen(url)
```

Dabei ist das Argument *url* ein String mit dem URL (uniform resource locator) einer Datei. Ein URL hat folgenden Aufbau:

```
Schema://Ort
```

Schema ist entweder ein Internetprotokoll (ftp oder http), wenn die Ressource auf einem entfernten Rechner liegt, oder file, wenn die gesuchte Datei im Verzeichnisbaum des lokalen Rechners, also des RPi, liegt. Die folgenden Beispiele können Sie im interaktiven Modus ausprobieren.

```
>>> f = urlopen("file:///usr/lib/python3.2/LICENSE.txt")
```

Das Objekt, das von `urlopen()` zurückgegeben wird, ist von einem speziellen Typ. (Mit `type(f)` können Sie den Typ ermitteln.) Wichtig ist, dass es die Methode `read()` zum Lesen der Daten besitzt:

```
>>> content = f.read()
>>> print(content[:50])
b'A. HISTORY OF THE SOFTWARE\n========================='
```

An dem Präfix **b** erkennen Sie, dass die Methode `read()` den Inhalt der Ressource als Bytestring liefert. Mit der Funktion `str()` kann daraus ein String gewonnen werden:

```
>>> text = str(content, encoding="utf-8")
>>> print(text[:200])
A. HISTORY OF THE SOFTWARE
==========================
Python was created in the early 1990s by Guido van Rossum at Stichting
Mathematisch Centrum (CWI, see http://www.cwi.nl) in the Netherlands ...
```

Im folgenden Beispiel lesen wir die Startseite der Website des Westdeutschen Rundfunks:

```
>>> f = urlopen("http://www.wdr.de")
>>> content = f.read()
>>> print( str(content, encoding="utf-8"))
<?xml version="1.0" encoding="UTF-8" ?>
<!DOCTYPE html PUBLIC "-//W3C//DTD XHTML 1.0 Transitional//EN"
...
```

Es ist ein HTML-Dokument mit vielen Hundert Zeilen Text.

6.8 Projekt: Goethe oder Schiller?

Die meiste Information im Internet ist in Form von Textdokumenten verfügbar. In diesem Abschnitt sollen einige Methoden der Textverarbeitung am Beispiel eines Projekts erläutert werden. Ziel ist die Implementierung eines Ratespiels, das z.B. auf dem RPi mit Touchscreen laufen und als Exponat einer Ausstellung eingesetzt werden könnte.

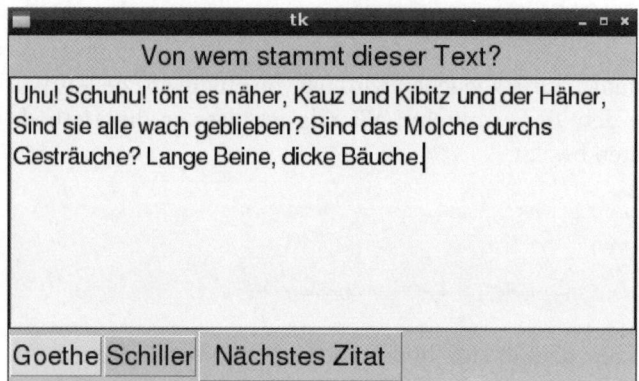

Abb. 6.8: Goethe oder Schiller?

Auf dem Bildschirm sieht man ein Zitat und die Frage, von wem es stammt. Ist es von Goethe oder Schiller? Als Antwort kann man eine der beiden linken Schaltflächen anklicken. Danach gibt es im oberen Label eine Rückmeldung. Danach (und erst der Beantwortung der Frage) kann man mit WEITER das nächste Zitat anfordern.

Das Programm verwendet als Grundlage für die automatische Gewinnung der Zitate zwei lange Texte: den »Faust« von Goethe und »Die Räuber« von Schiller. Die Frage ist: Wie kann man aus einem langen Text ein kürzeres Stück gewinnen, das ein brauchbares Zitat darstellt? Wir versuchen, das Problem mit Methoden der Standard-Klasse `str` zu lösen.

6.8.1 Methoden der String-Objekte

Aus Sicht der Programmierung mit Python ist ein Text eine Zeichenkette, also ein Objekt vom Typ `str`. Zeichenketten können mit Funktionen verarbeitet werden. Zum Beispiel liefert der Aufruf

```
len(s)
```

die Länge des Strings s. Bei einem solchen Funktionsaufruf erscheint der Name des Strings (oder ein String-Literal) in der Parameterliste als Argument. Darüber hinaus beherrschen String-Objekte auch noch Methoden. Ein Methodenaufruf hat die Form

```
objekt.methode(...)
```

Er beginnt also mit dem Namen des Strings (oder einem Stringliteral), gefolgt von einem Punkt, dem Namen der Methode und der Parameterliste. Beispiele (interaktiver Modus):

```
>>> "Banana".count("a")
3
```

Zurückgegeben wurde die Anzahl der Vorkommen von "a" in der Zeichenkette "Banana".

```
>>> s = "Guten Morgen, liebe Sorgen"
>>> s.split(",")
['Guten Morgen', ' liebe Sorgen']
```

Zurückgegeben wurde eine Liste mit zwei Teilstrings aus s.

Tabelle 6.4 gibt einen Überblick über einige nützliche String-Methoden. (Es gibt noch viel mehr.) Beachten Sie, dass alle diese Methoden niemals das aktuelle String-Objekt verändern, sondern ein neues Objekt zurückgeben, das auf irgendeine Weise aus dem String berechnet worden ist. Sie erinnern sich: Strings sind unveränderbare Objekte.

Methode	Erklärung
count(sub)	Anzahl der Vorkommen der Zeichenkette sub
endswith(suffix)	True, falls der String mit Zeichenkette suffix endet, und sonst False
find(sub)	Kleinster Index, an dem die Zeichenkette sub als Teilstring vorkommt; -1, falls nicht gefunden
format(...)	Platzhalter in geschweiften Klammern werden durch Strings ersetzt, die in der Parameterliste angegeben sind. Beispiel: "{n} Personen".format(n=10) ergibt den String '10 Personen'.
join(seq)	Konkatenation aller Strings in der Sequenz seq. Das String-Objekt selbst ist eine Zeichenkette, die zwischen den verbundenen Textstücken steht.
lower()	Kopie des Strings mit kleinen Buchstaben
replace(old, new)	Zurückgegeben wird ein String, in dem alle Vorkommen der Zeichenkette old durch new ersetzt worden sind.
split([sep])	Der String wird in eine Liste von kürzeren Strings aufgespalten. Das optionale Argument ist ein Separatorsymbol, das die »Bruchstellen« definiert. Voreingestellt ist das Leerzeichen.
startswith(prefix)	True, falls der String mit Zeichenkette prefix beginnt, und False sonst
strip()	Am Anfang und Ende des Strings werden Whitespaces entfernt.
upper()	Alle kleinen Buchstaben werden durch Großbuchstaben ersetzt.

Tabelle 6.4: Einige Methoden der String-Objekte (Typ str)

6.8.2 Programmierung

Für das Programm braucht man zwei Textdateien, die man am einfachsten in das gleiche Verzeichnis schreibt, in dem auch der Programmtext gespeichert wird. Wir haben hier den »Faust« von Goethe und »Die Räuber« von Schiller genommen. Geeignete Textdateien findet man in freien digitalen Bibliotheken im Internet. Wichtig ist, dass einfacher Text (kein PDF oder HTML) in einer einheitlichen Kodierung (am besten UTF-8) verwendet wird. Die Texte enthalten außer dem Originaltext am Anfang und am Ende einige Anmerkungen der jeweiligen digitalen Bibliothek. Diese Passagen sind als Quelle für Zitate natürlich nicht geeignet und sollten gelöscht werden.

Die algorithmische Herausforderung bei diesem Projekt ist, aus einem beliebigen Text Passagen zu gewinnen, die als Zitate geeignet sind. Das Programm orientiert sich an folgenden Ideen:

- Texte enthalten manchmal viele Zeilenumbrüche hintereinander. Die stören bei der Wiedergabe eines Zitats. In dem Originaltext ersetzen wir zunächst alle Zeilenumbrüche durch Leerzeichen. Dazu verwenden wir die Methode replace().
- Ein Zitat ist ein Satz, der mit einem Punkt endet. Man muss also den gesamten Text in Stücke zerlegen, die mit einem Punkt enden (Methode split()).
- Einige dieser Stücke beginnen möglicherweise mit einer Folge von Leerzeichen. Diese Leerzeichen müssen mit der Methode strip() entfernt werden.
- Nicht alle Textpassagen, die mit einem Punkt enden, sind als Zitat geeignet. Einige sind Regieanweisungen oder zu kurz. Aus der Liste der Textstücke übernehmen wir nur solche, die eine Mindestlänge haben und die bestimmte Zeichen (Klammern, Unterstriche) nicht enthalten.

Programm

```
from tkinter import *
import random, time

def createBook(filename):
    f = open(filename, "r", encoding="utf-8")        #1
    text = f.read()
    f.close()
    text = text.replace("\n", " ")                   #2
    raw = text.split(". ")                           #3
    sentences=[s.strip() for s in raw
               if (len(s) > 100) and ("(" not in s)\
               and("_" not in s)]                    #4
    return sentences
```

```
def newQuote():
    global author
    if answer.get():                                        #5
        author = random.choice(["Goethe", "Schiller"])#6
        if author == "Goethe":
            quote = random.choice(bookGoethe) + "."    #7
        else:
            quote = random.choice(bookSchiller) + "."
        text.delete(1.0, END)
        text.insert(1.0, quote)
        label.config(text="Von wem stammt dieser Text?")
        for rb in radiobuttons: rb.deselect()
        answer.set("")                                      #8

def check():
    if author == answer.get():                              #9
        response = "Richtig! "
    else:
        response = "Falsch! "
    label.config(text=response+"Das stammt von " + author)

# Widgets
window = Tk()
answer=StringVar(master=window, value="x")
label=Label(master=window, font=("Arial", 16))
radiobuttons=[Radiobutton(master=window,text=a, value=a,
                          font=("Arial", 16),
                          variable=answer,
                          command=check,
                          indicatoron=False)
              for a in ("Goethe", "Schiller")]      #10
button = Button(master=window, font=("Arial", 16),
                text="Nächstes Zitat", command=newQuote)
text = Text(master=window, font=("Arial", 14), width=50,
            height=8, wrap=WORD)

# Layout
label.pack()
text.pack()
for rb in radiobuttons: rb.pack(side=LEFT)
button.pack(side=LEFT)
```

```
bookGoethe = createBook("faust.txt")
bookSchiller = createBook("raeuber.txt")
newQuote()
window.mainloop()
```

Kommentare

#1: Beim Öffnen eines Textdokumentes kann man optional die Kodierung angeben, die beim Speichern des Textes verwendet wurde. Lässt man dieses Argument weg, so wird die Kodierung verwendet, die auf dem Betriebssystem voreingestellt ist.

#2: Zeilenumbrüche werden durch Leerzeichen ersetzt.

#3: Der Text wird in Stücke aufgespalten, die durch ". " (Punkt und Leerzeichen) getrennt sind. Es entsteht eine Liste von Textstücken, die allerdings den Trennstring ". " nicht mehr enthalten.

#4: Aus der Liste raw wird die Liste `sentences` konstruiert. Nur die Elemente aus raw, die länger als 100 sind und weder eine Klammer noch einen Unterstrich enthalten, werden übernommen. Die Liste `sentences` enthält die Zitate aus einem Werk und wird von der Funktion zurückgegeben.

#5: Nur wenn zuvor eine Antwort gegeben wurde und damit die Kontrollvariable `answer` nicht leer ist, wird der Rest dieser Funktion ausgeführt und ein neues Zitat ausgewählt.

#6: Der Name eines der beiden Dichter wird nach dem Zufallsprinzip ausgewählt.

#7: Die Variable `bookGoethe` bezeichnet eine Liste von Textstücken aus dem »Faust«. Aus dieser Liste wird ein Zitat zufällig ausgewählt und noch ein Punkt angehängt, da dieser beim Splitten entfernt wurde.

#8: Damit wird verhindert, dass der Benutzer mehrmals hintereinander ein neues Zitat anfordern kann, ohne die Frage zu beantworten.

#9: Hier wird geprüft, ob die Antwort korrekt ist.

#10: Es wird eine kleine Liste aus zwei Radiobuttons erzeugt. Beide sind mit der Funktion `check()` und der Kontrollvariablen `answer` verknüpft. Der eine Radiobutton trägt als Beschriftung (`text`) und als Wert (`value`) "Schiller" und der andere "Goethe". Mit diesen Radiobuttons gibt der Spieler seine Antwort ein. Wenn er eine der Schaltflächen anklickt, wird die Kontrollvariable auf den entsprechenden Wert gesetzt und die Funktion `check()` aufgerufen.

Freie Literatur im Internet

In vielen Ländern (darunter USA und Deutschland) erlischt 70 Jahre nach dem Tod des Autors das Urheberrecht an seinen Werken. Literatur ohne Copyright nennt man gemeinfrei. Inzwischen gibt es im Internet eine Reihe von digitalen Bibliotheken, die gemeinfreie Literatur sammeln und in verschiedenen Formaten – darunter auch einfacher Text – anbieten. Deutschsprachige Texte finden Sie z. B. in der Freien digitalen Bibliothek `http://www.digbib.org`. Im internationalen Project Gutenberg (`http://www.gutenberg.org`) werden über 43.000 gemeinfreie Werke angeboten. Wenn Sie eigene Literatur-bezogene Anwendungen erfinden wollen, finden Sie dort reichlich Material.

6.9 Daten finden mit regulären Ausdrücken

Mit Computerprogrammen kann man aus der unüberschaubaren Datenflut des WWW einzelne Informationen gezielt heraussuchen:

- Wetterdaten für eine bestimmte Region aus dem Datenbestand des Deutschen Wetterdienstes
- Die Namen der Freunde einer Person auf einer Facebook-Seite

Der letzte Punkt deutet die ethische Problematik der Informationssuche an: Mit Suchprogrammen findet man im Internet auch personenbezogene Daten, die eigentlich privat bleiben sollten.

6.9.1 Reguläre Ausdrücke

Kern eines jeden Suchprogramms ist die Analyse von Texten. Man verwendet dazu Muster, die durch sogenannte *reguläre Ausdrücke* definiert werden. Man sagt, ein regulärer Ausdruck passt auf bestimmte Zeichenketten und auf andere nicht. Anschaulich kann man sich einen regulären Ausdruck als Filter vorstellen, der passende Strings aus einer Menge von Zeichenketten herausfiltert.

Ein regulärer Ausdruck ist eine Zeichenkette aus ASCII-Zeichen. Im einfachsten Fall besteht er nur aus einer Folge von Buchstaben. Er passt auf alle Zeichenketten, die diese Zeichenfolge enthalten. Beispiel:

Der reguläre Ausdruck `"as"` passt auf `"Wasser"` oder `"das"`, nicht aber auf `"Erdbeere"`.

Weiterhin kann ein regulärer Ausdruck Platzhalter für Zeichen aus einer Zeichenmenge enthalten. So steht \d für eine beliebige Ziffer oder . für ein beliebiges Zeichen oder [abc] für ein Zeichen aus der Menge {"a", "b", "c"}.

`"G.as"` passt auf `"Gras"` und auf `"Glas"`, nicht aber auf `"Gasse"`. Der reguläre Ausdruck `"\d\d\d\d\d"` passt auf `"58454 Witten"` nicht aber auf `"Schuhgröße 43"`, weil diese Zeichenkette keine fünf Ziffern hintereinander enthält.

Außerdem kann ein regulärer Ausdruck Operatoren enthalten, mit denen aus einem oder mehreren regulären Ausdrücken ein neuer regulärer Ausdruck gebildet wird. Wichtige Operatoren sind + und *. Der Plusoperator bedeutet die einmalige oder mehrmalige Wiederholung des vorigen regulären Ausdrucks. Zum Beispiel passt der reguläre Ausdruck "Bu+h!" auf "Buh!", "Buuuh!" und "Buuuuuuh!". Der Ausdruck "(da)+" passt auf "da", "dada" oder "dadada".

Der Sternoperator ähnelt dem Plusoperator. Er bedeutet die beliebige Wiederholung des vorhergehenden regulären Ausdrucks, lässt aber auch zu, dass dieser Ausdruck gar nicht vorkommt. So passt "\d *\d" auf "0231 34424", "0231 34424" und "023134424". Der Text muss zwei Ziffernfolgen enthalten, die durch eine beliebige Anzahl von Leerzeichen getrennt sind.

Sonderzeichen/Sequenz	Bedeutung
.	Jedes Zeichen außer Zeilenwechsel (\n)
^	Beginn eines Strings oder das erste Zeichen nach \n oder Bildung des Kompliments einer Zeichenmenge
$	Letztes Zeichen eines Strings oder das letzte Zeichen vor \n
*	Beliebig häufiges (eventuell keinmaliges) Wiederholen des vorausgehenden regulären Ausdrucks
+	Ein- oder mehrmaliges Wiederholen des vorausgehenden regulären Ausdrucks
?	1) Kein- oder einmaliges Auftreten des vorhergehenden regulären Ausdrucks 2) Vorausgehendes '+'- oder '*'-Zeichen wird als nicht »gierig« qualifiziert.
\	Maskieren eines Sonderzeichens, z.B. \. für einen Punkt als normales Zeichen
\A	Beginn der Zeichenkette
\d	Dezimalziffer, entspricht der Menge [0-9]
\D	Alle Zeichen außer Dezimalziffern
\s	Ein Whitespace-Zeichen aus der Menge [\t\n\r\f\v]
\S	Alle Zeichen außer Whitespace-Zeichen
\w	Irgendein alphanumerisches Zeichen aus [a-zA-Z0-9_]
\W	Irgendein *nicht*alphanumerisches Zeichen aus [^a-zA-Z0-9]
\Z	Ende der Zeichenkette
[ ]	Definition einer Menge von Zeichen
|	Oder
( )	Zeichengruppe

Tabelle 6.5: Die wichtigsten Sonderzeichen und -sequenzen in regulären Ausdrücken

6.9.2 Die Funktion findall()

Mit der Funktion `findall()` aus dem Modul `re` können Sie aus einem umfangreichen Textdokument gezielt einzelne Stellen herausfiltern. Das allgemeine Format des Aufrufs dieser Funktion ist:

```
findall(pattern, string)
```

Dabei ist *pattern* ein regulärer Ausdruck und *string* die Zeichenkette, die analysiert werden soll. Zurückgegeben wird eine Liste von nicht überlappenden Teilstrings, auf die der reguläre Ausdruck passt. Hier einige praktische Beispiele:

Wörter, die auf at enden:

```
>>> s = "Er betrat die Küche und nahm den Salat."
>>> findall("\s\w+at", s)
[' betrat', ' Salat']
```

Ortskennzahlen in einem Telefonverzeichnis:

```
>>> s = "Müller: 0234 82755, Schmidt: 0201 462290"
>>> findall("0\d+ ", s)
['0234 ', '0201 ']
```

Wörter und Zahlen in einem Text:

```
>>> findall ("\w+", s)
['Müller', '0234', '82755', 'Schmidt', '0201', '462290']
```

6.9.3 Projekt: Staumelder

Der Westdeutsche Rundfunk (WDR) zeigt auf seiner Startseite im Internet neben vielen anderen Informationen auch aktuelle Staumeldungen. In diesem Projekt soll die aktuelle Staumeldung des WDR gelesen und dargestellt werden:

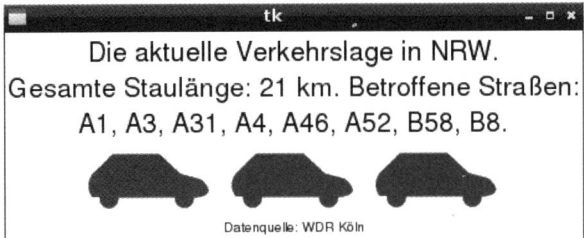

Abb. 6.9: Verkehrslage in NRW am 3. August 2013 um 14.00 Uhr

Angegeben werden die Gesamtlänge der Staus in NRW, die Namen der betroffenen Autobahnen und ein Bild, das die Gesamtlänge des Staus visualisiert (ein grünes Auto für wenig Stau, zwei orangefarbene Autos für eine mittlere Staulänge und drei rote Autos für starke Staubelastung).

6.9.4 Programmierung

Die Startseite der Webpräsenz des WDR hat die Adresse http://www1.wdr.de/themen/index.html. Sie können mit Ihrem Browser sich auch den Quellcode der Seite angucken. Es sind etwa 2.400 Zeilen HTML-Text.

Abb. 6.10: Ausschnitt aus der Startseite des Westdeutschen Rundfunks vom 3. August 2013

Hier ist ein kleiner und gekürzter Auszug aus der Startseite vom 3. August 2013. Er zeigt die Stelle, an der die Verkehrslage in NRW dargestellt ist.

```
<a href="http://www.wdr.de/verkehrslage/" >Verkehrslage</a>
</h2>
<p>
<a href="http://www.wdr.de/verkehrslage/meldungen/nordrhein-westfalen/">
<strong>21 km Stau</strong>
in <acronym title="Nordrhein-Westfalen">NRW</acronym>
</a>
</p>
<ul>
<li><a href="http://www.wdr.de/verkehrslage/meldungen/nordrhein-westfalen/
autobahnen/A1,#streets=A1,;">A 1</a></li>

...

<li> <a href="http://www.wdr.de/verkehrslage/meldungen/nordrhein-westfalen/
autobahnen/A3,#streets=A3,;">A 3</a></li>
</ul>
```

Die Daten, die wir benötigen, sind fett dargestellt:

- Die Zahl, die die Anzahl der Stau-Kilometer angibt
- Die Namen der Autobahnen, die vom Stau betroffen sind. In dem Textausschnitt sind das A1 und A3. Im Originaldokument kommen noch einige weitere dazu.

Wie finden wir die Staukilometerzahl?

Wir gehen in zwei Schritten vor:

Schritt 1: Eine Umgebung suchen

Zuerst suchen wir die »Umgebung« der gesuchten Zahl mithilfe von einmaligen Merkmalen. So gibt es im ganzen Dokument nur ein Textfragment, das so aufgebaut ist:

Zuerst kommt die Zeichenkette "", dann eine ganze Zahl, dann " km Stau" und schließlich "".

Diese Spezifikation kann man durch einen regulären Ausdruck formalisieren und einen entsprechenden findall()-Aufruf formulieren. Wir nehmen an, dass der HTML-Text der Webseite in der Variablen wdrText gespeichert ist:

```
finds = findall("<strong>\d+ km Stau</strong>", wdrText)
```

Die Funktion findall() gibt immer eine Liste von Strings zurück, die auf den regulären Ausdruck passen. In unserem Fall (mit den Daten vom 3. August 2013, 14.00 Uhr) ist das eine Liste mit genau einem Element, nämlich

```
[("<strong>21 km Stau</strong>"]
```

Schritt 2: Aus der Umgebung die Daten extrahieren

Aus dem ersten und einzigen Element dieser Liste müssen wir nun die Kilometerangabe extrahieren. Das ist leicht, weil es die einzige Zahl in diesem Text ist:

```
km = findall("d+", fragment[0])
```

Nach dem gleichen Prinzip werden auch die Namen der Autobahnen gefunden. Allerdings erhalten wir im ersten Schritt in der Regel eine Liste mit mehreren Strings. Alle weiteren Einzelheiten finden Sie im Programmtext.

Kapitel 6
Daten finden, laden und speichern

Programm

```
from tkinter import *
from urllib.request import *
import re
WWW="http://www.wdr.de"
MESSAGE = """Die aktuelle Verkehrslage in NRW.
Gesamte Staulänge: {km} km. Betroffene Straßen:
{streets}."""                                           #1

def findStau():
    wdrText = str(urlopen(WWW).read(), encoding="utf-8")
    finds1 = re.findall("<strong>\d+ km Stau</strong>", wdrText)
    km = int(re.findall("\d+", finds1[0])[0])           #2
    finds2 = re.findall("#streets=[AB]\d+,", wdrText)   #3
    streets = [re.findall("[AB]\d+", t)[0]
                        for t in finds2]                #4
    stNames = ", ".join(streets)                        #5
    label.config(text=MESSAGE.format(km=km, streets=stNames))
    if km < 10:                                         #6
        image = images[0]
    elif km < 20:
        image = images[1]
    else:
        image = images[2]
    labelImage.config(image=image)

# Widgets
window = Tk()
images = [ PhotoImage(master = window, file= fn)
        for fn in ["one.gif", "two.gif", "three.gif"]]

label=Label(master=window, font=("Arial", 16), bg="white")
label.pack()
labelImage = Label(master=window, bg="white")
labelImage.pack(fill=X)
Label(master=window, font=("Arial", 8), bg="white",
      text="Datenquelle: WDR Köln").pack(fill=X)        #7

findStau()
window.mainloop()
```

Kommentare

#1: Diese Konstante ist ein langer Text (drei Anführungszeichen zu Beginn und am Ende), der über mehrere Zeilen geht. Er enthält zwei Platzhalter in geschweiften Klammern, die später (in der Zeile nach **#5**) über die Methode `format()` mit Inhalt gefüllt werden.

#2: Das ist ein komplexer verschachtelter Ausdruck, der von innen nach außen ausgewertet wird. Zunächst einmal ist `finds1` eine Liste mit einem einzigen Element, z. B. `["<strong>\21 km Stau</strong>"]`. Das erste Element `find1[0]` ist die passende Zeichenkette selbst. Mit `findall("\d+", finds1[0])` wird aus diesem Text die einzige Zahl gewonnen (sie allein entspricht dem Muster `\d+`). Zurückgegeben wird aber eine Liste mit diesem Element, z. B. `["21"]`. Der Selektor `[0]` liefert das erste und einzige Element der Liste, z. B. `"21"`. Schließlich gewinnt die Funktion `int()` aus diesem String die ganze Zahl, z. B. 21.

#3: Der reguläre Ausdruck im ersten Argument von `findall()` ist `"#streets=[AB]\d+,"`. Damit findet die Funktion alle Stellen, in denen Straßennamen der Staumeldung genannt werden.

#4: Auf die Straßennamen passt der reguläre Ausdruck `"[AB]\d+"`. Das heißt, jeder Straßenname beginnt mit `A` oder `B`. Danach folgen eine oder mehrere Ziffern (z. B. A1). Hier wird aus der Liste `finds2` eine Liste mit Straßennamen aufgebaut.

#5: Alle Straßennamen werden zu einem String verbunden. Zwischen den Straßennamen steht – gewissermaßen als Bindeglied – die Zeichenkette `", "`. In der Zeile darunter wird der Text des Labels konfiguriert. Auf das Label kommt eine Textschablone, deren Platzhalter `{km}` und `{streets}` mit der Kilometerzahl und den Namen der betroffenen Straßen gefüllt werden.

#6: Hier wird ein Bild zur Visualisierung der Gesamtstaulänge ausgewählt, z. B. ein Bild mit drei Autos, falls die gesamte Staulänge 20 km oder mehr ist.

#7: Dieses Label bleibt anonym (es hat keinen Namen), denn es wird niemals verändert und braucht deshalb nicht angesprochen zu werden. Es wird erzeugt und gleich gepackt.

6.10 Aufgaben

6.10.1 Aufgabe 1: Reguläre Ausdrücke

In einem Textdokument, das in einem String namens `text` gespeichert worden ist, sollen bestimmte Passagen gefunden werden. Geben Sie geeignete reguläre Ausdrücke an, die man für einen Aufruf von `findall()` verwenden kann.

a) Wörter, die die Doppelkonsonanten `ss` oder `ll` enthalten

b) Internationale Telefonnummern, die mit +49 beginnen, z. B. +49230157799 oder +49 211 34567

c) Meterangaben, z. B. 2,35 m oder 2.35m oder 2m

d) Stellen, an denen versehentlich zwei oder mehr Leerzeichen hintereinander sind

6.10.2 Aufgabe 2: Geheime Botschaften

In Texten kann man nach einem einfachen Verfahren geheime Botschaften verstecken. Der Geheimtext setzt sich aus den Buchstaben zusammen, die unmittelbar einem Satzzeichen (Punkt, Komma etc.) folgten. In dem folgenden Text ist nach diesem Verfahren der Name einer Stadt versteckt.

Auf dem Dachboden, wo ich meine alten Sachen aufbewahre, ist mir gestern etwas Seltsames passiert. Ein wirklich ungewöhnlicher Vorfall. Niemals hätte ich mit so etwas gerechnet.

Entwickeln Sie einen Python-Programmtext aus zwei Zeilen, mit dem die versteckte Botschaft aus einem beliebigen Text gewonnen werden kann. Verwenden Sie die Funktion `findall()` aus dem Modul `re`.

6.10.3 Aufgabe 3: Was reimt sich auf ...?

In das Eingabefeld gibt man eine Wortendung ein, z. B. `aufen`. Nach einem Klick auf die Schaltfläche sucht das Programm aus dem Faust von Goethe (oder einem anderen Textdokument) alle Worte heraus, die sich auf die Wortendung im Eingabefeld reimen.

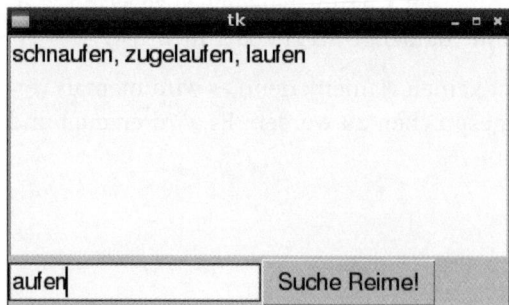

Abb. 6.11: Benutzungsoberfläche eines Reimfinders

Entwickeln Sie ein Programm mit dieser Funktionalität.

6.11 Lösungen

6.11.1 Lösung 1

	Problem	Regulärer Ausdruck
a)	Wörter, die ss oder 11 enthalten.	"\w*11\w*"
b)	Telefonnummern, die mit +49 beginnen	"\+49\s*\d+\s*\d+"
c)	Meterangaben, z. B. 2,35 m, 2.35m oder 2m	"\d+([.,]\d+)?\s*m"
d)	zwei oder mehr Leerzeichen hintereinander	"( )+"

6.11.2 Lösung 2

Wir lösen die Aufgabe in der Python-Shell. Nehmen wir das Textbeispiel aus der Aufgabenstellung:

```
>>> text = "Auf dem Dachboden, ..."
>>> from re import *
```

Aus dem Text suchen wir eine Liste mit allen Textpassagen, die aus einem Satzzeichen, beliebig vielen Whitespaces und einem Buchstaben bestehen:

```
>>> fragments = findall("[!?:;,.]\s*\w", text)
>>> fragments
[', w', ', i', '. E', '. N']
```

Aus den letzten Buchstaben dieser Textfragmente (als Großbuchstaben) setzen wir das geheime Wort zusammen:

```
>>> word = ""
>>> for s in fragments:
        word += s[-1].upper()
>>> print (word)
WIEN
```

6.11.3 Lösung 3

Programm

```
from tkinter import *
from re import *

def search():
    postfix = entry.get()
```

```
        wordlist = findall("\w*" + postfix + "[.,!? ]", faust)
        wordlist2 = [w[:-1] for w in wordlist]          #1
        words = set(wordlist2)                          #2
        result = ", ".join(words)
        text.delete(1.0, END)
        text.insert(END, result)

# Widgets
window = Tk()
entry=Entry(master=window, font=("Arial", 14))
button = Button(master=window, font=("Arial", 14),
    text = "Suche Reime!", command=search)
text=Text(master=window, font=("Arial", 14),
         width=40, height=7, wrap=WORD)
text.pack()
entry.pack(side=LEFT)
button.pack(side=LEFT)

faust = open("faust.txt", mode="r", encoding="utf-8").read()
window.mainloop()
```

Kommentare

#1: Hier wird eine Liste von Wörtern aus dem Faust-Text konstruiert, die mit der Zeichenkette `postfix` enden. Man beachte, dass jedes Element der Liste `wordlist` ein Wort plus Leerzeichen oder Satzzeichen ist, z.B. "laufen, ". Dieses letzte Zeichen brauchten wir im ersten Schritt, um jeweils das Ende eines Wortes zu erkennen. Nun wird eine Liste von Wörtern geschaffen, die die Wörter aus `wordlist` jeweils ohne das letzte Zeichen enthält. Der Slice `[:-1]` bezeichnet die Items einer Sequenz ohne das letzte Item, das ja den Index `-1` hat.

#2: Aus der Liste, die wahrscheinlich noch viele Wiederholungen hat, wird eine Menge gebildet, in der jedes Element nur einmal vorkommt.

Hinweis: Die Funktionalität des Programms kann noch erheblich verbessert werden, indem auch Wörter gefunden werden, deren Endung zwar nicht genauso wie das gegebene Postfix geschrieben wird, die aber genauso klingt.

Auf al reimen sich z.B. nicht nur Kanal und Schal, sondern auch Wahl und Pfahl. Um das zu berücksichtigen, kann man das Postfix überarbeiten, bevor man es in den regulären Ausdruck einbaut. Beispiel:

```
postfix = postfix.replace("a", "ah?")
```

Kapitel 7

Projekte mit Zeitfunktionen

Viele Prozesse im Alltag sind zeitgesteuert. Wir stehen zu bestimmten Uhrzeiten auf, richten uns nach Öffnungszeiten, müssen Termine und Fristen einhalten und nehmen uns manchmal einfach Zeit für Freunde. Und das sind die Themen, die in Projekten dieses Kapitels behandelt werden:

- Darstellung und Messung von Zeit – Uhren mit Zusatzfunktionen
- Getaktete Wiederholungen und andere zeitgesteuerte Prozesse
- Zeitmessungen mit externen Schaltern
- Nebenläufige Prozesse

Dabei lernen Sie Funktionen der Module time, os, PIL und _thread kennen.

7.1 Projekt: Fünf Sekunden stoppen und gewinnen

Auf dem Zeltfestival am Kemnader Stausee in Bochum sah ich einmal einen Informationsstand des Deutschen Roten Kreuzes. Der Stand war gut besucht, denn er hatte eine Attraktion: eine Maschine, mit der man sein Zeitgefühl testen konnte. Sie bestand aus einem LED-Display, das Zahlen darstellen konnte, und einem großen roten Knopf. Auf einem Schild stand »Fünf Sekunden stoppen und gewinnen«. Man musste auf den Knopf drücken und dann fünf Sekunden später noch einmal. Dann zeigte das Display die exakte Zeit, die seit dem ersten Druck verstrichen war. Wenn es tatsächlich ungefähr fünf Sekunden waren, bekam man einen Preis.

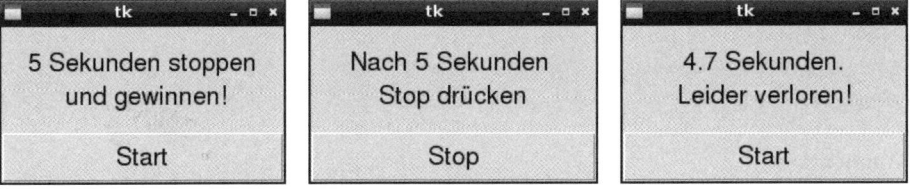

Abb. 7.1: Eine Schaltfläche mit wechselnder Beschriftung in dem Spiel »5 Sekunden stoppen und gewinnen!«

Kapitel 7
Projekte mit Zeitfunktionen

Diese Maschine wird in diesem Projekt nachgebaut. Anstelle eines mechanischen Knopfes verwenden wir eine Schaltfläche. Sie hat die Besonderheit, dass sich die sichtbare Beschriftung und die verknüpfte Funktion bei jedem Klick ändern. Zuerst steht START auf der Schaltfläche. Nach dem nächsten Klick steht STOP darauf, dann wieder START usw.

Programm

```
from time import *
from tkinter import *
def start():
    global t_start
    t_start = time()                                        #1
    label.config(text="Nach 5 Sekunden \nStop drücken.")
    button.config(text="Stop", command=stop)                #2

def stop():
    t = time()- t_start                                     #3
    text = str(round(t,2)) + " Sekunden.\n"                 #4
    if abs(t - 5) < 0.2:                                    #5
        text += "Gewonnen!"
    else:
        text += "Leider verloren!"
    label.config(text=text)
    button.config(text="Start", command=start)              #6

window = Tk()
label = Label(master=window,
            font=("Arial", 16), width=20, height=3,
            text='5 Sekunden stoppen\n und gewinnen!')
label.pack()
button=Button(master=window,command=start,
            font=("Arial", 16), text='Start')
button.pack(fill=X)                                         #7

window.mainloop()
```

Kommentare

#1: Beim ersten Klick auf die Schaltfläche wird die Funktion start() aufgerufen. Sie startet die Stoppuhr. Der Zeitpunkt beim ersten Anklicken der Schaltfläche wird gespeichert. Die Funktion time() liefert die Anzahl der Sekunden seit dem 1.1.1970.

#2: Die Schaltfläche erhält eine neue Beschriftung und ein neues Kommando.

#3: Beim zweiten Anklicken der Schaltfläche wird die Zeit seit dem ersten Anklicken ermittelt. Von dem aktuellen Zeitpunkt wird der gespeicherte Startzeitpunkt abgezogen.

#4: Die Zeitdifferenz wird auf zwei Stellen nach dem Komma gerundet und auf dem Label ausgegeben.

#5: Wenn die Zeit um weniger als 0,2 Sekunden von 5 Sekunden abweicht, wird die Meldung *Gewonnen* ausgegeben, ansonsten erscheint *Verloren*.

#6: Die Schaltfläche wird wieder neu beschriftet und an die Funktion `start()` gekoppelt. Ein neuer Zyklus kann beginnen.

#7: Die Option `fill=X` bewirkt, dass die Schaltfläche sich in der Breite an das Fenster anpasst.

7.2 Datum und Zeit im Überblick

Im Modul `time` finden Sie wichtige zeitbezogene Funktionen. Für Zeitangaben gibt es drei Formate:

- Die Anzahl der Sekunden seit Beginn der sogenannten *Epoche*, dem Nullpunkt aller Zeitangaben. Bei Unix-Systemen ist das der 1. Januar 1970 um 0 Uhr.
- Ein String aus 24 Zeichen. Beispiel: `'Wed Nov 27 11:57:49 2002'`
- Ein Zeit-Objekt (`struct_time`), das in seinen Attributen einen Zeitpunkt definiert. Beispiel: `time.struct_time(tm_year=2012, tm_mon=10, tm_mday=16, tm_hour=16, tm_min=9, tm_sec=37, tm_wday=1, tm_yday=290, tm_isdst=0)`

Manche Funktionen liefern Zeitangaben in der UTC-Skala. Das Akronym UTC steht für *Universal Time Coordinated*, früher bekannt als *Greenwich Mean Time* oder GMT.

Funktion	Erklärung
`asctime([tuple])`	Ohne Argument liefert die Funktion die Ortszeit in Form eines 24-Zeichen-Strings, z.B. `'Tue Jul 16 15:07:04 2013'`. Wird als Argument ein Zeit-Objekt übergeben, liefert sie dazu den passenden 24-Zeichen-String.
`gmtime([secs])`	Ohne Argument liefert die Funktion die Weltzeit (UTC) als Zeit-Objekt. Wird als Argument eine Zahl übergeben, interpretiert sie diese als Sekunden seit Beginn der Epoche und liefert dazu ein passendes Zeit-Objekt.
`localtime([secs])`	Liefert die lokale Zeit als Zeit-Objekt.

Tabelle 7.1: Funktionen des Moduls `time`

Funktion	Erklärung
sleep(secs)	Die Ausführung des Programms wird für *secs* Sekunden unterbrochen.
time()	Liefert die Anzahl der Sekunden seit Beginn der Epoche in UTC.

Tabelle 7.1: Funktionen des Moduls time (Forts.)

Auf ein einzelnes Attribut eines Zeit-Objekts (siehe Tabelle 7.2) kann man über den Attributnamen zugreifen. Wenn t ein Zeit-Objekt ist, dann sind t.tm_year das Jahr und t.tm_mon der Monat. Beispiel (interaktiver Modus):

```
>>> from time import *
>>> print ("Wir befinden uns im Jahr", gmtime().tm_year)
Wir befinden uns im Jahr 2013
```

Nr.	Attribut	Bedeutung	Mögliche Werte
0	tm_year	Jahr	Zumindest 1970 bis 2038
1	tm_mon	Monat	1 bis 12
2	tm_mday	Tag	1 bis 31
3	tm_hour	Stunde	0 bis 23
4	tm_min	Minute	0 bis 59
5	tm_sec	Sekunde	0 bis 59
6	tm_wday	Wochentag	0 bis 6 (0 ist Montag)
7	tm_yday	Tag im Jahr	1 bis 366 (Schaltjahr)
8	tm_isdst	Sommerzeit	0, 1, -1 (0 = nein, 1 = ja, -1 = unbekannt)

Tabelle 7.2: Attribute eines Zeit-Objekts (struct_time)

7.3 Projekt: Digitaluhr

In diesem Projekt wird eine außergewöhnliche Digitaluhr konstruiert. Vorgestellt wird nur ein Grunddesign, zu dem es viele Erweiterungsmöglichkeiten gibt. In diesem Projekt werden Datum und Uhrzeit durch Zeit-Objekte dargestellt und dann die einzelnen Zeitattribute für eine lesbare Bildschirmdarstellung verwendet. Nebenbei erfahren Sie, wie man bei Python eine Funktion als nebenläufigen Prozess starten kann.

7.3.1 Woher bekommt der RPi die Zeit?

Der Raspberry Pi bezieht Datum und Uhrzeit über das Internet von einem NTP-Server (NTP = Network Time Protocol). Wenn Sie Ihren RPi vom Internet trennen und neu starten, werden Sie feststellen, dass auf dem Desktop rechts unten eine falsche Zeit angezeigt wird. Wenn Sie auch ohne Internetverbindung die korrekte Zeit benötigen, müssen Sie eine Uhr (RTC = Real Time Clock) anschließen. RTC-Module werden für den RPi angeboten. Sie haben eine eigene Batterie, damit die Uhr weiterläuft, wenn der RPi ausgeschaltet ist.

7.3.2 Was ist ein Prozess?

Immer wenn Sie ein Programm starten, starten Sie eigentlich einen Prozess. Ein *Prozess* ist ein Programm in Aktion. Das Programm selbst ist eigentlich nur ein Text, der von der Maschine interpretiert wird. Sobald das Programm läuft, passieren nacheinander verschiedene Aktivitäten. Der Zustand des Computers ändert sich mit jeder Instruktion, die ausgeführt wird. Diese Folge von Aktivitäten und Wirkungen ist der Prozess. Wenn das Programm vollständig abgearbeitet ist, stirbt der zugehörige Prozess.

Jedes Programm läuft in mindestens einem Prozess. Nun kann aber ein Programm so gestaltet werden, dass mehrere Teilprozesse nebeneinander laufen. Diese Teilprozesse nennt man *Thread*s (Fäden). Sie kennen das aus der Literatur. Ein Roman ist oft so geschrieben, dass mehrere Handlungsfäden nebeneinander erzählt werden. Dabei springt der Autor Kapitel für Kapitel von einem Handlungsstrang zum nächsten. In etwa so kann man sich die Arbeit eines Interpreters vorstellen, der mehrere Threads parallel ausführt.

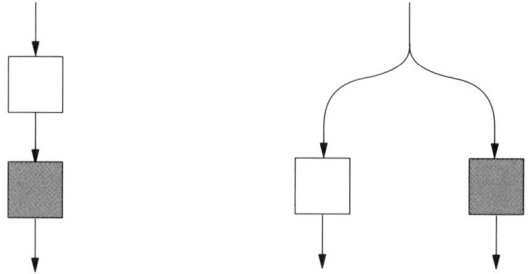

Abb. 7.2: Sequenzielle und parallele Ausführung von Anweisungsblöcken

Bei Computerprogrammen geht es manchmal gar nicht anders. Manchmal *müssen* Teile des Programms nicht nacheinander, sondern parallel abgearbeitet werden. Dazu ein Experiment. Testen Sie das folgende Programm. Es soll eine Digitaluhr darstellen. Aber es enthält einen Fehler, den wir im zweiten Schritt beseitigen. Sehen Sie schon das Problem?

Programm

```
from time import *
from tkinter import *
```

Kapitel 7
Projekte mit Zeitfunktionen

```
def checkTime():
    while True:
        t = localtime()                                    #1
        timeText = "Es ist " + str(t.tm_hour) + " Uhr\n"
        timeText += str(t.tm_min) + " Minuten und\n"
        timeText += str(t.tm_sec) + " Sekunden."
        sleep(1)
        timeLabel.config(text=timeText)                    #2

window = Tk()
timeLabel=Label(master=window,bg="black",
                font=("Courier", 30), fg="white")          #3
timeLabel.pack()
checkTime()                                                #4
window.mainloop()
```

Kommentare

#1: In der while-Schleife wird jede Sekunde die aktuelle Ortszeit abgefragt. Das Objekt t ist ein Zeit-Objekt, das in den nachfolgenden Zeilen ausgewertet wird. Aus den Zahlen für Stunde (t.tm_hour), Minute (t.tm_min) und Sekunde (t.tm_sec) wird schrittweise ein Text zusammengesetzt. Die Escapesequenz \n sorgt für einen Zeilenumbruch.

#2: Der Text wird auf dem Label dargestellt.

#3: Hier wird das Label definiert. Die Schriftfarbe (fg) ist Weiß und die Hintergrundfarbe (bg) Schwarz.

#4: Aufruf der Funktion checkTime(), die den Text des Labels jede Sekunde aktualisiert.

Wenn Sie das Programm von IDLE aus mit F5 oder RUN|RUN MODULE starten, öffnet sich zwar ein Shell-Fenster mit der Meldung RESTART, aber sonst passiert nichts. Es entsteht kein Applikationsfenster mit Digitaluhr. Aber das Programm ist syntaxfehlerfrei und läuft tatsächlich. Sie können es mit Strg+C unterbrechen oder einfach das Shell-Fenster schließen.

Das Problem ist, dass die Funktion checkTime() eine Endlosschleife enthält. Nachdem die Funktion in Zeile **#4** aufgerufen worden ist, endet sie niemals. Das bedeutet, dass die letzte Anweisung des Programms window.mainloop() niemals ausgeführt wird.

Die Lösung ist einfach. Die Funktion mit der Endlosschleife wird in einem separaten Thread ausgeführt. Dazu importieren Sie das Modul _thread und fügen oben im Skript folgende Zeile ein:

```
import _thread
```

Ersetzen Sie die Zeile **#4** durch folgende Anweisung:

```
_thread.start_new_thread(checkTime,())
```

Sie bewirkt, dass die Funktion `checkTime()` in einem neuen Thread gestartet wird. Das bedeutet, dass der Hauptprozess separat weiterläuft und die Funktion `mainloop()` ausgeführt wird.

Die Funktion `start_new_thread()` wird immer mit genau zwei Argumenten aufgerufen: Das erste Argument ist der Name der Funktion, die in einem neuen Thread ausgeführt werden soll. Das zweite Argument ist ein Tupel mit den Parametern, die der Funktion bei ihrem Aufruf übergeben werden. In diesem Fall hat die Funktion überhaupt keine Parameter. Das zweite Argument ist deshalb das leere Tupel ().

7.3.3 Vollbildmodus

Eine visuelle Applikation wie eine Digitaluhr ist dann besonders dekorativ, wenn sie den ganzen Bildschirm ausfüllt und der Rahmen des Applikationsfensters nicht mehr zu sehen ist (Fullscreen). Diesen Modus kann man mit `tkinter` leicht erreichen. Man muss jedoch bedenken, dass dann das Applikationsfenster nicht mehr geschlossen werden kann. Denn die kleine Schaltfläche zum Schließen (X) in der oberen rechten Ecke des Fensterrahmens ist ja nicht mehr zu sehen. Sie müssen also einen Mechanismus zum Schließen des Programms einbauen. Das kann eine Schaltfläche zum Anklicken sein. Abbildung 7.3 zeigt eine einfache Möglichkeit, wie die Oberfläche der Uhr aussehen könnte.

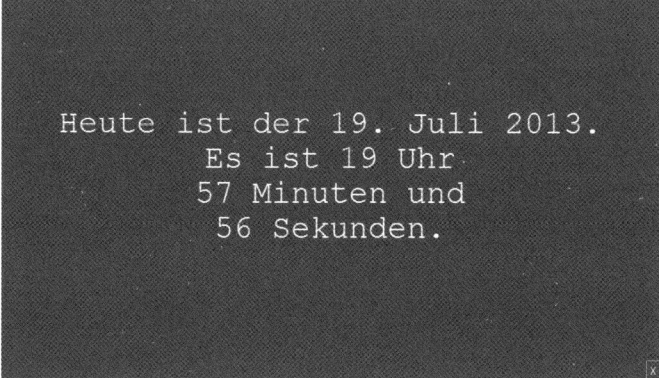

Abb. 7.3: Eine Digitaluhr, die den ganzen Bildschirm ausfüllt. Rechts unten ist eine kleine Schaltfläche zum Schließen des Programms.

Kapitel 7
Projekte mit Zeitfunktionen

Ein Hinweis: Die ersten Versionen eines Programms sind niemals fehlerfrei. Da Ihr Programmfenster aber den ganzen Bildschirm ausfüllt, ist es schwierig, es wieder zu schließen. Deshalb sollten Sie vor die kritische Zeile, die den Rahmen des Applikationsfensters unterdrückt (**#6**), zunächst ein Kommentarzeichen setzen (»auskommentieren«). Dann wird diese Anweisung nicht ausgeführt. Erst wenn das Programm fehlerfrei läuft, entfernen Sie das Kommentarzeichen.

Programm

```
from time import *
from tkinter import *
import _thread
BGCOLOR="#933"                                          #1

month=["Januar", "Februar", "März", "April", "Mai",
       "Juni", "Juli", "August", "September",
       "Oktober", "November", "Dezember"]               #2

def checkTime():
    while True:
        t = localtime()                                 #3
        timeText = "Heute ist der "+str(t.tm_mday)+". "
        timeText += month[t.tm_mon - 1] + " "
        timeText += str(t.tm_year)+".\n"
        timeText += "Es ist " + str(t.tm_hour) + " Uhr\n"
        timeText += str(t.tm_min) + " Minuten und\n"
        timeText += str(t.tm_sec) + " Sekunden."
        label.config(text=timeText)                     #4
        sleep(1)                                        #5

window = Tk()

#window.overrideredirect(True)                          #6
w = window.winfo_screenwidth()
h = window.winfo_screenheight()
window.geometry(str(w)+ "x" + str(h) + "+0+0")          #7

frame=Frame(master=window, bg=BGCOLOR)
label=Label(master=frame,bg=BGCOLOR,
            font=("Courier", 30), fg="white")
button = Button(master=frame, text="X", bg=BGCOLOR,
                fg="white",command=window.destroy)      #8
frame.pack(expand=True, fill=BOTH)                      #9
```

```
label.pack(expand=True, fill=BOTH)
button.pack(side=RIGHT)
_thread.start_new_thread(checkTime, ())            #10

window.mainloop()
```

Kommentare

#1: Dies ist eine Konstante mit einer einheitlichen Hintergrundfarbe für alle Elemente der Benutzungsoberfläche (hier ein dunkler Rotton). Wenn man die Hintergrundfarbe ändern möchte, braucht man das nur an dieser Stelle zu tun.

#2: Eine Liste mit den Namen der zwölf Monate. Das Zeit-Objekt enthält im Attribut tm_mon die Nummer des aktuellen Monats (1 bis 12). Mit dieser Nummer kann man den deutschen Namen des aktuellen Monats in der Liste finden.

#3: t ist das Zeit-Objekt, das die aktuelle Ortszeit repräsentiert. Mit seinen Attributen wird ein Text aufgebaut und dem Label zugewiesen (**#4**).

#5: Der Thread, in dem diese Funktion ausgeführt wird, schläft für eine Sekunde. In dieser Zeit läuft aber der Hauptprozess weiter. Zum Beispiel wird vom Fenstermanagementsystem weiterhin geprüft, ob inzwischen der Button angeklickt worden ist, und gegebenenfalls die zugehörige Funktion ausgeführt.

#6: Diese Zeile ist auskommentiert und wird vom Interpreter nicht ausgeführt. Wenn das (restliche) Programm fehlerfrei funktioniert, entfernt man das Kommentarzeichen. Der Aufruf overrideredirect(True) sorgt dafür, dass das Fenstermanagementsystem den Tk-Fensterrahmen nicht darstellt.

#7: Die Tk-Methode geometry() stellt Größe und Position des Anwendungsfensters ein. Übergeben wird der Methode ein String, der Größe und Position der linken oberen Ecke des Fensters definiert. Beispiel: "300x200+100+100" bedeutet: Das Fenster hat eine Größe von 300 mal 200 Pixeln und wird an Position x=100, y=100 auf den Bildschirm gesetzt. Hier ist die Größe gleich dem Format des Bildschirms und die Position des Fensters x=0, y=0. Das heißt: Der ganze Bildschirm wird ausgefüllt.

#8: Die Schaltfläche wird mit einem Aufruf von window.destroy() verknüpft. Die Methode destroy() schließt das zugehörige Widget, hier also das Applikationsfenster.

#9: Hier wird ein Frame-Widget in das Applikationsfenster gesetzt. Alle weiteren Widgets (ein Label und eine Schaltfläche) kommen in diesen Container. Der Vorteil ist, dass der Frame mit der Standard-Hintergrundfarbe gefüllt werden kann. Damit wird erreicht, dass am Ende das gesamte Fenster (und damit der gesamte Bildschirm) einen einheitlichen Hintergrund hat.

#10: Die Funktion `checkTime()` wird in einem neuen Thread ausgeführt. Somit macht es nichts aus, dass sie eine Endlosschleife enthält. Das Fenstermanagementsystem, das mit `mainloop()` gestartet wird, läuft parallel weiter.

7.3.4 Event-Verarbeitung

Man könnte die Digitaluhr auch ganz ohne Schaltfläche anhalten, zum Beispiel durch Klicken der linken Maustaste. Das Drücken der Maustaste ist ein Ereignis, das unvorhersehbar (asynchron) irgendwann passiert. Solch ein Ereignis nennt man einen *Event*. Und die Funktion, die an den Event gekoppelt ist und die aufgerufen wird, wenn das Ereignis auftritt, nennt man *Eventhandler*.

Um das Digitaluhr-Programm so abzuwandeln, dass das Anwendungsfenster durch einen linken Mausklick an einer beliebigen Stelle geschlossen wird, müssen Sie Folgendes tun:

Entfernen Sie alle Programmzeilen, die mit dem Button zu tun haben. Denn wir brauchen keinen Button mehr.

Fügen Sie einen Eventhandler ein, der das Anwendungsfenster schließt und damit die Ausführung des Programms beendet:

```
def finish(event):
    window.destroy()
```

Binden Sie diese Funktion an den Event »Linke Maustaste gedrückt«. Alle Widgets besitzen die Methode `bind()`, mit der ein Event an einen Eventhandler gebunden wird. Oft sind Events auf bestimmte Widgets bezogen. In unserem Fall aber ist es unerheblich, welches Widget (`label` oder `window`) Sie verwenden. Wenn Sie das Tk-Widget namens `window` verwenden wollen, fügen Sie folgende Anweisung ein:

```
window.bind("<Button-1>", finish)
```

Das zweite Argument der Methode ist der Name des Eventhandlers. Das erste Argument ist eine sogenannte Event-Sequenz. Das ist eine Zeichenkette, die den Event beschreibt. In diesem Fall handelt es sich um das Drücken der linken (ersten) Maustaste. In Tabelle 7.3 finden Sie weitere Beschreibungen von Events. Für besonders häufig vorkommende Events gibt es Kurzformen.

Event-Sequenz	Kurzform	Erklärung
"<Any-KeyPress>"		Irgendeine Taste wurde gedrückt.
"<KeyPress-a>"	"a"	Taste [A] wurde gedrückt.
"<KeyPress-b>" usw.	"b"	Taste [B] wurde gedrückt.

Tabelle 7.3: Einige Event-Sequenzen und ihre Kurzformen

Event-Sequenz	Kurzform	Erklärung
"<KeyPress-space>"		Taste ⎡Leertaste⎤ wurde gedrückt.
"<KeyPress-Down>"		Taste ⎡Pfeil↓⎤ wurde gedrückt.
"<KeyPress-Left>"		Taste ⎡Pfeil←⎤ wurde gedrückt.
"<KeyPress-Right>"		Taste ⎡Pfeil→⎤ wurde gedrückt.
"<KeyPress-Up>"		Taste ⎡Pfeil↑⎤ wurde gedrückt.
"<Control-KeyPress-a>" usw.		Die Tastenkombination ⎡Strg⎤+⎡A⎤ wurde gedrückt.
"<Shift-KeyPress-a>" usw.		Die Tastenkombination ⎡Shift⎤+⎡A⎤ wurde gedrückt.
"<Alt-KeyPress-a>" usw.		Die Tastenkombination ⎡Alt⎤+⎡A⎤ wurde gedrückt.
"<KeyRelease-a>"		Taste ⎡A⎤ wurde losgelassen.
"<Button-1>"	"<1>"	Linke Maustaste wurde gedrückt.
"<Button-3>"	"<3>"	Rechte Maustaste wurde gedrückt.
"<Double-Button-1>"	"<Double-1>"	Doppelklick mit der linken Maustaste
"<ButtonRelease-1>"		Linke Maustaste wurde losgelassen.

Tabelle 7.3: Einige Event-Sequenzen und ihre Kurzformen (Forts.)

7.3.5 Autostart

Eine Digitaluhr ist ein Beispiel für eine Maschine, die man einschaltet und die dann einfach läuft. Sie können dafür sorgen, dass das Programm automatisch gestartet wird, sobald der Raspberry Pi an eine Stromquelle angeschlossen wird. Dazu müssen Sie eine passende Desktop-Datei in das Autostart-Verzeichnis ablegen. Einzelheiten dazu finden Sie im Anhang C.

7.4 Projekt: Ein digitaler Bilderrahmen

Projektziel ist ein digitaler Bilderrahmen. Er soll digitale Bilder unterschiedlicher Formate (einschließlich JPEG) zeigen, die im Arbeitsverzeichnis gespeichert sind. Die Bilder sollen nach dem Zufallsprinzip ausgewählt und jeweils für eine gewisse Zeit (z.B. zwei Sekunden) gezeigt werden. Die Bilder sollen möglichst groß und vollständig gezeigt werden. Die Fläche des Displays soll optimal genutzt werden.

Abbildung 7.4 zeigt einen Screenshot vom Filemanager des RPi. Sie sehen einen typischen Zustand: Programm und Bilder sind in einem Verzeichnis. Das ist eine besonders einfache Situation. Später kann man das Programm weiterentwickeln, so dass es z.B. alle Bilder in der Verzeichnishierarchie darstellt.

Kapitel 7
Projekte mit Zeitfunktionen

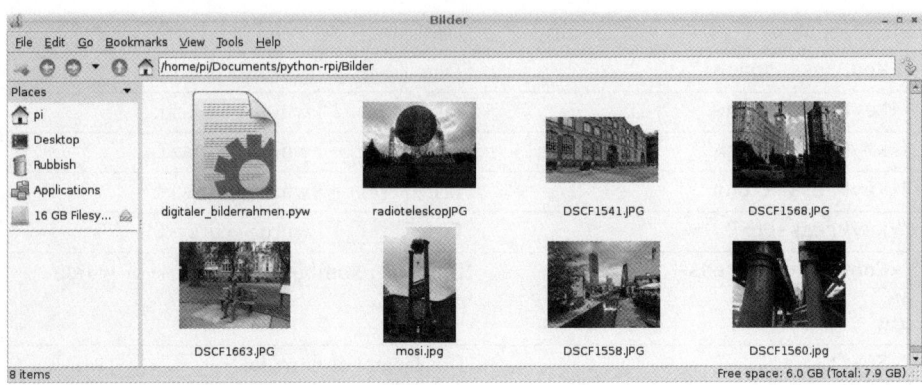

Abb. 7.4: Ordner mit dem Python-Programm und Bildern unterschiedlicher Form und Größe

In diesem Projekt stecken zwei technische Herausforderungen:

- Die Dateinamen der Bilder sind nicht bekannt. Sie müssen von dem Programm erst ermittelt werden. Für dieses Problem nutzen wir Funktionen aus dem Modus os. Dieses Modul ermöglicht den Zugriff auf Funktionen des Betriebssystems (os steht für Operating System).

- Ein digitaler Bilderrahmen muss Bilder aller Bildformate lesen können. Außerdem müssen die Bilder in ihrer Größe an die Größe des Displays angepasst werden. Kleine Bilder werden vergrößert und große Bilder werden verkleinert. Für die Bildverarbeitung reichen die Fähigkeiten der Klasse PhotoImage im Modul tkinter nicht aus. Wir verwenden die Module Image und TkImage der Python Imaging Library (PIL).

7.4.1 Zugriff auf das Dateisystem: Das Modul os

Das Standardmodul os und sein Untermodul os.path bieten Funktionen, mit denen ein Python-Programm auf das Dateisystem zugreifen kann. Sie können Merkmale wie Größe oder das Datum der letzten Änderung abfragen, Dateien oder Verzeichnisse erschaffen, umbenennen oder löschen. Tabelle 7.4 und Tabelle 7.5 zeigen einige Funktionen.

Objekt	Erklärung
chdir (*path*)	Wechselt das Arbeitsverzeichnis.
environ	Directory mit Umgebungsvariablen
getcwd()	Gibt das aktuelle Arbeitsverzeichnis zurück.
getenv(*varname*[,*value*])	Liefert den Wert der Umgebungsvariablen *varname*.
listdir (*path*)	Liefert Verzeichniseinträge als Liste von Strings.
mkdir(*path*)	Neues Verzeichnis erstellen

Tabelle 7.4: Einige Funktionen des Moduls os

Objekt	Erklärung
name	Name des Betriebssystems
remove(*path*)	Datei löschen
rename(*old, new*)	Umbenennen einer Datei oder eines Verzeichnisses
rmdir(*path*)	Leeres Verzeichnis löschen

Tabelle 7.4: Einige Funktionen des Moduls os (Forts.)

Funktion	Erklärung
exists(*path*)	Liefert True, wenn der Pfad *path* existiert und sonst False.
getatime(*path*)	Zeitpunkt des letzten Zugriffs (Sekunden seit Beginn der »Epoche«)
getmtime(*path*)	Zeitpunkt des letzten modifizierenden (schreibenden) Zugriffs (Sekunden seit Beginn der »Epoche«)
getsize(*path*)	Dateigröße in Byte
isdir(*path*)	Testet, ob *path* ein Verzeichnis ist.
isfile(*path*)	Testet, ob *path* eine Datei ist.
splitext(*path*)	Zurückgegeben wird die Extension des Pfads als Zeichenkette, z. B. ".jpg".

Tabelle 7.5: Einige Funktionen des Untermoduls os.path

7.4.2 Python Imaging Library (PIL)

Die Python Imaging Library (PIL) ermöglicht das Erzeugen, Verändern und Konvertieren von digitalen Bildern in praktisch allen gängigen Bildformaten (JPEG, PNG, BMP und viele andere mehr).

Ausführliche Informationen über PIL finden Sie im Online-Handbuch (http://www.pythonware.com/library/pil/handbook/index.htm).

PIL gibt es für die Python-Versionen 2.2 bis 2.7, aber leider (noch) nicht für Python 3. Deshalb verwenden wir in diesem Abschnitt ausnahmsweise Python 2.7, das auf Ihrem Raspberry Pi vorinstalliert ist.

Python 2 unterscheidet sich ein klein wenig von Python 3. In diesem Projekt sind die einzigen Unterschiede, dass das tkinter-Modul bei Python 2 Tkinter heißt (großer Anfangsbuchstabe) und anstelle des Moduls _thread gibt es ein Modul thread mit der Funktion start_new_thread().

PIL ist nicht vorinstalliert. Sie müssen die benötigten Module zuerst herunterladen und installieren. Sorgen Sie dafür, dass Ihr RPi mit dem Internet verbunden ist, und geben Sie in der Konsole (LX-Fenster) folgendes Kommando ein:

```
sudo apt-get install python-imaging python-imaging-tk
```

Kapitel 7
Projekte mit Zeitfunktionen

Bei Projekten, in denen digitale Fotos mit PIL verarbeitet und auf dem Bildschirm mit Tkinter dargestellt werden, gehen Sie am besten so vor:

Sie laden das Bild aus einer Datei und erzeugen ein Image-Objekt. Anweisung:

```
img = Image.open(dateiname)
```

Dann verarbeiten Sie das Image-Objekt mithilfe der Methoden der Klasse Image. Zum Beispiel können Sie die Größe verändern. Im folgenden Beispiel wird die Größe des Bildes auf 300 Pixel mal 200 Pixel gesetzt.

```
img = img.resize(size=(300, 200))
```

Zum Schluss erzeugen Sie aus dem Image-Objekt ein PhotoImage-Objekt, das dann zum Beispiel in einem Tkinter-Label dargestellt werden kann:

```
imgTk = imgTk = ImageTk.PhotoImage(img)
```

Attribut/Methode	Erklärung
copy()	Liefert ein neues Image-Objekt als Kopie des Bildes.
crop((x0,y0,x1,y1))	Aus einem Bild wird ein kleineres Stück ausgeschnitten. Das Argument ist ein 4-Tupel, das eine Bounding-Box mit den Eckpunkten (x0, y0) und (x1, y1) beschreibt. Zurückgegeben wird ein neues Image-Objekt, das nur aus den Pixeln in der Bounding-Box besteht. Nicht enthalten ist der rechte und untere Rand, also die Pixel der Spalte und Reihe, die durch (x1, y1) gegeben sind.
filter(filtername)	Gibt eine Kopie des Bildes zurück, die zuvor mit einem Filter bearbeitet worden ist. Das Argument ist der Name des Filters eines Filter-Objekts aus dem Modul ImageFilter.
format	Datenformat des Image-Objekts (z.B. "BMP" oder "EPS")
getextrema()	Liefert ein Paar (max/min) mit dem höchsten und dem niedrigsten Pixel-Wert. Der Typ von max und min hängt von dem Modus des Bildes ab. Im Modus "L" ist es eine ganze Zahl zwischen 0 und 255.
getpixel(x, y)	Liefert den Wert des Pixels an Position (x, y). Der Typ des zurückgegebenen Objekts hängt vom Modus (mode) des Image-Objekts ab.
load()	Liefert ein Objekt, das schnelleren Zugriff auf Pixel erlaubt. Siehe Beispiel in Kapitel 10.

Tabelle 7.6: Einige Attribute und Methoden von Image-Objekten (PIL-Bibliothek)

Attribut/Methode	Erklärung
mode	Eine Zeichenkette, die den Modus des Bildes definiert. Beispiele: "1": Schwarzweißbild; jedes Pixel hat den Wert 0 (Schwarz) oder 1 (Weiß); "L": Graustufenbild; jedes Pixel wird durch eine Zahl zwischen 0 und 255 dargestellt; "RGB": Farbbild; jedes Pixel wird durch ein Tripel aus Zahlen zwischen 0 und 255 (Farbanteil für Rot, Grün und Blau) dargestellt.
paste(color[,box])	Das erste Argument ist ein Farbwert für ein Pixel, der zum Modus (mode) passen muss. Das optionale zweite Argument box ist ein 4-Tupel, das eine Bounding-Box beschreibt. Das Rechteck box wird in der Farbe color eingefärbt. Fehlt das Argument box, wird das ganze Bild eingefärbt.
point(f)	Das Argument ist der Name einer Funktion f, die ein Pixel des Image-Objekts verarbeiten kann und ein Pixel im passenden Format zurückgibt. Die Methode point() liefert eine Kopie des Bildes, deren Pixel mit f() verarbeitet worden sind.
resize(size=(width, height))	Liefert ein neues Image-Objekt mit einer (vergrößerten oder verkleinerten) Kopie mit Breite width und Höhe height.
save(f [, format])	Das Bild wird in Datei f gespeichert. Das Argument f ist ein Dateiname (String) oder ein File-artiges Objekt. Wenn im optionalen zweiten Argument kein Format angegeben ist, wird das Format aus der Extension abgeleitet. Beispiel: .jpg steht für das JPEG-Format.
size	Größe des Bildes als Tupel der Form (breite, höhe)

Tabelle 7.6: Einige Attribute und Methoden von Image-Objekten (PIL-Bibliothek) (Forts.)

7.4.3 Die Programmierung

Eine algorithmische Finesse des Programms ist die Berechnung des Vergrößerungsfaktors des Bildes. Das Bild muss im Regelfall vergrößert oder verkleinert werden, damit es das Display wenigstens in vertikaler oder horizontaler Richtung vollständig ausfüllt. Zur Größenanpassung verwenden wir die Methode resize() der Image-Objekte (PIL).

Damit die Bilder nicht verzerrt werden, berechnen wir zu jedem Bild einen Vergrößerungsfaktor k, mit dem die Breite a und Höhe b des Originals multipliziert werden müssen. Nun hat das HD-Display eine Fläche von 1920 Pixeln mal 1080 Pixel.

Bei breiten Bildern (a/b >= 1920/1080) soll die ganze Breite des Displays ausgenutzt werden. Oben und unten bleibt ein schwarzer Streifen. In diesem Fall gilt a*k = 1920 bzw. k = 1920/a.

Bei schmalen hohen Bildern ist es umgekehrt, die Höhe des Abbilds ist mit 1020 Pixeln vorgegeben. Es gilt b*k = 1020 bzw. k = 1020/b.

Kapitel 7
Projekte mit Zeitfunktionen

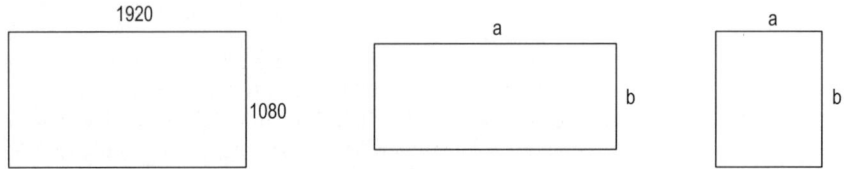

Abb. 7.5: Das HD-Format, ein zu breites und ein zu schmales Bildformat

Programm (Python 2.7)

```
#! /usr/bin/python                                          #1
from Tkinter import *                                       #2
from PIL import Image, ImageTk
from random import choice
import thread, os, time

def showImages():
    while True:                                             #3
        img=Image.open(choice(imageFiles))                  #4
        a,b = img.size                                      #5
        if a/b >= 1920/1080:                                #6
            k = 1920/a
        else:
            k = 1080/b                                      #7
        img = img.resize(size=(int(k*a), int(k*b)))         #8
        imgTk = ImageTk.PhotoImage(img)                     #9
        label.config(image=imgTk)
        time.sleep(2)

def finish(event):
    window.destroy()

files = os.listdir(".")                                     #10
imageFiles =[f for f in files
        if os.path.splitext(f)[1]in{".jpg", ".JPG"}]  #11

window = Tk()
# window.overrideredirect(True)                             #12
w = window.winfo_screenwidth()
h = window.winfo_screenheight()
window.geometry(str(w)+"x"+str(h)+"+0+0")
window.bind("<Button-1>", finish)
label = Label(master=window, bg="black")
```

```
label.pack(expand=True, fill=BOTH)
thread.start_new_thread(showImages, ())
window.mainloop()
```

Kommentare

#1: python ist der Name des Python-2.7-Interpreters.

#2: Bei Python 2.7 beginnt Tkinter mit großem T.

#3: Endloswiederholung, die erst beim Schließen des Anwendungsfensters abgebrochen wird.

#4: Aus der Liste imageFiles wird nach dem Zufallsprinzip der Dateiname eines Bildes ausgewählt, die Datei geöffnet und ein Image-Objekt erzeugt.

#5: Die Variablen a und b sind die Breite und die Höhe des Bildes.

#6: Breite Bilder werden an die Breite des Displays angepasst.

#7: Hohe Bilder werden an die Höhe des Displays angepasst.

#8: Die Größe des Originalbildes wird um den Faktor k verändert.

#9: Aus dem Image-Objekt wird ein PhotoImage-Objekt erzeugt, das auf einem Label dargestellt werden kann.

#10: Eine Liste aller Einträge des Arbeitsverzeichnisses ".", in dem auch das Python-Programm gespeichert ist.

#11: Hier wird eine Liste aller JPEG-Dateien des aktuellen Verzeichnisses erzeugt. Natürlich kann man die Liste der akzeptierten Extensions erweitern (".BMP", ".PNG" etc.)

#12: Hier wird dafür gesorgt, dass der Rahmen des Applikationsfensters nicht zu sehen ist. Diese Zeile bleibt auskommentiert, bis das Programm fehlerfrei läuft. So lange kann man leicht das Fenster schließen, wenn ein Fehler auftritt.

7.5 Projekt: Wahrnehmungstest

Psychologische Tests sind heutzutage weitgehend interaktive Computerprogramme. In diesem Projekt entwickeln wir einen kleinen Wahrnehmungstest. Wie gut können Menschen Helligkeitsunterschiede wahrnehmen? Gibt es Unterschiede zwischen Männern und Frauen? Lässt die Fähigkeit, Farbunterschiede zu erkennen, mit zunehmendem Alter nach? Ist man morgens besser als abends?

Die »Versuchsperson« sieht rechts und links auf dem Display Felder der gleichen Farbe. Sie sind durch eine schwarze Fläche in der Mitte getrennt. Jede Sekunde wird eines der beiden Felder (das zuvor zufällig ausgewählt worden ist), ein wenig verdunkelt. Der Unterschied wird also im Laufe der Zeit immer deutlicher. Die »Versuchsperson« soll das dunklere Feld anklicken, sobald sie es sicher erkannt hat. Es gibt fünf Tests mit unterschiedlichen (zufälligen) Farben. Danach erfährt man das Gesamtergebnis. Abbildung 7.6 zeigt einen Screenshot aus dem zweiten Test. Die »Versuchsperson« hat bisher 69 Sekunden benötigt. Die linke Seite ist ein klein wenig dunkler. Um zufälliges Raten zu verhindern, wird die Testserie abgebrochen, sobald eine falsche Entscheidung aufgetreten ist.

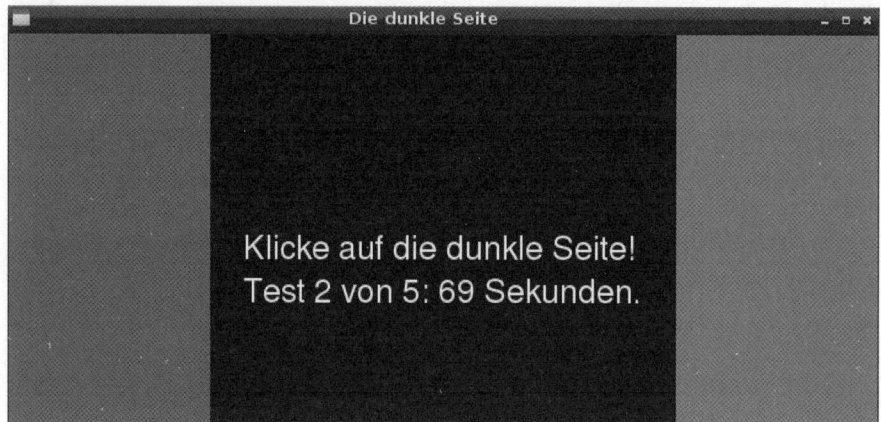

Abb. 7.6: Wahrnehmungstest. Rechts und links sieht man die gleiche Farbe in unterschiedlicher Helligkeit.

7.5.1 Die Programmierung

Programm

```
from tkinter import *
import _thread, random, time

def makeDarker(c):                                    #1
    colors = [int(c[1:3],16), int(c[3:5],16),
              int(c[5:],16)]                          #2
    newColor="#"                                      #3
    for col in colors:
        col -= 1
        col = max(col, 0)                             #4
        col = hex(col)[2:]
        if len(col) == 1: col = "0" + col
        newColor += col
    return newColor
```

```python
def randomColor():                                      #5
    color = "#"
    for i in range(3):
        c = hex(random.randint(0, 255))[2:]             #6
        if len(c) == 1: c = "0" + c
        color += c
    return color

def newTask():                                          #7
    global dark, seconds, nr
    nr += 1
    window.unbind("<1>")                                #8
    color = randomColor()
    for lab in labels:
        lab.config(bg=color)
        lab.bind("<1>", check)                          #9
    dark = labels[random.randint(0,1)]                  #10
    _thread.start_new_thread(changeColor, ())           #11

def changeColor():                                      #12
    global control, seconds
    control = True
    while control:                                      #13
        text="Klicke auf die dunkle Seite!\n"
        text += "Test " + str(nr) + " von 5: "
        text += str(seconds) + " Sekunden."
        labelCenter.config(text=text)
        color = dark.cget("bg")
        dark.config(bg=makeDarker(color))
        seconds += 1
        time.sleep(1)

def start(event):
    global nr, seconds
    nr = seconds = 0
    newTask()

def check(event):                                       #14
    global control
    control = False
    window.unbind_all("<1>")                            #15
    if event.widget == dark:                            #16
        if nr >= 5:                                     #17
```

Kapitel 7
Projekte mit Zeitfunktionen

```
                text = "Gesamtzeit: "
                text += str(seconds) + " Sekunden.\n"
                text += "Noch einmal? Klicken!"
                labelCenter.config(text=text)
                window.bind("<1>", start)
            else:                                           #18
                text = "Richtig! " + str(seconds)+" Sekunden."
                labelCenter.config(text=text)
                window.after(1000, newTask)
        else:
            labelCenter.config(text="Falsch!\nNoch einmal? Klicken!")
            window.bind("<1>", start)

window = Tk()
window.bind("<1>", start)
frame=Frame(master=window)
labels = [Label(master=frame, height=15, bg="black")
          for i in range(2)]
labelCenter = Label(master=window, font=("Arial", 30),
                    height=2, width=25, justify = LEFT,
                    fg="white", bg="black",
                    text="Suche die dunkle Seite!\nKlicken!")

labelCenter.pack(expand=True, fill=BOTH)
frame.pack(expand=True, fill=BOTH)
for lab in labels:
    lab.pack(side=LEFT, expand=True, fill=BOTH)
window.mainloop()
```

Kommentare

#1: Die Funktion gibt eine Farbe zurück, die etwas dunkler als c ist. Das Argument c ist eine 24-Bit-Farbe, z. B. "#AA1025". Zurückgegeben wird eine Farbe, bei der der Wert jeder Komponente um 1 kleiner als die entsprechende Komponente von c ist, wobei 0 das Minimum ist. Beispiel: makeDarker("#AA1025") liefert "#A90F24".

#2: Aus dem String c werden drei Zahlen zwischen 0 und 255 gewonnen, die die RGB-Werte darstellen. Aus "#AA1025" werden die Dezimalzahlen 170, 16 und 37 erzeugt. Das Ganze geschieht in verschachtelten Ausdrücken. Zuerst werden mit Slicing zwei Dezimalziffern extrahiert (z. B. "AA"). Und dann wird mit der Funktion int() aus dem String die Dezimalzahl gewonnen. Dabei muss als zweites Argument die Basis 16 angegeben werden (z. B. int("AA", 16) ergibt 170).

#3: Ab hier wird nun die Zeichenkette für die neue, etwas dunklere Farbe berechnet. Der Anteil jeder Farbkomponente wird um eins verringert.

#4: Hier wird sichergestellt, dass der Farbanteil nicht unter 0 liegt.

#5: Die Funktion erzeugt eine Zufallsfarbe.

#6: Hier wird eine Zufallszahl zwischen 0 und 255 zunächst in einen String mit einer Hexadezimalzahl umgewandelt. Solch eine Hexadezimalzahl beginnt immer mit 0x. Deshalb nehmen wir von der Hexadezimaldarstellung den Slice ab dem Zeichen mit dem Index 2. Dann haben wir nur die Hexadezimalziffern. In der anschließenden Zeile wird sichergestellt, dass die Hexadezimalzahl zweistellig ist. Gegebenenfalls wird eine führende 0 eingefügt.

#7: Diese Funktion initiiert einen neuen Einzeltest.

#8: Hier wird die Bindung des Events *Linke Maustaste gedrückt* aufgelöst.

#9: Hier wird dafür gesorgt, dass bei einem Klick auf die Farbflächen die Funktion `check()` aufgerufen wird. (Sie prüft, ob das richtige Feld angeklickt worden ist.)

#10: Eines der beiden Labels wird zufällig ausgewählt. Seine Farbe wird später Schritt für Schritt verdunkelt.

#11: Die Funktion `changeColor()` wird in einem neuen Thread ausgeführt.

#12: Die Funktion steuert das Verdunkeln.

#13: Es wird nur so lange verdunkelt, wie `control` den Wahrheitswert `True` hat.

#14: Die Funktion ist ein Eventhandler. Sie wird aufgerufen, wenn eine der beiden Farbflächen angeklickt worden ist.

#15: Alle Bindungen werden gelöst. Somit kann man nicht noch einmal auf eine Farbfläche klicken.

#16: Hier wird geprüft, ob die dunklere Fläche angeklickt worden ist. Der Name `dark` ist ein (zweiter) Name für die dunklere der beiden farbigen Flächen.

#17: Nach fünf Einzeltests ist die Serie beendet.

#18: Die Meldung *Richtig ...* erscheint für eine Sekunde. Dann kommt der nächste Test.

7.6 Projekt: Stoppuhr mit Gong

Die Hardwarekonfiguration für dieses Projekt ist ein einfaches Display (es muss nicht interaktiv sein) und ein mechanischer Schalter, z. B. in Form eines Gongs. (Schon seit der Antike werden Gongs als Signalinstrumente verwendet.) Wenn der Schlegel den Gong berührt, wird ein Stromkreis geschlossen.

Kapitel 7
Projekte mit Zeitfunktionen

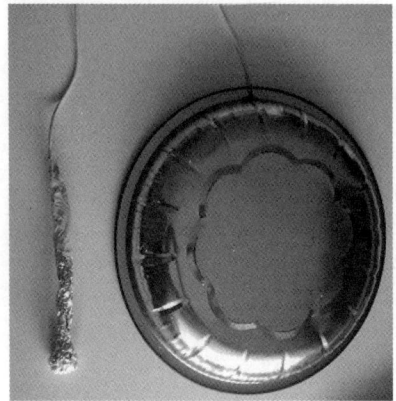

Abb. 7.7: Ein Gong-Schalter aus einem Blechteller und einem Schlegel aus Alufolie

Beim ersten Gongschlag wird die Stoppuhr gestartet. Man sieht die aktuelle Sekundenzahl auf dem Display. Beim zweiten Gongschlag wird die Uhr gestoppt und die verstrichene Zeit auf die hundertstel Sekunde genau angezeigt. Beim dritten Gong wird die Uhr wieder zurückgesetzt.

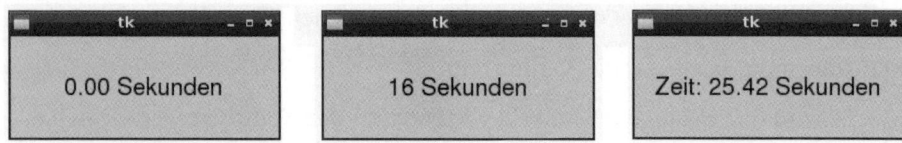

Abb. 7.8: Digitale Stoppuhr: Anfangszustand, laufende Uhr und Anzeige der gestoppten Zeit

Sie verwenden die Schaltung aus Abbildung 2.10 (Kapitel 2). Ein Kabel des Gong-Schalters ist an Pin 10 des GPIO und das andere ist an Pin 1 (+ 3,3 Volt) angeschlossen. Pin 10 ist außerdem über einen 10-Kiloohm-Widerstand mit der Masse (GND) verbunden. Man muss sich klar machen, dass die Stoppuhr sich in drei unterschiedlichen Zuständen befinden kann. Ich nenne sie *Anfang*, *Uhr läuft* und *Uhr gestoppt*. Die Reaktion auf einen Gongschlag hängt immer vom aktuellen Zustand ab.

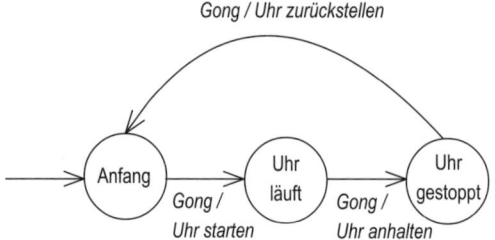

Abb. 7.9: Zustandsübergangsgraph der Stoppuhr

7.6 Projekt: Stoppuhr mit Gong

Herzstück der Anwendung ist die Prozedur `check_switch()`. In einer Endlosschleife wird hier immer wieder der Zustand von Pin 10 des GPIO abgefragt. Wenn er den Wert `True` hat (Gongschlag), finden ein Zustandswechsel und eine Änderung der Beschriftung des Labels statt. Wenn Pin 10 den Wert `False` hat (kein Gongschlag), passiert nur im Zustand *Uhr läuft* etwas: Die Anzeige der Zeit auf dem Label wird aktualisiert. Die Prozedur muss ständig laufen, weil der Gong jederzeit geschlagen werden kann (asynchrones Ereignis). Deshalb läuft `check_switch()` in einem eigenen Thread.

Programm

```
from RPi import GPIO
from time import *
from tkinter import *
import _thread

def check_switch():
  state = "Anfang"
  while True:
    if GPIO.input(10):                                        #1
      if state == "Anfang":
        state = "Uhr läuft"
        t_start = time()                                      #2
      elif state == "Uhr läuft":
        state = "Uhr gestoppt"
        t = time()- t_start
        text = "Zeit: "+ str(round(t,2)) + " Sekunden"
        label.config(text=text)                               #3
      else:
        state = "Anfang"
        label.config(text="0.00 Sekunden")                    #4
      while GPIO.input(10):                                   #5
        sleep(0.01)
    else:                                                     #6
      if state == "Uhr läuft":
          t = time()- t_start
          text = str(round(t)) + " Sekunden"
          label.config(text=text)
      sleep(0.01)

window = Tk()
label= Label(master=window,
         font=("Arial", 16), width=20,height=3,
         text = "0.00 Sekunden")
label.pack()
```

```
GPIO.setmode(GPIO.BOARD)
GPIO.setup(10, GPIO.IN)
_thread.start_new_thread(check_switch, ())          #7
window.mainloop()
```

Kommentare

#1: Der Schalter ist geschlossen (Schlegel berührt den Gong).

#2: Wenn die Stoppuhr im Anfangszustand ist, wechselt sie nun in den Zustand *Uhr läuft*. Wir merken uns diesen Zeitpunkt.

#3: Wenn die Stoppuhr im Zustand *Uhr läuft* ist, wechselt sie nun in den Zustand *Uhr gestoppt*. Die Zeitdifferenz seit dem Start wird auf zwei Stellen nach dem Komma gerundet angegeben.

#4: Wenn die Stoppuhr im Zustand *Uhr gestoppt* ist, wechselt sie nun in den Anfangszustand. Angezeigt werden 0,00 Sekunden.

#5: Hier wird gewartet, bis der Schalter wieder geöffnet ist.

#6: Nun wird der Fall behandelt, dass der Schalter nicht geöffnet ist. Wenn die Stoppuhr im Zustand *Uhr läuft* ist, wird die Anzahl der seit dem Start verstrichenen Sekunden angezeigt.

#7: Die Prozedur `check_switch()` wird in einem neuen Thread gestartet. Sie läuft nun parallel zum Hauptprozess.

7.7 Aufgaben

7.7.1 Aufgabe 1: Zeiteinstellung

Entwickeln Sie das folgende interaktive Element zur Einstellung einer ganzen Zahl zwischen 0 und 23: Klickt man auf das Label mit der Zahl mit der linken Maustaste und lässt die Maustaste gedrückt, so erhöht sich fortlaufend die Zahl um 1. Wenn die Zahl 23 gekommen ist, erscheint als nächste Zahl wieder die 0. Ist die gewünschte Zahl erreicht, lässt man die linke Maustaste los. Die gerade angezeigte Zahl bleibt dann erhalten. Ein solcher Eingabemechanismus kann für einen digitalen Wecker zur Einstellung der Stunde des Weckzeitpunkts verwendet werden.

Abb. 7.10: Die Zahl erhöht sich, wenn man sie anklickt.

7.7.2 Aufgabe 2: Zahlenschloss mit Tastaturfeld

Entwickeln Sie ein digitales Zahlenschloss, das einen elektrischen Türöffner steuern kann. Auf dem Touchscreen befindet sich ein einzeiliges Anzeigefeld für Zahlen. Sobald man das Feld anklickt, öffnet sich ein Tastaturfeld wie in Abbildung 7.11. Der Benutzer gibt eine Folge von Ziffern ein. Wenn die Kombination einer der gespeicherten Kombinationen entspricht, wird der Türöffner eingeschaltet. Wenn zwei Sekunden lang keine Eingabe erfolgt ist, schließt sich das Tastaturfeld wieder und die Eingabe wird gelöscht. Das Öffnen der Tür kann durch den Schriftzug »Tür auf« im Anzeigefeld simuliert werden.

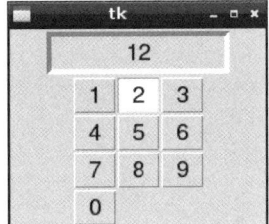
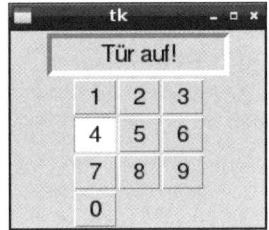

Abb. 7.11: Das Tastaturfeld erscheint, wenn man auf das Eingabefeld klickt.

Tipp: Verwenden Sie die Widget-Methoden `after()` und `after_cancel()`. Die Anweisung

```
id = w.after(ms, f)
```

erzeugt einen Prozess, der nach ms Millisekunden die Funktion f aufruft. Dabei ist w der Name eines beliebigen Widgets. Die Methode `after()` gibt einen Wert zurück, der den Prozess identifiziert. Er wurde hier in der Variablen id gespeichert. Dieser Wert wird benötigt, wenn man den Prozess wieder canceln möchte, um die Ausführung von f zu verhindern. Dies geschieht mit der Anweisung

```
w.after_cancel(id)
```

7.8 Lösungen

7.8.1 Lösung 1

Programm

```
from tkinter import *
import _thread, time
```

Kapitel 7
Projekte mit Zeitfunktionen

```python
def start(event):
    _thread.start_new_thread(changeNumber, ())      #1

def changeNumber():
    label.unbind("<1>")                              #2
    global control
    control = True
    while control:                                   #3
        hour.set(hour.get() + 1)                     #4
        if hour.get() > 23:
            hour.set(0)
        time.sleep(0.2)
    label.bind("<1>", start)                         #5

def stop(event):
    global control                                   #6
    control = False                                  #7
    label.bind("<1>"), start)

window = Tk()
hour = IntVar(master=window, value=0)
label = Label(master=window, height=1, width=2,
              font=("Arial", 40), textvariable=hour)
label.bind("<1>", start)                             #8
label.bind("<ButtonRelease-1>", stop)                #9
label.pack()
window.mainloop()
```

Kommentare

#1: Der Eventhandler `start()` wird aufgerufen, wenn die linke Maustaste gedrückt worden ist. Sie startet die Funktion `changeNumber()` in einem neuen Thread. Das ist notwendig, weil `changeNumber()` nur »von außen« beendet werden kann (nämlich indem ein anderer Prozess die globale Variable `control` auf `False` setzt). Die Funktion `changeNumber()` sorgt dafür, dass die Zahl auf dem Label fortlaufend erhöht wird – so lange, bis der Benutzer die Maustaste wieder loslässt.

#2: Hier wird verhindert, dass `start()` und damit `changeNumber()` durch schnelles Klicken noch ein zweites Mal aufgerufen werden.

#3: Die Variable `control` ist global. Sie wird von mehreren Funktionen gemeinsam genutzt. Sie dient zur Steuerung der `while`-Schleife. Diese Schleife wird so lange durchlaufen, bis die Maustaste wieder losgelassen wird. Dann wird nämlich (durch einen Eventhandler) die Variable `control` auf `False` gesetzt.

#4: Alle 0,2 Sekunden wird der Wert der Integer-Kontrollvariable um 1 erhöht. Wenn die Zahl größer als 23 ist, wird sie auf 0 gesetzt. So kann diese Variable die Stunde einer Uhrzeit darstellen.

#5: Hier wird die linke Maustaste wieder »freigegeben«.

#6: Das `global`-Statement ist notwendig, weil der Wert der globalen Variablen `control` geändert wird.

#7: Damit wird die Wiederholung in der Funktion `changeNumber()`, die parallel in einem eigenen Thread läuft, gestoppt.

#8: Der Event »Linke Maustaste wird gedrückt« wird an den Eventhandler `start()` gebunden.

#9: Der Event »Gedrückte linke Maustaste wird losgelassen« wird an den Eventhandler `stop()` gebunden.

7.8.2 Lösung 2

Programm

```
import time, _thread
from tkinter import *
KEYS = ["1204", "8897", "1805"]                    #1

def close():                                        #2
    frame.destroy()
    label.config(text="")
    label.bind("<1>", createKeyboard)

def insert():
    global keyId
    label.after_cancel(keyId)                       #3
    num = label.cget("text") + key.get()
    label.config(text=num)
    _thread.start_new_thread(check, (num,))         #4

def check(num):
    global keyId
    if num in KEYS:
        label.config(text="Tür auf!")               #5
        time.sleep(2)
        label.config(text="")
    keyId = label.after(2000, close)                #6
```

Kapitel 7
Projekte mit Zeitfunktionen

```python
def createKeyboard(event):                                  #7
    global frame,keyed
    keyId = label.after(2000, close)                        #8
    label.unbind("<1>")                                     #9
    frame = Frame(master=window)
    frame.pack()
    numButtons = [Radiobutton(master=frame, command=insert,
                        font=("Arial", 14), width=3,
                        variable=key, value=n,
                        text=n, indicatoron=False)
                  for n in "1234567890"]
    for i in range(3):
        numButtons[i].grid(row=0, column=i)
    for i in range(3,6):
        numButtons[i].grid(row=1, column=i-3)
    for i in range(6,9):
        numButtons[i].grid(row=2, column=i-6)
    numButtons[9].grid(row=3, column=0)

window=Tk()
key = StringVar(master=window)
label = Label(master=window, bd=4, relief=SUNKEN,
              font=("Arial",14), width=14)                  #10
label.pack(padx=30, pady=2)
label.bind("<1>", createKeyboard)

window.mainloop()
```

Kommentare

#1: Liste mit Zahlenkombinationen, die gültige Schlüssel sind. In einem realistischeren Programm würde die Liste aus einer Datei gelesen. Denn solche Schlüssellisten werden immer wieder verändert.

#2: Diese Prozedur wird aufgerufen, wenn zwei Sekunden lang keine Eingabe erfolgte. Sie sorgt dafür, dass die Eingabe gelöscht wird und die Tastatur verschwindet.

#3: Die Funktion `insert()` wird aufgerufen, wenn eine Zahlentaste angeklickt worden ist. Deshalb soll die Tastatur zunächst nicht verschwinden. Der Prozess, der die Tastatur nach zwei Sekunden entfernen soll, wird gelöscht.

#4: Nun muss geprüft werden, ob die eingegebene Zahl ein Schlüssel ist. Weil diese Routine eine Wartezeit (`time.sleep()`) beinhaltet, wird sie in einem neuen

Thread gestartet. So wird vermieden, dass der Hauptprozess in dieser Zeit blockiert ist.

#5: Wenn die eingegebene Zahl in der Liste der Schlüssel vorkommt, erscheint in der Anzeige für kurze Zeit der Schriftzug *Tür auf*. In einem realen digitalen Türschloss wird stattdessen der elektrische Türöffner betätigt.

#6: Nun wird ein Prozess gestartet, der nach 2 Sekunden die Funktion `close()` aufruft. Sie sorgt dafür, dass die Tastatur wieder entfernt wird und der Inhalt des Anzeigefeldes verschwindet. Die globale Variable `keyId` wird an anderer Stelle für das Löschen (Canceln) dieses Prozesses benötigt.

#7: Die Funktion ist ein Eventhandler. Sie wird aufgerufen, sobald der Benutzer das Anzeigefeld anklickt. Sie sorgt dafür, dass eine Tastatur für die Eingabe von Ziffern erscheint.

#8: Hier wird ein Prozess gestartet, der nach 2 Sekunden Inaktivität das Tastaturfeld wieder entfernt.

#9: Hier wird der Event »Linke Maustaste gedrückt« vom zugehörigen Eventhandler abgekoppelt. Damit wird verhindert, dass das Tastaturfeld ein zweites Mal erzeugt wird, wenn der Benutzer wieder auf das Label klickt.

#10: Das Label für die Darstellung der Ziffern wird mit einem SUNKEN-Relief (mit einem Rahmen der Breite 4 Pixel) versehen.

Anschluss an ein elektromagnetisches Türschloss

Mit dem PiFace und einem elektromagnetischen Türschloss können Sie das Projekt umsetzen. Sie müssten das Programm folgendermaßen abändern:

- Da das PiFace nur mit Python 2.7 funktioniert, müssen Sie es natürlich auch vom Python-2.7-Interpreter ausführen lassen. Im Programmtext ersetzen Sie `tkinter` durch `Tkinter` und `_thread` durch `thread`. Diese beiden Module heißen bei Python 2 und Python 3 unterschiedlich.
- Sie müssen die Prozedur `check()` überarbeiten. Hier wird das erste Relais (Ausgang 0) ein- und ausgeschaltet.

```
# -*- coding: utf-8 -*-
# schloss_einfach.pyw
import time, thread
from Tkinter import *
from piface import pfio
pfio.init()
...

def insert():
```

```
    ...
    thread.start_new_thread(check, (num,))

def check(num):
    global keyed
    if num in KEYS:
        label.config(text="Tür auf!")
        pfio.digital_write(0, 1)
        time.sleep(3)
        pfio.digital_write(0, 0)
        label.config(text="")
    keyId = label.after(2000, close)
...
```

Kapitel 8

Objektorientierte Programmierung

Python ist eine objektorientierte Programmiersprache. Bisher haben wir Objekte vorgegebener Klassen genutzt. In diesem Kapitel geht es darum, wie man neue Klassen selbst definieren kann. Komplexere Python-Programme sind übersichtlicher und besser verständlich, wenn sie als Klassenstruktur formuliert werden.

8.1   Klassen und Vererbung bei Python

Komplexe Programme müssen strukturiert werden, damit man den Überblick behält. Eine Möglichkeit der Strukturierung ist die Definition von Funktionen. Jede Funktion löst eine kleine Teilaufgabe einer umfangreicheren Gesamtaufgabe.

Wenn eine Funktionsdefinition einmal aufgeschrieben worden ist und wenn sie korrekt ist, braucht man sich keine Gedanken mehr über ihre Arbeitsweise zu machen. Man muss nur wissen, was sie leistet, und kann sie dann in dem übrigen Programmtext verwenden.

Ein zweites Strukturierungsprinzip ist die Definition von Klassen. Eine Klasse können Sie sich als eine Art Bauplan für Objekte vorstellen. Mit Objekten modelliert man Entitäten der realen oder gedanklichen Welt z. B. ein Auto, eine Tasse Kaffee, ein Bild, eine Rechnung oder ein Ereignis.

Ein Objekt hat zwei wesentliche Merkmale:

- Ein Objekt befindet sich immer in einem Zustand. Es besitzt Attribute, die mit Werten belegt sind. Aus der Kombination dieser Werte ergibt sich der momentane Zustand eines Objekts.
- Ein Objekt ist eigenaktiv. Es besitzt Methoden (Objektfunktionen), die aufgerufen werden können. In der Denkweise der OOP sagt man dann: Das Objekt empfängt eine Botschaft und führt einen Auftrag aus.

Python ist von Grund auf objektorientiert. Wir haben schon oft Objekte bereits vorhandener Klassen instanziiert und Methoden aufgerufen. Wie aber definiert man bei Python eine neue Klasse?

Eine Klassendefinition besteht im Wesentlichen aus folgenden Komponenten:

- **Die Kopfzeile.** Sie beginnt mit dem Schlüsselwort `class`. Danach kommt der Name der Klasse, der üblicherweise mit einem Großbuchstaben beginnt. Bei

Kapitel 8
Objektorientierte Programmierung

abgeleiteten Klassen folgt nun in Klammern eine Liste der Basisklassen. Am Ende der Zeile muss ein Doppelpunkt stehen.

- **Klassenattribute.** Eine Klasse kann auch (muss aber nicht) Attribute besitzen, die für alle Instanzen (Objekte) der Klasse gelten. Solche Klassenattribute werden durch Zuweisungen der Art `attribut = wert` erzeugt.
- **Definition der Konstruktormethode `__init__()`.** Hier werden die Anfangswerte der Objektattribute festgelegt. Die Konstruktormethode wird aufgerufen, wenn ein Objekt der Klasse erzeugt wird.
- **Definition weiterer Methoden (Operationen).**

Die Einzelheiten stelle ich an einem Beispiel vor.

8.1.1 Einführendes Beispiel: Alphabet

Das Anwendungsfenster zeigt einen Buchstaben. Bei jedem Klick auf den Buchstaben erscheint (zyklisch) der Nachfolger im Alphabet. Nach dem Z kommt ein Leerzeichen und dann wieder A.

Abb. 8.1: Ein anklickbarer Buchstabe

Ein solches Programm kann man als Basis für einen speziellen Editor nehmen, mit dem auf einem Touchscreen ohne Tastatur z. B. ein Name eingegeben werden kann.

Das folgende Programm implementiert die Idee. Es ist völlig objektorientiert und besteht im Wesentlichen aus der Definition zweier Klassen: `ClickableLabel` und `Application`.

Programm

```
from tkinter import *
import random

class ClickableLabel:                                          #1
    letters ="AÄBCDEFGHIJKLMNOÖPQRSTUÜVWXYZ "                  #2
    def __init__(self, master):                                #3
        self.i = random.randint(0,len(self.letters)-1)         #4
        self.label=Label(master= master,
                         font=("Arial", 20),
                         text=self.letters[self.i])            #5
        self.label.bind("<1>", self.nextLetter)
```

```
        def nextLetter(self, event):                    #6
            if self.i < len(self.letters)-1:
                self.i += 1
            else:
                self.i = 0
            self.label.config(text=self.letters[self.i])
        def pack(self):                                  #7
            self.label.pack()

class Application:
    def __init__(self):
        self.window = Tk()
        self.c = ClickableLabel(master=self.window)     #8
        self.c.pack()
        self.window.mainloop()

a = Application()                                        #9
```

Kommentare

#1: Das ist die Kopfzeile der Klasse `ClickableLabel`.

#2: Hier wird das Klassenattribut `letters` erzeugt. Es gilt für alle Objekte der Klasse.

#3: Das ist die Konstruktormethode. Sie wird aufgerufen, wenn ein Objekt der Klasse instanziiert wird. Das erste Argument repräsentiert das aktuelle Objekt der Klasse. Sie gehört zur Klassendefinition.

#4: Hier wird das Attribut `i` erzeugt. Der Anfangswert ist eine Zufallszahl. Dieses Attribut soll den Index des gezeigten Buchstabens i im Klassenattribut `letters` darstellen. Dieser Index kann bei jedem Objekt der Klasse unterschiedlich sein. Es ist deshalb kein Klassenattribut, sondern ein Objektattribut. Wichtig: Vor dem Namen eines Objektattributs muss immer `self.` stehen.

#5: Das zweite Objektattribut ist ein `Label`-Objekt. Es zeigt den aktuellen Buchstaben.

#6: Das ist eine Methode der Klasse `ClickableLabel`. Sie wird aufgerufen, wenn das Label angeklickt worden ist. Beachten Sie, dass die Methodendefinition eingerückt ist. Sie gehört zur Klassendefinition.

#7: Die Methode `pack()` ruft nur die `pack()`-Methode des Labels auf.

#8: Hier wird ein Objekt der Klasse `ClickableLabel` erzeugt. Dabei wird der Konstruktor der Klasse aufgerufen.

#9: Das Hauptprogramm besteht eigentlich nur aus einer Anweisung am Ende. Da wird ein Objekt der Klasse `Application` instanziiert.

Der Parameter self

Die Kopfzeile jeder Methodendefinition beginnt mit dem formalen Parameter `self`. Er repräsentiert das aktuelle Objekt. Man könnte auch einen anderen Namen nehmen. Aber `self` hat sich in der Python-Programmierung eingebürgert. Beim Aufruf der Methode eines Objekts taucht `self` aber nicht als Parameter auf. Das heißt: Die Parameterliste eines Methodenaufrufs hat immer ein Element weniger als die Methodendefinition. Ein Aufruf des Formats

```
objekt.methode1 (a1, ...)
```

wird vom Python-Interpreter in einen Aufruf des Formats

```
methode1(self, a1, ...)
```

umgewandelt.

Innerhalb der Klassendefinition verwendet man `self`, um Attribute oder klasseninterne Methoden aufzurufen (z. B. `self.label`).

UML-Klassendiagramme

Ein UML-Klassendiagramm (Unified Modeling Language) visualisiert die Klassenstruktur eines objektorientierten Programms.

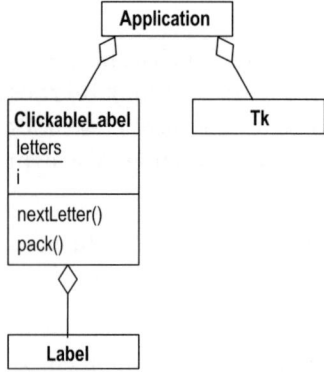

Abb. 8.2: UML-Klassendiagramm eines Aggregats

Jeder Kasten repräsentiert eine Klasse mit den Namen ihrer (wichtigsten) Attribute und Methoden. Klassenattribute werden unterstrichen. Ein UML-Diagramm ist eine Abstraktion, eine vereinfachte Darstellung, die zum *Erklären* der Programmstruktur verwendet wird. Alle Details, die für das Verständnis unwichtig sind, kann man weglassen.

Objekte einer Klasse sind manchmal aus anderen Objekten zusammengesetzt. Das nennt man ein *Aggregat*. Die Beziehung zwischen einem Teil und dem Ganzen, zu dem es gehört, ist eine *Aggregation*. Im UML-Klassendiagramm stellt man Aggregationen durch Linien dar, die an einer Seite eine ungefüllte Raute tragen. In unserem Beispiel ist ein Objekt der Klasse ClickableLabel ein Aggregat aus einem Label-Objekt und einem Tk-Objekt.

8.1.2 Qualitätsmerkmal Änderbarkeit

Komplexe Programme sind manchmal schwer zu durchschauen und dann auch nur schwer zu ändern. Objektorientierung verbessert die Lesbarkeit und macht es leichter, ein Programm zu erweitern oder zu ändern. Gut ist, wenn ein Programm nur *an einer einzigen Stelle* abgeändert werden muss, um ein neues Feature zu implementieren.

Wie steht es mit der Änderbarkeit des Beispielprogramms? Gehen wir verschiedene Fälle durch.

Fall 1: Statt einem, sollen fünf anklickbare Buchstaben auf dem Bildschirm zu sehen sein.

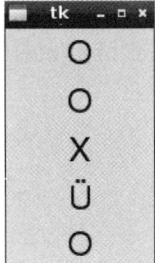

Abb. 8.3: Fünf anklickbare Buchstaben

Für diese Änderung müssen nur zwei Programmzeilen in der Klassendefinition von Application geändert werden (fett gedruckt). Die Klasse ClickableLabel wird nicht angerührt.

```
class Application:
    def __init__(self):
        self.window = Tk()
        for i in range(5):
            ClickableLabel(master=self.window).pack()
        self.window.mainloop()
```

Fall 2: Es sollen 18 anklickbare Buchstaben in einem 6x3-Raster dargestellt werden.

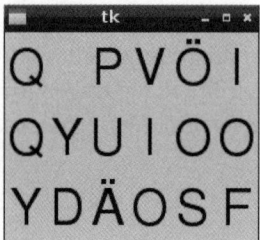

Abb. 8.4: Ein Raster mit 6 x 3 anklickbaren Buchstaben

Das wird schwieriger. Denn die Klasse ClickableLabel besitzt keine Methode für dieses Layout. Eine solche Methode müsste für diese Änderung erst eingefügt werden. Damit müssten *zwei* Klassendefinitionen verändert werden. Das ist eine Schwäche unserer Programmstruktur. Mit Vererbung geht es besser. Mehr dazu im folgenden Abschnitt.

8.1.3 Vererbung

Eine Klasse kann aus einer Basisklasse abgeleitet werden. Die neue Klasse *erbt* alle Attribute und Methoden der Basisklasse. In der neuen Klassendefinition können auch Methoden und Attribute der Basisklasse überschrieben werden; das heißt, sie werden einfach neu definiert. Und es können weitere Attribute und Methoden dazukommen. Die abgeleitete Klasse ist mächtiger als die Basisklasse.

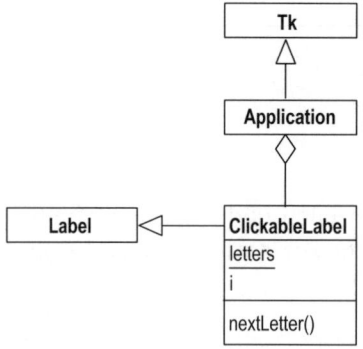

Abb. 8.5: UML-Diagramm einer Klassenstruktur mit Aggregation und Vererbung

Man kann die Klasse ClickableLabel aus dem Einführungsbeispiel aus der Basisklasse Label ableiten. Dann erbt sie alle Methoden der Klasse Label. Insbesondere erbt sie die Methoden zum Layout-Management (pack(), grid() etc.).

Weil nun keine Layout-Methoden definiert werden müssen, wird der Programmtext kürzer und leichter änderbar.

Abbildung 8.5 zeigt das UML-Klassendiagramm dieser Struktur. Nun stehen die neuen Klassen in einer anderen Beziehung zu Tk und Label. Es sind keine Aggregate, sondern von Tk bzw. Label abgeleitete Klassen mit zusätzlichen Merkmalen. Die Beziehung »abgeleitet von« wird durch einen Pfeil mit nicht ausgefüllter Spitze dargestellt. Der Pfeil zeigt immer auf die Basisklasse.

Programm

```
from tkinter import *
import random

class ClickableLabel(Label):                        #1
    letters ="AÄBCDEFGHIFKLMNOÖPQRSTUÜVWXYZ "
    def __init__(self, master)
        self.i = random.randint(0,len(self.letters)-1)
        Label.__init__(self, master=master,
                       font=("Arial", 30),
                       text=self.letters[self.i])   #2
        self.bind("<1>", self.nextLetter)           #3

    def nextLetter(self, event):
        if self.i < len(self.letters)-1:
            self.i += 1
        else:
            self.i = 0
        self.config(text=self.letters[self.i])      #4

class Application(Tk):                              #5
  def __init__(self):
    Tk.__init__(self)
    for x in range(6):
      for y in range(3):
        ClickableLabel(master=self).grid(column=x, row=y)
    self.mainloop()

a = Application()
```

Kommentare

#1: Hinter dem Klassennamen wird in Klammern die Basisklasse angegeben.

#2: Hier wird der Konstruktor der Basisklasse Label aufgerufen. Dieser Aufruf beginnt mit dem Namen der Klasse.

#3: Die neue Klasse `ClickableLabel` hat von der Basisklasse `Label` die Methode `bind()` geerbt. Deshalb kann nun die Botschaft `bind()` an das aktuelle Objekt `self` gesendet werden.

#4: Auch die Methode `config()` wurde geerbt.

#5: Die Klasse `Application` wird von der Basisklasse Tk abgeleitet.

8.2 Pong revisited

Pong wurde 1972 von der amerikanischen Elektronikfirma Atari auf den Markt gebracht. Es lief nicht als Programm auf einem Computer, sondern in einem Automaten mit fest verdrahteter Elektronik, der in Spielhallen aufgestellt wurde. Das Spiel ist die Simulation eines Tischtennisspiels mit extrem einfacher Grafik. Ein Ball bewegt sich in zunächst zufälliger Richtung über die Spielfläche. Am oberen und unteren Rand des Bildschirms prallt er ab. Rechts und links gibt es Schläger, die von den beiden Spielern kontrolliert werden. Die Spieler bewegen ihre Schläger so, dass sie den Ball treffen. Er prallt dann ab und fliegt zurück in die gegnerische Hälfte. Wenn ein Spieler es nicht schafft, den Ball zurückzuspielen und dieser den Rand der Spielfläche hinter dem eigenen Schläger berührt, gibt es einen Punkt für den Gegenspieler.

Abb. 8.6: Screenshot aus dem Spiel Pong, implementiert als Python-Programm auf dem Raspberry Pi

Pong gilt als Urvater aller Videospiele und war Anfang der Siebzigerjahre »State of the Art« der Unterhaltungselektronik. Heute können Sie mit einem 90-Zeilen-Programm Pong auf Ihrem RPi simulieren.

Das Projekt ist auf folgende Hardwarekonfiguration zugeschnitten: Der RPi ist an ein einfaches Display (nicht interaktiv) angeschlossen. Zwei Schalter – am besten Fußschalter – sind an Pin 8 und Pin 10 des GPIO angeschlossen (siehe Abbildung 8.7).

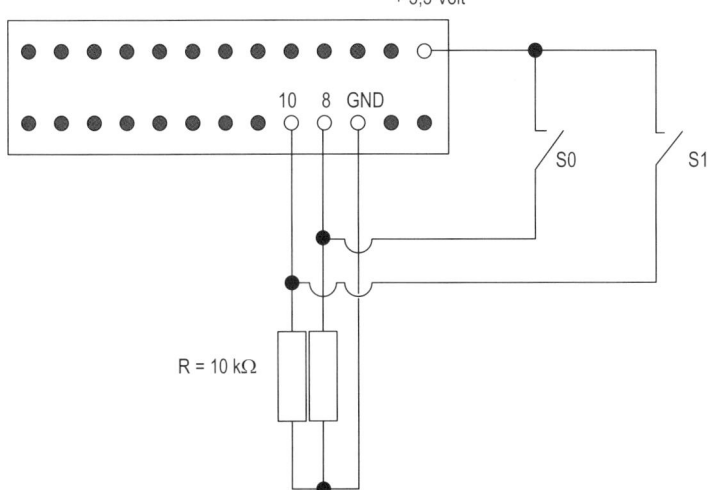

Abb. 8.7: Schaltplan für zwei Schalter am GPIO

Jeder Spieler verwendet einen Schalter. Ist der Schalter gedrückt, steigt der eigene Schläger nach oben. Sonst sinkt er wieder nach unten.

Warum Fußschalter? Mit Fußschaltern kann man das Display mit dem RPi einfach an eine Wand hängen und braucht keinen Tisch oder Ähnliches. Im nächsten Abschnitt finden Sie eine Anleitung zum Bau eines Fußschalters aus Haushaltsmaterialien.

Eine technische Herausforderung dieses Projekts ist die Grafik. Abbildungen eines Balls und zweier Schläger müssen auf einer Fläche positioniert und bewegt werden. Für diese Aufgaben bietet das Modul `tkinter` die Klasse `Canvas`. Abschnitt 8.2.2 ist eine kleine Einführung in die Programmierung einer grafischen Oberfläche mit `Canvas`-Objekten.

8.2.1 Bau eines Fußschalters

Sie benötigen folgende Materialien:

- zweiadriges Kabel
- ein Stück Wellpappe (aus einem Pappkarton)
- Alufolie
- eine Scheibe dünnen Schaumstoff, möglichst nicht zu weich, z. B. aus Verpackungsmaterial. Typische Maße sind 8 cm x 8 cm x 1 cm.
- eventuell ein Stück Teppichboden zur Abdeckung
- Kreppklebeband

Schneiden Sie aus der Pappe ein Stück etwa der Größe 12 cm x 12 cm. Das ist die Grundplatte des Fußschalters. Schneiden Sie ein Stück Alufolie aus (ca. 5 cm x 8 cm). Rollen Sie die Alufolie an einer Seite zusammen und verdrillen Sie sie mit dem entisolierten Ende einer Ader des Kabels (Abbildung 8.8, links).

Schneiden Sie für die bewegliche Schaltfläche ein kleineres Stück Pappe aus und bohren Sie mit der Schere in der Mitte ein Loch. Formen Sie aus Alufolie einen pilzförmigen Kontakt (Abbildung 8.8, rechts) und schieben Sie ihn durch das Loch. Der breite Teil dieser Form soll später den Kontakt mit der Alufolie auf der Grundplatte schießen. Den dünnen Teil verdrillen Sie mit dem blanken Ende der zweiten Ader des Kabels.

Abb. 8.8: Die Grundplatte des Fußschalters (links) und die bewegliche Schaltfläche (rechts)

Schneiden Sie einer Schaumgummiplatte in der Mitte ein Loch aus und legen Sie es auf die Alufolie der Grundplatte (Abbildung 8.9). Legen Sie darauf die Schaltfläche mit dem Aluminiumkontakt. Achten Sie darauf, dass die beiden Aluminiumteile jetzt noch keinen Kontakt haben. Erst, wenn man von oben auf die Schaltfläche drückt, sollen sie sich berühren. Verkleben Sie das Ganze mit Kreppklebeband. Der Fußschalter kann später, wenn er auf dem Boden liegt, mit einem Stück Teppichboden abgedeckt werden.

Abb. 8.9: Zwischen Grundplatte und Schaltfläche ist eine Platte aus Schaumgummi mit einem Loch in der Mitte.

8.2.2 Die Klasse Canvas

Dieser Abschnitt ist eine kleine Einführung in die Grundideen der Klasse Canvas. Oft hilft es, sich erst einmal einige grundsätzliche Dinge klarzumachen, bevor man sich in die konkrete Programmierung stürzt.

Ein Canvas-Objekt (*canvas*: engl. *Leinwand*) kann man sich als Fläche vorstellen, auf der ein Bild gemalt wird. Es beherrscht Methoden, um grafische Objekte (Kreise, Rechtecke, Linien, Texte etc.) zu erzeugen, zu verändern oder zu vernichten. Diese grafischen Objekte nennt man *Items*.

Das Canvas-Objekt ist selbst aktiv. Alles, was auf seiner Fläche geschieht, wird von ihm kontrolliert. Es empfängt Aufträge und führt sie dann selbst aus.

Jedes Item auf einem Canvas hat eine ID, eine Nummer zur Identifikation. Wenn ein neues Item erzeugt wird, erhält der Auftraggeber die ID des neuen Objekts. Jeder Methodenaufruf zur Veränderung eines Items hat als erstes Argument die ID des Items.

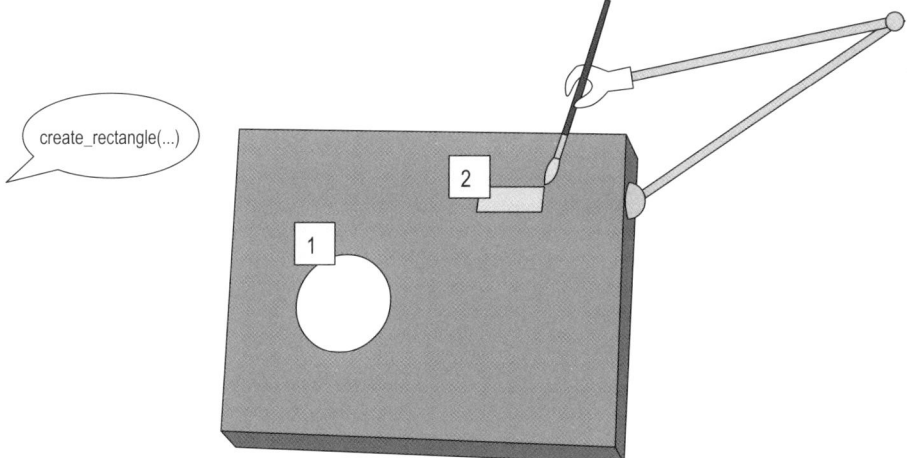

Abb. 8.10: Das Aussehen der Bildfläche wird ausschließlich vom Canvas-Objekt kontrolliert. Jedes Item trägt eine ID-Nummer.

Wichtig sind die Koordinaten der Items. Der Ursprung (Nullpunkt) des Koordinatensystems liegt in der Ecke links oben. Das Canvas-Objekt kennt die Koordinaten aller seiner Items und verwaltet sie. Es gibt Methoden zur Veränderung der Position (move(), coords()) und zum Abfragen der Position eines Items (coords()).

Sie können im interaktiven Modus die Canvas-Methoden ausprobieren. Allerdings klappt das auf dem RPi *nicht mit IDLE*!

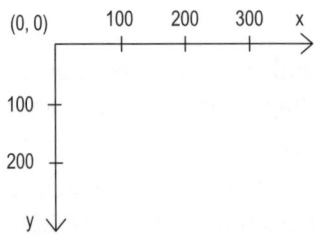

Abb. 8.11: Das Koordinatensystem eines Canvas-Objekts

Öffnen Sie deshalb ein LX-Terminal und starten Sie die Python-Shell mit python3.2. Die Python-Shell startet im Terminal-Fenster und Sie können Python-Kommandos eingeben.

Zeichnen Sie ein Raumschiff (Rechteck), das neben einem Asteroiden (Kreisfläche) im Weltraum schwebt.

```
>>> from tkinter import *
>>> window = Tk()
```

Auf dem Bildschirm öffnet sich ein graues Tk-Fenster.

```
>>> canvas = Canvas(master=window,
                width=300,height=200, bg="black")
>>> canvas.pack()
```

Das Fenster ändert seine Form und zeigt nun den Canvas mit schwarzem Hintergrund.

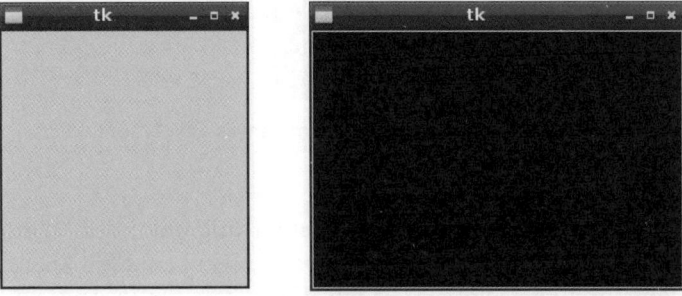

Abb. 8.12: Leeres Tk-Fenster (links) und Tk-Fenster mit Canvas-Objekt (rechts)

Im nächsten Schritt zeichnen Sie den Asteroiden. Alle Canvas-Methoden, mit denen neue Items geschaffen werden, beginnen mit create_ (siehe Tabelle 8.1).

```
>>> asteroid = canvas.create_oval(100, 100, 150, 150,
                                  fill = "grey")
```

Es erscheint eine graue Kreisfläche. Die Variable `asteroid` ist nichts weiter als eine Zahl, die ID-Nummer des neuen Items auf dem Canvas.

```
>>> print(asteroid)
1
```

Zeichnen Sie das Raumschiff. Es erhält die ID 2.

```
>>> spaceship = canvas.create_rectangle(200, 50, 240, 70,
                                        fill="blue")
```

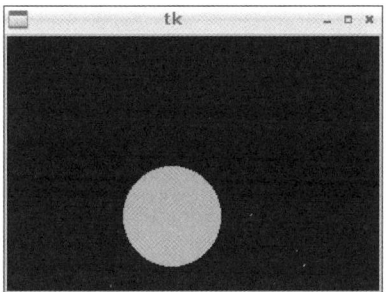 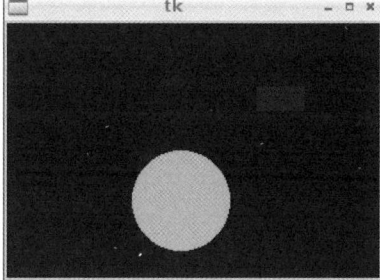

Abb. 8.13: Grafische Objekte (Items) auf dem Canvas erzeugen

Mithilfe der IDs kann man die Objekte auf dem Canvas verändern, verschieben oder die Koordinaten ermitteln. Probieren Sie folgende Befehle aus:

```
>>> canvas.coords(spaceship)         # Koordinaten
[200.0, 50.0, 240.0, 70.0]
>>> canvas.move(spaceship, -80, 0)   # Item bewegen
>>> canvas.coords(spaceship)
[120.0, 50.0, 160.0, 70.0]
```

Das Raumschiff wurde um -80 Pixel in waagerechter Richtung und um 0 Pixel in senkrechter Richtung verschoben. Entsprechend haben sich die Koordinaten verändert.

Mit `itemconfigure()` können Sie beliebige Eigenschaften eines Items verändern, z. B. seine Farbe:

```
>>> canvas.itemconfigure(spaceship, fill="white")
```

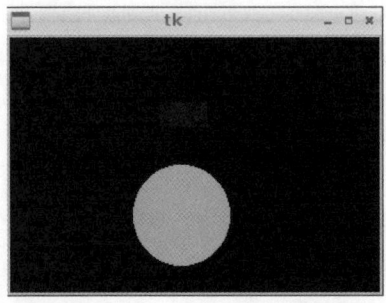 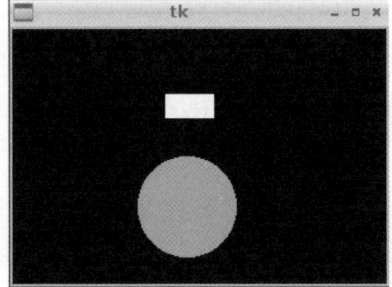

Abb. 8.14: Items können geändert werden.

Sie verlassen die Python-Shell mit

```
>>> quit()
```

Methode	Erklärung
bbox(itemID)	Zurückgegeben wird ein Tupel (x1, y1, x2, y2), das die Bounding-Box des Items beschreibt. Das ist das kleinste Rechteck, in dem sich das Item befindet.
coords (itemID, x0, y0, x1, y1, ...)	Auslesen oder Verändern der Koordinaten eines Items
create_image(x, y, image=img)	Erzeugt ein Bild an der Stelle (x, y).
create_line(x0, y0, ...)	Erzeugt eine zusammenhängende Linie, die aus mehreren geraden Stücken besteht.
create_oval(x0, y0, x1, y1, ...)	Erzeugt eine Ellipse an der Position (x0, y0, x1, y1).
create_rectangle (x0, x1, y0, y1, ...)	Erzeugen eines Rechtecks mit linker oberer Ecke (x0, y0) und rechter unterer Ecke (x1, y1)
create_text(x, y, text=t, ...)	Erzeugen eines Text-Objekts an der Stelle (x, y)
delete(itemID)	Löscht das spezifizierte Objekt.
find_all()	Liefert eine Liste der ID-Nummern aller Objekte auf dem Canvas.
find_closest(x, y)	Liefert die ID-Nummer des Objekts, das am nächsten am Punkt (x, y) ist.
find_overlapping(x0, y0, x1, y1)	Die Argumente definieren die linke obere und rechte untere Ecke einer Bounding-Box.

Tabelle 8.1: Einige Methoden der Klasse Canvas

Methode	Erklärung
itemcget (*itemID*, *option*)	Liefert den Wert der Option *option* des spezifizierten Objekts.
itemconfigure(*itemID*, ...)	Für ein Item auf dem Canvas werden über Schlüsselwortargumente der Form option=wert Optionen neu gesetzt.
move(*itemID*, *xAmount*, *yAmount*)	Das Objekt wird in waagerechter und senkrechter Richtung um die Werte von *xAmount* und *yAmount* bewegt.

Tabelle 8.1: Einige Methoden der Klasse Canvas (Forts.)

8.2.3 Die Programmierung

Das Schöne bei der objektorientierten Programmierung visueller Systeme ist, dass man sich bei der Entwicklung der Klassenstruktur am (geplanten) Aussehen des Anwendungsfensters auf dem Bildschirm orientieren kann. Man kann die Objekte sehen. Welche Elemente sieht man auf dem Bildschirm des Pong-Spiels?

- Da ist die schwarze Spielfläche, auf der alles passiert. Sie wird durch ein Objekt der Klasse Canvas implementiert.

- Oben wird der Punktestand angezeigt. Der Punktestand wird durch ein Objekt der Klasse Points implementiert. Wenn der Punktestand aktualisiert wird, sendet das Points-Objekt eine entsprechende Botschaft an das Canvas-Objekt.

- Es gibt einen Ball, der über den Bildschirm fliegt. Er wird von den oberen und unteren Seitenwänden reflektiert und prallt auch von den Schlägern ab. Wenn er rechts oder links am Bildschirmrand anstößt, sorgt er dafür, dass ein Spieler einen Punkt bekommt, und sendet eine Botschaft an das Points-Objekt. Der Ball wird durch ein Objekt der Klasse Ball implementiert.

- Es gibt zwei Schläger, die von außen gesteuert werden. Sie verhalten sich im Prinzip gleich und werden durch eine einzige Klasse namens Bat implementiert. Von Bat wird es also zwei Instanzen geben, die unterschiedliche Pins des GPIO verwenden und die sich an unterschiedlichen Positionen auf dem Canvas befinden. Jeder Schläger muss ständig prüfen, ob er den Ball berührt (dann schickt er eine Botschaft an das Ball-Objekt) und ob an seinem Pin des GPIO ein hoher Spannungspegel anliegt (True) oder ein niedriger (False).

Noch eine Bemerkung zum Attribut iD. Objekte der Klassen Ball, Points und Bat besitzen dieses Attribut. Es enthält die Nummer des zugehörigen visuellen Objekts (Item) auf dem Canvas. Es wurde hier nicht der Name id genommen (mit kleinem d), weil es eine Funktion namens id gibt. Sie liefert die Identität eines Objekts. Funktionsnamen sollte man nicht überschreiben – auch wenn das bei Python technisch geht.

Kapitel 8
Objektorientierte Programmierung

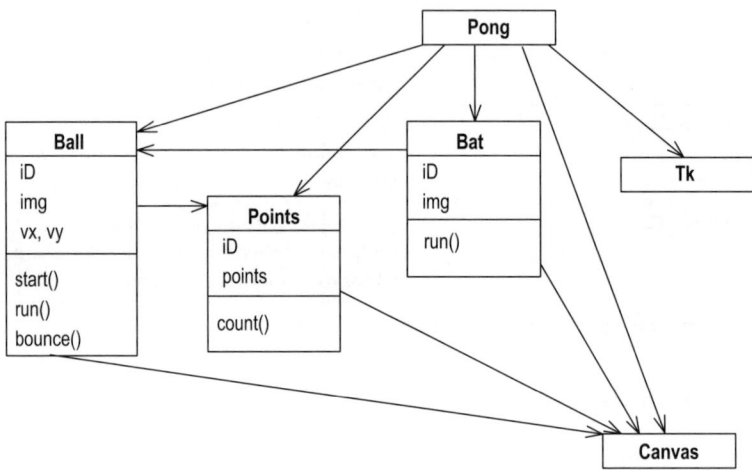

Abb. 8.15: UML-Klassendiagramm zum Programm Pong

Abbildung 8.15 zeigt ein UML-Diagramm der Klassenstruktur. Die Pfeile zeigen die sogenannte Navigationsstruktur. Jedes Objekt einer Klasse »kennt« nur Objekte der Klassen, zu denen ein Pfeil führt. Nur an diese Objekte kann es Botschaften schicken.

```
from tkinter import *
from RPi import GPIO
import random, time, _thread

STEP = 0.05

class Ball:
    def __init__(self, canvas, points):
        self.canvas, self.points = canvas, points
        self.img = PhotoImage(file='ball.gif')          #1
        self.iD = self.canvas.create_image(0, 0, image=self.img)
        self.start()

    def start(self):
        x = int(self.canvas['width'])/2
        self.canvas.coords(self.iD, x, 1)               #2
        self.vy = random.randint(2,6)
        self.vx = random.choice([-3, 3])
        _thread.start_new_thread(self.run, ())          #3

    def bounce(self):
        if self.vx > 0:                                 #4
            self.vx = -self.vx -1
```

8.2 Pong revisited

```
            else:
                self.vx = -self.vx +1
            self.canvas.move(self.iD, self.vx, self.vy)    #5

    def run(self):
        x, y = self.canvas.coords(self.iD)
        while 0 < int(x) < int(self.canvas['width']):     #6
            self.canvas.move(self.iD, self.vx, self.vy)
            x, y = self.canvas.coords(self.iD)
            if not(0 < int(y) < int(self.canvas['height'])):
                self.vy = - self.vy                        #7
            time.sleep(STEP)
        if int(x) <= 0:
            winner = 1                                     #8
        else:
            winner = 0
        self.points.count(winner)
        self.canvas.after(3000, self.start)                #9

class Bat:
    def __init__(self, canvas, ball, x, pin):
        self.canvas, self.ball, self.pin = canvas, ball, pin
        self.img = PhotoImage(file='bat.gif')
        self.iD = self.canvas.create_image(x, 0,
                            anchor=NW, image=self.img)
        _thread.start_new_thread(self.run, ())

    def run(self):
        while True:
            x, y = self.canvas.coords(self.iD)
            if GPIO.input(self.pin) and (int(y) > 0):
                self.canvas.move(self.iD, 0, -5)           #10
            elif int(y) < int(self.canvas['height'])-30:
                self.canvas.move(self.iD, 0, 5)
            x1, y1, x2, y2 = self.canvas.bbox(self.iD)
            if self.ball.iD in \
                self.canvas.find_overlapping(x1, y1, x2, y2):
                    self.ball.bounce()                     #11
            time.sleep(STEP)

class Points:
    def __init__(self, canvas):
        self.points = [0, 0]                               #12
        self.canvas = canvas
        x = int(canvas.cget('width'))/2
        self.iD = self.canvas.create_text(x, 50,
                            font=('Arial', 50),
```

Kapitel 8
Objektorientierte Programmierung

```python
                            fill = 'white',
                            text='0 : 0')

    def count(self, player):
        self.points[player] += 1
        text = str(self.points[0]) + ' : ' + str(self.points[1])
        self.canvas.itemconfigure(self.iD, text=text)

class Pong:
    def __init__(self):
        GPIO.setmode(GPIO.BOARD)
        GPIO.setup(10, GPIO.IN)
        GPIO.setup(8, GPIO.IN)
        self.window = Tk()
        self.canvas = Canvas(master=self.window, bg='black',
                            width=800, height=450)
        self.canvas.pack()
        self.points = Points(self.canvas)
        self.ball = Ball(self.canvas, self.points)
        self.leftBat = Bat(self.canvas, self.ball, 20, 8)
        self.rightBat = Bat(self.canvas, self.ball, 760, 10)
        self.window.mainloop()

Pong()
```

Kommentare

#1: Das `PhotoImage`-Objekt muss ein Attribut der Klasse sein und darf keine lokale Variable sein. Sonst verschwindet es von der Bildfläche, sobald die Ausführung der Konstruktor-Methode beendet ist.

#2: Hier wird das `Ball`-Objekt auf neue Koordinaten gesetzt.

#3: Die Methode `run()` wird in einem eigenen Thread gestartet.

#4: Die Methode `bounce()` wird aufgerufen, wenn der Ball einen Schläger berührt. Die waagerechte Flugrichtung wird umgekehrt und der Ball um ein Pixel pro Zeitschritt beschleunigt.

#5: Der Ball wird auf der Bildfläche bewegt. vx und vy repräsentieren die Geschwindigkeitsanteile (Wegstrecke pro Zeitschritt) in waagerechter und senkrechter Richtung.

#6: In dieser Schleife wird der Ball so lange bewegt, wie er sich auf der Bildfläche befindet. Der Wert der Option `width` wird als String geliefert, der erst noch in eine Zahl umgewandelt werden muss.

#7: Wenn der Ball oben oder unten am Bildrand anstößt, wird die Bewegungskomponente in senkrechter Richtung umgekehrt. Der Ball prallt ab.

#8: Wenn der Ball links anstößt, gewinnt Spieler 1 (rechts).

#9: Nach drei Sekunden wird ein neuer Ball ins Spiel gebracht.

#10: Wenn der zugehörige Pin des GPIO auf hohem Spannungslevel ist (Schalter gedrückt) und der Schläger noch nicht ganz oben ist, bewegt er sich nach oben. Sonst bewegt er sich nach unten.

#11: Eine wichtige Stelle des Programms. Hier wird geprüft, ob der Schläger den Ball berührt. Dazu wurde zunächst die Bounding-Box des Schlägers ermittelt. Sie besteht aus vier Zahlen, die die linke obere Ecke und die rechte untere Ecke des Rechtecks beschreiben, in dem sich das Bild des Schlägers befindet. Dann wird eine Liste mit Items berechnet, die diese Bounding-Box berühren. Wenn die ID-Nummer des Balls sich in dieser Liste befindet, hat der Schläger den Ball getroffen. Dann wird die Methode bounce() des Balls aufgerufen. Der Ball wird zurückgespielt.

#12: Die Punkte werden in einer Liste aus zwei Elementen gespeichert.

Diese Pong-Variante benutzt Bilddateien für Ball und Schläger. Das gibt Ihnen die Möglichkeit, Ball und Schläger mit einem Grafikeditor etwas aufwendiger zu gestalten.

8.3 Renn, Lola renn!

In diesem Projekt entwickeln wir eine einfache Lauf-Simulation. Die Idee ist simpel. Eine Figur muss so schnell wie möglich die Zielfahne erreichen. Sobald sie den ersten Schritt macht, wird eine Uhr gestartet. Sie hält wieder an, wenn die Figur am Ziel angekommen ist.

Abb. 8.16: Screenshots aus der Lauf-Simulation

Der Clou dieses Spiels ist die Steuerung. Die Hardwarekonfiguration ist folgende: An der Wand hängt ein Display, hinter dem der RPi befestigt ist. Auf dem Boden sind (unter einem Stück Teppichboden) zwei Fußschalter. Je weiter sie auseinander sind, desto anstrengender wird die Simulation. Um die Figur zu bewegen, muss man abwechselnd auf die Schalter treten. Man läuft quasi auf der Stelle. Je schneller man sich bewegt, desto schneller bewegt sich auch die Figur auf dem Display. Die Interaktion mit dem Computer wird hier eine sportliche Übung.

8.3.1 Vorbereitung

Mit einem Grafikprogramm erstellen Sie Bilder für den Hintergrund und den Bewegungsablauf der Spielfigur:

- ein Bild der stehenden Figur (Abbildung 8.17, erstes Bild);
- fünf Bilder, die Phasen eines einzelnen Schrittes zeigen (Abbildung 8.17, die letzten fünf Bilder).

Speichern Sie die Bilder als GIF-Dateien mit transparentem Hintergrund ab.

Abb. 8.17: Bewegungsphasen der Spielfigur

Außerdem brauchen Sie ein Bild für den Hintergrund.

Schließen Sie zwei Schalter an den GPIO wie in Abbildung 8.7 an. Wir verwenden hier Pin 8 und Pin 10 des GPIO, aber natürlich können Sie auch andere Ein-/Ausgabekanäle verwenden. Während der Programmentwicklung können Sie auch die Schalter durch die linke und rechte Maustaste simulieren.

8.3.2 Struktur des Programms

Ein objektorientiertes Programm ist wie ein Schauspiel. Die Objekte sind wie Schauspieler, die sich entsprechend ihrer Rolle verhalten. Die Rolle ist in der Klassendefinition beschrieben. Versteht man die Rollen und ihre Funktion im Gesamtgeschehen, versteht man auch das Stück.

Das folgende Listing zeigt den Aufbau des Programms. Die gesamte Applikation ist in der Klasse Run enthalten. Von den anderen Klassen sind nur die Kopfzeilen wiedergegeben. Überall, wo die leere Anweisung pass steht, fehlt noch Programmtext. Das Ganze ist ein lauffähiges Programm, aber es macht natürlich noch nichts Sinnvolles. Wenn Sie dieses Projekt nachprogrammieren wollen, könnten Sie mit diesem Grundgerüst beginnen und es dann Schritt für Schritt ausbauen.

```python
# run.py
from tkinter import *
from RPi import GPIO
import random, _thread
from time import sleep

STEP = 0.1          # Zeitschritt in Sekunden
BWIDTH = 750        # Breite der Spielfläche

GPIO.setmode(GPIO.BOARD)
GPIO.setup(10, GPIO.IN)
GPIO.setup(8, GPIO.IN)

class Background(Canvas):
    pass
class Switch:
    pass
class Display:
    pass
class Clock:
    pass
class Runner:
    pass
class Controller:
    pass
class Run:
    def __init__(self):
        self.window = Tk()                              #1
        self.background = Background(self.window)
        self.switches =[Switch(i)for i in [0, 1]]
        self.display = Display(self.background)
        self.clock = Clock(self.background)
        self.runner = Runner(self.background,
                        self.clock)
        self.control = Controller(self.switches,
                self.display, self.clock, self.runner)
        self.window.mainloop()

Run()
```

Zu Beginn stehen `import`-Anweisungen, Definition von globalen Konstanten und die Initialisierung des GPIO. Danach kommen die Klassendefinitionen. In der

Konstruktormethode __init__() der Klasse Run werden zunächst ein Tk-Anwendungsfenster erzeugt (**#1**) und dann Objekte der einzelnen Klassen instanziiert.

Gehen wir nun die noch fehlenden Klassendefinitionen der Reihe nach durch. Wenn Sie das Projekt nachprogrammieren, können Sie Schritt für Schritt die Klassendefinitionen hinzufügen und zwischendurch schon gelegentlich das System testen.

Denken Sie beim Testen daran, dass Sie das Programm als Root starten müssen. Öffnen Sie IDLE im LX-Terminal mit

```
sudo idle3
```

8.3.3 Background

Der Hintergrund ist ein Objekt der Klasse Background. Es erbt die Eigenschaften eines Canvas. Alle Objekte, die an der Grafik etwas verändern, greifen auf dieses Objekt zu.

```
class Background(Canvas):
    def __init__(self, window):
        self.bg = PhotoImage(file="background.gif")
        Canvas.__init__(self, master=window,
                        width=self.bg.width(),
                        height=self.bg.height())      #1
        self.create_image(0, 0, anchor=NW,
                          image=self.bg)
        self.pack()
```

Im Konstruktor wird die __init__()-Routine der Basisklasse Canvas aufgerufen (**#1**). Dabei wird das Bild mit dem Hintergrund auf die Bildfläche gesetzt und deren Größe an das Bild angepasst.

8.3.4 Switch

Die Klasse Switch enthält die Schnittstelle zu den Schaltern. Die Methode isPressed() liefert True oder False, je nachdem ob der Schalter gerade gedrückt ist oder nicht.

```
class Switch:
    def __init__ (self, nr, window=None):
        self.nr = nr
        if nr == 0:
            self.pin = 8
```

```
        else:
            self.pin = 10
    def isPressed(self):
        return GPIO.input(self.pin)
```

Die Klassendefinition ist darauf zugeschnitten, dass es nur zwei Switch-Objekte geben wird. Das Objekt mit Nummer 0 verwendet Pin 8 und das andere Pin 10 des GPIO.

Wenn Sie während der Entwicklung des Projekts noch nicht mit richtigen Schaltern arbeiten wollen, können Sie die Schalteraktivitäten mit der rechten und linken Maustaste simulieren. Dafür verwenden Sie die folgende Klasse:

```
class Switch:
    # Simulation der Schalter mit Maustasten
    def __init__ (self, nr, window):
        self.nr = nr
        if nr == 0:
            window.bind("<1>", self.switch)      #1
            window.bind("<ButtonRelease-1>",
                        self.unswitch)
        else:
            window.bind("<3>", self.switch)      #2
            window.bind("<ButtonRelease-3>",
                        self.unswitch)
        self.pressed = False

    def switch(self, event):
        self.pressed = True

    def unswitch(self, event):
        self.pressed = False

    def isPressed(self):
        return self.pressed
```

Die Maustasten-Events müssen an ein Widget gebunden werden (Zeilen **#1** und **#2**). Deshalb hat der Konstruktor dieser Klasse noch ein weiteres Argument namens window. Das muss bei der Instanziierung der Schalter-Objekte in der Klasse Run berücksichtigt werden. Die entsprechende Anweisung muss dann so lauten:

```
self.switches =[Switch(i, self.window) for i in [0, 1]]
```

8.3.5 Display

Die Klasse `Display` zeigt Meldungen am oberen Rand des Applikationsfensters. Sie bietet dafür die Methode `show()`.

```
class Display:
  def __init__(self, background):
    self.background = background
    self.iD = self.background.create_text(BWIDTH/2, 20,
                  font=("Arial", 20))

  def show(self, text):
      self.background.itemconfig(self.iD, text=text)
```

8.3.6 Clock

Das Objekt der Klasse `Clock` stellt die aktuelle Laufzeit (Sekunden) in blauer Schrift (**#1**) dar. Sie besitzt Methoden zum Starten, Anhalten und zum Zurücksetzen der Zeit auf den Anfangswert 0.0. Die Uhr wird vom Controller gestartet und von der Läuferin (Objekt der Klasse `Runner`) wieder angehalten, wenn sie das Ziel erreicht hat. Solange die Uhr läuft (das Attribut `ticking` hat den Wahrheitswert True), wird pro 0,1 Sekunden ihr Wert entsprechend erhöht. Durch Runden wird dafür gesorgt, dass nur eine Stelle nach dem Komma gezeigt wird (**#2**).

```
class Clock:
  def __init__(self, background):
    self.background = background
    self.ticking = False
    self.time = 0.0
    self.iD = self.background.create_text(40, 20,
                  font=("Arial", 20), fill = "blue",
                  text=str(self.time))                    #1

  def tick(self):
    while self.ticking:
      sleep(0.1)
      self.time = round(self.time + 0.1, 2)               #2
      self.background.itemconfig(self.iD,
                  text=str(self.time))

  def reset(self):
    self.time = 0.0
    self.background.itemconfig(self.iD,
                        text=str(self.time))
```

```
def start(self):
    self.ticking = True
    _thread.start_new_thread(self.tick, ())

def stop(self):
    self.ticking = False
```

8.3.7 Die Klasse Runner

Das Objekt der Klasse Runner stellt die Läuferin auf dem Display dar. Das Objekt besitzt eine Folge von Bildern, die die Bewegungsphasen während eines Schrittes zeigen (**#1**). Außerdem gibt es ein Bild einer stehenden Figur (**#2**). In der Startposition zu Beginn wird das Bild der stehenden Läuferin gezeigt (**#3**). Nachdem (vom Controller) die Methode start() aufgerufen worden ist, wird die Methode run() in einem neuen Thread gestartet.

In einer Wiederholung wird zunächst die Figur auf dem Hintergrund um speed Pixel nach rechts bewegt. Je größer speed ist, desto schneller ist die Bewegung. Danach werden nacheinander die sechs Bilder einer Schrittsequenz gezeigt. Zwischen jedem Bild wartet das System für einen Zeitschritt STEP.

Das Attribut speed wird vom Controller regelmäßig aktualisiert. Der Wert wird umso größer, je schneller die beiden Schalter betätigt werden.

```
class Runner:
  def __init__(self, background, clock):
    self.background = background
    self.clock = clock
    self.runImages = [PhotoImage(file=fn)
                for fn in ["girl_1.gif", "girl_2.gif",
                           "girl_3.gif", "girl_7.gif",
                           "girl_8.gif", "girl_3.gif"]]      #1

    self.standingImage = PhotoImage(file="girl_standing.gif")
    self.iD = self.background.create_image(40, 400,
                          anchor=S,
                          image=self.standingImage)          #2
    self.speed = 0

  def startPosition(self):
    self.x = 40
    self.speed = 0
    self.background.coords(self.iD, self.x, 400)
    self.background.itemconfig(self.iD,
                        image=self.standingImage)            #3
```

Kapitel 8
Objektorientierte Programmierung

```
def start(self):                                        #4
    _thread.start_new_thread(self.run, ())

def run(self):
    while self.x < BWIDTH - 120:
        self.background.move(self.iD, self.speed, 0)    #5
        self.x += self.speed
        for i in self.runImages:
                self.background.itemconfig(self.iD, image=i) #6
                sleep(STEP)
    self.clock.stop()
    self.speed = 0
```

8.3.8 Controller

Das Objekt der Klasse `Controller` ist für den gesamten Spielablauf verantwortlich. Es überwacht als Einziger die Zustände der beiden Schalter.

```
class Controller:
    def __init__(self, switches, display, clock, runner):
        self.s, self.display = switches, display
        self.clock, self.runner = clock, runner
        thread.start_new_thread(self.run, ())           #1

    def run(self):
        while True:
            self.display.show("Gehe zum Start!")        #2
            while not self.s[1].isPressed():
                sleep(STEP)
            while self.s[1].isPressed():
                sleep(STEP)
            self.newRun()

    def newRun(self):
        self.clock.reset()                              #3
        self.runner.startPosition()                     #4
        self.display.show("Starte mit dem rechten Fuß! Renn!")
        while not(self.s[1].isPressed() or self.s[0].isPressed()):
            sleep(STEP)                                 #5
        self.display.show("")                           #6
        self.runner.start()
        self.clock.start()
        while self.clock.ticking:                       #7
            self.updateSpeed()
```

```
        self.display.show("Ziel erreicht!")
        sleep(2)
        self.display.show("")

    def updateSpeed(self):                                      #8
        t = 0.1
        while not self.s[1].isPressed() and (t < 1):
            t += STEP/5
            sleep(STEP/5)
        while self.s[1].isPressed() and (t < 1):
            t += STEP/5
            sleep(STEP/5)
        while not self.s[0].isPressed() and (t < 1):
            t += STEP/5
            sleep(STEP/5)
        while self.s[0].isPressed() and (t < 1):
            sleep(STEP/5)
            t += STEP/5
        self.runner.speed = 10/t - 10                           #9
```

Kommentar

#1: Bei der Initialisierung des Controllers wird in einem eigenen Thread die Routine `run()` gestartet.

#2: In der Hauptschleife wird immer wieder der folgende Zyklus durchlaufen:

- »Gehe zum Start« anzeigen,
- warten bis Schalter 1 geschlossen und dann wieder geöffnet wurde,
- Start eines neuen Laufs.

#3: Uhr zurücksetzen.

#4: Den Läufer an die Startposition bringen.

#5: Warten, bis irgendein Schalter gedrückt wurde.

#6: Anzeige löschen.

#7: Die Geschwindigkeit des Läufers ist anfangs 0. Sie wird nun so lange regelmäßig aktualisiert, bis der Läufer das Ziel erreicht hat und die Uhr stoppt.

#8: Hier wird gemessen, wie lange die Folge eines Klicks auf den rechten und dann den linken Schalter (Rechts-Links-Folge) dauert. Dabei wird darauf geachtet, dass jeder Schalter nach dem Schließen auch wieder geöffnet wird. Außerdem gibt es einen Timeout von einer Sekunde für den Fall, dass die Schalter gar nicht mehr betätigt werden.

#9: Aus dem Zeitbedarf für eine Rechts-Links-Folge wird am Ende die Geschwindigkeit des Läufers berechnet. Die Geschwindigkeit `speed` ist umgekehrt proportional zum Zeitbedarf t. Dabei ist die gemessene Zeit t maximal 1 (Timeout). In diesem Fall ist die Geschwindigkeit 0.

8.3.9 Module

Wenn Sie noch weitere Projekte mit Schaltern vorhaben, lohnt sich die Anlage eines Moduls. Ein *Modul* ist eine Sammlung von Klassen, Funktionen und Konstanten in einer Datei. Umfangreiche Python-Projekte bestehen aus mehreren Modulen. Wir haben schon oft vorgefertigte Module (wie `tkinter`, `time` etc.) importiert. Aber wie kann man selbst ein Modul anlegen?

Die Moduldatei

Erstellen Sie (überwiegend mit Cut&Paste) folgenden Python-Text und speichern Sie ihn in Ihrem Projektordner, in dem sich die Programmdatei `run.py` befindet, ab. Verwenden Sie den Dateinamen `switch.py`. Wichtig: Der Name des Moduls, der beim Import verwendet wird, ist der Dateiname ohne die Extension `.py`.

```
# switch.py
from RPi import GPIO
from time import sleep
GPIO.setmode(GPIO.BOARD)
GPIO.setup(10, GPIO.IN)
GPIO.setup(8, GPIO.IN)

class Switch:
    def __init__ (self, nr, window=None):
        self.nr = nr
        if nr == 0:
            self.pin = 8
        else:
            self.pin = 10
    def isPressed(self):
        return GPIO.input(self.pin)

if __name__ == "__main__":                      #1
    s0 = Switch(0)
    s1 = Switch(1)
    while True:
        sleep(1)
        print("s0: ", s0.isPressed())
        print("s1: ", s1.isPressed())
```

Die Moduldatei ist folgendermaßen aufgebaut:

- Im ersten Teil befinden sich `import`-Anweisungen und Kommandos zur Vorbereitung des GPIO-Interface.
- Dann folgt die Definition der Klasse `Switch`.
- Ab Zeile `#1` kommt ein Block zum Testen des Moduls. Die `if`-Anweisung bewirkt, dass der folgende Anweisungsblock nur aufgerufen wird, wenn die Programmdatei (als Hauptprogramm) direkt ausgeführt wird. Wenn das Modul dagegen von einem anderen Programm *importiert* wird, wird dieser Block ignoriert.

Den Testblock kann man auch weglassen. Bei großen Projekten mit mehreren Modulen ist es aber gut, wenn man die einzelnen Module auch getrennt testen kann. Hier besteht der Test aus einer Endlosschleife, in der die Zustände der beiden Schalter im Sekundentakt abgefragt und ausgegeben werden. Wenn Sie das Modul direkt ausführen, erscheint in der Shell z. B. eine Ausgabe dieser Art:

```
s0: False
s1: False
s0: True
s1: False
...
```

Import des Moduls

Was muss am Text des Hauptprogramms `run.py` geändert werden? Entfernen Sie die Klassendefinition von `Switch` und alle Anweisungen, die sich auf den GPIO beziehen. Fügen Sie stattdessen folgende Import-Anweisung ein:

```
from switch import Switch
```

Das ist alles. Das Hauptprogramm ist nun um einiges kürzer. Wenn das neue Modul zum ersten Mal importiert wird, entsteht übrigens eine neue Datei mit einer kompilierten Version des Moduls. Schauen Sie im File-Manager nach: Im Projektordner ist ein neues Verzeichnis namens __pycache__ entstanden. Und darin finden Sie eine Datei mit dem Namen `switch.cpython-32.pyc`.

switch.cpython-32.pyc

Abb. 8.18: Icon eines kompilierten Moduls im Ordner __pycache__

Jedes Mal wenn ein Programm gestartet wird, das dieses Modul importiert, verwendet der Python-Interpreter die kompilierte Version. Der Start des Programms wird dadurch schneller.

Speicherorte für Module

Was ist zu tun, wenn auch andere Programme in anderen Verzeichnissen dieses Modul verwenden sollen? Dann muss das Modul in einem Verzeichnis gespeichert werden, dessen Pfad der Python-Interpreter kennt. Diese Pfade sind in der Umgebungsvariablen PYTHONPATH gespeichert. Die zugänglichen Pfade können Sie sich in der IDLE-Shell anzeigen lassen. Das Standardmodul sys enthält in der Konstanten path eine Liste aller Pfade.

```
>>> import sys
>>> for i in sys.path:
    print (i)

/usr/bin
/usr/lib/python3.2
/usr/lib/python3.2/plat-linux2
/usr/lib/python3.2/lib-dynload
/usr/local/lib/python3.2/dist-packages
/usr/lib/python3/dist-packages
>>>
```

Wenn Sie z.B. das Modul im Verzeichnis /usr/local/lib/python3.2/dist-packages speichern, ist es für jedes Python-3-Programm erreichbar und kann einfach importiert werden.

Für den Zugriff auf diese Verzeichnisse brauchen Sie meist Root-Rechte. Verwenden Sie deshalb für das Kopieren im File-Manager den Befehl TOOLS|OPEN CURRENT FOLDER AS ROOT.

8.4 Aufgaben

8.4.1 Aufgabe 1: Buchstabensuppe

Auf dem Bildschirm erscheinen an zufälligen Positionen große farbige Buchstaben (zufällige Farben), die man auf dem Bildschirm mit Drag&Drop verschieben und zu einem sinnvollen Wort aus einem Themenbereich anordnen kann (Abbildung 8.19).

Nach einem Doppelklick der linken Maustaste verschwindet das Wort und es kommen neue Buchstaben.

Abb. 8.19: Buchstaben werden so angeordnet, dass ein sinnvoller Begriff entsteht.

Hinweise

So erzeugen Sie Zufallsfarben:

```
HEX = '0123456789abcdef'
color = "#" + choice(HEX) + choice(HEX) + choice(HEX)
```

Binden Sie folgende Events an geeignete Eventhandler:

- `'<Double-Button-1>'` (Doppelklick der linken Maustaste) binden Sie an eine Methode, die neue Buchstaben auf den Bildschirm bringt.
- `'<1>'` (Linke Maustaste gedrückt) binden Sie an eine Methode, die das Item auf dem Canvas auswählt, das dem Mauszeiger am nächsten ist. Verwenden Sie die Canvas-Methode `find_closest()` und übergeben Sie als Argumente die aktuelle Position des Mauszeigers. Der Aufruf könnte so lauten: `find_closest(event.x, event.y)`.
- `'<Motion>'` (Maus wurde bewegt) binden Sie an eine Methode, die das ausgewählte Item an die momentane Position des Mauszeigers verschiebt.
- `'<ButtonRelease-1>'` (Linke Maustaste losgelassen) binden Sie an eine Methode, die das ausgewählte Item deselektiert. Kein Item ist mehr ausgewählt.

8.4.2 Aufgabe 2: Drumloops

Entwickeln Sie einen Editor für einfache Rhythmen (Drumloops).

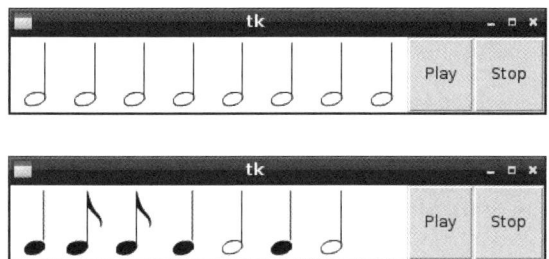

Abb. 8.20: Einfacher Editor für Drumloops. Das obere Bild zeigt den Anfangszustand.

Auf dem Display sieht man zunächst halbe Noten. Beim ersten Klick auf eine halbe Note wird daraus eine Viertelnote, beim nächsten Klick eine Achtelnote, dann ein leeres Feld und dann wieder eine halbe Note usw. Klickt man auf die Schaltfläche PLAY, leuchtet die LED in einem Rhythmus, der der Notenfolge entspricht. Dabei werden die Beats permanent wiederholt, bis die Schaltfläche STOP gedrückt worden ist.

Anstelle der LED kann auch ein Relais angeschlossen werden, das ein elektromechanisches Gerät zur Klangerzeugung (Hupe, Klingel) ein- und ausschaltet.

Hinweise

Vorbereitung: Sie brauchen vier GIF-Bilder. Sie stellen eine halbe Note, eine Viertelnote, eine Achtelnote und eine leere Fläche dar.

Schließen Sie an Pin 10 des GPIO eine LED an (Schaltplan in Kapitel 1). Entwickeln Sie ein objektorientiertes Programm, das aus zwei Dateien besteht:

Die Datei drum.py ist eine Moduldatei, die die Definition der Klasse Drum enthält. Die Klasse Drum modelliert ein »Schlagzeug«, das Rhythmen durch Lichtzeichen einer LED am Pin 10 des GPIO wiedergibt. Objekte der Klasse Drum besitzen zwei Methoden play() und stop(), die das wiederholte Abspielen einer Schlagfolge (»Loop«) starten und stoppen.

Die zweite Datei drum_machine.pyw enthält das Hauptprogramm und zwei Klassendefinitionen:

- Die Klasse Note ist von der Tkinter-Klasse Label abgeleitet. Objekte dieser Klasse sind als Label mit dem Bild einer Note auf der Benutzungsoberfläche zu sehen. Beim Anklicken ändert sich das Bild (halbe Note, Viertelnote, Achtelnote, leeres Feld).
- Die Klasse DrumMachine stellt die gesamte Applikation mit der Benutzungsoberfläche dar. Ein Objekt dieser Klasse besitzt eine Reihe von Note-Objekten und eine Instanz der Klasse Drum (aus dem Modul drum importiert).

Entwickeln Sie Ihr Programm mit IDLE in Python 2.7. Dann ist es leichter möglich, das Modul drum durch ein anderes Modul zu ersetzen, das die Beats des Drumloops über pygame.mixer durch echten Sound wiedergibt. Verwenden Sie die Module Tkinter statt tkinter und thread statt _thread. Ansonsten gibt es keinen Unterschied zu Python 3.

8.4.3 Aufgabe 3: Beats mit Sound

Entwickeln Sie eine Variante der Drummachine aus Aufgabe 2, die anstatt Blinkzeichen zu geben echten Schlagzeug-Sound hören lässt.

Schreiben Sie ein neues Modul `drum2.py`, das die Definition der (neuen) Klasse Drum enthält. Sie benötigen eine WAV-Datei mit einem kurzen Schlagzeug-Klang (z. B. einer Snare), der vom Programm zu den richtigen Zeitpunkten abgespielt wird.

In der Programmdatei `drum_machine.py` muss nur eine Importanweisung geändert werden: Statt `drum` wird `drum2` importiert.

Verwenden Sie das Modul `pygame.mixer` (siehe Kapitel 4).

8.5 Lösungen

8.5.1 Lösung 1

Programm

```
HEX = '0123456789abcdef'                                    #1
WORDS =['FLIEGE', 'MÜCKE', 'BIENE']                         #2
from tkinter import *
from random import randint, choice

class Letter:                                               #3
  def __init__(self, canvas, letter):
    self.c = canvas
    x = randint(30, int(self.c.cget('width'))-30)           #4
    y = randint(30, int(self.c.cget('height'))-30)
    self.color = "#" + choice(HEX) + choice(HEX) + choice(HEX)
    self.iD = self.c.create_text(x, y, text=letter,
                 font=('Arial', 100, 'bold'),
                 fill=self.color)                           #5

  def move(self, x1, y1):                                   #6
    x0, y0 = self.c.coords(self.iD)
    dx, dy = x1 - x0, y1 - y0
    self.c.move(self.iD, dx, dy)                            #7

class App(object):
  def __init__(self):
    self.window=Tk()
    self.c=Canvas(self.window, bg='white',
                  width='12c', height='8c')
    self.c.pack()
    self.elements = [Letter(self.c, ch)
                     for ch in choice(WORDS)]               #8
```

```
            self.window.bind('<Double-Button-1>', self.new)      #9
            self.c.bind('<1>', self.drag)
            self.c.bind('<Motion>', self.move)
            self.window.bind('<ButtonRelease-1>', self.drop)
            self.selected = None                                 #10
            self.window.mainloop()

        def new(self, event):
            for element in self.elements:
                self.c.delete(element.iD)                        #11
            self.elements = [Letter(self.c, ch)
                            for ch in choice(WORDS)]             #12

        def drag(self, event):                                   #13
            for element in self.elements:
                if element.iD in self.c.find_closest(event.x, event.y):
                    self.selected = element

        def move(self, event):                                   #14
            if self.selected:
                self.selected.move(event.x, event.y)

        def drop(self, event):                                   #15
            self.selected = None

App()
```

Kommentare

#1: Hexadezimalziffern für die Konstruktion einer Zufallsfarbe.

#2: Liste von Wörtern aus einem Themenbereich für die Konstruktion der verschiebbaren Buchstaben.

#3: Die Klasse modelliert verschiebbare Buchstaben. Jedes Letter-Objekt muss den Canvas kennen, auf den es gezeichnet wird. Alle visuellen Operationen laufen über das Canvas-Objekt.

#4: Zufällige Anfangspositionen für die Buchstaben.

#5: Ein Buchstabe wird auf den Canvas geschrieben. Die aufgerufene Canvas-Methode gibt eine ID-Nummer zurück. Sie wird benötigt, wenn der Buchstabe verschoben werden soll.

#6: Die Methode verschiebt den Buchstaben auf dem Canvas an die Position x1, y1. Zuerst wird (in x- und y-Richtung) die Differenz zwischen der Position des Buchstabens und der Position des Mauszeigers ausgerechnet (dx, und dy) ...

#7: ... und schließlich wird der Buchstabe auf dem Canvas um diese Differenz verschoben.

#8: Hier entsteht eine Liste, die für jeden Buchstaben des zufällig ausgewählten Wortes ein `Letter`-Objekt erzeugt.

#9: Hier werden Events an Eventhandler gebunden.

#10: Das Attribut bezeichnet das (durch Anklicken) zum Verschieben ausgewählte Objekt. Anfangs ist noch nichts angeklickt worden.

#11: Alle Buchstaben werden gelöscht.

#12: Es wird eine neue Liste von `Letter`-Objekten erzeugt. Wieder stellen sie Buchstaben eines zufällig ausgewählten Wortes dar.

#13: Die Methode wird aufgerufen, wenn die linke Maustaste gedrückt worden ist. Dann wird das `Letter`-Objekt ausgewählt, das der aktuellen Mausposition am nächsten ist.

#14: Die Methode wird aufgerufen, wenn die Maus bewegt worden ist. Falls die Maustaste gedrückt ist und damit ein Buchstabe ausgewählt ist, wird dieser Buchstabe bewegt.

#15: Die Methode wird aufgerufen, wenn die Maustaste losgelassen wird. Dann ist der zuvor ausgewählte Buchstabe nicht mehr ausgewählt. Nichts ist mehr ausgewählt und bei Mausbewegungen wird nun nichts mehr verschoben ... bis zum nächsten Klick.

8.5.2 Lösung 2

Beachten Sie, dass Sie zum Ausführen des Programm Root-Rechte benötigen. Denn Sie verwenden den GPIO.

Datei 1: Modul mit Klasse Drum

```
# -*- coding: utf-8 -*-                                    #1
# drum.py
from RPi import GPIO
from time import sleep

GPIO.setmode(GPIO.BOARD)
BEAT = 0.1              # Länge eines Schlages in Sekunden
PIN = 10                # Pin-Nummer des GPIO

class Drum:
    def __init__ (self, bpm):
        GPIO.setup(PIN, GPIO.OUT)
```

```
            GPIO.output(PIN, True)
            self.time = 60 / bpm                        #2
            self.running = False                        #3

    def play(self, pattern):
        self.running = True
        while self.running:
            for note in pattern:
                if note:
                    GPIO.output(PIN, False)             #4
                    sleep(BEAT)
                    GPIO.output(PIN, True)              #5
                    sleep(self.time * note - BEAT)      #6

    def stop(self):
        self.running = False
```

Kommentare

#1: Da der Programmtext (in einem Kommentar) Nicht-ASCII-Zeichen enthält, muss (bei Python 2.7) die Kodierung angegeben werden.

#2: Das ist die Länge einer ganzen Note. Sie wird aus der Geschwindigkeit in bpm (*beats per minute* = Schläge pro Minute) ermittelt.

#3: Im Attribut running merkt sich das Objekt, ob gerade ein Drumloop abgespielt wird (True) oder nicht (False).

#4: Die LED wird eingeschaltet.

#5: Nach einem kurzen Moment wird sie wieder ausgeschaltet.

#6: Nun entsteht eine Pause. Sie ist so lang, dass das Aufblinken der LED plus Pause gerade der Länge des Beats entspricht.

Datei 2: Benutzungsoberfläche

Das Programm ist für Python 2.7 geschrieben. Nur an zwei Stellen (fett) gibt es Abweichungen von Python 3. Die vier GIF-Dateien mit Notenbildern sind im gleichen Verzeichnis wie der Programmtext gespeichert.

```
# -*- coding: utf-8 -*-
# drum_machine.pyw
from drum import Drum
from Tkinter import *
import thread
```

```
BEAT = 0.1
NOTES = ['halbe.gif', 'viertel.gif', 'achtel.gif', 'blank.gif']

class Note(Label):                                          #1
    def __init__(self, master):
        Label.__init__(self, master=master, bg='white')
        self.images = [PhotoImage(file=i) for i in NOTES]
        self.index = 0                                      #2
        self.values =[1.0/2, 1.0/4, 1.0/8, 0]               #3
        self.config(image=self.images[0],
                    width='1cm', height ='1.5cm')
        self.bind('<1>', self.next_)                        #4

    def next_(self, event):
        if self.index < 3:                                  #5
            self.index += 1
        else: self.index = 0
        self.config(image=self.images[self.index])          #6

    def value(self):
        return self.values[self.index]                      #7

class DrumMachine:
    def __init__(self):
        self.window = Tk()
        self.drum = Drum(20)                                #8
        self.notes = [Note(self.window) for i in range(8)]
        for note in self.notes:                             #9
            note.pack(side=LEFT)
        self.buttonPlay = Button(master=self.window,
                    text='Play', command=self.play) #10
        self.buttonStop = Button(master=self.window,
                text='Stop', command=self.drum.stop) #11
        self.buttonPlay.pack(side=LEFT, fill=Y)
        self.buttonStop.pack(side=LEFT, fill=Y)
        self.window.mainloop()

    def play(self):
        pattern = [note.value() for note in self.notes]
        if not self.drum.running:                           #12
           thread.start_new_thread(self.drum.play,(pattern,))

DrumMachine()
```

Kommentare

#1: Die Klasse Note wird von Label abgeleitet. Alle Label-Methoden werden geerbt. Man kann sagen: Note-Objekte sind Label-Objekte mit zusätzlichen Eigenschaften.

#2: Das Attribut index ist eine Zahl zwischen 0 und 3. Es legt fest, welcher Notenwert und welches Bild diesem Objekt zugeordnet sind.

#3: Das ist eine Liste mit den vier möglichen Beatlängen: 1/2, 1/4, 1/8 und 0. Beachten Sie, dass in den Ausdrücken eine float-Zahl vorkommen muss, z.B. 1.0 / 2 anstatt 1 / 2. Das ist eine Besonderheit von Python 2. Bei Python 2 hat der Ausdruck 1 / 2 den Wert 0, da eine ganzzahlige Division durchgeführt wird.

#4: Das Ereignis »linker Mausklick« wird an die Methode next() gebunden.

#5: Hier wird das Attribut index auf den Nachfolgewert gesetzt. Das Attribut index durchläuft zyklisch die Werte 0, 1, 2, 3, 0, 1, …

#6: Das Label erhält ein neues Bild mit der nächsten Note.

#7: Hier wird die aktuelle Beatlänge zurückgegeben.

#8: Es wird ein Objekt der Klasse Drum erzeugt. Es soll Drumloops mit der Geschwindigkeit 20 bpm (beats per minute) abspielen.

#9: In der vorigen Zeile wurde eine Liste mit acht Noten erzeugt. Jetzt werden sie in das Anwendungsfenster gepackt.

#10: Schaltfläche zum Abspielen des Drumloops. Sie wird mit der Methode play() der Klasse DrumMachine verbunden.

#11: Schaltfläche zum Anhalten des Drumloops. Sie wird mit der Methode stop() der Klasse Drum verbunden.

#12: Hier wird aus den acht aktuellen Notenwerten (Beatlängen) eine Liste erzeugt. Wenn das Drum-Objekt nicht gerade schon etwas abspielt, wird es nun aufgefordert, die Beat-Folge immer wieder abzuspielen. Der Aufruf der Methode play() muss in einem eigenen Thread erfolgen.

8.5.3 Lösung 3

Zur Vorbereitung speichern Sie im Projektordner mit der Programmdatei eine Klangdatei im WAV-Format ab. Sie enthält einen kurzen Schlagzeug-Sound.

Modul drum2

```
# -*- coding: utf-8 -*-
# drum2.py
import pygame, random,time, os
```

```
from time import sleep
os.system ("amixer cset numid=3 1")                    #1
pygame.mixer.pre_init(frequency=22050, size =-16,
                channels=1, buffer=4096)               #2
pygame.init()                                          #3


class Drum:
    def __init__ (self, bpm):
        self.sound = pygame.mixer.Sound("pop.wav")     #4
        self.channel = pygame.mixer.Channel(1)         #5
        self.time = 60 / bpm      # Länge eines Ganztons
        self.running = False

    def play(self, pattern):
        self.running = True
        while self.running:
            for note in pattern:
                if note:
                    self.channel.play(self.sound)      #6
                    sleep(note * self.time - self.sound.get_length())

    def stop(self):
        self.running = False
```

Kommentare

#1: Diese Anweisung können Sie auch weglassen. Sie sorgt dafür, dass der analoge Ausgang verwendet wird. Ansonsten wird der HDMI-Ausgang für die Wiedergabe des Sounds benutzt.

#2: Voreinstellung der Soundwiedergabe.

#3: Initialisierung des Moduls PyGame

#4: Hier wird ein Sound-Objekt instanziiert, das den Klang der Datei pop.wav repräsentiert.

#5: Nur Channel-Objekte können Sound wiedergeben. Hier wird ein solches Objekt mit der ID-Nummer 1 instanziiert.

#6: Der Klang wird abgespielt. Anschließend folgt eine Pause. Deren Länge wird so berechnet, dass Klang plus Pause die Gesamtlänge des Beats ergeben. Mit der Methode get_length() kann man die Länge eines Klangs abfragen.

Benutzungsoberfläche

In der Programmdatei drum_machine.pyw wird nur die erste Importanweisung abgeändert:

```
from drum2 import Drum
```

Kapitel 9

Sensortechnik

Über den GPIO kann man externe Sensoren, wie z. B. Temperatursensoren an den RPi anschließen. Dabei gibt es drei technische Herausforderungen:

- Ein physikalisches Phänomen (wie z. B. eine Temperatur) muss durch ein analoges elektrisches Signal (eine Spannung) abgebildet werden. Das leistet ein Sensor.
- Der analoge Spannungswert muss in einen digitalen Wert, eine Zahl überführt werden. Das macht ein Analog-Digital-Wandler wie der MCP3008.
- Der digitale Wert muss über Kabel an den RPi übertragen werden. Dafür bietet der RPi zwei Bussysteme: einen 1-Wire-Bus, der mit einer einzigen Datenleitung auskommt, und einen SPI-Bus, der vier Leitungen benötigt.

Diese Techniken werden in diesem Kapitel im Rahmen abgeschlossener Projekte erläutert. Die objektorientierte Programmierung und Modultechnik hilft, die Programme übersichtlich und leicht änderbar zu halten. Wir werden physikalische Daten erfassen, speichern und visuell aufbereiten (analoge Anzeige, Temperatur-Zeitdiagramme).

9.1 Was ist ein digitaler Temperatursensor?

In einem Temperatursensor wird die Temperatur in ein elektrisches Signal umgewandelt. Es gibt eine Vielfalt von Techniken, die auf unterschiedlichen physikalischen Prinzipien basieren:

- Thermoelement. In den 1820er Jahren hatte der deutsche Physiker Seebeck entdeckt, dass elektrischer Strom fließt, wenn man Drähte aus zwei unterschiedlichen Metallen miteinander verbindet und die Kontaktstelle eine andere Temperatur hat als die freien Enden der Drähte. Je größer der Temperaturunterschied, desto größer der Stromfluss.
- Messwiderstand. Bei den meisten leitfähigen Materialien hängt der elektrische Widerstand von der Temperatur ab. Bei Metallen wird meist der Widerstand mit wachsender Temperatur größer (Kaltleiter).
- Temperaturabhängige Oszillatoren. Die Resonanzfrequenz eines schwingenden Quarzes hängt von der Temperatur ab und kann präzise gemessen werden.

Der DS1820 der Firma Dallas verwendet eine direct-to-digital Technik auf der Basis von Oszillatoren. Bei dieser Technik braucht kein analoges elektrisches Signal digitalisiert zu werden. Das Bauteil enthält zwei Oszillatoren, einen mit niedrigem und einen mit hohem Temperaturkoeffizienten. Der erste Oszillator dient gewissermaßen als Uhr. Mit ihm wird die Frequenz des zweiten (temperaturabhängigen) Oszillators gemessen.

Der Sensor sendet über einen einzigen Draht (1-Wire-Bus) eine digitale Botschaft, die im Wesentlichen aus zwei Teilen besteht:

- die gemessene Temperatur
- eine einmalige Zeichenkombination (64 Bit), die den Sensor identifiziert

Wegen der eindeutigen Kennung ist es möglich, mehrere Sensoren an einen Bus anzuschließen. Den DS1820 gibt es in zwei Varianten (DS18B20 und DS18S20), die sich nur in Details unterscheiden. Der Sensor ist für Temperaturen zwischen -55°C und 125°C geeignet und hat im Bereich von -10°C bis +85°C eine Genauigkeit von +/-0,5 Grad.

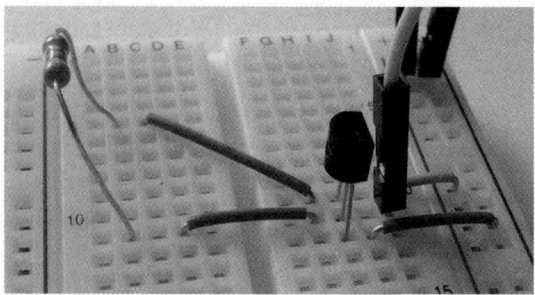

Abb. 9.1: Der Temperatursensor DS1820 auf einer Steckplatine (Spalte H)

9.2 Den DS1820 anschließen

Für den Anschluss von Temperatursensoren brauchen Sie folgende Hardware-Komponenten

- Steckplatine (Breadboard) und kleine Jumperkabel (male-male)
- drei lange flexible Jumperkabel (female-male)
- Thermosensor DS18B20 oder DS18S20 (ab etwa zwei Euro pro Stück)

Abbildung 9.2 zeigt den Aufbau der Schaltung. Wichtig ist der korrekte Anschluss des Temperatursensors. Der Schaltplan zeigt den DS1820, so wie man ihn von oben sieht. Die Beinchen stecken dann unten in der Platine.

- Pin 1 ist mit der Masse verbunden (GND, Pin 6 des GPIO).
- Pin 2 ist mit dem 1-Wire-Bus verbunden (Pin 7 des GPIO).
- Pin 3 ist mit +3,3 Volt verbunden (Pin 1 des GPIO).
- Zwischen Pin 2 und Pin 3 des DS1820 ist ein Widerstand mit 4,7 kΩ geschaltet.

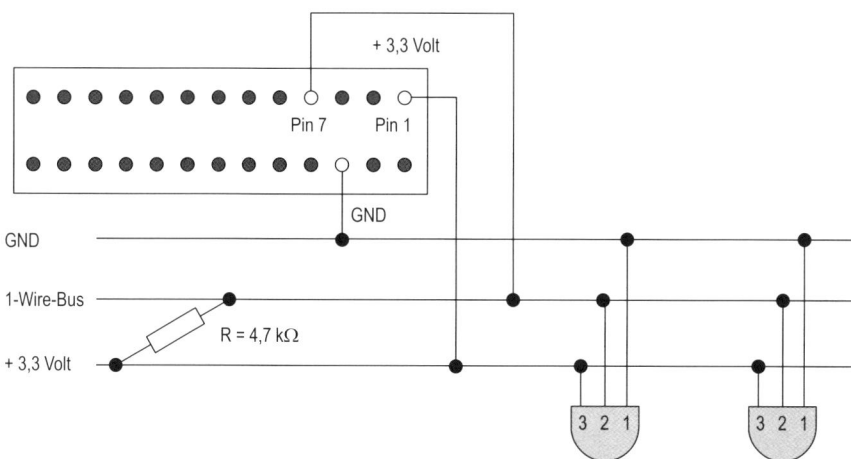

Abb. 9.2: Schaltplan für den Anschluss von Temperatursensoren DS1820 an den 1-Wire-Bus des Raspberry Pi

Man kann im Prinzip beliebig viele Sensoren in der gleichen Weise anschließen. In den Datenblättern kann man nachlesen, dass der DS1820 auch ohne eigene Stromversorgung über Pin 3 auskommt. Aber das funktioniert mit dem Interface des Raspberry Pi nicht.

Übrigens, falls Sie die Anschlüsse verwechselt haben, wird der DS1820 zuerst heiß und brennt dann durch. Wenn Sie auf Nummer sicher gehen wollen, berühren Sie das Bauteil und prüfen Sie die Temperatur.

9.3 Temperaturdaten lesen

In diesem Abschnitt testen wir den Temperatursensor im interaktiven Modus. Es reicht ein einziger Sensor. Bevor Sie mit der Programmierung starten, muss der Sensor angeschlossen sein.

Öffnen Sie das LX-Terminal und geben Sie auf der Kommandozeile einige Befehle ein, um den Sensor zu registrieren und die Schnittstelle zu aktivieren.

```
sudo modprobe wire
sudo modprobe w1-gpio
sudo modprobe w1-therm
```

Von nun an werden die Daten des kleinen Sensors als Textdatei in ein spezielles Verzeichnis des RPi gespeichert.

Öffnen Sie mit dem File-Manager den Ordner

```
/sys/bus/w1/devices
```

Hier gibt es für jeden angeschlossenen digitalen Temperatursensor ein eigenes Verzeichnis. Der Verzeichnisname ist die Kennung des Sensors. Sie beginnt bei einem Sensor der Bauart DS18S20 mit 10- und bei dem Modell DS18B20 mit 28-.

In diesem Verzeichnis des Sensors gibt es eine Textdatei namens w1_slave (siehe Abbildung 9.3). Öffnen Sie diese Datei. Sie enthält einen zweizeiligen Text, der z. B. so aussehen kann:

```
6f 01 4b 46 7f ff 01 10 67 : crc=67 YES
6f 01 4b 46 7f ff 01 10 67 t=22937
```

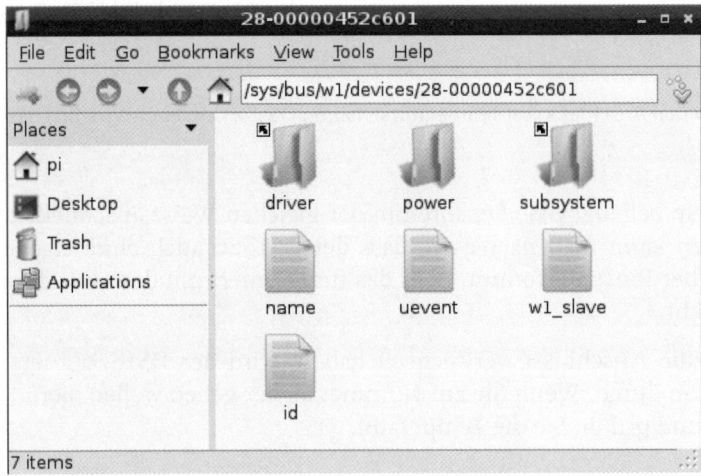

Abb. 9.3: Das Verzeichnis des Temperatursensors mit der Kennung 28-00000452c601

Die erste Textzeile beginnt mit den übertragenen Rohdaten. Sie enthalten ein Prüfbyte, um sicherzustellen, dass sie nicht durch eine Störung verfälscht worden sind. Am Ende der ersten Zeile steht das Ergebnis der Prüfung. Endet die Zeile mit YES, war alles in Ordnung.

Die zweite Zeile beginnt ebenfalls mit den Rohdaten. Am Ende (nach dem Gleichheitszeichen) steht die Temperatur in tausendstel Grad Celsius. In diesem Beispiel haben wir eine Temperatur von 22, 937 Grad, wobei die Genauigkeit leider nicht bei einem tausendstel Grad, sondern bei einigen zehntel Grad liegt.

9.3.1 Temperaturdaten mehrerer Sensoren automatisch auswerten

Das Programm soll im Sekundentakt die Daten eines DS1820-Temperatursensors auslesen und auf dem Bildschirm ausgeben.

Ausgabe (Beispiel)

```
22.937 Grad Celsius
23.312 Grad Celsius
23.312 Grad Celsius
...
```

Noch ein Hinweis: Um das Programm testen zu können, sollten Sie Ihre Entwicklungsumgebung mit Root-Rechten starten:

```
sudo idle3
```

Programm

```
# tempread.py
import os, time
os.system("modprobe wire")                          #1
os.system("modprobe w1-gpio")
os.system("modprobe w1-therm")

for d in os.listdir("/sys/bus/w1/devices"):         #2
    if d.startswith("10") or d.startswith("28"):    #3
        deviceFile = "/sys/bus/w1/devices/" + d + "/w1_slave"

def readTemp():
    ok = False
    while not ok:
        f = open(deviceFile, "r")                   #4
        first, second = f.readlines()               #5
        f.close()
        if first.find("YES") != -1:                 #6
            ok = True
    tempString = second.split("=")[1]               #7
    return int(tempString)/1000                     #8

while True:
    print(readTemp(),"Grad Celsius")
    time.sleep(1)
```

Kommentar

#1: Die Kommandos zur Initialisierung des 1-Wire-Bus werden ausgeführt.

#2: Die Funktion `os.listdir()` liefert eine Liste aller Verzeichniseinträge des angegebenen Ordners. Diese Liste wird nun durchsucht.

#3: Das Verzeichnis des Sensors hat als Name die Sensorkennung. Sie beginnt mit 10 oder 28. Ein solches Verzeichnis wird gesucht. Wenn es gefunden ist, wird der komplette Pfad der Textdatei mit den Daten zusammengesetzt.

#4: Die Textdatei wird zum Lesen geöffnet.

#5: Die Textdatei enthält zwei Textzeilen. Die Methode `readlines()` liefert deshalb eine Liste mit zwei Zeichenketten. Sie werden den beiden Variablen `first` und `second` zugewiesen.

#6: Wenn die erste Zeile auf YES endet, war die Datenübertragung in Ordnung und die `while`-Anweisung ist beendet. Ist das nicht der Fall, wird der Lesevorgang wiederholt.

#7: Die zweite Zeile wird aufgespalten und das Gleichheitszeichen als Trennsymbol verwendet. Beispielsweise wird aus dem String

```
"6f 01 4b 46 7f ff 01 10 67 t=22937"
```

die Liste

```
["6f 01 4b 46 7f ff 01 10 67 t", "22937"]
```

gewonnen. Das Element mit Index 1 ist ein String mit der Temperatur in tausendstel Grad.

#8: Aus dem String wird eine Zahl gewonnen, die die Temperatur in Grad Celsius angibt.

9.4 Projekt: Ein digitales Thermometer mit mehreren Sensoren

In diesem kleinen Projekt entwickeln wir ein System, das die momentanen Messwerte einer beliebigen Anzahl von digitalen Temperatursensoren in einem Applikationsfenster anzeigt.

Abb. 9.4: Eine digitale Temperaturanzeige

Das Projekt besteht aus zwei Modulen:

- Das erste Modul enthält Klassen zur Messwerterfassung.
- Das zweite Modul enthält die grafische Benutzungsoberfläche.

9.4.1 Ein Modul für die Messwerterfassung

Wenn man mehrere Projekte mit Temperatursensoren plant, lohnt sich die Programmierung eines Moduls für die Datenerfassung. Das kann dann später einfach importiert und verwendet werden.

Das folgende Programm ist ein solches Modul mit einem kleinen Anhang zum Testen. Es enthält zwei Klassendefinitionen:

- Ein Objekt der Klasse Thermometer repräsentiert ein digitales Thermometer. Es besitzt die Methode read(). Sie liefert die momentan gemessene Temperatur in Grad Celsius als Gleitkommazahl.
- Ein Objekt der Klasse TempDevices ist eine Liste mit Thermometer-Objekten, die alle zurzeit angeschlossenen digitalen Temperatursensoren repräsentiert.

Die Testanweisungen werden nur ausgeführt, wenn das Modul für sich allein als Hauptprogramm ausgeführt wird, nicht aber bei einem Import. In dem Test werden die Daten aller angeschlossenen Sensoren gelesen und in die Python-Shell geschrieben.

Ausgabe bei einem Testlauf (Beispiel)

```
DS18B20 23.312 Grad Celsius
DS18S20 23.687 Grad Celsius
DS18B20 23.312 Grad Celsius
DS18S20 23.687 Grad Celsius
...
```

Bei diesem Testlauf waren zwei Sensoren angeschlossen. Obwohl sie dicht nebeneinander auf einer Steckplatine saßen, lieferten sie nicht exakt die gleichen Werte.

Programm

```
#temperature.py
import os, time
os.system("modprobe wire")                    #1
os.system("modprobe w1-gpio")
os.system("modprobe w1-therm")

class Thermometer:                            #2
    def __init__(self, deviceFile):
        self.file = deviceFile

    def read(self):
        ok = False
```

```python
        while not ok:
            f = open(self.file, "r")
            first, second = f.readlines()
            f.close()
            if first.find("YES") != -1:
                ok = True
            else: time.sleep(0.05)
        tempString = second.split('=')[1]
        return int(tempString)/1000

class TempDevices(list):                                    #3
    def __init__(self):
        list.__init__(self)                                 #4
        for d in os.listdir("/sys/bus/w1/devices"):         #5
            if d.startswith("10") or d.startswith("28"):
                deviceFile = "/sys/bus/w1/devices/" + d + "/w1_slave"
                th = Thermometer(deviceFile)
                self.append(th)                             #6

if __name__ == "__main__":
    d = TempDevices()
    while True:
        for t in d:
            if t.file.startswith("/sys/bus/w1/devices/10"):
                tType = "DS18S20"
            else:
                tType = "DS18B20"
            print(tType, t.read(), "Grad Celsius")
        time.sleep(1)
```

Kommentare

#1: Hier werden die Systemkommandos zur Initialisierung der 1-Wire-Schnittstelle aufgerufen.

#2: Objekte der Klasse `Thermometer` repräsentieren einen digitalen Sensor. Das Attribut `file` enthält den kompletten Pfad zur Datei mit den Sensordaten. Die Methode `read()` liefert die aktuelle Temperatur.

#3: Die Klasse `TempDevices` ist eine Liste aller digitalen Temperatursensoren, die gerade an den 1-Wire-Bus an Pin 7 des GPIO angeschlossen sind. Die Klasse ist von der Standard-Klasse `list` abgeleitet. Das heißt, sie hat alle `list`-Methoden geerbt und kann wie eine normale Liste verwendet werden.

#4: Hier wird die Initialisierungsprozedur der Basisklasse aufgerufen.

#5: Der Ordner mit den Sensor-Verzeichnissen wird durchsucht. Jedes Verzeichnis, das mit "10" oder "28" beginnt, enthält die Daten von einem Sensor. Immer, wenn ein solches Verzeichnis gefunden worden ist, wird ein neues `Thermometer`-Objekt instanziiert und an das Objekt `self` angehängt (**#6**). Das Objekt `self` besitzt ja alle Eigenschaften einer Liste.

9.4.2 Die grafische Oberfläche

Das Modul zur Messwerterfassung soll nun in einem zweiten Programm mit der grafischen Benutzungsoberfläche des Projekts verwendet werden.

Im Applikationsfenster sollen die Temperaturwerte aller angeschlossener Sensoren dargestellt werden. Jede Sekunde soll die Anzeige aktualisiert werden. Wieder und wieder.

Der Programmtext enthält zwei Klassendefinitionen:

- Ein Objekt der Klasse `App` definiert die gesamte Applikation, deren grafische Oberfläche aus einem Fenster und mehreren (im Prinzip beliebig vielen) Labels mit Temperaturwerten besteht.
- Ein Objekt der Klasse `TempDisplay` modelliert die Anzeige eines Temperatursensors. Es verhält sich in etwa so, wie man es von der Anzeige eines »echten« Thermometers erwartet: Der dargestellte Wert wird ständig aktualisiert und zeigt die *gegenwärtige* Temperatur.

Die permanente Aktualisierung von Werten impliziert eine Endloswiederholung. Sie wird hier – das ist eine Besonderheit – über einen rekursiven Aufruf der Widget-Methode `after()` realisiert (**#5**). Das ist eine Technik, die gelegentlich als Alternative zum Start eines neuen Threads empfohlen wird.

Programm

```
# visualtherm.pyw
import time
from temperature import TempDevices           #1
from tkinter import *

class App:
    def __init__(self):
        self.window = Tk()
        self.window.title("Temperatur")
        for t in TempDevices:
            TempDisplay(self.window, t).pack() #2
        self.window.mainloop()

class TempDisplay(Label):                      #3
```

```
    def __init__ (self, window, tempDevice):
      Label.__init__(self, font=("Arial", 20), width=12)
      self.window = window
        self.device = tempDevice
        self.update()

    def update(self):                                            #4
      text = str(round(self.device.read(), 2)) + " °C"
      self.config(text=text)
      self.window.after(1000, self.update)                       #5

App()
```

Kommentare

#1: Aus dem Modul wird an dieser Stelle nur die Klasse `TempDevice` importiert.

#2: Jedes `t` ist ein `Thermometer`-Objekt (aus dem Modul `temperature`), das einen Sensor repräsentiert. Für jeden Sensor wird hier ein Objekt erzeugt, das für die Darstellung des aktuellen Temperaturwertes zuständig ist.

#3: Die Klasse `TempDisplay` ist von der Klasse `Label` abgeleitet und hat deren Methoden geerbt. Deshalb können in **#2** Instanzen dieser Klasse in das Fenster gepackt werden. Auch die Widget-Methode `pack()` wurde geerbt.

#4: Die Methode `update()` aktualisiert die Temperaturanzeige des Objekts. Der Clou liegt in der letzten Zeile. Sie bewirkt, dass die Methode `update()` nach einer Sekunde erneut aufgerufen wird. Dieser Selbstaufruf mit Zeitverzögerung wiederholt sich bis in alle Ewigkeit.

9.5 Projekt: Ein Temperaturplotter

Oft möchte man wissen, wie sich die Temperatur an einer bestimmten Stelle im Laufe der Zeit entwickelt.

- Wetterportale im Internet zeigen die Veränderung der Temperatur in einer Region im Verlaufe eines Jahres oder eines Tages an.
- Chemiker untersuchen den Temperaturverlauf während einer Explosion.
- Mediziner messen die Veränderung der Körpertemperatur im Verlauf einer Krankheit.

Änderungen der Temperatur in einer Wohnung können auf Ereignisse hindeuten:

- Ein Fenster wurde geöffnet.
- Der Küchenherd wurde eingeschaltet.
- Das Haus brennt.

9.5.1 Temperatur-Zeitdiagramme

Temperaturverläufe stellt man in einem Temperatur-Zeitdiagramm dar. Dabei stellt die waagerechte Achse immer die Zeit und die senkrechte Achse die Temperatur dar. In diesem Projekt entwickeln wir ein Programm, das die Messwerte einer beliebigen Anzahl von Temperatursensoren in einem Temperatur-Zeit-Diagramm darstellt.

Das Programm soll eine Minute lang jede Sekunde Messwerte lesen und Messpunkte in unterschiedlichen Farben in das Diagramm zeichnen. Jedem Sensor ist eine andere Farbe zugeordnet. Nach 60 Sekunden werden alle Messpunkte gelöscht und die Aufzeichnung beginnt von vorne. Abbildung 9.5 zeigt einen Screenshot aus einem Programmlauf mit zwei Sensoren.

Rätsel

Temperatur-Zeit-Diagramme können Geschichten erzählen. Während das Diagramm aus Abbildung 9.5 entstand, ist Folgendes passiert:

Der eine Sensor wurde zuerst für einige Sekunden mit dem Finger und später mit dem Handrücken berührt. Auf den anderen Sensor wurde eine kleine Kugel aus feuchtem Küchenpapier gesetzt. Sie fiel zwischendurch herunter.

- Wann fiel die feuchte Papierkugel herunter?
- Was geschah anschließend?

(Die Lösung finden Sie am Ende des Kapitels.)

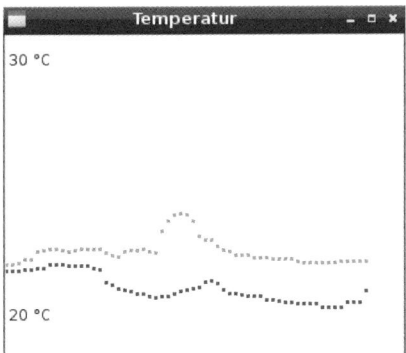

Abb. 9.5: Grafische Darstellung der Messwerte zweier Temperatursensoren

9.5.2 Programmierung

Mechanische Geräte, die mit Stiften Grafiken (engl. *plots*) zeichnen, nennt man *Plotter*. Das Programm ist ein Modell eines solchen Gerätes. Es besteht aus zwei Klassen:

Kapitel 9
Sensortechnik

- Die Klasse `Plotter` modelliert das gesamte Zeichengerät. Ein Plotter-Gerät besitzt eine Liste mit beliebig vielen Pen-Objekten, die Zeichenstifte repräsentieren.
- Objekte der Klasse `Pen` modellieren einen Stift, der die Daten eines ihm zugeordneten Sensors in einer bestimmten Farbe als Messpunkte einträgt.

Eine kleine mathematische Herausforderung ist die Berechnung der Position eines Messpunktes auf dem Canvas. Vielleicht lohnt es sich, eine Planungsskizze anzufertigen.

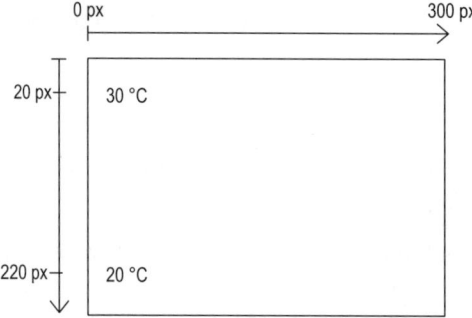

Abb. 9.6: Planung der Oberfläche des Plotters

In unserem Beispiel soll die Bildfläche eine Breite von 300 Pixeln haben. Wenn eine Serie von 60 Messwerten dargestellt werden soll, ist in x-Richtung für jeden Messwert ein Platz von 5 Pixeln verfügbar.

Der Plotter stellt Temperaturen im Bereich normaler Raumtemperatur von 20° bis 30° dar. Im Koordinatensystem des Canvas liegt bei y = 20 die 30°C-Marke und bei y = 220 die 20°C-Marke. Das bedeutet, dass ein Grad einem Höhenunterschied von 20 px entspricht. Zu beachten ist, dass y kleiner wird, wenn die Temperatur größer wird. Wenn ϑ die Temperatur und y die y-Koordinate auf dem Canvas sind, ergibt sich die Gleichung

```
y = -20 * ϑ + C
```

Dabei ist C eine Konstante, die wir mithilfe der geforderten Position eines Messpunktes bei 30°C ermitteln können:

```
20 = -20 * 30 + C  =>
C = 20 + 600 = 620
```

Insgesamt gilt also:

```
y = - 20 * ϑ + 620
```

9.5 Projekt: Ein Temperaturplotter

Diese Gleichung wird in Zeile **#10** des folgenden Programms verwendet.

Programm

```
# plotter.pyw
import time, _thread
from temperature import TempDevices
from tkinter import *

class Plotter:
  def __init__(self):
    self.colors = ["red", "green", "blue", "black"]      #1
    self.window = Tk()
    self.window.title("Temperatur")
    self.c = Canvas(master=self.window, width = 300,
                    height= 250, bg="white")             #2
    self.c.create_text(20, 20, text="30 °C")             #3
    self.c.create_text(20, 220, text="20 °C")
    self.c.pack()
    t = TempDevices()                                    #4
    self.pens = []                                       #5
    for i in range(len(t)):
        self.pens.append(Pen (self.c,
                    t[i], self.colors[i%4]))             #6
    _thread.start_new_thread(self.update, ())
    self.window.mainloop()

  def update(self):
    while True:
        for i in range(60):                              #7
            for pen in self.pens:
                pen.draw(i*5)                            #8
                time.sleep(1)
        self.c.delete("point")                           #9

class Pen:
    def __init__ (self, canvas, tempDevice, color):
        self.canvas = canvas
        self.device = tempDevice
        self.color = color
```

```
    def draw(self, x):
        y = 620 - self.device.read() * 20          #10
        self.canvas.create_line(x, y, x+3, y, width=3,
                                fill=self.color,
                                tag="point")       #11
Plotter()
```

Kommentare

#1: Wir verwenden nur vier Farben, die später (Zeile **#6**) reihum den Sensoren zugeordnet werden.

#2: Ein Canvas der Größe 300 x 250 mit weißem Hintergrund entsteht.

#3: Auf den Canvas werden zwei konstante Texte gesetzt. Ihre ID benötigen wir nicht und merken sie uns deshalb auch nicht.

#4: Eine Liste aller Temperatursensoren wird angelegt. Die Elemente dieser Liste sind Objekte der Klasse `Thermometer` aus dem Modul `temperature`.

#5: Hier wird eine Liste von `Pen`-Objekten begonnen.

#6: Hier wird ein neues `Pen`-Objekt instanziiert und an die Liste angehängt. Jedes Pen-Objekt repräsentiert einen Stift, der Messpunkte in das Diagramm einträgt. Das neue `Pen`-Objekt wird einem Sensor und einer Farbe aus der Liste `colors` zugeordnet. Nun hat `colors` nur vier verschiedene Farben. Was tun, wenn es mehr als vier Sensoren gibt? Zur Lösung dieses Problems wird als Index zur Auswahl der Farbe der Term `i%4` verwendet. Der Index des aktuellen Sensors wird also modulo 4 gerechnet. Das ergibt immer eine Zahl zwischen 0 und 3. Bei mehr als vier Sensoren werden also die Farben mehrfach vergeben.

#7: Es werden (immer wieder) 60 Messwerte aufgenommen. Nach jeder Sekunde werden alle Pen-Objekte beauftragt, einen Punkt für ihren aktuellen Messwert auf den Canvas zu zeichnen.

#8: Die Messpunkte liegen in x-Richtung 5 Pixel auseinander. Der Methode `draw()` wird die x-Komponente des neuen Messpunktes übergeben.

#9: Nach 60 Sekunden = 60 Messungen pro Sensor werden alle Messpunkte wieder gelöscht. Hier wird eine besondere Canvas-Technik verwendet, das Tagging. Jeder Messpunkt wurde mit einem Tag namens `point` markiert (**#11**). In dieser Zeile nun werden alle Items auf dem Canvas, die dieses Tag tragen, gelöscht.

#10: Aus der Temperatur wird die y-Komponente des Messpunktes berechnet.

#11: Der Messpunkt ist eine waagerechte kurze Linie mit einer Breite und Länge von jeweils 3 Pixeln. Das Linien-Item wird zudem mit `point` markiert, damit man es später leichter löschen kann (**#9**).

Mögliche Erweiterungen

Das Programm ist nur eine Minimalversion. Wenn Sie sich für das Projektthema interessieren, haben Sie bestimmt schon viele Ideen für Erweiterungen. Man könnte die Achsen besser beschriften (Zeitangaben) oder zusätzliche Optionen einbauen:

- Wahl des Aktualisierungsintervalls (eine Messung pro Minute, pro Stunde etc.)
- Einstellung des Anzeigebereichs (minimale Temperatur, maximale Temperatur)

9.6 Projekt: Mobile Datenerfassung

Für dieses Projekt benötigen Sie eine mobile Stromversorgung für den RPi. In Abbildung 9.11 sehen Sie rechts eine »Portable Powerbank«. Das ist ein wiederaufladbarer Akku mit USB-Anschluss, der konstant 5,0 Volt bei einer maximalen Stromstärke von 1500 mA liefert. Dieses Gerät kann man auch zu anderen Zwecken verwenden, etwa um auf langen Fahrten das Handy wieder aufzuladen.

Sie können die gesamte Hardware des Prototyps auf ein kleines Küchentablett legen und herumtragen. Damit haben Sie einen Tablett-Computer im wahrsten Sinne des Wortes.

Die Software umfasst zwei Programmdateien: ein Programm zur Messwerterfassung und ein Programm zur Darstellung der gesammelten Daten.

Die Messwerterfassung läuft auf dem mobilen RPi, an den ein Schalter und eine LED angeschlossen sind. Das Programm wird über Autostart gestartet, wenn die Stromversorgung (Powerbank) eingeschaltet wird. Durch einen Druck auf den Schalter wird die Messung gestartet. Zur Kontrolle leuchtet die LED. Das Programm misst regelmäßig (z.B. jede Sekunde) die Temperatur. Beim zweiten Druck auf den Schalter werden die Messungen beendet und die Daten auf der SD-Karte oder besser noch auf einem Memory-Stick gespeichert.

Das Programm zur Wiedergabe der Daten läuft auf einem anderen Rechner oder auf dem RPi mit angeschlossenem Monitor, Tastatur und Maus.

Das ist die gesamte Liste der benötigten Hardware-Komponenten:

- Raspberry Pi
- wiederaufladbarer Akku (5 V, mindestens 700 mA) mit USB-Kabel (»Powerbank«)
- Steckplatine
- 1 LED
- 1 digitaler Thermosensor DS1820
- ein Tastschalter

Abbildung 9.7 zeigt den Aufbau der Schaltung.

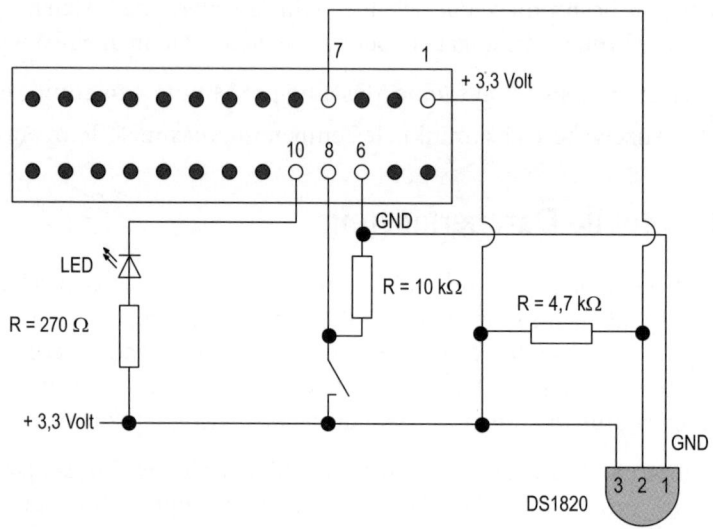

Abb. 9.7: Schaltplan zur mobilen Messwerterfassung

9.6.1 Experimente mit mobiler Temperaturerfassung

Es gibt zahllose Verwendungszwecke für eine mobile Erfassung von Temperaturdaten. Hier sind einige Beispiele für naturwissenschaftliche Experimente:

- Erstellen Sie ein Temperaturprofil Ihres Gartens. Bewegen Sie sich im »Gänsemarsch« und halten Sie Ihre Versuchsapparatur mit dem Temperatursensor in konstanter Höhe. Entfernen Sie sich auf einem geraden Weg vom Haus. Sie gehen über unterschiedliche Untergründe, offene und schattige Bereiche. Gehen Sie langsam und setzen Sie in konstanten Zeitintervallen einen Fuß vor den anderen. Messen Sie die Entfernung, die Sie während der Messserie insgesamt zurückgelegt haben. Dann kann man später aus den Zeiten Messpositionen berechnen.

- Erstellen Sie ein vertikales Temperaturprofil eines Gewässers. Löten Sie die Adern eines langen dünnen Kabels an die drei Pins des digitalen Temperatursensors. Umhüllen Sie alle blanken Metallteile des Sensors mit Klebstoff, um Kurzschlüsse zu vermeiden, und umwickeln Sie dann den Sensor eng mit Alufolie. Schließen Sie ihn fachgerecht an den RPi an. Starten Sie die Messwertaufzeichnung und senken Sie den Sensor langsam und gleichmäßig in einem Gewässer ab.

9.6.2 Programmierung

Die Klassenstruktur orientiert sich an dem physischen Aufbau des Geräts:

- Die Klasse Switch ist ein Modell des Tastschalters. Sie hat zwei Methoden. Die Methode isPressed() liefert genau dann den Wert True, wenn der Schalter gedrückt ist. Die Methode waitUntilClicked() sorgt dafür, dass der Prozess so lange schläft, bis der Schalter gedrückt und wieder losgelassen worden ist.
- Ein Objekt der Klasse LED repräsentiert eine reale LED. Sie kann mit on() ein- und mit off() ausgeschaltet werden.

```
import time, pickle
from temperature import TempDevices
from tkinter import *
from RPi import GPIO
GPIO.setmode(GPIO.BOARD)

DATAFILE = "data.dat"                            #1
class Switch:
    def __init__(self, pin):
        GPIO.setup(pin, GPIO.IN)                 #2
        self.pin = pin

    def waitUntilClicked(self):
        while not GPIO.input(self.pin):          #3
            time.sleep(0.05)
        while GPIO.input(self.pin):
            time.sleep(0.05)
        time.sleep(0.2)

    def isPressed(self):
        return GPIO.input(self.pin)

class LED:
    def __init__(self, pin):
        GPIO.setup(pin, GPIO.OUT)                #4
        self.pin = pin

    def on(self):
        GPIO.output(self.pin, False)

    def off(self):
        GPIO.output(self.pin, True)
```

```
class Collector:
    def __init__(self):
        self.s = Switch(8)                      #5
        self.led = LED(10)
        self.t = TempDevices()[0]
        self.data = []
        self.run()

    def run(self):
        self.s.waitUntilClicked()
        self.led.on()
        while not self.s.isPressed():
            self.data.append(self.t.read())
            time.sleep(0.1)
        self.led.off()
        f = open(DATAFILE, "wb")                #6
        pickle.dump(self.data, f)
        f.close()

Collector()
```

Kommentare

#1: Das Programm geht von dem einfachen Fall aus, dass die Daten in demselben Ordner gespeichert werden, in dem sich auch die Programmdatei befindet. Die Daten können auch auf einem Memorystick gespeichert werden, der üblicherweise in das Verzeichnis /media/ gemountet wird.

#2: Dem Switch-Objekt wird bei der Instanziierung eine Pin-Nummer übergeben. Dieser Pin wird als Eingabekanal eingerichtet.

#3: Zuerst wird gewartet, bis der Schalter gedrückt worden ist. Dann wird gewartet, bis er wieder losgelassen worden ist.

#4: Der Pin, über den die LED gesteuert wird, wird als Ausgang eingerichtet.

#5: Es werden – entsprechend dem Schaltplan – die Pins 1, 8 und 10 verwendet.

#6: Für das Speichern mit pickle muss die Datei im Binärmodus geöffnet werden. Mit pickle.dump() wird die Liste in die geöffnete Datei geschrieben.

9.6.3 Wiedergabe der Daten

Für das Lesen und Ausgeben der Daten sei hier nur eine Minimalversion eines Programms angegeben.

Programm

```
import pickle
DATAFILE = "data.dat"
f = open (DATAFILE, "rb")
data = pickle.load(f)
f.close()
for i in range(len(data)):
    print (i, round(data[i], "°C")
```

Ausgabe (Beispiel)

```
0 23.312 Grad Celsius
1 23.312 Grad Celsius
2 23.687 Grad Celsius
...
```

9.7 Spannung messen

In diesem Abschnitt erfahren Sie, wie man mit dem RPi eine elektrische Spannung messen und in einem Python-Programm verarbeiten kann. Sie benötigen folgende Hardware-Komponenten:

- Raspberry Pi
- A/D-Wandler MPC3008
- Steckplatine
- Dreh-Potenziometer (150 kΩ)
- Jumperkabel female-male
- Jumperkabel male-male

Mit dem Dreh-Potenziometer (als Spannungsteiler geschaltet) können Sie eine Spannung einstellen, die Sie anschließend mit dem RPi messen und in einem Programm verarbeiten können. So können Sie das Potenziometer auch als Eingabegerät verwenden und in einer Rennsimulation ein Auto lenken oder im Pong-Spiel einen Schläger bewegen.

Ein mechanisches Potenziometer (auch Potentiometer oder Poti) besteht aus einem Widerstand, der durch einen verstellbaren Schleifkontakt in der Mitte (Anschluss 2) geteilt wird. Somit hat man zwei Widerstände mit verstellbaren Widerstandswerten. Man legt an den äußeren Anschlüssen 1 und 3 eine Spannung U an (siehe Abbildung 9.8). Die Spannung an dem Kontakt in der Mitte (2) liegt immer zwischen 0 Volt und der außen angelegten Spannung U (hier: 3,3 V). Je näher der Schleifkontakt am Anschluss 3 mit der Spannung U ist, desto höher ist die Spannung an Anschluss 2.

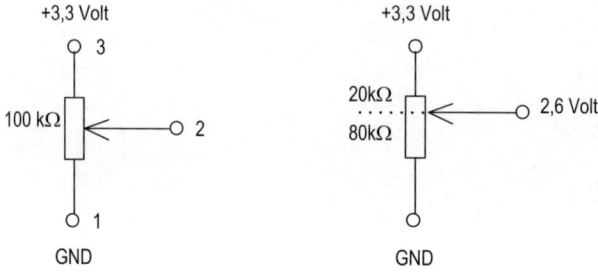

Abb. 9.8: Potenziometer als Spannungsteiler

Eine elektrische Spannung ist ein physikalisches Phänomen – ein analoges Signal, das erst in einen digitalen Wert, eine Zahl, umgewandelt werden muss, bevor ein Computerprogramm etwas damit anfangen kann. Genau das ist die Funktion eines Analog-Digital-Wandler (A/D-Wandler). Er liefert zu einer Spannung, die an einem Eingang anliegt, ein Bitmuster, das eine ganze Zahl darstellt. Der RPi besitzt selbst keinen A/D-Wandler auf seiner Platine. Sie müssen sich also für ein paar Euro einen zusätzlichen Chip anschaffen und an den GPIO des RPi anschließen.

In den Schaltungen dieses Abschnitts verwenden wir den MCP3008. Abbildung 9.9 und Tabelle 9.1 beschreiben die Pinbelegung.

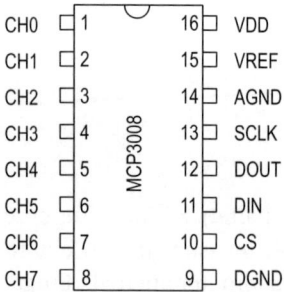

Abb. 9.9: Die Anschlüsse des MCP3008

Pin	Kürzel	Erklärung
1–8	Ch0–Ch7	Acht analoge Eingangskanäle
9	DGND	Masse der digitalen Kanäle
10	CS	Chip Select, Auswahl durch niedrigen Spannungspegel
11	DIN	Data In, Dateneingang (MISO: Master-In-Slave-Out)

Tabelle 9.1: Erklärung der Pinbelegung des MCP3008

Pin	Kürzel	Erklärung
12	DOUT	Data Out, Datenausgang (MOSI: Master-Out-Slave-In)
13	SCLK	Serial Clock, Zeittakt für den seriellen Datentransport
14	AGND	Masse für die analogen Eingänge
15	VRef	Referenzspannung. Sie ist die maximale Spannung, die an einem analogen Eingang anliegen darf.
16	VDD	Versorgungsspannung (zwischen 2,7 V und 5,5 V)

Tabelle 9.1: Erklärung der Pinbelegung des MCP3008 (Forts.)

Das analoge Signal ist eine beliebige Spannung zwischen 0 Volt und der Referenzspannung. Wir verwenden als Referenzspannung 3,3 Volt, indem wir Pin 1 des GPIO mit Pin 15 des MCP3008 verbinden.

Die Auflösung des MCP3008 beträgt 10 Bit. Das heißt, das Intervall von 0 bis 3,3 Volt wird in $2^{10} = 1024$ Stufen eingeteilt und jeder dieser Stufen eine Zahl zwischen 0 und 1023 zugeordnet. Aus einem Spannungspegel wird eine Zahl. Aus analog wird digital. Diese Zahl wird über Datenleitungen an den GPIO des RPi gesendet. Dabei wird das SPI-Protokoll verwendet. Dazu mehr im folgenden Abschnitt.

9.7.1 Das SPI-Protokoll

Die Abkürzung SPI steht für Serial Peripheral Interface. Das klingt ein bisschen seltsam, weil seriell und parallel Gegenbegriffe sind. Aber es ist so, dass es zwei parallele Datenleitungen für die zwei Richtungen der Kommunikation gibt, die Daten aber seriell, das heißt ein Bit nach dem anderen, transportiert werden.

Im SPI-Protokoll kommunizieren ein Master und ein Slave. Der Master ist das Bauteil, das die Datenkommunikation steuert, und der Slave muss das tun, was ihm der Master sagt. Hier sind der Master der RPi und der Slave der MCP3008. Die beiden kommunizieren über vier Datenleitungen, die nun im Zusammenhang eines Lesevorgangs erklärt werden.

Ein Protokoll ist ein Regelwerk über den Ablauf einer Kommunikation. Man kennt das aus dem Alltag. Wenn Sie im Café einen Bekannten treffen, begrüßen Sie sich erst, bevor Sie ein Gespräch beginnen. Am Ende verabschieden Sie sich. Das ist ein übliches Protokoll für Kommunikation im Café. Auch das Auslesen von Daten aus dem MCP3008 ist ein Kommunikationsvorgang. Er vollzieht sich in drei Schritten, die Sie später in dem Python-Programm wiederfinden werden:

- **Schritt 1: Auswahl des Chips.** Wenn Sie in einem Café gleich mehrere Bekannte sehen, müssen Sie zunächst einen auswählen. Sie nicken ihm zu oder klopfen ihm auf die Schulter und signalisieren, dass Sie ein Gespräch beginnen wollen. Auch ein SPI-Master kann mit mehreren Slaves kommunizieren. Ein

Slave wird dadurch ausgewählt, dass am Eingang CS (Chip-Select) ein niedriger Spannungspegel angelegt wird. In unserem Fall haben wir nur einen Chip. Dennoch muss dieser über CS aktiviert werden.

- **Schritt 2: Auswahl des analogen Eingangs.** Der Master (also der RPi) teilt dem ausgewählten MCP3008 mit, von welchem seiner acht Eingänge nun Daten übertragen werden sollen. In unserem Fall wird der Kanal Ch0 verwendet. Das Kommando, das an den Chip gesendet wird, ist eine Folge aus fünf Bits:

```
11000
```

Dabei stellen die letzten drei Bits die Kanalnummer dar, in unserem Fall also 0. Für die Übertragung dieses Kommandos wird der digitale Eingang DIN des MCP3008 verwendet (Pin 11). Man nennt diesen Kanal auch MOSI (Master-Out-Slave-In). Denn es werden Daten vom Master zum Slave gesendet.

- **Schritt 3: Der Master hat die Kommunikation begonnen.** Aber jetzt ist der Slave dran. Der MCP3008 liefert über seinen digitalen Ausgang DOUT (Pin 12) hintereinander 10 Bits, die eine Zahl zwischen 0 und 1013 darstellen. Dieser Kanal heißt MISO (Master-In-Slave-Out), denn der Master empfängt Daten, die vom Slave kommen.

Damit ist der Lesevorgang beendet und kann wiederholt werden. Alle Daten werden bitweise übertragen. Das heißt, der Spannungspegel auf der Leitung steigt zur Übertragung einer 1 auf 3,3 Volt und fällt bei der Übertragung einer 0 auf 0 Volt. Zur Synchronisation der Übertragung sendet der Master ein Taktsignal (Serial Clock, SCLK). Abbildung 9.10 zeigt den gesamten Aufbau der Schaltung.

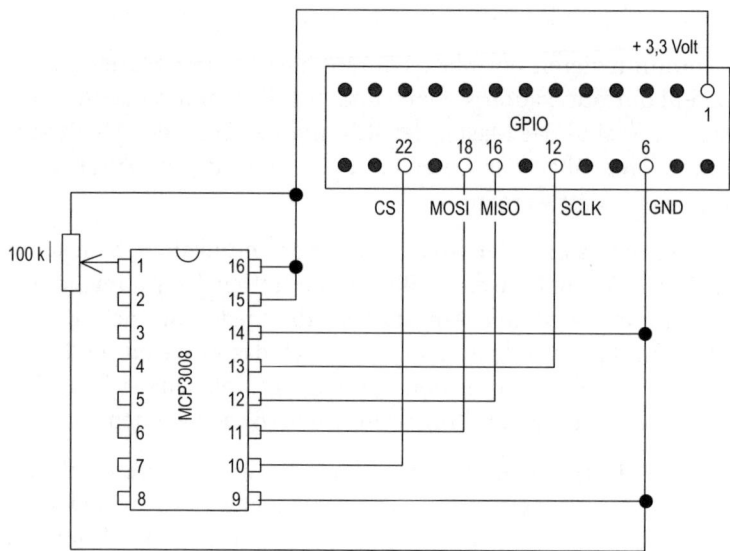

Abb. 9.10: Anschluss des MCP3008 an ein Potenziometer (links) und den GPIO

9.7.2 Bitverarbeitung

Nichtnegative ganze Zahlen führen ein merkwürdiges Doppelleben: Man kann sie als Zahlen, also als mathematische Objekte, oder als Bitfolgen interpretieren. Die Vorstellung einer Bitfolge, wie 11000, liegt sehr nah an der physikalischen Wirklichkeit von hohen und niedrigen Spannungspegeln auf einer Leitung. In diesem Abschnitt geht es um die Verarbeitung von Bitfolgen mit Python. Diese Techniken brauchen Sie für die Programmierung Hardware-naher Routinen für die Datenkommunikation nach dem SPI-Protokoll.

Mithilfe kleiner Experimente in der Python-Shell werden die wichtigsten Bit-bezogenen Operationen erklärt. Eine Übersicht finden Sie in Tabelle 9.2.

Mathematisch gesehen ist eine Bitfolge eine Binärzahl, also eine Zahl zur Basis 2, die nur die Ziffern 0 und 1 enthält. Binärzahlen stellt man bei Python durch Literale dar, die mit 0b beginnen. Der numerische Wert einer Binärzahl wird allerdings durch Dezimalzahlen repräsentiert. Probieren Sie aus:

```
>>> x = 0b11000
>>> x
24
```

Eine Bitfolge kann führende Nullen enthalten, die bei einer Binärzahl überflüssig sind und keine Bedeutung für den numerischen Wert haben.

```
>>> 0b0000011000
24
```

Mit `bin()` können Sie die Binärdarstellung einer Zahl (als String) gewinnen:

```
>>> bin(x)
'0b11000'
```

Operator	Erläuterung
<<, >>	Verschiebungen (Shifts)
&	Bitweise UND
^	Bitweise exklusives ODER (XOR)
|	Bitweise ODER

Tabelle 9.2: Operationen zur Bitverarbeitung

Shiftoperationen >>, <<

Mit den Operatoren << und >> können Sie eine Bitfolge nach links bzw. rechts verschieben. Der Aufruf

```
x << n
```

bewirkt, dass die Bits der Bitfolge x um n Stellen nach links verschoben werden. Rechts werden n Nullen angehängt. Ein Shift um eine Stelle nach links bewirkt eine Verdoppelung des Zahlenwerts.

```
>>> x = 0b11000
>>> x << 1
48
>>> x << 2
96
```

Der Aufruf

```
x >> n
```

bewirkt einen Shift um n Stellen nach rechts. Das heißt, es werden die letzten n Stellen entfernt. Ein Shift um eine Stelle nach rechts entspricht einer Division durch 2.

```
>>> x >> 1
12
```

Für die Shiftoperationen gibt es auch erweiterte Zuweisungen <<= und >>=, die den Inhalt einer Variablen ändern.

```
>>> x = 0b11000
>>> for i in range(4):
    x >>= 1
    print(bin(x))

0b1100
0b110
0b10
0b1
```

Bitweises ODER, |

Bei einem Term der Form

```
x | y
```

werden die Bitfolgen x und y bitweise ODER-verknüpft. Besitzt an einer Stelle wenigstens eines der beiden Bits den Wert 1, so erhält das Ergebnis an der gleichen Stelle den Wert 1. Haben beide den Wert 0, erhält das Ergebnis an der Stelle den Wert 0.

Diese Operation kann man verwenden, um in eine Bitfolge mit vielen Nullen gezielt an einigen Stellen Einsen einzufügen:

```
>>> bin(0b10000000 | 0b00011000)
'0b10011000'
>>> bin(0b10000000 | 0b1)
'0b10000001'
```

Bitweises UND, &

Bei einem Term der Form

```
x & y
```

werden die Bitfolgen x und y bitweise UND-verknüpft. Eine Stelle der Ergebnis-Bitfolge hat nur dann den Wert 1, wenn beide Operanden an dieser Stelle den Wert 1 haben. Die Operation & verwendet man, um bei einer langen Bitfolge gezielt den Wert eines oder mehrerer Bits abzufragen. Beispiel:

```
>>> x = 0b11000101
>>> x & 0b111    # Wert der letzten drei Bits
5
```

Im folgenden Beispiel werden die Bits einer Bitfolge von vorne nach hinten einzeln ausgegeben. Ähnliches passiert, wenn der RPi über einen seriellen Bus mit der Außenwelt kommuniziert.

```
>>> x = 0b11000
>>> for i in range(5)
>>> for i in range(5):
    print(bool(x & 0b10000))
    x <<= 1
```

```
True
True
False
False
False
```

9.7.3 Programmierung

Der folgende Programmtext ist ein Modul mit einem Anhang zum Test, der nur dann ausgeführt wird, wenn das Modul als Hauptprogramm gestartet wird. In dem Test wird jede Sekunde der Wert des ersten analogen Kanals gelesen und ausgegeben. Die Funktion readData() kann von anderen Programmen importiert und verwendet werden. In den Aufgaben finden Sie einige Anregungen für Projekte.

Programm

```
# read_mpc.py
import time
from RPi import GPIO
GPIO.setmode(GPIO.BOARD)                        #1
SCLK = 12                                        #2
MOSI = 18
MISO = 16
CS = 22

GPIO.setup(SCLK, GPIO.OUT)
GPIO.setup(MOSI, GPIO.OUT)
GPIO.setup(MISO, GPIO.IN)
GPIO.setup(CS, GPIO.OUT)

out = GPIO.output                                #3
def readData(channel):
    out(CS, True)
    out(CS, False)                               #4
    out(SCLK, False)
    s = channel | 0b00011000                     #5
    for i in range(5):
        out(MOSI, bool(s & 0b10000))             #6
        out(SCLK, True)
        out(SCLK, False)                         #7
        s <<= 1                                  #8
```

```
        data = 0
        for i in range(11):                    #9
            out(SCLK, True)
            out(SCLK, False)
            data <<= 1
            if GPIO.input(MISO):               #10
                data |= 1
        return data

if __name__ == "__main__":                     #11
    while True:
        print (readData(0))
        time.sleep(1)
```

Kommentare

#1: Wir setzen den GPIO in den BOARD-Modus, so dass die Pin-Nummern im Programm der realen Anordnung auf der Platine entsprechen.

#2: Für die Pin-Nummern verwenden wir die Abkürzungen aus der Beschreibung des MCP3008.

#3: Für den häufig vorkommenden Methodenaufruf verwenden wir einen kurzen Namen, um den Programmtext übersichtlicher zu machen.

#4: Hier wird eine abfallende Signalflanke erzeugt (Abfall von 3,0 Volt nach 0 Volt). Dadurch wird der A/D-Wandler aktiviert (Chip Select).

#5: s ist die Bitfolge, die über den MOSI-Kanal ausgegeben wird. Sie besteht aus zwei Einsen und der Nummer des Analogeingangs. Diese Nummer ist eine Zahl zwischen 0 und 7. Sie wird durch drei Bits dargestellt, die den beiden Einsen folgen. Durch das bitweise ODER werden diese 3 Bits der Kanalnummer eingefügt.

#6: Das vorderste Bit der Bitfolge s wird als Wahrheitswert über den MOSI-Kanal ausgegeben.

#7: Taktsignal. Damit wird der MCP3008 veranlasst, das Bit auf dem MOSI-Kanal zu übernehmen.

#8: Die Bitfolge s wird um eine Stelle nach links verschoben. Dadurch kommt das nächste Bit an Position 5 und kann beim nächsten Schleifendurchlauf ausgegeben werden.

#9: Schritt für Schritt wird in dieser Schleife die Bitfolge aufgebaut, die der MCP3008 über den MISO-Kanal an den RPi sendet.

#10: Hier wird das aktuelle Bit übernommen: Wenn am MISO ein hoher Pegel anliegt, wird das letzte Bit eine Eins. Sonst bleibt es eine Null.

#11: Testanweisungen, die ignoriert werden, wenn das Modul nur importiert wird.

9.8 Aufgaben

9.8.1 Aufgabe 1: Kalt, wärmer, heiß!

Entwickeln Sie ein Gerät, das als Steuereinheit für einen Roboter verwendet werden kann, der die heißeste oder kälteste Stelle im Raum sucht. Der Hardwareaufbau (siehe Abbildung 9.11) besteht aus

- einem mobilen RPi, der von einem Akku mit Strom versorgt wird
- zwei LEDs (rot und grün)
- und einem digitalen Thermosensor

Das Programm misst alle 0,5 Sekunden die Temperatur. Wenn die Temperatur steigt, leuchtet die rote LED. Wenn sie sinkt, leuchtet die grüne. Wenn man sich mit einem solchen Gerät durch einen Raum bewegt, kann man durch Beobachten der LEDs die heißeste oder kälteste Stelle finden.

Abb. 9.11: Ein mobiles Gerät zum Suchen der heißesten oder kältesten Stelle eines Raums

Hinweis: Importieren Sie das Modul `tempread` aus Abschnitt 9.3.

9.8.2 Aufgabe 2: Spannungsmesser

Entwickeln Sie auf der Basis der Schaltung in Abschnitt 9.7 ein Programm mit grafischer Benutzungsoberfläche, das die aktuelle Spannung am Poti ausgibt.

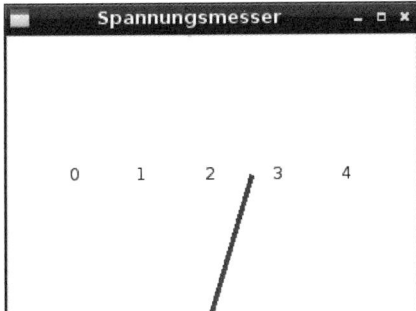

Abb. 9.12: Analoger Spannungsmesser mit Zeiger

Hinweis: Verwenden Sie die Funktion readData() aus dem Modul read_mcp (Abschnitt 9.7).

9.8.3 Aufgabe 3: Autosimulator

Entwickeln Sie einen primitiven Autosimulator, bei dem ein Auto mit einem Potenziometer gesteuert wird. Auf dem Bildschirm sieht man ein Auto, das auf einer Straße steht. Die Straße bewegt sich unter dem Auto hinweg, so dass auf einfache Weise die Perspektive des Fahrers gezeigt wird. Das Auto kann durch Drehen des Poti nach rechts oder links bewegt werden. Die Herausforderung ist, den Wagen auf der Straße zu halten.

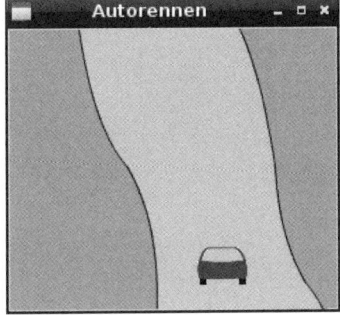

Abb. 9.13: Ein einfacher Autosimulator

9.9 Lösungen

9.9.1 Lösung 1

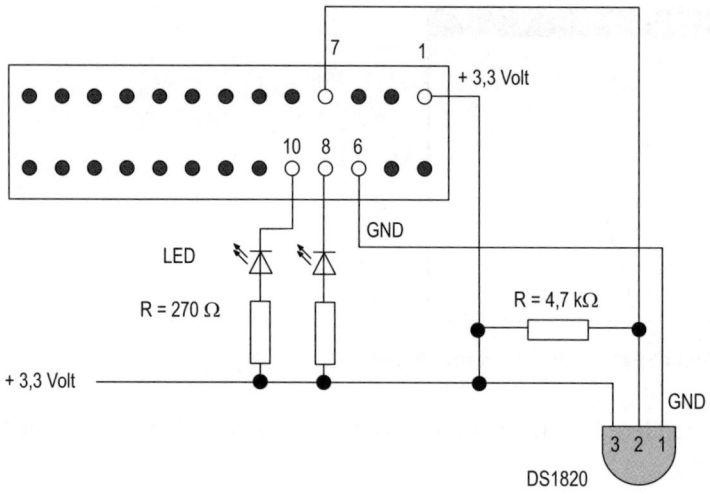

Abb. 9.14: Schaltplan für das Suchgerät

Das folgende Programm orientiert sich an diesem Schaltplan. Wir verwenden Pin 8 und Pin 10 für die Steuerung der LEDs.

Programm

```
import time
from temperature import TempDevices
from RPi import GPIO

class LED:                                          #1
    def __init__(self, pin):
        GPIO.setup(pin, GPIO.OUT)
        self.pin = pin

    def on(self):
        GPIO.output(self.pin, False)

    def off(self):
        GPIO.output(self.pin, True)
```

```
class Search:
    def __init__(self):
        GPIO.setmode(GPIO.BOARD)
        self.red = LED(8)                       #2
        self.green = LED(10)
        self.t = TempDevices()[0]
        self.oldTemp = self.t.read()
        self.run()

    def run(self):
        while True:
            newTemp = self.t.read()             #3
            if newTemp < self.oldTemp:          #4
                self.green.on()
                self.red.off()
            elif newTemp > self.oldTemp:        #5
                self.green.off()
                self.red.on()
            else:                                #6
                self.green.off()
                self.red.off()
            self.oldTemp = newTemp              #7
```

Kommentare

#1: Die Klasse LED modelliert eine LED, die man ein- und ausschalten kann.

#2: Die rote LED wird über Pin 8 gesteuert und die grüne über Pin 10 des GPIO.

#3: Die aktuelle Temperatur wird gelesen und mit der zuletzt gemessenen Temperatur verglichen.

#4: Wenn die Temperatur gestiegen ist, wird die rote LED eingeschaltet und die grüne ausgeschaltet.

#5: Wenn die Temperatur gesunken ist, wird die grüne LED eingeschaltet und die rote ausgeschaltet.

#6: Sonst werden beide LEDs ausgeschaltet.

#7: Die soeben gemessene Temperatur wird gespeichert und kann im nächsten Schleifendurchlauf mit der neu gemessenen Temperatur verglichen werden.

9.9.2 Lösung 2

Sie verwenden exakt die gleiche Schaltung wie in Abschnitt 9.7. Zur Planung der grafischen Oberfläche fertigt man am besten eine Skizze an (Abbildung 9.15).

Während der Messungen wird der Zeiger (eine Linie) immer wieder gelöscht und neu gezeichnet. Die x-y-Koordinaten der einzelnen Bildelemente können Sie der Skizze entnehmen.

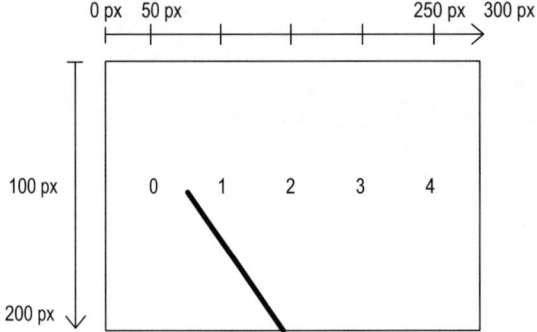

Abb. 9.15: Planung der Oberfläche des Voltmeters

Programm

```
#voltage.pyw
from read_mcp import readData
from tkinter import *

class Pointer:                                              #1
    def __init__(self, canvas):
        self.c = canvas
        self.id = self.c.create_line(100, 100, 150, 200,
                                     width=4, fill="red")
    def read(self):
        self.c.delete(self.id)                              #2
        x =readData(0)/1023 * 3.3 * 50 + 50                 #3
        self.id = self.c.create_line(x, 100, 150, 200,
                                     width=4, fill="red")

class Device:
    def __init__(self):
        self.window = Tk()
        self.window.title("Spannungsmesser")
        self.canvas = Canvas(master=self.window,
                             width=300, height=200,
                             bg = "white")                  #4
        self.canvas.pack()
        for i in range(5):
```

```
            self.canvas.create_text(50*(i+1), 100,
                                    text=str(i))         #5
        self.pointer = Pointer(self.canvas)
        self.run()
        self.window.mainloop()

    def run(self):                                       #6
        self.pointer.read()
        self.window.after(50, self.run)                  #7

Device()                                                 #8
```

Kommentare

#1: Die Klasse `Pointer` modelliert den Zeiger. Ein Pointer-Objekt kann auf dem Analogkanal Ch0 die aktuelle Spannung lesen und den Zeiger (eine Linie) auf dem Canvas in die passende Position bringen.

#2: Der Zeiger wird vom Canvas gelöscht.

#3: Diese Anweisung hat es in sich. Hier wird aus einem Messwert die x-Koordinate der Spitze des Zeigers (oberes Ende einer Linie) berechnet. Für eine Linie braucht man vier Koordinaten (x0, y0, x1, y1), die den Anfangs- und den Endpunkt der Linie bestimmen. Der untere Endpunkt der Linie (x1, y1), also der Punkt, um den sich der Zeiger dreht, ändert sich nicht. Auch die y-Koordinate des oberen Endpunktes y0 bleibt konstant. Allein die Koordinate x0 ändert sich. Ihr Wert hängt von der gemessenen Spannung ab.

Die aktuelle Spannung in Volt wird durch folgenden Ausdruck berechnet: `readData(0)/1023 * 3.3`.

Nun wurde in der Planungsskizze für 4 Volt ein Bereich von 200 px vorgesehen. Das heißt für jedes Volt 50 px. Deshalb muss die Spannung mit 50 multipliziert werden. Schließlich liegt der 0-Punkt der Skala bei 50 px. Deshalb müssen noch 50 Pixel addiert werden.

#4: Entsprechend der Planungsskizze brauchen wir einen Canvas, der 300 px breit und 200 px hoch ist.

#5: Hier wird die Beschriftung der Skala mit den Zahlen 0, 1, 2, 3, 4 (genau wie in der Planungsskizze) umgesetzt.

#6: Die Methode `run()` wird einmal bei der Initialisierung gestartet und ruft sich dann alle 50 ms selbst auf (**#7**). Sie sorgt somit dafür, dass alle 50 ms die anliegende Spannung gemessen und die Zeigerposition aktualisiert wird.

#8: Ein Objekt der Klasse `Device` wird instanziiert. Damit wird die Applikation gestartet.

9.9.3 Lösung 3

Abbildung 9.16 illustriert die Arbeitsweise des Autosimulators. Ein langer Bildstreifen wandert von oben nach unten über den Canvas. Man sieht im Applikationsfenster immer nur einen Ausschnitt.

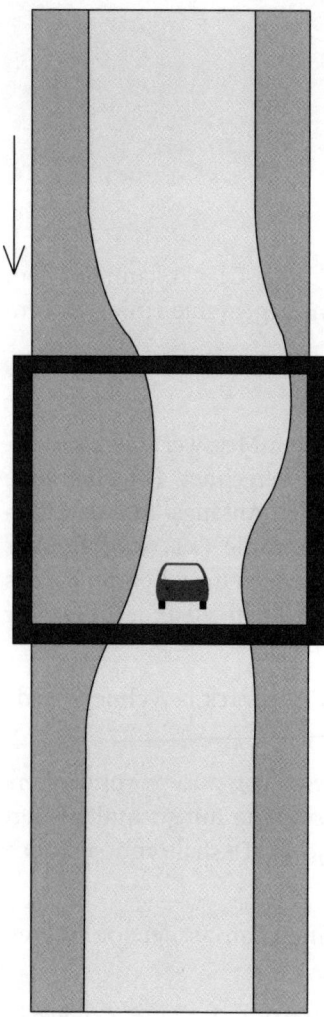

Abb. 9.16: Die Arbeitsweise eines einfachen Autosimulators

Fertigen Sie mit einem Grafikeditor zwei Bilder an, die Sie als GIF-Datei abspeichern:

- Ein Hintergrundbild mit einer Rennstrecke. Die Breite muss zum Canvas Ihres Programms passen. Hier haben wir nur ein kleines Bild einer Breite von

240 px. Aber man kann es natürlich auch viel größer machen. Es kann den ganzen Bildschirm ausfüllen. Der obere Teil des Bildes muss genauso aussehen wie das untere Ende. Dann gibt es keine Sprünge, wenn das Bild wieder nach oben geschoben wird, nachdem beim Abspulen die untere Kante erreicht ist.

- Ein kleines Auto, das vom Programm auf die Rennstrecke gesetzt wird. Der Hintergrund des Autos muss transparent sein.

Speichern Sie die Bilddateien in das Verzeichnis mit dem Programm.

Programm

```
#racing.pyw
import time
from read_mcp import readData
from tkinter import *

WIDTH = 240                                          #1
HEIGHT = 200
CAR = "car.gif"                                      #2
ROAD = "road.gif"

class Car:                                           #3
    def __init__(self, road):
        self.img = PhotoImage(file=CAR)
        self.road = road
        self.iD = self.road.create_image(150, 170,
                           image=self.img)           #4
        self.x = WIDTH/2

    def step(self):
        if self.x <  WIDTH * readData(0)/1023:       #5
            self.x += 1
            self.road.move(self.iD, 1, 0)
        elif self.x > WIDTH * readData(0)/1023:
            self.x -= 1
            self.road.move(self.iD, -1, 0)

class Road(Canvas):                                  #6
    def __init__(self, master):
        Canvas.__init__(self, master=master,
                    width=WIDTH, height=HEIGHT)
        self.pack()
```

```
            self.img = PhotoImage(file=ROAD)
            self.y = 0
            self.iD = self.create_image(0,HEIGHT,
                         anchor=SW, image=self.img)      #7

        def step(self):
            if self.y <= self.img.height() - HEIGHT:     #8
                self.y += 3
                self.move(self.iD, 0, 3)
            else:
                self.y = 0
                self.coords(self.iD, 0, HEIGHT)

    class Racing:                                         #9
        def __init__(self):
            self.window = Tk()
            self.window.title("Autorennen")
            self.road = Road(master=self.window)
            self.car = Car(self.road)
            self.run()
            self.window.mainloop()

        def run(self):                                    #10
            self.road.step()
            self.car.step()
            self.window.after(50, self.run)

    Racing()                                              #11
```

Kommentare

#1: Höhe und Breite des Canvas werden in Konstanten gespeichert, weil im Programm häufiger darauf zugegriffen wird.

#2: Das sind die Namen der Bilddateien für das Auto und die Straße.

#3: Die Klasse Car modelliert ein Auto. Das Car-Objekt kann nicht »von allein fahren«, sondern wird über die Methode step() immer wieder veranlasst, seine Position zu aktualisieren.

#4: Hier wird das Bild des Autos auf den Canvas in die Mitte nah am unteren Rand (y = 170) gesetzt. Die ID-Nummer, die zurückgegeben wird, wird später immer wieder benötigt, um die Position des Autos zu verändern.

#5: Jeder gemessene Spannungswert (zwischen 0 und 3,3 Volt) entspricht einer Position in x-Richtung zwischen 0 px und WIDTH px. Die Spannung wird mit dem

Potenziometer eingestellt. Hier wird geprüft, ob sich das Auto links oder rechts von dieser »Spannungsposition« befindet. Ist die x-Koordinate des Autos kleiner (es steht zu weit links), wird es ein Stück nach rechts bewegt. Ist sie größer, wird es nach links bewegt. Durch diesen Mechanismus bewegt sich das Auto niemals ruckartig, sondern gleichförmig.

#6: Die Klasse `Road` wird von der Klasse `Canvas` abgeleitet und stellt die Straße dar, über die das Auto fährt.

#7: Auf den Canvas wird das Bild der Straße gesetzt, und zwar so, dass der untere Teil zu sehen ist. Die Option `anchor=SW` bedeutet, dass die linke untere Ecke des Bildes als Bezugspunkt genommen wird. Auf dem Canvas hat die linke untere Ecke die Koordinaten (`0, HEIGHT`), denn der Nullpunkt der y-Achse ist am oberen Rand des Canvas.

#8: Jeder Aufruf der Methode `step()` bewirkt, dass das Bild mit der Straße auf dem Canvas ein Stück nach unten verschoben wird. Das passiert so lange, bis der obere Rand erreicht ist. Dann wird das Bild wieder auf seinen Anfangspunkt zurückgesetzt.

#9: Die Klasse `Racing` modelliert die gesamte Applikation.

#10: Die Methode `run()` wird bei der Initialisierung des `Racing`-Objekts einmal gestartet und ruft sich dann mit `after()` alle 50 ms immer wieder selbst auf. Sie steuert die Bewegung des Autos und der Straße, indem sie die `Road`- und `Car`-Objekte veranlasst, die Positionen ihrer Bilder auf dem Canvas zu aktualisieren.

#11: Ein `Racing`-Objekt wird instanziiert und damit die Applikation gestartet.

9.9.4 Lösung zum Rätsel aus Abschnitt 9.5

Wenn Wasser verdunstet, wird der Umgebung Wärme entzogen (Verdampfungsenthalpie) und das Papier kühlt ab. Die feuchte Kugel fiel nach etwa 25 Sekunden herunter; denn ab diesem Zeitpunkt steigt die untere Temperaturkurve, die einen Abkühlungsprozess zeigt, wieder an. Anschließend fällt die Temperatur wieder. Offenbar wurde die feuchte Papierkugel wieder auf den Thermosensor gelegt.

Kapitel 10

Projekte mit der Kamera

Für den Raspberry Pi gibt es ein spezielles Kameramodul. Dieses Kapitel gibt einige Anregungen für Projekte, bei denen Kamerabilder ausgewertet werden. Wie erkennt man, dass sich etwas bewegt? Wie bestimmt man die Bewegungsrichtung eines Objektes? Wie kann man Farben vergleichen und Dinge an der Farbe erkennen?

10.1 Das Kameramodul anschließen

Die kleine Raspberry-Pi-Kamera ist nicht größer als eine Erbse und hat eine Auflösung von 5 Megapixeln. Sie sitzt auf einer briefmarkengroßen Platine, die über ein 15-adriges Bandkabel mit dem RPi verbunden wird. Bei Lieferung ist das Kabel bereits an die Kameraplatine angeschlossen. Die blaue Seite des Kabels zeigt von der Platine weg. Wahrscheinlich ist auf der Linse ein Plastikstreifen zum Schutz, den Sie vor Gebrauch entfernen müssen.

Die Kamera ist empfindlich gegenüber Elektrostatik. Bevor Sie sie anfassen, sollten Sie sich durch einen Griff an ein Heizungsrohr oder einen Wasserhahn erden.

Abb. 10.1: Raspberry Pi mit Kameraplatine

Hinter der RJ-45-Dose (Ethernet-Anschluss) sitzt der CSI-Verbinder für die Kamera (Camera Serial Interface). Entfernen Sie zunächst den kleinen Plastikstreifen. Ziehen Sie den schwarzen Plastikbügel vorsichtig ein Stückchen heraus, bis er ganz locker ist. Achten Sie darauf, dass die blaue Seite des Bandkabels zum Ethernet-Anschluss zeigt, und schieben Sie das Kabel in den Schlitz. Drücken Sie dann den schwarzen Bügel wieder hinein. Damit wird das Kabel eingeklemmt und sitzt fest. Zum Lösen muss natürlich wieder zuerst der Plastikbügel ein Stück herausgezogen werden.

In gleicher Weise können Sie auch das Kabel an der Kameraplatine entfernen (falls Sie es z.B. durch ein anderes Kabel ersetzen wollen): Zuerst den schwarzen Bügel ein Stück herausziehen und dann das Kabel abziehen.

Wenn Sie sich sorgen, etwas falsch zu machen, finden Sie in der Raspberry-Pi-Mediensammlung ein Video, das den Ablauf zeigt: www.raspberrypi.org/archives/3890

Bevor Sie versuchen, auf die Kamera zuzugreifen, sollten Sie Ihr System auf den neuesten Stand bringen. Öffnen Sie ein LX-Terminal und geben Sie die folgenden Kommandos ein:

```
sudo apt-get update
sudo apt-get upgrade
```

Als Nächstes aktivieren Sie die Kamera-Unterstützung (falls Sie das nicht schon bei der Installation des Betriebssystems gemacht haben). Starten Sie dazu das Konfigurationsprogramm:

```
sudo raspi-config
```

Wählen Sie mit den Pfeil-Tasten den Menüpunkt ENABLE CAMERA, drücken Sie ⏎ und aktivieren Sie den Kamera-Support.

Testen Sie mit folgendem Kommando, ob alles funktioniert:

```
raspistill -v -o test.jpg
```

Wenn alles gut geht, zeigt Ihr Display fünf Sekunden lang das aktuelle Kamerabild. Dann wird ein Foto gemacht und in der Datei test.jpg gespeichert. Durch die Option -v wird der *verbose mode* eingeschaltet. Das heißt, Sie erhalten eine Reihe von Systemmeldungen.

Ein paar technische Daten zur Kamera: Die maximale Größe eines Einzelbildes ist 2592 x 1944 Pixel. Das ist ein Verhältnis von 4:3. Die Auflösung bei Video ist 1080p bei einer Bildrate von 30 Bildern pro Sekunde. Die Kamera hat ein Fixfokus-Objektiv. Das heißt, sie kann nicht scharf gestellt werden. Sie liefert im

Bereich von einem Meter bis unendlich relativ scharfe Bilder. Der Bildwinkel ist 54 x 41 Grad. Das Sichtfeld in 2 m Entfernung ist 2,0 m x 1,33 m.

10.2 Die Kamerasoftware

Für das Kameramodul gibt es zwei Programme für das Erstellen von Einzelbildern und Videos:

- `raspistill` nimmt Einzelbilder der Größe 5 Megapixel auf und speichert sie in verschiedenen Dateiformaten, am schnellsten als JPEG-Datei.
- `raspiyuv` nimmt wie `raspistill` Einzelbilder auf, verwendet aber keinen Kodierer, sondern speichert die Kameradaten direkt.
- `raspivid` nimmt Videos auf (Bildrate zurzeit 2 bis 30 Bilder pro Sekunde) und speichert sie im H.264-Format.

Die Programme können in der Kommandozeile aufgerufen werden. Es gibt eine große Anzahl von Optionen, mit denen die Verarbeitung der Bilder gesteuert werden kann. In diesem Abschnitt werden die wichtigsten vorgestellt. Eine vollständige Beschreibung finden Sie im Internet (Suchbegriff: Raspberry pi camera extended documentation).

Jede Option gibt es in einer Langform, die mit zwei Minuszeichen beginnt, und in einer Kurzform mit einem Minuszeichen, z. B. -verbose und -v.

Viele Optionen können sowohl für `raspistill` als auch für `raspivid` verwendet werden (Tabelle 10.1).

Option	Werte	Erklärung
--awb, -awb	off, auto, sun, cloud, ...	Setze einen Modus für den automatischen Weißabgleich (Automatic White Balance, AWB).
--brightness, -br	0 bis 100	Helligkeit. 0 ist schwarz, 100 ist weiß. Voreingestellt ist 50.
--contrast, -co	-100 bis 100	Bildkontrast. Voreingestellt ist 0.
--exposure, -ex	off, auto, night, ...	Setzt einen Modus für die Belichtungszeit.
--nopreview, -n		Es wird kein Preview-Fenster dargestellt.
--output, -o	Pfad oder Minuszeichen -	Speicherort für das aufgenommene Bild bzw. Video. Wenn kein Pfad angegeben ist, wird nichts gespeichert. Wenn der Pfad - ist, werden die Daten in die Standardausgabe geschrieben.

Tabelle 10.1: Einige Optionen für `raspistill` und `raspivid`

Option	Werte	Erklärung
`--preview, -p`	x, y, w, h	Platzierung des Preview-Fensters durch Angabe der Position der linken oberen Ecke (x, y), der Breite (w) und der Höhe (h).
`--rotation, -rot`	0, 90, 180, 270	Rotation des Bildes um *n* Grad
`--saturation, -sa`	-100 bis 100	Farbsättigung. -100 ist Schwarzweiß. Voreingestellt ist 0.

Tabelle 10.1: Einige Optionen für `raspistill` und `raspivid` (Forts.)

10.2.1 Einzelbilder

Für Python-Anwendungen sind vor allem Einzelbilder von Bedeutung. Einige wichtige Optionen finden Sie in Tabelle 10.2.

Option	Werte	Erklärung
`--encoding, -e`	jpg, bmp, gif, png	Dateiformat für die gespeicherte Bilddatei. Voreingestellt ist jpg.
`--height, -h`		Höhe des Bildes (Pixel). Voreingestellt ist 1944.
`--quality, -q`	0 bis 100	Qualität der JPEG-Darstellung. Empfohlen wird 75. Qualität 100 ist fast ohne Kompression.
`--timeout, -t`	Zeit in ms	Wartezeit, bevor das Foto gemacht wird. Voreingestellt sind 5 Sekunden.
`--width, -w`		Breite des Bildes (Pixel). Voreingestellt ist 2592.

Tabelle 10.2: Einige spezielle Optionen für `raspistill`

Hier einige Experimente mit Aufrufen von `raspistill` in der Kommandozeile.

Machen Sie ein Foto nach einer kürzeren Wartezeit. Die Wartezeit wird in Millisekunden angegeben:

```
raspistill -t 2000 -o image_1.jpg
```

Speichern Sie ein Bild als PNG-Datei ab:

```
raspistill -e png -o image_2.png
```

Hier wurde für den Dateinamen die Extension `.png` gewählt. Die Extension hat aber keinerlei Einfluss auf das tatsächlich verwendete Dateiformat.

Speichern Sie ein Bild ohne Preview:

```
raspistill -o test -n
```

Das Speichern im JPEG-Format wird durch die Hardware unterstützt. Die anderen Formate werden nicht unterstützt. Prüfen Sie, wie viel länger das Speichern eines Kamerabildes als GIF-Datei gegenüber dem Speichern als JPEG-Datei dauert.

```
raspistill -e gif -t 0 -o test
raspistill -e jpg -t 0 -o test
```

Speichern Sie ein Bild als GIF-Datei in einem kleineren Format ab und beobachten Sie, dass dies sehr viel schneller geht als bei einem großformatigen Bild:

```
raspistill -w 400 -h 300 -e gif -t 0 -o image_small.gif
```

Die Preview-Zeit hat Einfluss auf die Qualität der gespeicherten Bilder. Offenbar braucht die Kamera etwas Zeit, um die geforderte Einstellung zu finden. Vergleichen Sie nach den folgenden Aufnahmen die Qualität der Bilddateien test0 und test1:

```
raspistill -t 0 -o test0
raspistill -t 300 -o test1
```

Wenn als Dateiname '-' gesetzt worden ist, wird das Bild in die Standardausgabe geschrieben. Probieren Sie aus:

```
raspistill -w 400 -h 300 -o -
```

Diese Option wird benötigt, wenn Sie in einem Python-Programm das Bild nicht auf der SD-Karte speichern, sondern die Bilddaten direkt verarbeiten wollen.

10.3 Projekt: Kameraoptionen testen

Welchen Einfluss haben die Optionen -ex und -awg von raspistill auf die Qualität der Bilder? Das Projektziel ist ein Programm, das verschiedene Einstellungsmöglichkeiten systematisch durchprobiert. Es verwendet den Ordner /home/pi/photos, der zuvor zu diesem Zweck eingerichtet worden ist.

Abb. 10.2: Zwei Bilder, die mit unterschiedlichen Kameraoptionen aufgenommen wurden

Kapitel 10
Projekte mit der Kamera

Das Programm löscht zuerst alle Bilddateien in diesem Ordner, macht dann Fotos mit unterschiedlichen Kameraeinstellungen und speichert die Fotos ab, wobei aus dem Dateinamen die verwendete Kameraeinstellung hervorgeht. Abbildung 10.2 zeigt zwei Bilder, die sich durchaus in der Qualität unterscheiden. Welches gefällt Ihnen besser?

Programm

```
import os
import time

BASEDIR = '/home/pi/photos/'
EX_LIST = ['off', 'auto', 'night']                      #1
AWB_LIST = ['off', 'auto', 'sun', 'cloud']

def deleteImages():
    try:
        os.remove('%simg_*.jpg' % BASEDIR)              #2
    except: pass

def takePhoto(ex, awb):
    path = '%simg_%s_%s.jpg' % (BASEDIR, ex, awb)       #3
    command = 'raspistill -t 300, -ex %s -awb %s -o %s -n'\
                    %(ex, awb, path)                    #4
    os.system(command)
    time.sleep(0.2)
    print("Foto mit ex=%s und awg=%s gespeichert." % (ex, awb))

print("Lösche alte Fotos")                              #5
deleteImages()
print("Starte Fotoserie...")
for ex in EX_LIST:
    for awb in AWB_LIST:
        takePhoto(ex, awb)
print("Fertig!")
```

Kommentare

#1: Wir haben hier zwei Listen mit einigen Einstellungsmöglichen für die Belichtungszeit und den automatischen Weißabgleich.

#2: Alle Bilder aus dem Verzeichnis /home/pi/photos/ werden gelöscht.

#3: Hier wird ein Dateiname konstruiert. In dem Dateinamen sind die gewählten Einstellungen erkennbar. Beispiel: '/home/pi/photos/img_auto_claud.jpg'.

#4: Hier wird das `raspistill`-Kommando konstruiert. Mit der Option -n wird der Preview unterdrückt. Wichtig ist, dass die Option -t nicht auf 0 gesetzt wird, weil dann der Kamera die Zeit fehlt, die Einstellungen zu übernehmen. 300 Millisekunden reichen meistens.

#5: Mit einigen `print()`-Anweisungen wird das Geschehen dokumentiert.

10.4 Projekt: Überwachungskamera – Livebild auf dem Bildschirm

Bei diesem Projekt wird das aktuelle Bild der Kamera zusammen mit der aktuellen Uhrzeit in das Anwendungsfenster gebracht. An der Änderung der Uhrzeit können Sie erkennen, wie lange es gedauert hat, das Foto aufzunehmen.

Da `PhotoImage` das JPEG-Format nicht unterstützt, verwenden wir in folgendem Programm – wie auch in den restlichen Programmen dieses Kapitels – PIL. Das wiederum hat zur Folge, dass wir mit Python 2 arbeiten. Der einzige hier relevante Unterschied zu Python 3 ist die Schreibweise des GUI-Moduls: `Tkinter` statt `tkinter`. Das Applikationsfenster enthält zwei Label-Objekte. Das obere zeigt das Bild und das untere zeigt Datum und Uhrzeit.

Abb. 10.3: Livebild mit Zeitpunkt der aktuellen Aufnahme

Programm

```
#!/usr/bin/python2.7
import os, time
from Tkinter import Tk, Label
from PIL import Image, ImageTk           #1
WIDTH = 400                              #2
```

```
HEIGHT = 300
PATH = 'image.jpg'

class App:
    def __init__(self):
        self.window = Tk()
        self.label = Label(master=self.window)          #3
        self.label.pack()
        self.labelTime = Label(master=self.window)      #4
        self.labelTime.pack()
        self.run()
        self.window.mainloop()
    def takePhoto (self):
        command = 'raspistill -t 300 -w %i -h %i -o %s -n'
        os.system(command % (WIDTH, HEIGHT, PATH))      #5
        img = Image.open('image.jpg')
        self.image=ImageTk.PhotoImage(img)
        self.label.config(image=self.image)             #6
        self.labelTime.config(text=time.asctime())

    def run(self):                                      #7
        self.takePhoto()
        self.window.after(100, self.run)
App()
```

Kommentare

#1: Achtung! Hier gibt es eine potenzielle Fehlerquelle: PIL und Tkinter enthalten beide eine Klasse Image. Hier werden zur Sicherheit die benötigten Namen aus den Modulen einzeln importiert.

#2: Größe des Bildes und Pfad werden in Konstanten gespeichert, die man während der Entwicklung leicht ändern kann.

#3: Das obere Label wird das Foto zeigen.

#4: Das untere Label zeigt Datum und Uhrzeit.

#5: Hier wird ein Foto gemacht und gespeichert. Das gespeicherte Bild wird zunächst als PIL.Image-Objekt geöffnet und dann in ein Tkinter.PhotoImage-Objekt überführt.

#6: Das PhotoImage-Objekt wird auf dem oberen Label gezeigt.

#7: Die Methode run() ruft sich mit einer Verzögerung von 100 ms wieder selbst auf (Endlosrekursion)

10.5 Projekt: Bewegung erfassen

Das Erkennen von Bewegungen ist eine Grundtechnik, die in vielen Anwendungen eine Rolle spielt:

- Steuerung von Überwachungskameras, die nur dann Bilder machen, wenn sich etwas bewegt
- Automatische Zähler, die feststellen, wie viele Leute ein Areal betreten haben
- Gestensteuerung

Ziel dieses Projekts ist eine Applikation, die Folgendes leistet: Man sieht das Livebild der Kamera. Immer wenn sich ein größeres Objekt bewegt (z.B. vorbeifahrendes Auto), wird dieses Bild in einem speziellen Ordner gespeichert. Unter dem Livebild werden Datum, Uhrzeit und Status (*keine Bewegung* oder *Objekt erkannt*) angezeigt.

Abb. 10.4: Anwendungsfenster eines Programms, das vorbeifahrende Autos erkennt

Wie kann Bewegung erkannt werden? Die Idee des folgenden Programms ist, das aktuelle Bild mit dem zuvor aufgenommenen Bild Pixel für Pixel zu vergleichen. Für diesen Vergleich sind zwei Parameter wichtig (**#2**):

THRESHOLD: Dieser Parameter legt fest, wie stark sich zwei Pixel unterscheiden müssen, um als unterschiedlich zu gelten. Infolge von Schwankungen des Lichts und anderer Faktoren können die Pixel zweier Bilder an exakt der gleichen Position etwas unterschiedlich gefärbt sein, obwohl sich der abgebildete Realitätsausschnitt an dieser Stelle nicht verändert hat. Das Programm vergleicht übrigens nur den grünen Farbanteil (Zeile **#14**). Das senkt den Zeitbedarf.

MIN_SIZE: Dieser Parameter legt fest, wie viele Pixel zweier aufeinanderfolgender Bilder unterschiedlich sein müssen. Damit wird letztlich auch die Mindestgröße eines sich bewegenden Objekts, das erkannt werden soll, bestimmt.

Kapitel 10
Projekte mit der Kamera

Nicht der gesamte Bildbereich ist für das Erkennen von Bewegung interessant. In den Beispielbildern wurde eine Straße beobachtet. Da reicht es, Veränderungen im mittleren Teil des Bildes zu überprüfen. Dieser Bereich wird in einer Bounding-Box festgelegt (**#1**).

Programm

```
#! /usr/bin/python2.7
import os, time
from Tkinter import Tk, Label,N,LEFT
from PIL import Image, ImageTk
WIDTH = 400
HEIGHT = 300
BBOX= (50, 100, 350, 200)                                  #1
BASEDIR = '/home/pi/photos/'
PATH = BASEDIR + 'image.jpg'
THRESHOLD = 50                                             #2
MIN_SIZE = 400

class App:
    def __init__(self):
        self.window = Tk()
        self.label = Label(master=self.window)
        self.label.pack()
        self.labelTime = Label(master=self.window)
        self.labelTime.pack()
        self.image=None                                    #3
        self.oldImage=None
        self.pImage=None                                   #4
        self.movingObject = False
        self.run()
        self.window.mainloop()

    def takePhoto (self):
        self.oldImage = self.image                         #5
        command = 'raspistill -t 300 -w %s -h %s -o %s -n '
        os.system(command % (WIDTH, HEIGHT, PATH))         #6
        self.image = Image.open(PATH)
        self.pImage=ImageTk.PhotoImage(self.image)
        self.label.config(image=self.pImage)

    def checkMotion (self):                                #7
        if self.image and self.oldImage:
```

```
            old = self.oldImage.crop(BBOX)              #8
            new = self.image.crop(BBOX)
            if self.changed(old, new):
                if not self.movingObject:               #9
                    self.image.save(BASEDIR + time.asctime() +'.jpg')
                    self.labelTime.config(text=time.asctime() + " Objekt erkannt")
                    self.movingObject=True              #10
            else:                                       #11
                self.movingObject = False
                self.labelTime.config(text=time.asctime() + " Keine Bewegung")

    def changed(self, old, new):                        #12
        changedPix = 0
        o, n = old.load(), new.load()                   #13
        width, height = old.size
        for x in range(width):
            for y in range(height):
                diff = abs(o[x, y][1] - n[x, y][1])     #14
                if diff > THRESHOLD:
                    changedPix += 1
        return changedPix > MIN_SIZE

    def run(self):
        self.takePhoto()
        self.checkMotion()
        self.window.after(100, self.run)
App()
```

Kommentare

#1: Die Bounding-Box definiert den Bereich, der beobachtet werden soll. Die Argumente definieren die linke obere (50, 100) und die rechte untere Ecke (350, 200) der Bounding-Box.

#2: Geforderter Unterschied der Werte einer Farbkomponente zwischen zwei Pixeln, die als unterschiedlich erkannt werden.

#3: Es gibt drei Attribute für Bilder: `image` und `oldImage` sind `PIL.Image`-Objekte, die das aktuelle und das vorige Bild beinhalten; `pImage` (**#4**) ist ein `Tkinter.PhotoImage`-Objekt mit dem aktuellen Bild, das im Anwendungsfenster gerade gezeigt wird.

#5: Das aktuelle Foto wird gespeichert,

#6: Ein neues Foto wird aufgenommen.

#7: Die Funktion prüft, ob sich das neue Bild von dem gespeicherten unterscheidet.

#8: Aus beiden Bildern (`PIL.Image`-Objekte) wird ein Ausschnitt kopiert.

#9: Wenn auf dem Bildausschnitt eine Veränderung festgestellt wurde, wird das Foto gespeichert. Allerdings nur dann, wenn von diesem Bewegungsvorgang noch kein Foto gespeichert worden ist. Die boolesche Variable `self.movingObject` hat den Wert `True`, wenn eine bereits registrierte Bewegung immer noch läuft. Der Dateiname enthält einen Zeitstempel.

#10: Hier wird festgehalten, dass ein Bild des sich bewegenden Objekts bereits gespeichert worden ist.

#11: Wenn sich nichts verändert hat, findet gerade keine Bewegung statt.

#12: Die Funktion vergleicht die Bilder und liefert den Wert `True`, wenn sich etwas verändert hat, und sonst `False`.

#13: Die Methode `getPixel()` der `PIL.Image`-Objekte arbeitet leider sehr langsam. Viel schneller geht es, wenn man mit `load()` Datenobjekte erzeugt, die man wie eine Sequenz von Pixeln behandeln kann.

#14: Es werden nur die Werte des grünen Farbkanals verglichen.

10.6 Projekt: Gerichtete Bewegungen erfassen

Das Ziel dieses Projekts ist ein Gerät, das zählt, wie viele Personen von rechts oder von links durch das Bildfeld gehen. Die Software ist auf folgende Hardwarekonfiguration zugeschnitten: Der RPi und die Kamera sind mindestens zwei Meter von einer gedachten Linie entfernt, über die Personen gehen. Das kann z. B. ein Gang in einem Museum, einer Schule oder einem anderen Gebäude sein. Der Abstand zu den vorbeilaufenden Personen ist wichtig, damit das Bildfeld groß genug ist und die Bewegung im Bildfeld lang genug dauert. Denn – wie Sie schon gemerkt haben – das Programm `raspistill` braucht etwa eine Sekunde pro Bild. Damit können nur langsame Bewegungen erfasst werden. In einem Abstand von zwei Metern ist auch das Bildfeld zwei Meter breit. Damit können gerade einmal zwei Fotos von einer langsam vorbeigehenden Person gemacht werden. Das Applikationsfenster zeigt an, wie viele Leute aus den jeweiligen Richtungen gezählt worden sind, und zeigt am unteren Rand die aktuelle Uhrzeit und den inneren Zustand des Systems. Damit dokumentiert das Programm seine Arbeitsweise, was die Sache interessanter macht.

Das Programm, das gleich vorgestellt wird, verwendet zwar Kamerabilder und wertet sie aus, aber es speichert sie nicht auf der SD-Karte ab. Stattdessen werden die Bilddaten, die `raspistill` liefert, direkt verarbeitet. Dazu verwendet man

Funktionen aus den Modulen subprocess und StringIO, die im folgenden Abschnitt kurz beschrieben werden.

Abb. 10.5: Die Applikation zählt die Personen, die von rechts oder von links durch das Bildfeld der Kamera gelaufen sind.

10.6.1 Files verarbeiten mit subprocess und StringIO

Bisher haben wir Kommandos mit der Funktion system() aus dem Modul os abgesetzt. Es gibt aber ein relativ neues Standardmodul namens subprocess, das os.system() und einige andere Funktionen aus anderen Modulen ablösen soll. Wir verwenden hier allein die Funktion check_output(). Sie ist bei Python 2 und Python 3 gleich und wird üblicherweise in folgendem Format aufgerufen:

```
check_output(Kommando, shell=True)
```

Ein Aufruf bewirkt, dass das Kommando mit den abgegebenen Argumenten über die Shell ausgeführt wird. Die Funktion gibt die Ausgabe, die normalerweise in die Standardausgabe der Shell geschrieben wird, als Bytestring zurück. Beispiel:

```
>>> import subprocess
>>> output = subprocess.check_output('ls -l', shell=True)
>>> output
b'total 6992\ndrwxr-xr-x  2 pi pi   4096 Aug 27 ... '
```

Wenn das Programm raspistill mit der Option -o - gestartet wird, schreibt es die Bilddaten in die Standardausgabe. Und diese zurückgegebenen Daten können über subprocess.check_output() direkt empfangen werden und müssen nicht erst physisch auf die SD-Karte gespeichert werden. Das geht so: Nach Ausführung der Anweisung

```
img = subprocess.check_output('raspistill -n -o -', shell=True)
```

enthält img einen Bytestring mit dem Kamerabild.

Um ein PIL.Image-Objekt zu erzeugen, benötigt man aber ein File-Objekt und keinen Bytestring. Man kann nun im Arbeitsspeicher ein StringIO-Objekt erzeugen. Das verhält sich wie ein normales File, wird aber nicht auf einem Peripheriespeicher (SD-Karte) gespeichert. Das `StringIO`-Objekt liest den Bytestring ein und kann nun für die Instanziierung eines `PIL-Image`-Objekts herangezogen werden. Alle Einzelheiten finden Sie im Programmtext des folgenden Abschnitts.

10.6.2 Die Programmierung

Das Herzstück des Programms ist die Analyse der beobachteten Bewegung und die Entscheidung, ob eine Passage von links nach rechts oder von rechts nach links stattgefunden hat.

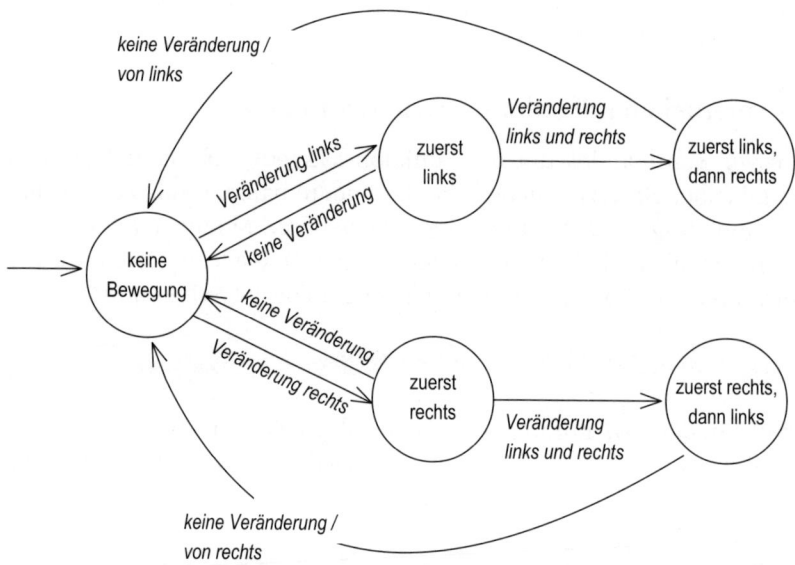

Abb. 10.6: Zustandsübergangsgraph für das Erkennen einer gerichteten Bewegung

Wir gehen davon aus, dass sich immer nur eine Person gleichzeitig durch das Bildfeld bewegt.

Die Kamera stellt in regelmäßigen Abständen fest, ob in der rechten und linken Hälfte des Bildfeldes eine signifikante Veränderung stattgefunden hat, die auf eine Bewegung hindeutet. Es gibt also vier verschiedene Ergebnisse bei der Auswertung des Kamerabildes:

- Keine Veränderung
- Veränderung links
- Veränderung rechts
- Veränderung rechts und links.

Die Logik des Erkennens einer Bewegung kann durch einen endlichen Automaten beschrieben werden. Das System wechselt bei bestimmten Ereignissen seinen Zustand. Die Zustandsübergänge sind durch den Zustandsübergangsgraphen in Abbildung 10.6 definiert.

Zu Beginn ist das System im Zustand *keine Bewegung*. Das heißt, alles ist ruhig. Nichts bewegt sich auf dem Bild. Nehmen wir an, eine Person kommt von links und geht nach rechts. Dann wird zuerst in der linken Hälfte des Bildes eine Veränderung bemerkt. Das System gelangt in den Zustand *zuerst links*. Was passiert als Nächstes? Es gibt drei Möglichkeiten:

- Das System bemerkt, dass in beiden Bildhälften eine Veränderung stattfindet. Dann ist die Person weitergegangen, hat die linke Bildhälfte verlassen (Veränderung links) und hat die rechte Bildhälfte betreten (Veränderung rechts). Dann gelangt das System in den Zustand *zuerst links, dann rechts*.
- Das System bemerkt, dass keine Veränderung stattgefunden hat. Dann hat die Person kehrtgemacht oder sie ist so schnell weitergelaufen, dass sie nicht mehr wahrgenommen wurde. Dann wechselt das System wieder in den Zustand *keine Bewegung*. Die Beobachtung wurde sozusagen abgebrochen.
- Alle weiteren Ereignisse führen nicht zu einem Zustandswechsel.

Nehmen wir nun an, das System ist im Zustand *zuerst links, dann rechts*. Dann bleibt das System so lange in dem Zustand, bis keine Veränderung (weder rechts noch links) mehr registriert wird. Dann wechselt das System in den Anfangszustand *keine Bewegung* und gibt aus, dass eine Bewegung von links nach rechts stattgefunden hat. Es wird unterstellt, dass die Person nach links das Bildfeld verlassen hat und dass deswegen keine Veränderung des Kamerabildes festgestellt wird. Es sei noch erwähnt, dass dieser Zustandsübergangsgraph nicht alle denkbaren Zustände und Ereignisse berücksichtigt, sondern nur einige signifikante, die für das Erkennen der Bewegungsrichtung notwendig sind.

In analoger Weise kann man den Zustandsübergangsgraphen interpretieren, wenn eine Bewegung von rechts nach links stattfindet.

Dieser Zustandsübergangsgraph ist die Grundlage für die Programmierung der Methode `detect()` der Klasse `App` (ab Zeile **#10**). Das Programm hat folgende Klassenstruktur:

- Die Klasse `Camera` ist für die Aufnahme und Auswertung einzelner Bilder zuständig.
- Die Klasse `Display` ist von der Klasse `Label` abgeleitet und verwaltet die große Anzeige der beobachteten Bewegungen von links und von rechts.
- Die Klasse `App` repräsentiert die gesamte Applikation.

Programm

```
#! /usr/bin/python2.7
import os, time, StringIO, subprocess
from Tkinter import Tk, Label,PhotoImage, Canvas
from PIL import Image, ImageTk
WIDTH, HEIGHT = 80, 60
LEFT = (0, 0, 40, 60)
RIGHT = (41, 0, 80,60)
THRESHOLD = 40
MIN_SIZE = 20

class Camera:
    def __init__(self):
        self.new, self.old = None, None

    def takePhoto (self):
        imageData = StringIO.StringIO()                                     #1
        self.old = self.new
        command = 'raspistill -t 0 -w %i   -h %i -o %s -n ' \
                  % (WIDTH, HEIGHT, '-')                                    #2
        imageData.write(subprocess.check_output(command, shell=True))       #3
        imageData.seek(0)                                                   #4
        self.new = Image.open(imageData)                                    #5

    def checkMotion (self):                                                 #6
        if self.new and self.old:                                           #7
            return (self.changed(self.old.crop(LEFT),
                                 self.new.crop(LEFT)),
                    self.changed(self.old.crop(RIGHT),
                                 self.new.crop(RIGHT)))
        else: return False, False

    def changed(self, old, new):                                            #8
        changedPix = 0
        o, n = old.load(), new.load()
        width, height = old.size
        for x in range(width):
            for y in range(height):
                diff = abs(o[x, y][1] - n[x, y][1])
                if diff > THRESHOLD:
                    changedPix += 1
        return changedPix > MIN_SIZE
```

```python
class Display(Label):
    def __init__(self, master):
        Label.__init__(self, master=master, width=12,
                       height=2, bg='white',
                       font=('Arial', 40), fg='blue',
                       text='Von links: 0 \nVon rechts: 0')
        self.left = 0
        self.right = 0

    def motion(self, direction):                                    #9
        if direction == 'von links':
            self.left += 1
        else:
            self.right += 1
        message = 'Von links: %i \n Von rechts: %i' \
                    %(self.left, self.right)
        self.config(text=message)

class App:
    def __init__(self):
        self.window = Tk()
        self.display = Display(self.window)
        self.display.pack()
        self.label = Label(master=self.window)
        self.label.pack()
        self.camera = Camera()
        self.state='keine Bewegung'                                 #10
        self.detect()
        self.window.mainloop()

    def detect(self):                                               #11
        self.camera.takePhoto()
        left, right = self.camera.checkMotion()
        if self.state =='keine Bewegung':                           #12
            if left and not right:
                self.state = 'zuerst links'
            elif right and not left:
                self.state = 'zuerst rechts'
        elif self.state == 'zuerst links':
            if left and right:
                self.state = 'zuerst links, dann rechts'
            elif not(left or right):
```

```
                    self.state = 'keine Bewegung'
            elif self.state == 'zuerst rechts':
                if left and right:
                    self.state = 'zuerst rechts, dann links'
                elif not(left or right):
                    self.state = 'keine Bewegung'
            elif self.state == 'zuerst links, dann rechts':
                if not (left or right):
                    self.state = 'keine Bewegung'
                    self.display.motion('von links')
            elif self.state == 'zuerst rechts, dann links':
                if not (left or right):
                    self.state = 'keine Bewegung'
                    self.display.motion('von rechts')
        self.label.config(text=time.asctime()+ ' ' + self.state)
        self.window.after(100, self.detect)

App()
```

Kommentare

#1: Ein File-artiges Objekt der Klasse `StringIO` aus dem Modul `StringIO` wird erzeugt.

#2: Das `raspistill`-Kommando wird zusammengesetzt. Die Besonderheit: Die Option -o - bewirkt, dass die Bilddaten nicht gespeichert, sondern in die Standardausgabe der Shell geschrieben werden.

#3: Hier wird dafür gesorgt, dass die Bilddaten als Bytestring in das `StringIO`-Objekt (das sich wie ein File verhält) geschrieben werden.

#4: Auf das `StringIO`-Objekt wird der Bytestring geschrieben.

#5: Nach dem Schreiben ist der interne Zeiger des `StringIO`-Objekts (das sich wie ein File verhält) am Ende. Er wird nun an den Anfang zurückgesetzt, damit man wieder von dem File gelesen werden kann.

#6: Die Methode prüft, ob in der linken und rechten Bildhälfte Bewegung stattgefunden hat. Sie gibt ein Tupel aus zwei Wahrheitswerten zurück.

#7: Wenn eine alte und neue Version des Kamerabildes existiert (das ist am Anfang nicht der Fall), dann werden jeweils die alten und neuen Versionen der linken und der rechten Bildhälfte auf Veränderungen geprüft und entsprechende Wahrheitswerte zurückgegeben. Zu Beginn, wenn es noch keine alten Versionen gibt, wird `False, False` zurückgegeben. Das bedeutet: Weder rechts noch links hat sich etwas verändert.

#8: Die Funktion vergleicht zwei Bilder und gibt `True` zurück, falls sich genügend Pixel der beiden Bilder unterscheiden. Sonst gibt sie `False` zurück.

#9: Die Methode aktualisiert die Zählerstände für Bewegungen von links und von rechts sowie die Beschriftung des oberen Labels.

#10: Das Attribut `state` speichert den momentanen Zustand des Systems entsprechend dem Zustandsübergangsgraphen. Der Anfangszustand ist *keine Bewegung*.

#11: Die Methode wertet die Ergebnisse der Kamera aus. Sie wird bei der Initialisierung des App-Objekts gestartet und ruft sich dann immer wieder selbst auf.

#12: Ab hier wird systematisch der Zustandsübergangsgraph umgesetzt. Das System stellt zuerst fest, in welchem Zustand es sich befindet, und sucht dann den Folgezustand.

Weiterentwicklung

Leider ist das Programm `raspistill` sehr langsam. Für ein Bild wird etwa eine Sekunde benötigt. Niklas Rother hat eine schnellere Variante geschrieben, die Sie sich als ausführbare binäre Datei bei BitBucket herunterladen können. Suchen Sie nach *RaspiFastCamD*.

Mit einer schnelleren Bildaufnahme sind noch ganz andere Projekte möglich:

- Spiele mit Gestenerkennung. Ein Objekt auf dem Bildschirm wird durch Handbewegungen nach rechts oder links bewegt. Auf dem Hintergrund fährt eine Landschaft mit Hindernissen von oben nach unten. Die Herausforderung des Spiels liegt darin, den Hindernissen auszuweichen.
- Erkennen von Morsezeichen, die mit einer Taschenlampe gesendet worden sind. Das Programm nimmt regelmäßig Bilder auf und registriert die Helligkeit. Die Längen der Hell- und Dunkelphasen werden gemessen und den drei Zeichen des Morsecodes zugeordnet: `kurz`, `lang`, `Pause`.
- Geschwindigkeitsmessung. Jemand läuft in einem definierten Abstand von der Kamera von links nach rechts durch das Bildfeld. Das Programm erfasst Eintritt und Austritt aus dem Bildfeld und misst die Zeit `t` in Sekunden. Für die Geschwindigkeit gilt: `v = s / t`. Dabei ist `s` die Breite des Bildfeldes. Bei der Raspberry-Pi-Kamera ist `s` gleich dem Abstand der Laufstrecke von der Kamera.

10.7 Projekt: Birnen oder Tomaten?

In einigen Supermärkten gibt es an den Gemüsetheken automatische Waagen, die Obst- oder Gemüsesorten erkennen können. Wenn Sie einen Klarsichtbeutel mit Tomaten auf die Waagschale legen, bemerkt das die schlaue Waage und druckt ein passendes Etikett. Wir entwickeln eine Spielzeugversion eines solchen Automaten, der so funktioniert: Man legt eine Frucht vor die Kamera. Nach einem Klick auf die Schaltfläche teilt das System mit, was es ist – oder sagen wir mal bescheidener: was es sein könnte.

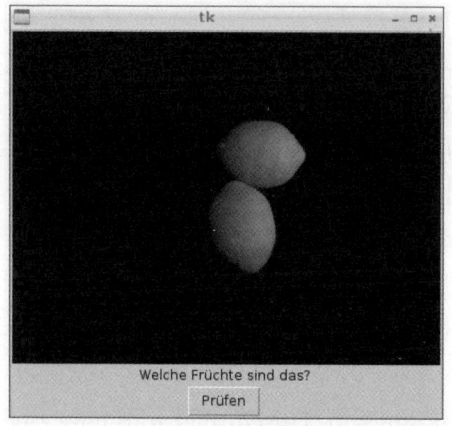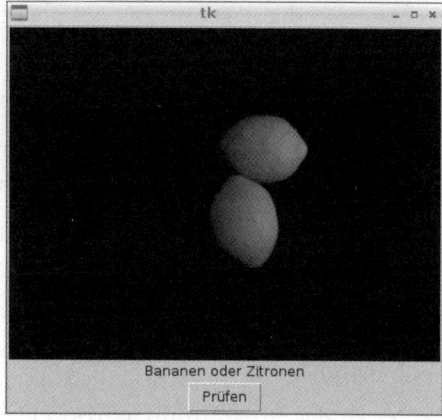

Abb. 10.7: Früchte erkennen

Die Herausforderung ist hier die Verarbeitung von Farben. Wir definieren eine eigene Klasse Color zur Darstellung von Farben und überladen arithmetische Operatoren. Objekte der Klasse Color soll man – ähnlich wie Zahlen – addieren, subtrahieren und vergleichen können.

10.7.1 Magische Methoden – das Überladen von Operatoren

Für Klassendefinitionen gibt es reservierte Methodennamen für sogenannte »magische Methoden«, mit denen Operatoren überladen werden können. Ein Beispiel ist der Name __add__. Wenn man eine Methode mit diesem Namen definiert, kann der Plusoperator + auf Objekte dieser Klasse angewendet werden. Immer wenn der Python-Interpreter bei der Auswertung eines Ausdrucks auf den Plus-Operator stößt, ruft er die Funktion __add__() des Objekts auf, das vor dem Operator steht. Das gilt für alle Objekte, für die die Operation + definiert ist, also insbesondere auch für Zahlen. Probieren Sie aus:

```
>>> a = 2
>>> a.__add__(4)
6
```

Aha, int-Objekte besitzen also die Methode __add__(), die eine Addition bewerkstelligt. Das Gleiche gilt auch für float-Objekte und alle Sequenzen (Liste, Tupel, Strings). Weil ein und derselbe Operator mehrere Funktionen repräsentiert, spricht man von *Polymorphie* und sagt, der Plusoperator ist *überladen*. Polymorphie ist ein wichtiges Konzept in der objektorientierten Programmierung. Denn sie erleichtert das Denken. Wir können ein vertrautes Konzept wie die Addition auf neue Gebiete anwenden.

Bei Python können arithmetische Operatoren, Vergleichsoperatoren und Standardfunktionen überladen werden. Tabelle 10.3 gibt einen Überblick über einige (wenige) Namenszuordnungen.

Methode	Erläuterung
__abs__(self)	Überladen der Funktion abs()
__add__(self, other)	Überladen des Plusoperators +
__eq__(self, other)	Überladen des Gleichheitsoperators ==. Die Auswertung des Vergleichs a==b führt zum Methodenaufruf a.__eq__(b).
__ge__(self, other)	Überladen des Größer-oder-gleich-Operators >=
__gt__(self, other)	Überladen des Größer-als-Operators >
__le__(self, other)	Überladen des Kleiner-oder-gleich-Operators <=
__len__(self)	Überladen der Standardfunktion len()
__lt__(self, other)	Überladen des Kleiner-als-Operators <
__mul__(self, other)	Überladen des Multiplikationsoperators *
__str__(self)	Definiert eine lesbare Repräsentation des Objekts, die in print()-Anweisungen verwendet wird.

Tabelle 10.3: Einige reservierte Methodennamen mit doppelten Unterstrichen

Wir verwenden nun diese Technik und definieren eine Klasse für Farben mit Methoden für Addition, Subtraktion und die Vergleiche < und >.

Die Klasse wird in einem Modul gespeichert und kann von dem Hauptprogramm des Projekts importiert werden. Die Methode __str__() gibt einen String zurück und ermöglicht, dass mit print() eine lesbare Ausgabe von Color-Objekten ausgegeben wird.

Führen Sie das folgende Modul unter IDLE aus. Dann können Sie anschließend die Klasse in der Shell testen.

Programm

```
# color.py
class Color (object):
  def __init__(self, r, g, b):
    self.r, self.g, self.b = r, g, b

  def __add__(self, other):
```

```
    r, g, b = self.r + other.r, self.g + other.g,self.b + other.b
    r, g, b = min (r, 255), min (g, 255), min (b, 255)
    return Color(r, g, b)

def __sub__(self, other):
    r, g, b = self.r - other.r, self.g - other.g, self.b - other.b
    r, g, b = max (r, 0), max (g, 0), max (b, 0)
    return Color(r, g, b)

def __lt__(self, other):
    return(self.r < other.r) and (self.g < other.g) and \
        (self.b < other.b)

def __gt__(self, other):
    return(self.r > other.r) and (self.g > other.g) and \
        (self.b > other.b)

def __str__ (self):
    return "<color %s %s %s>"% (self.r, self.g, self.b)
```

Am besten macht man sich die Arbeitsweise der Methoden an Beispielen klar. Die Addition zweier Farben entspricht in etwa der additiven Farbmischung, die in Fernseh- und Computerdisplays stattfindet. Beispielsweise wird durch Addition von Rot und Grün die Farbe Gelb:

```
>>> red = Color(255, 0, 0)
>>> green = Color (0, 255, 0)
>>> print (red + green)
<color 255 255 0>
```

In der Methode werden einfach die Zahlenwerte der Farbkomponenten addiert, wobei verhindert wird, dass die Werte des Ergebnisses größer als 255 ind.

Durch Addition eines Grauwertes werden Farben aufgehellt, das heißt, alle Komponenten werden gleichmäßig erhöht – wiederum bis maximal 255.

```
>>> grey = Color(120, 120, 120)
>>> print (red + grey)
<color 255 120 120>
```

Hier ist das Ergebnis ein helleres Rot.

Die Subtraktion einer Farbe bedeutet Abdunkelung. Die RGB-Farbanteile werden um die korrespondierenden Farbwerte der zweiten Farbe vermindert. Dabei wird sichergestellt, dass die Ergebnisse nicht unter 0 rutschen. (Das ist übrigens keine subtraktive Farbmischung im Sinne der Physik.)

```
>>> print (red - grey)
<color 135 0 0>
```

Das ist Dunkelrot.

Eine Farbe definieren wir als kleiner als seine andere Farbe, wenn alle ihre RGB-Werte kleiner als die der zweiten Farbe sind. Demnach ist ein dunkles Grau kleiner als Hellgrau:

```
>>> lightGrey = Color(200, 200, 200)
>>> grey < lightgrey
True
```

10.7.2 Programmierung

Nun zum Erkennen von Früchten. Die Grundidee des Programms ist denkbar einfach. Die Früchte werden allein aufgrund ihrer Farbe erkannt. Das Programm importiert die Klasse Color aus dem letzten Abschnitt und definiert zwei weitere Klassen:

- Die Klasse App repräsentiert die gesamte Applikation mit der grafischen Benutzungsoberfläche.
- Die Klasse FruitIdentifier ist für die Auswertung von Kamerabildern zuständig.

Da das Programm PIL importiert, verwenden wir Python 2.7.

Programm

```
# -*- coding: utf-8 -*-                              #1
import os, time
from Tkinter import Tk, Label, Button
from PIL import Image, ImageTk
from color import Color
WIDTH, HEIGHT = 800, 600
BBOX = (200,150,600, 450)                            #2
GRID = 10                                            #3
GREY = Color(70, 70, 70)                             #4
PATH = '/home/pi/photos/image.jpg'

class FruitIdentifier:
    fruits = {Color(255, 0, 0): 'Tomaten oder Kirschen',
```

```python
                    Color(255, 255, 0):'Bananen oder Zitronen',
                    Color(0, 255, 0):'Äpfel (Granny Smith)',
                    Color(0, 0, 220): 'Brombeeren',
                    Color(255, 120, 10):'Orangen'}            #5

    def __init__(self):
        self.frequency = dict()                               #6

    def identify(self, photo):
        img = photo.load()                                    #7
        for c in self.fruits.keys():                          #8
            self.frequency[c] = 0
        width, height = photo.size
        for x in range(0, width, GRID):                       #9
            for y in range(0, height, GRID):
                r, g, b = img[x, y]
                pixColor = Color(r, g, b)
                self.checkColor(pixColor)                     #10
        for c, n in self.frequency.items():                   #11
            if n == max(self.frequency.values()):
                return self.fruits[c]

    def checkColor(self, pixColor):                           #12
        for c in self.fruits.keys():
            if c - GREY < pixColor < c + GREY:
                self.frequency[c] += 1

class App:
    def __init__(self):
        self.window = Tk()
        self.labelImage = Label(master=self.window)
        self.labelImage.pack()
        self.label= Label(master=self.window,
                      text='Welche Früchte sind das?')
        self.label.pack()
        self.button = Button(master=self.window,
                      text='Prüfen', command=self.check)
        self.button.pack()
        self.takePhotos()
        self.window.mainloop()

    def takePhotos (self):                                    #13
        command = 'raspistill -t 500 -w %s -h %s -o %s -n '
        os.system(command % (WIDTH, HEIGHT, PATH))
```

```
        self.image = Image.open(PATH).crop(BBOX)
        self.pImage=ImageTk.PhotoImage(self.image)
        self.labelImage.config(image=self.pImage)
        self.window.after(1000, self.takePhoto)

    def check(self):                                    #14
        text = FruitIdentifier().identify(self.image)
        self.label.config(text=text)

App()
```

Kommentare

#1: Da im Text Umlaute vorkommen, muss die Kodierung angegeben werden.

#2: Diese Konstante definiert einen Bildausschnitt in der Mitte. Nur dieser Ausschnitt wird später untersucht. Denn die Kamera muss einen Mindestabstand von einem Meter haben. Damit wird das Bildfeld zu groß.

#3: GRID ist der Abstand zwischen Rasterpunkten. Es reicht, pro Zeile jeden zehnten Bildpunkt und nur jede zehnte Zeile des Bildes zu prüfen.

#4: Dieser Grauton definiert den maximalen Wert, um den die Farbe eines Bildpunktes von einer vorgegebenen Farbe abweichen darf.

#5: Dieses Dictionary ist ein Klassenattribut. In ihm werden Farben (Schlüssel) Früchten (Werte) zugeordnet.

#6: In diesem Dictionary wird zu jeder Farbe (Schlüssel) festgehalten, wie viele Pixel dieser Farbe in dem Foto gefunden wurden.

#7: Aus dem `Image`-Objekt wird ein Datenobjekt gewonnen, das einen schnelleren Zugriff auf die einzelnen Pixel ermöglicht.

#8: Das Dictionary für die Häufigkeiten der Farben wird auf den Anfangswert gesetzt. Jede Farbe bekommt die Häufigkeit 0.

#9: Das dritte Argument der `range()`-Funktion ist die Schrittweite. Der Aufruf liefert die Sequenz 0, 10, 20, ..., WIDTH.

#10: Alle Pixel des Rasters werden geprüft.

#11: Die Methode `items()` liefert ein Tupel der Form (*Schlüssel*, *Wert*) (siehe Abschnitt 3.11). Hier wird nun im Dictionary die Farbe gesucht, die am häufigsten gefunden worden ist, und der zugehörige Text zurückgegeben.

#12: Die Funktion prüft, ob die im Argument übergebene Farbe (`Color`-Objekt) einer der Farben im Dictionary ähnelt. An dieser Stelle kommt die Funktionalität der Klasse `Color` ins Spiel.

#13: Die Methode wird bei der Initialisierung einmal aufgerufen und ruft sich dann immer wieder selbst auf.

#14: Die Methode wird aufgerufen, wenn die Schaltfläche angeklickt worden ist. Sie prüft das aktuelle Foto und aktualisiert den Text des Labels.

10.7.3 Weiterentwicklungen

Es gibt viele Projekte, die mit der Verarbeitung von Farben zu tun haben. In der Chemie gibt es colorimetrische Analyseverfahren: Eine Probe wird mit einer Reagenzlösung versetzt, die mit dem gesuchten Stoff einen Farbstoff bildet. Anhand der Farbe kann man erkennen, in welcher Konzentration der Stoff vorkommt. Bekannt ist sicherlich der pH-Indikator, der durch seine Farbe den pH-Wert angibt (sauer, neutral, alkalisch). Auf der Basis der Klasse Color kann man ein pH-Meter entwickeln, das zu einer Lösung, die mit Indikatorlösung versetzt wurde, den pH-Wert ermittelt.

10.8 Randbemerkung: Was darf man? Was soll man?

Kamera und Computer sind mächtige Werkzeuge, die einen verantwortungsvollen Umgang verlangen. Grundsätzlich haben Sie das Recht, den öffentlichen Raum zu fotografieren. Nicht erlaubt ist es dagegen, ohne zu fragen in die Privatsphäre anderer Menschen einzudringen und z.B. durch ein Fenster das Innere einer fremden Wohnung zu filmen. Das ist sogar eine Straftat, die mit Gefängnis bis zu einem Jahr bestraft werden kann (§201a StGB).

Kritisch wird es, wenn Sie vorhaben, Ihre Bilder zu veröffentlichen – etwa im Rahmen einer Website. Gemäß dem Kunsturheberrechtsgesetz gilt in Deutschland das Recht am eigenen Bild. Wenn Sie Gesichter von Personen fotografieren, brauchen Sie deren Einverständnis für eine Veröffentlichung (§22 KunstUrhG). Anders verhält es sich, wenn eine Kamera eine Landschaft oder Örtlichkeit beobachtet und gelegentlich Leute in das Bild laufen – wie etwa eine Webcam in der Nähe eines berühmten Gebäudes. Dann sind die abgebildeten Personen nur »Beiwerk« im Sinne des §23 KunstUrhG. Die Publikation des Bildes ist dann erlaubt.

Abgesehen vom Rechtlichen gibt es natürlich die ethische Frage, wie sehr man die Privatsphäre seiner Mitmenschen respektiert. Ein Grundsatz könnte sein, dass alle anonymen Beobachtungen, die der Erhebung von Statistiken dienen, vertretbar sind, aber das Ausspionieren des Verhaltens einzelner Personen abzulehnen ist.

Wenn man diesem Grundsatz folgt, wäre es unbedenklich, vorbeifahrende Autos zu zählen, ohne die Nummernschilder zu erfassen. Unethisch dagegen wäre es, automatisch zu überprüfen (und gar noch durch Fotos zu dokumentieren), zu welchen Zeiten der Nachbar sein Haus verlässt und betritt.

10.9 Aufgabe

10.9.1 Aufgabe 1: Wie lang? Wie breit?

Entwickeln Sie ein Programm, mit dem man die Größe von Dingen messen kann. Das Applikationsfenster zeigt ein Livebild der Kamera. Man klickt erst auf das eine Ende der Strecke, die man messen will, dann auf das andere. Unter dem Foto erscheint für einige Sekunden die Länge der gemessenen Strecke. Damit die Werte sinnvoll sind, muss das Gerät kalibriert werden. Der Benutzer wählt die Option KALIBRIEREN, hält einen Zollstock vor die Kamera (in der gleichen Entfernung, in der auch gemessen wird) und klickt zuerst auf 0 cm und dann auf 10 cm. Unter dem Foto wird die Anzahl der Pixel pro cm angegeben.

Abb. 10.8: Kalibrieren und Messen

Tipps

Binden Sie das Widget mit dem Foto an einen Eventhandler, der die aktuelle Mausposition auf dem Foto (event.x und event.y) auswertet.

```
self.labelImage.bind('<1>', self.click)
...
def click(self, event):
    ...
    x0, y0 = event.x, event.y
    ...
```

Kapitel 10
Projekte mit der Kamera

10.10 Lösung

10.10.1 Lösung 1

Programm

```
# -*- coding: utf-8 -*-
import os, thread, math, time                        #1
from Tkinter import Tk, Label, Radiobutton, StringVar
from PIL import Image, ImageTk
WIDTH, HEIGHT = 800, 600
BBOX = (200,150,600, 450)                            #2
PATH = '/home/pi/photos/image.jpg'
class App:
    def __init__(self):
        # Widgets
        self.window = Tk()
        self.state = StringVar()                     #3
        self.labelImage = Label(master=self.window)
        self.labelImage.pack()
        self.label= Label(master=self.window)
        self.label.pack()
        self.measureRB = Radiobutton(master=self.window,
                                text='Messen',
                                variable=self.state,
                                value='Messen' )
        self.measureRB.select()
        self.measureRB.pack()
        self.calRB = Radiobutton(master=self.window,
                                text='Kalibrieren',
                                variable=self.state,
                                value='Kalibrieren')
        self.calRB.deselect()
        self.calRB.pack()

        # Attribute
        self.p0 = ()
        self.factor = 1

        # Operationen
        self.reset()
        self.labelImage.bind('<1>', self.click)
        thread.start_new_thread(self.takePhotos, ())    #4
```

```
        self.window.mainloop()

    def takePhotos (self):
        while True:
            command = 'raspistill -t 500 -w %s -h %s -o %s -n '
            os.system(command % (WIDTH, HEIGHT, PATH))
            self.image = Image.open(PATH).crop(BBOX)         #5
            self.pImage=ImageTk.PhotoImage(self.image)
            self.labelImage.config(image=self.pImage)
            time.sleep(1)

    def reset(self):
        self.p0 = ()                                          #6
        self.label.config(text='Auf den Anfang klicken')

    def click(self, event):
        self.labelImage.unbind('<1>')                         #7
        if not self.p0:                                       #8
            self.p0 = event.x, event.y                        #9
            self.label.config(text='Auf das Ende klicken')
        else:
            x0, y0 = self.p0                                  #10
            x1, y1 = event.x, event.y                         #11
            d = math.sqrt((x1 - x0)**2 + (y1 - y0)**2)        #12
            if self.state.get() == 'Kalibrieren':
                self.factor = 10/d
                print self.factor
                self.label.config(text='1 cm sind %.1f Pixel'\
                                        % (1/self.factor))
            else:
                self.label.config(text='Länge %.2f cm' \
                                        % (d * self.factor))
            self.window.after(5000, self.reset)
        self.labelImage.bind('<1>', self.click)
App()
```

Kommentare

#1: Da PIL importiert wird, lassen wir das Programm unter Python 2.7 laufen. Deshalb verwenden wir die älteren Modulnamen `Tkinter` und `thread`.

#2: Die Bounding-Box definiert ein Rechteck in der Mitte des Bildes. Der gesamte Bildausschnitt ist zu groß für eine schöne Darstellung kleiner Objekte, da die Kamera einen Mindestabstand von ca. 1 m wahren muss.

#3: Das Objekt repräsentiert den Zustand (MESSEN oder KALIBRIEREN) und wird mit den beiden Radiobuttons verbunden.

#4: Die Methode (die eine Endlosschleife enthält) wird in einem eigenen Thread ausgeführt.

#5: Wir verwenden nur einen Ausschnitt aus dem Foto (siehe **#2**).

#6: Zu Beginn eines Messvorgangs enthält das Attribut `self.p0`, das den ersten Messpunkt repräsentiert, das leere Tupel.

#7: Ab jetzt hat das Klicken der Maus keine Wirkung.

#8: Es gibt noch keinen Messpunkt.

#9: Speichere die Maus-Koordinaten als ersten Messpunkt.

#10: Koordinaten des ersten Messpunkts.

#11: Koordinaten des zweiten Messpunkts.

#12: Der Abstand zwischen den beiden Messpunkten wird mit dem Satz des Pythagoras berechnet.

Kapitel 11

Webserver

Der Raspberry Pi ist billig und verbraucht wenig Strom. Das sind perfekte Voraussetzungen für einen Server, der permanent läuft und auf Anfragen aus dem Netz reagiert. In den Projekten dieses Kapitels werden Webdienste implementiert. Sie erfahren, wie man mit Python einen CGI-fähigen Server aufbaut und wie man ein Python-Programm an ein Datenbanksystem anbinden kann.

11.1 Der RPi im lokalen Netz

Ein Server braucht weder Tastatur noch Maus noch Monitor. Er muss aber an ein Computer-Netz angeschlossen sein. Am einfachsten geht das, wenn Sie den RPi über ein LAN-Kabel an den Router Ihres Netzwerks anschließen. Dann bekommt er vom DHCP-Server eine temporäre IP-Nummer und ist erreichbar.

11.1.1 WLAN

Die zweite Kontaktmöglichkeit ist das WLAN (*Wireless Local Area Network*). Sie müssen nur einen für den RPi geeigneten USB-WiFi-Adapter anschließen. Eine Liste geprüfter Gerätetypen finden Sie im *Embedded Linux Wiki*: http://elinux.org/RPi_VerifiedPeripherals. Wenn Sie den WiFi-Adapter angeschlossen haben, starten Sie das Programm WIFI CONFIG. Klicken Sie einfach auf das Programm-Icon links auf dem Desktop des RPi. Stellen Sie die Daten Ihres WLANs ein und klicken Sie auf CONNECT.

Im LXTerminal können Sie sich mit `ifconfig` die Eigenschaften der WLAN-Verbindung ansehen. Entfernen Sie aber zuerst das LAN-Kabel. Sonst wird die IP-Nummer des Rechners im WLAN nicht angezeigt. (Im WLAN und LAN gibt es verschiedene IP-Nummern.)

Abbildung 11.1 zeigt eine mögliche Ausgabe. Der untere Block `wlan0` beschreibt die WLAN-Anbindung. Die IP-Nummer ist in diesem Fall `192.168.178.42`. In der ersten Zeile des `wlan0`-Blocks finden Sie auch die Hardware-Adresse des WiFi-Adapters (MAC-Adresse, Media-Access-Control-Adresse). Das ist eine weltweit einmalige Hexadezimalzahl, die einem Gerät mit Zugang zu Übertragungsmedien lebenslang zugeordnet ist. Sie lautet hier `00:30:4c:0e:06:3b`. Die ersten sechs Ziffern bezeichnen den Hersteller. Man kann ihn im WWW leicht herausfinden (Suchbegriff: *MAC address lookup*).

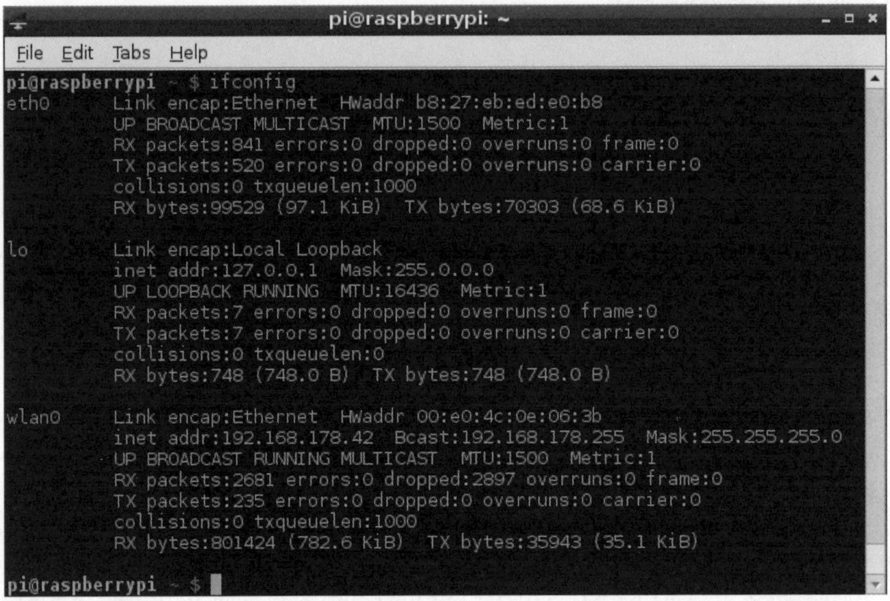

```
pi@raspberrypi ~ $ ifconfig
eth0      Link encap:Ethernet  HWaddr b8:27:eb:ed:e0:b8
          UP BROADCAST MULTICAST  MTU:1500  Metric:1
          RX packets:841 errors:0 dropped:0 overruns:0 frame:0
          TX packets:520 errors:0 dropped:0 overruns:0 carrier:0
          collisions:0 txqueuelen:1000
          RX bytes:99529 (97.1 KiB)  TX bytes:70303 (68.6 KiB)

lo        Link encap:Local Loopback
          inet addr:127.0.0.1  Mask:255.0.0.0
          UP LOOPBACK RUNNING  MTU:16436  Metric:1
          RX packets:7 errors:0 dropped:0 overruns:0 frame:0
          TX packets:7 errors:0 dropped:0 overruns:0 carrier:0
          collisions:0 txqueuelen:0
          RX bytes:748 (748.0 B)  TX bytes:748 (748.0 B)

wlan0     Link encap:Ethernet  HWaddr 00:e0:4c:0e:06:3b
          inet addr:192.168.178.42  Bcast:192.168.178.255  Mask:255.255.255.0
          UP BROADCAST RUNNING MULTICAST  MTU:1500  Metric:1
          RX packets:2681 errors:0 dropped:2897 overruns:0 frame:0
          TX packets:235 errors:0 dropped:0 overruns:0 carrier:0
          collisions:0 txqueuelen:1000
          RX bytes:801424 (782.6 KiB)  TX bytes:35943 (35.1 KiB)

pi@raspberrypi ~ $
```

Abb. 11.1: Typische Ausgabe des Kommandos `ifconfig`

Zwischenfrage 1

Von welchem Hersteller stammt der WiFi-Adapter aus Abbildung 11.1? (Lösung am Ende des Kapitels.)

11.1.2 Eine dauerhafte IP-Adresse für den RPi

IP-Adressen für die Kommunikation im lokalen Netz zu Hause sind meist dynamisch. Das heißt, sie können sich ändern. Wenn man aber von einem anderen Computer aus auf den RPi zugreifen möchte, wäre es schön, wenn er immer die gleiche Adresse hätte. Noch besser wäre es, wenn er einen Host-Namen hätte, den man sich gut merken kann, wie z.B. RaspberryPi. Das können Sie bei Ihrem Router einstellen. Heimrouter haben intuitiv verständliche Administrationsprogramme und man findet im Internet Anleitungen.

Falls Sie eine *Fritzbox* haben, gehen Sie so vor: Starten Sie einen Webbrowser und geben Sie die Adresse `fritz.box` ein. Wählen Sie im Abschnitt ANSCHLÜSSE die Zeile LAN. Sie erhalten dann eine lange Liste aller Computer, die schon einmal in Ihrem Netz angemeldet waren. Hier suchen Sie die IP-Nummer des Raspberry Pi und klicken auch auf die Schaltfläche BEARBEITEN neben dem Listeneintrag (Icon mit Stift). Es öffnet sich eine neue Seite. Setzen Sie einen Haken in die Checkbox neben der Option *Diesem Netzwerkgerät immer die gleiche IP-Adresse zuweisen*. Außerdem können Sie Ihrem Raspberry Pi einen Host-Namen geben.

11.1.3 Über SSH auf dem RPi arbeiten

PuTTY ist ein kleiner SSH-Client, mit dem Sie z. B. von einem Windows-Rechner aus auf dem Raspberry Pi arbeiten können. PuTTY ist kostenlos und schnell installiert. Das SSH-Protokoll (*Secure Socket Shell*) ermöglicht einen sicheren Datenaustausch. Wenn Sie PuTTY gestartet haben, geben Sie oben im Adressfeld die IP-Nummer oder den Host-Namen Ihres RPi ein.

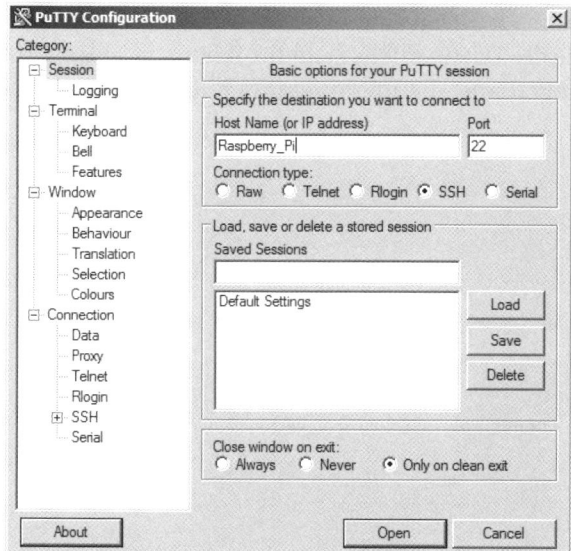

Abb. 11.2: Mit PuTTY eine SSH-Verbindung zum Raspberry Pi herstellen

Nach dem Klick auf die Schaltfläche OPEN öffnet sich auf Ihrem PC ein Terminalfenster, in dem Sie sich auf Ihrem RPi einloggen können. Zur Erinnerung: Voreingestellt ist der Login-Name `pi` mit dem Passwort `raspberry`. Sie sehen das übliche Prompt

```
pi@raspberrypi ~ $
```

und können auf dem RPi arbeiten. Mit dem Kommando `exit` beenden Sie Ihre Sitzung ordnungsgemäß.

11.2 Ein Webserver

Ein Webserver oder HTTP-Server ist ein Programm, das über einen Port (in der Regel Port 80) Anfragen (*requests*) von Clients in Form von HTTP-Datenpaketen empfängt, diese auswertet und beantwortet. Die Antwort (*response*) besteht aus einer HTML-Webseite, die im Browserfenster des Clients dargestellt wird.

Diese HTML-Seite kann statisch als Datei im Verzeichnisbaum des Servers gespeichert sein. Sie kann aber auch dynamisch durch ein Python-Programm erstellt werden. Solche Programme, die HTML-Seiten dynamisch erzeugen, heißen *CGI-Skripte*.

Erstellen Sie für Ihren Webserver ein Verzeichnis z. B. namens /server und erzeugen Sie gleich ein Unterverzeichnis /cgi-bin für CGI-Skripte.

In das Wurzelverzeichnis /server speichern Sie das folgende Python-Skript unter dem Namen httpd.py. Diese wenigen Zeilen sind bereits ein CGI-fähiger HTTP-Server. Der Buchstabe d am Ende des Dateinamens steht für Dämon (*daemon*). Als Dämon bezeichnet man alle Programme, die im Hintergrund laufen und Routineaufgaben erledigen.

Programm

```
#! /usr/bin/python3.2
from http.server import HTTPServer,
                    CGIHTTPRequestHandler
serveraddress =("Raspberry_Pi", 80)          #1
server=HTTPServer(serveraddress,
                CGIHTTPRequestHandler)        #2
server.serve_forever()                        #3
```

Kommentare

#1: Die Serveradresse ist ein Tupel, bestehend aus dem Namen des Servers (hier ein leerer String) und dem Port. Portnummern dienen dazu, die Kommunikation der verschiedenen Service-Prozesse zu koordinieren. Auf einem Computer können nämlich mehrere Server laufen. Jedem Server ist eine eigene Portnummer zugeordnet. Standardmäßig erhalten HTTP-Server den Port 80.

#2: Instanziierung eines Server-Objekts.

#3: Start des Servers.

11.2.1 Den Server starten

Das Skript läuft unter Python 3.2 und benötigt Root-Rechte. Wechseln Sie in das Verzeichnis mit dem Server-Skript und starten Sie es mit

```
sudo python3.2 httpd.py
```

Sie können den Server mit [Strg]+[C] wieder stoppen (*Keyboard Interrupt*).

Um den Server testen zu können, brauchen Sie noch eine HTML-Seite.

11.2.2 Die Startseite

Öffnen Sie einen Texteditor (LEAFPAD oder IDLE) und schreiben Sie ein kleines HTML-Dokument. Speichern Sie es in dem Verzeichnis mit dem Server-Skript unter dem Namen `index.html` ab.

```
<html>
   <head>
      <title> Willkommen </title>
   </head>
   <body>
      <h1>Willkommen!</h1>
      Dies ist ein Webservice auf dem Raspberry Pi.
   </body>
</html>
```

HTML (Hypertext Markup Language) ist eine Auszeichnungssprache für Webseiten. Textelemente werden durch öffnende und schließende Tags der Form

```
<...> ... </...>
```

eingerahmt. Ein HTML-Dokument besteht aus einem Kopf (Head)

```
<head> ... </head>
```

und einem Körper (Body)

```
<body> ... </body>
```

Überschriften (*Headings*) werden durch Tags der Form `<h1> ... </h1>`, `<h2> ... </h2>` usw. ausgezeichnet.

Der Kopf enthält Zusatzinformationen über das Dokument, in diesem Fall nur den Titel:

```
<title> Willkommen </title>
```

11.2.3 Den Server testen

Öffnen Sie nun einen Browser auf einem beliebigen Rechner in Ihrem Netz. Geben Sie im Adressfeld die IP-Nummer oder den Host-Namen des Raspberry Pi ein. Der Browser zeigt Ihnen die Interpretation des HTML-Dokuments `index.html`. Sie surfen auf Ihrem Raspberry Pi!

Nur der Inhalt des Körpers (nicht der des Kopfes) ist im Inneren des Browsers sichtbar. Der Titel des Dokuments erscheint an mehreren Stellen im Rahmen des Applikationsfensters.

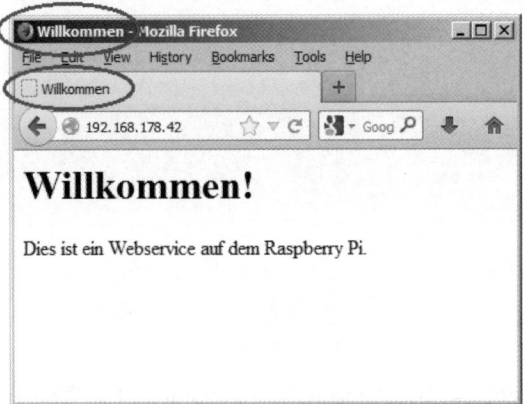

Abb. 11.3: Die Startseite des Webservers im Browser auf einem PC im Netz

11.3 Was ist los im Gartenteich?

In eine HTML-Seite kann man auch Bilder einbinden. Wenn das Bild ein Live-Kamerabild ist, hat man eine Webcam. In diesem Abschnitt werden zwei Varianten von Webcams entwickelt, eine mit statischer HTML-Seite und eine interaktive Webcam, deren Einstellungen man über den Browser verändern kann.

11.3.1 Projekt: Einfache Webcam mit statischer Webseite

Abbildung 11.4 zeigt die Hardwarekonfiguration dieses Projekts. Sie besteht aus dem Raspberry Pi, einer mobilen Stromversorgung (5 V, 1 A), einem WiFi-Adapter mit Antenne und einem Raspberry Pi-Kameramodul. Rechts neben der Antenne ist eine kleine Platine mit der Kamera. Sie ist mit Kreppklebeband am Rand des Tabletts fixiert.

Das Ganze kann irgendwo innerhalb der Reichweite des WLANs aufgestellt werden, zum Beispiel am Gartenteich, um zu beobachten, was denn da so alles passiert.

Wenn alles funktioniert, kann man von irgendeinem Computer des lokalen Netzes eine Webseite mit dem Live-Bild der Kamera abrufen. Es wird regelmäßig aktualisiert (Abbildung 11.5). Aus der Perspektive der Webcam sieht die Teichbepflanzung wie ein Dschungel aus.

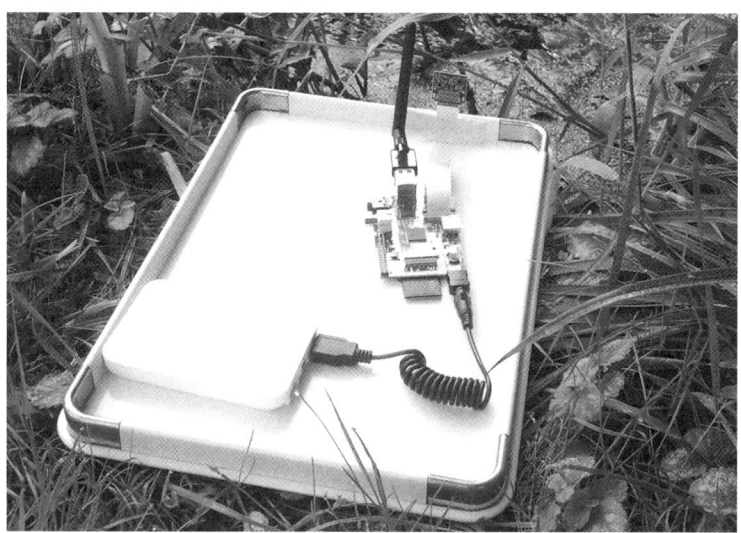

Abb. 11.4: Ein »Tablett-Computer« mit dem RPi

Abb. 11.5: Beobachtung eines Gartenteichs

Die Software besteht aus zwei Teilen:

- ein Python-Programm, das regelmäßig ein neues Bild aufnimmt
- eine HTML-Seite, die das Kamerabild zeigt

Im Wurzelverzeichnis des Servers wird ein neues Unterverzeichnis /webcam eingerichtet und darin werden die beiden Dateien (HTML-Dokument und Python-Skript) gespeichert.

Programm

```
#webcam.py
import os, time
WIDTH = 400
HEIGHT = 300
PATH = 'image.jpg'
while True:
    command = 'raspistill -t 500 -w %i -h %i -o %s -n'
    os.system(command % (WIDTH, HEIGHT, PATH))
    time.sleep(2)
```

Das Programm enthält eine Endloswiederholung. In regelmäßigen zeitlichen Abständen (etwa alle drei Sekunden) wird eine Aufnahme gemacht und unter dem Namen 'image.jpg' im gleichen Ordner gespeichert. Kameraeinstellungen: Zeitverzögerung 500 ms, Format 400 px x 300 px, Speicheradresse 'image.jpg', kein Preview.

HTML-Seite

```
<html>
    <head>
        <title> Webcam</title>
        <meta http-equiv="refresh" content="5;
            URL=http://192.168.178.42/webcam/">
    </head>
    <body>
        <h1>Der Gartenteich</h1>
            <p>
                <img src="image.jpg" alt="Gartenteich">
            </p>
    </body>
</html>
```

Die HTML-Seite wird unter dem Namen index.html im gleichen Verzeichnis server/webcam/ gespeichert. Wenn eine HTML-Seite den Dateinamen index.html trägt, kann beim Aufruf der Seite im Browser im Adresspfad der Dateiname weggelassen werden. Es reicht dann der Dateiname des Verzeichnisses.

Der HTML-Text enthält zwei besondere Stellen:

- Das Tag <meta ...> ... </meta> im Kopf des Textes bewirkt, dass jeweils nach fünf Sekunden der Browser die gleiche Webseite erneut aufruft. In dieser Zeit wurde das Kamerabild vom Python-Skript mit Sicherheit aktualisiert.
- Das Tag <img ...> platziert das Bild unter die Überschrift. Das Attribut alt="Gartenteich" bewirkt, dass als *Alt*ernative zum Bild der Text Gartenteich gezeigt wird. Dieser Alternativtext soll den Inhalt des Bildes beschreiben. Er wird z. B. von Leseprogrammen für Blinde genutzt. Er wird aber auch dann gezeigt, wenn aus irgendwelchen Gründen die Bilddatei nicht verfügbar ist.

Zwischenfrage 2

Wenn man über längere Zeit die Webseite im Browser betrachtet, erscheint ab und zu der Alternativtext. Warum? (Lösung am Ende des Kapitels.)

Start aus der Ferne mit SSH

In der mobilen Hardwarekonfiguration auf dem Tablett hat der RPi keinen Monitor, keine Maus und keine Tastatur. Sie müssen aber den HTTP-Server und das Programm webcam.py, das das Kamerabild aktualisiert, starten. Was tun?

Bringen Sie den Raspberry Pi mit seiner Peripherie an den Zielort, den Sie beobachten wollen (z. B. Gartenteich, Vogelhaus, Keller, Küche, ...).

Starten Sie auf irgendeinem anderen Rechner, der mit dem gleichen lokalen Netz verbunden ist, einen SSH-Client, z. B. das Programm PuTTY.

Stellen Sie eine Verbindung zum Raspberry Pi her und loggen Sie sich ein.

Wechseln Sie mit cd-Kommandos in das Server-Verzeichnis. Starten Sie das Programm mit folgendem Kommando:

```
sudo nohup python3.2 httpd.py 2>/dev/null 1>/dev/null &
```

Damit starten Sie als Superuser das Kommando nohup. Das wiederum startet den Python-Interpreter, der den HTTP-Server httpd.py ausführt. Normalerweise schreibt nohup Meldungen in eine Datei namens nohup.out. Diese wird dann im Laufe der Zeit immer länger und kann irgendwann den ganzen Speicher belegen. Die Argumente 2>/dev/null 1>/dev/null bewirken, dass kein solcher Output produziert wird.

Vergessen Sie nicht das Zeichen & am Ende der Zeile!

Es bewirkt, dass der HTTP-Server im Hintergrund weiterläuft – auch wenn Sie die PuTTY-Sitzung beendet haben.

Wechseln Sie dann mit

```
cd webcam/
```

in das Verzeichnis mit dem Python-Skript und geben Sie das folgende Kommando ein:

```
sudo nohup python3.2 webcam.py 2>/dev/null 1>/dev/null &
```

Damit läuft Ihr System. Geben Sie in einem Browser den URL Ihrer Webcam ein, z. B.

```
http://192.168.178.42/webcam/
```

und prüfen Sie, ob alles funktioniert.

Prozesse beenden

Natürlich können Sie die Programme einfach dadurch beenden, dass Sie die Stromzufuhr abtrennen. Wenn Sie die Prozesse von Hand schließen wollen, gehen Sie so vor:

Lassen Sie (als Root) die IDs der laufenden Prozesse auflisten:

```
sudo ps
```

Sie erhalten eine Ausgabe ähnlich wie diese:

```
PID TTY          TIME CMD
2509 pts/0    00:00:00 sudo
2510 pts/0    00:01:07 python3.2
2511 pts/0    00:00:00 sudo
2512 pts/0    00:00:01 python3.2
8002 pts/0    00:00:00 sudo
8003 pts/0    00:00:00 ps
```

Die beiden Python-3.2-Prozesse werden mit dem `kill`-Kommando gestoppt, z. B.

```
sudo kill 2510
```

11.3.2 CGI-Skripte

CGI-Skripte sind Programme, die dynamische Webseiten erzeugen. Das Skript konstruiert einen HTML-Quelltext mit einer bestimmten Kopfzeile und schreibt

11.3 Was ist los im Gartenteich?

diesen Text mit `print()` in die Standardausgabe. Der HTTP-Server sorgt dafür, dass es als Antwort an den Client zurückgeschickt wird, der die Anfrage gestellt hat.

Das folgende Skript liefert eine Webseite mit der aktuellen Uhrzeit.

Programm

```
#! /usr/bin/python3.2
# uhrzeit.py
HTML = '''Content-type: text/html; char-set=utf-8

<html>
  <body>
    <h2>Wie spät ist es?</h2>
      Es ist %i Uhr und %i %s.
  </body>
</html>'''                                        #1

from time import localtime
t = localtime()                                   #2
if t.tm_min == 1:
    m_text = 'Minute'
else:
    m_text = 'Minuten'
print(HTML % (t.tm_hour, t.tm_min, m_text))       #3
```

Kommentare

#1: Dieser lange String (drei Hochkommata oder Anführungszeichen) ist ein Formatstring. Er ist eine Schablone für einen HTML-Quelltext, den das Skript ausgibt. Der Text enthält drei variable Teile, die durch drei Platzhalter gekennzeichnet sind (fett gedruckt), die mit % beginnen. Sie werden später durch zwei ganze Zahlen (%i) und einen String (%s) ersetzt.

Der HTML-Text beginnt mit einer Kopfzeile, die den Inhalt spezifiziert. Achtung! Die zweite Zeile muss leer sein. In ihr darf wirklich kein einziges Zeichen stehen.

#2: Die Funktion `localtime()` liefert ein Zeitobjekt (siehe Abschnitt 7.2), das die aktuelle lokale Uhrzeit darstellt.

#3: Hier werden im Formatstring die drei Platzhalter durch Werte ersetzt: die Stundenzahl, die Minutenzahl und – je nach Minutenzahl – das Wort `Minute` oder `Minuten`.

Speichern und Testen

Speichern Sie das Skript z. B. unter dem Namen uhrzeit.py im Verzeichnis .../server/cgi-bin/ ab. Starten Sie es in der Kommandozeile oder mit F5 direkt vom IDLE-Editor aus. In der Shell erhalten Sie folgende Ausgabe:

```
>>> =============== RESTART =====================
>>>
Content-type: text/html; char-set=utf-8

<html>
  <body>
    <h2>Wie spät ist es?</h2>
       Es ist 11 Uhr und 46 Minuten.
  </body>
</html>
>>>
```

Das ist der Text, den das CGI-Skript an den Browser sendet.

Ein Skript ausführbar machen

Das CGI-Skript soll von Ihrem HTTP-Server gestartet werden. Dazu muss es eine ausführbare Datei sein. Gehen Sie im LXTerminal in das Verzeichnis .../server/cgi-bin, in dem sich Ihr CGI-Skript befindet. Lassen Sie sich den Inhalt des Verzeichnisses (lange Version) anzeigen:

```
ls -l
```

Sie erhalten eine Antwort, die ungefähr so aussieht:

```
-rw-r--r-- 1 pi pi 357 Sep 6 12:00 uhrzeit.py
```

Die zweiten bis zehnten Zeichen stellen die Rechte für Besitzer, Gruppe und andere User dar. In diesem Fall hat der Besitzer das Schreib- und Leserecht (rw), Mitglieder der gleichen Gruppe das Leserecht (r) und alle anderen auch das Leserecht. Aber niemand hat das Recht, die Datei auszuführen (x). Mit folgendem Unix-Kommando machen Sie das Skript für jedermann ausführbar:

```
sudo chmod +x uhrzeit.py
```

Prüfen Sie erneut die Rechte mit dem ls-Kommando:

```
ls -l
```

Nun lautet der Verzeichniseintrag für das Python-Skript

```
-rwxrx-r-x 1 pi pi 357 Sep 6 12:00 uhrzeit.py
```

Zum Testen können Sie die Datei auf der Kommandozeile im Terminalfenster direkt aufrufen:

```
./uhrzeit.py
```

Wenn alles gut geht, sehen Sie den HTML-Quelltext mit der Uhrzeit-Angabe. Falls es Probleme gibt, finden Sie im nächsten Abschnitt vielleicht brauchbare Hinweise zu deren Lösung.

Zum Testen starten Sie den HTTP-Server und besuchen mit einem Browser auf einem anderen Rechner im Netz die Webseite. Der URL lautet z.B.

```
http://192.168.178.42/cgi-bin/uhrzeit.py
```

Sie können Ihren Webserver auch vom Raspberry Pi aus testen. Sie haben ja den Webbrowser MIDORI installiert. Das Programmicon ist in der Ecke oben links. Wenn der Browser auf dem gleichen Rechner läuft wie der Server, können Sie als Domänennamen auch localhost angeben. In diesem Fall lautet der URL:

```
http://localhost/cgi-bin/uhrzeit.py
```

Der Browser zeigt die Interpretation des HTML-Textes, also ein schön gesetzter Text mit Überschrift. Bei jedem neuen Aufruf der Seite erscheint ein anderer Text mit einer anderen Uhrzeit. Die Webseite ist dynamisch. Ihr Quelltext ist von einem Python-Programm erzeugt worden.

Abb. 11.6: Eine dynamisch erzeugte Webseite mit der aktuellen Uhrzeit

11.3.3 Hilfe, mein CGI-Skript läuft nicht!

Was tun, wenn das CGI-Skript nicht funktioniert?

Erster Tipp: Achten Sie auf das Terminalfenster, in dem der Server läuft. Darin erscheinen Systemmeldungen, die man auswerten kann. Wenn eine Meldung den

Hinweis `permission denied` enthält, hat man vielleicht vergessen, die CGI-Datei ausführbar zu machen. Wechseln Sie in das Verzeichnis `.../cgi-bin/`. Mit

```
sudo chmod +x uhrzeit.py
```

fügen Sie das Ausführungsrecht für alle hinzu.

Zweiter Tipp: Testen Sie das Programm, indem Sie es auf der Kommandozeile direkt aufrufen, und achten Sie auf die Fehlermeldung.

Beispiel 1:

```
Bash: ./uhrzeit.py: /usr/bin/python32: Bad interpreter: No such file or directory
```

In diesem Fall konnte das System den angegebenen Python-Interpreter nicht finden. Prüfen Sie genauestens die erste Zeile des Programmtextes. Hier wurde ein Punkt vergessen. Der richtige Dateiname lautet `python3.2`.

Beispiel 2:

```
Bash: ./uhrzeit.py: /usr/bin/python3.2^M: Bad interpreter: No such file or directory
```

In diesem Fall stimmt der Dateiname, aber die Zeichen ^M deuten darauf hin, dass Teile eines Python-Skripts, das auf einem Windows-Rechner erstellt worden ist, verwendet wurden. Das führt auf Unix-Rechnern zu Problemen, weil unter Unix andere Zeilenende-Zeichen verwendet werden. Lösung: Installieren Sie das Programm dos2unix und konvertieren Sie damit Ihren Programmtext:

```
sudo apt-get install dos2unix
dos2unix uhrzeit.py
```

Dritter Tipp: Bei längeren CGI-Skripten lohnt es sich, eine Debugging-Hilfe zu verwenden. Dazu fügen Sie in das Skript zwei Zeilen ein:

```
import cgitb
cgitb.enable()
```

Wenn zur Laufzeit des Skripts ein Fehler auftritt, erscheint im Browserfenster eine ausführliche Fehlermeldung wie in Abbildung 11.7.

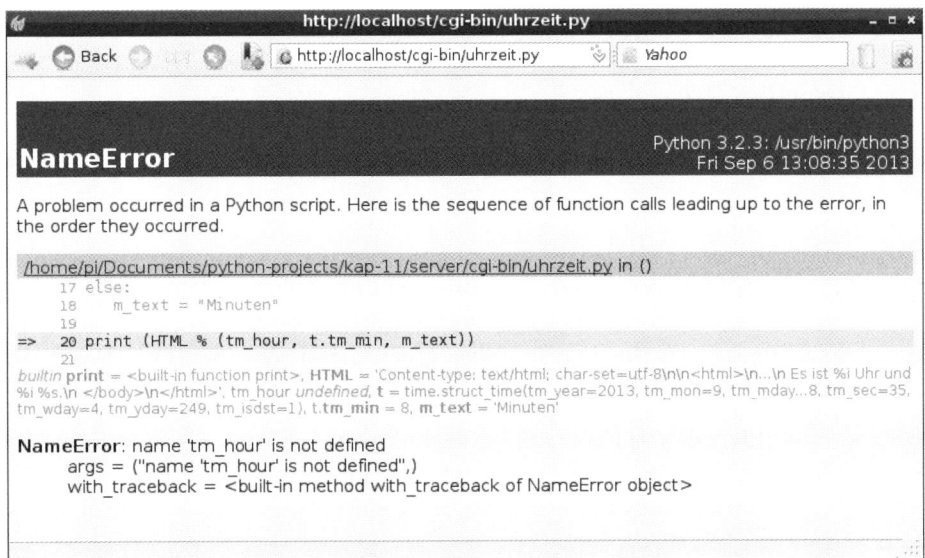

Abb. 11.7: Fehlermeldung im Browserfenster. Die fehlerhafte Zeile ist pink unterlegt.

11.3.4 Interaktive Webseiten

Eine interaktive HTML-Seite besitzt Komponenten, in die man etwas hineinschreiben oder die man anklicken kann. Abbildung 11.8 zeigt ein kleines Beispiel mit einem Textfeld, zwei Radiobuttons und einer Schaltfläche.

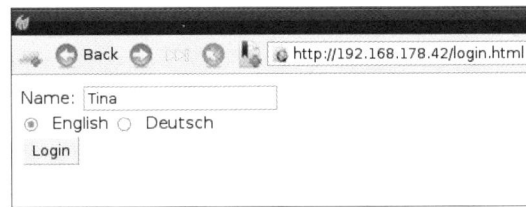

Abb. 11.8: HTML-Seite mit interaktiven Elementen

Das ist der HTML-Quelltext dazu:

```
<html>
  <body>
    <form method="get"
      action="http://192.168.178.42/cgi-bin/login.py">
      Name:   <input type="text" name="name"> <br/>
      <input type="radio" name="language"
        value="English" checked="checked"/>
```

```
         English
        <input type="Radio" name="language" value="German" />
         Deutsch<br/>
        <input type="Submit" value="Login"/>
    </form>
  </body>
</html>
```

Geben Sie diesen Text mit einem Texteditor ein. Ersetzen Sie dabei die IP-Nummer durch die Ihres Servers. Speichern Sie den Text im Ordner des HTTP-Servers unter dem Dateinamen `login.html` ab. Öffnen Sie anschließend die Datei mit dem Browser (MIDORI). Sie sehen dann eine Webseite wie in Abbildung 11.8.

Nun zum Aufbau des HTML-Quelltextes. Alle interaktiven Elemente sind in einem Formular definiert. Es beginnt mit dem Tag `<form ... >` und endet mit `</form>`. Das Attribut `action` erhält als Wert einen String mit dem URL eines CGI-Skripts.

Mit `<input type="text" .../>` wird ein Eingabefeld für Text definiert.

Die beiden Tags `<input type="radio" name="language" .../>` definieren die Radiobuttons und `<input type="submit" .../>` definiert die Schaltfläche mit der Aufschrift LOGIN.

Das `<form>`-Tag zu Beginn des Formulars enthält das Attribut `action="http://192.168.178.42/cgi-bin/login.py"`. Das `action`-Attribut legt fest, was passiert, wenn jemand auf die Schaltfläche des Formulars klickt. In diesem Fall bewirkt es, dass das CGI-Skript `login.py` aufgerufen wird, das im Verzeichnis `cgi-bin` des Servers gespeichert ist.

Im `<form>`-Tag wird außerdem noch die Methode der Datenübertragung (*get* oder *post*) festgelegt. Die Get-Methode bewirkt, dass die Inhalte der Form-Variablen als *Querystring* an den URL des Skripts angehängt werden.

Falls Sie als Name "Tina" eingegeben haben und die Sprache Englisch gewählt ist, wird nach Betätigen der Schaltfläche LOGIN folgender Aufruf gestartet, den man im Adressfenster des Browsers sehen kann:

```
http://192.168.178.42/cgi-bin/login.py?name=Tina&language=English
```

Probieren Sie es aus! Sie bekommen im Browserfenster natürlich eine Fehlermeldung, weil die Datei `login.py` (noch) nicht existiert. Aber Sie erkennen, wie der Querystring aufgebaut ist. Nach der Adresse des Skripts kommt ein Fragezeichen und dahinter – durch &-Zeichen getrennt – die Variablenbelegungen in der Form *variable=wert*.

11.3.5 Eingabekomponenten in einem HTML-Formular

Im Innern des HTML-Formulars können Sie durch `<input>`-Tags verschiedene Eingabekomponenten spezifizieren. Ein `<input>`-Tag hat folgendes Format:

```
<input type="type" name="name" value="value" />
```

Dabei ist *type* eine Typbezeichnung wie `text` oder `radio`. Tabelle 11.1 gibt einen Überblick über die wichtigsten Typen.

Das Attribut `name` bezeichnet einen Variablennamen. Er erscheint im Querystring vor einem Gleichheitszeichen. Zusammengehörige Radiobuttons verwenden einen gemeinsamen Variablennamen (im Beispiel `language`). Das Attribut `value` bezeichnet den Wert, der dem Eingabeelement zugeordnet ist. Der Wert erscheint im Querystring hinter einem Gleichheitszeichen.

Tag	Erklärung
`<input type="check", name=..., value=..., [checked="checked"]/>`	Checkbox. Es können mehrere Checkboxen mit dem gleichen Namen ausgewählt werden. Das optionale Attribut `checked` gibt an, ob die Checkbox zu Beginn selektiert ist.
`<input type="hidden", name=..., value=... />`	Versteckte Variable, zu der kein sichtbares Eingabeelement gehört. Name und Wert erscheinen im Querystring.
`<input type="password", name=...[, value=...][, size=...][, maxlength=...] />`	Eingabefeld, in dem die Schrift nicht zu erkennen ist. Passwörter sollten nur mit der Post-Methode übertragen werden. Das optionale Attribut `value` spezifiziert Text, der schon im Eingabefeld steht; `size` beschreibt die Länge des sichtbaren Bereichs und `maxlength` die maximale Länge des eingegebenen Texts.
`<input type="radio", name=..., value=..., [checked="checked"]/>`	Radiobutton. Zusammengehörige Radiobuttons müssen den gleichen Namen tragen. Nur ein Radiobutton einer Gruppe kann ausgewählt sein. Das optionale Attribut `checked` gibt an, ob der Radiobutton zu Beginn selektiert ist.
`<input type="submit" value=... />`	Submit-Button. Wenn man ihn anklickt, wird die Aktion ausgeführt, die im `<form>`-Tag spezifiziert worden ist. Das Attribut `value` enthält die Beschriftung.
`<input type="text", name=...[, value=...][, size=...][, maxlength=...] />`	Einzeiliges Eingabefeld für Text. Das optionale Attribut `value` spezifiziert Text, der schon im Eingabefeld steht; `size` beschreibt die Länge des sichtbaren Bereichs und `maxlength` die maximale Länge des eingegebenen Texts.

Tabelle 11.1: Typen von Eingabe-Tags

Jedes Formular benötigt einen Submit-Button, ein <input>-Tag vom Typ submit. Ein Klick auf diese Schaltfläche bewirkt, dass eine Anfrage (*Request*) an die Adresse geschickt wird, die im Attribut action des <form>-Tags steht, in der Regel ein CGI-Skript, das die Formularvariablen im Querystring verarbeitet. Wie man ein solches CGI-Skript mit Python programmiert, beschreibt der nächste Abschnitt.

11.3.6 Verarbeitung von Eingaben in einem CGI-Skript

Um in einem CGI-Skript Eingabedaten zu verarbeiten, verwendet man eine Instanz der Klasse FieldStorage aus dem Modul cgi.

```
import cgi
form = cgi.FieldStorage()
```

Dieses Objekt enthält nach der Instanziierung sämtliche übertragenen Daten. Mit der Methode getvalue() können Sie einzelne Variablen auslesen. Als Argument wird der Name einer Variablen aus dem Formular als String übergeben, z. B.

```
name = form.getvalue('name')
```

Dabei sind drei Fälle zu unterscheiden:

- Zu einem Variablennamen gibt es nur *einen einzigen* Wert. Dieser Fall tritt ein, wenn in dem Querystring, den das Formular liefert, der Variablenname nur *einmal* vorkommt. In diesem Fall gibt die Funktion einen String mit dem Wert zurück.
- Zu einem Variablennamen gibt es *mehrere* Werte. Dieser Fall tritt ein, wenn im Querystring der Variablenname *mehrmals* vorkommt. Das passiert, wenn mehrere Checkboxen mit gleichem Namen angeklickt worden sind. In diesem Fall gibt die Funktion eine *Liste von Strings* zurück.
- Der Variablenname existiert nicht oder der Variablen ist kein Wert zugeordnet. Dann gibt die Funktion das leere Objekt None zurück.

Will man den letzten Fall aus programmtechnischen Gründen vermeiden, ruft man die Funktion getvalue() mit zwei Argumenten auf. Das zweite Argument ist dann ein Default-Wert, der zurückgegeben wird, falls die Variable (erstes Argument) nicht existiert. Beispiel:

```
name = form.getvalue('name', '')
```

Abb. 11.9: Rückmeldung des aufgerufenen CGI-Skripts

Das folgende Programm liefert eine Rückmeldung wie in Abbildung 11.9. Es wird im Ordner .../server/cgi-bin/ abgespeichert. Vergessen Sie nicht, die Datei mit chmod +x ausführbar zu machen.

Programm

```
#!/usr/bin/python3.2                                    #1
import cgi, cgitb
cgitb.enable()                                          #2
RESPONSE = '''Content-type: text/html; charset=utf-8

<html>
  <head>
    <title> Login-Seite </title>
  </head>
  <body>
    <h3> %s </h3>
  </body>
</html>'''                                              #3
form = cgi.FieldStorage()                               #4
language = form.getvalue('language')                    #5
name = form.getvalue('name')
if language == 'English':                               #6
    text = 'Welcome back, %s!'
else:
    text = 'Willkommen zur&uuml;ck, %s!'
greeting = text % name                                  #7
print (RESPONSE % greeting)                             #8
```

Kommentare

#1: Hier wird dem Betriebssystem mitgeteilt, welcher Interpreter zur Ausführung des Skripts angewendet werden soll.

#2: Das Debugging wird aktiviert.

#3: Das ist eine Schablone für den HTML-Text. Achtung! In der zweiten Zeile darf nichts stehen,

#4: Es wird das Objekt `form` als Instanz der Klasse `FieldStorage` erzeugt.

#5: Über das `FieldStorage`-Objekt `form` wird auf die Inhalte der Variablen zugegriffen. Die Methode `getvalue()` liefert zum Variablennamen `language` einen String als Wert, da dieser Variablenname im Querystring nur einmal vorkommt.

#6: Wenn als Sprache Englisch gewählt wurde, wird ein englisches Textmuster erstellt, sonst ein deutsches. Die Muster enthalten einen Platzhalter `%s` für den Namen.

#7: In die Grußformel wird der Name eingefügt.

#8: Der HTML-Quelltext wird in die Standardausgabe geschrieben und dann vom Server an den Client gesendet.

11.3.7 Zugriff aus der Ferne

Wenn Sie aus dem Internet – also irgendwo auf der Welt außerhalb Ihres lokalen Netzes – auf den RPi zugreifen wollen, müssen Sie noch weitere Vorkehrungen treffen. Zunächst einmal müssen Sie einen Port Ihres RPi freigeben. Am besten Port 80, der Standardport für HTTP-Server.

Die Freigabe machen Sie wieder im Administrationsprogramm Ihres Routers.

Im Fall der Fritzbox öffnen Sie `fritz.box` im Browser, wählen unter der Überschrift ANSCHLUSSINFORMATIONEN die Zeile LAN und wählen dann unter ERWEITERTE EINSTELLUNGEN die Zeile INTERNET. Suchen Sie dann nach dem Kommando PORTFREIGABE und klicken dann auf NEUE PORTFREIGABE.

Falls Sie über eine feste IP-Adresse verfügen, sind Sie nun fertig.

Wenn Ihr Internet Service Provider dynamische IP-Adressen zuteilt, ist der Zugriff auf den RPi von außen nicht so ohne Weiteres möglich, da sich die öffentliche IP-Adresse des Routers ständig ändert. Sie müssen dann das *Dynamic Domain Name System* (DDNS) auf Ihrem Router aktivieren. Ihr Router teilt dann einem DDNS-Anbieter (den Sie bei der Aktivierung ausgewählt haben) die aktuelle IP-Adresse mit.

Sie finden im Internet und im Hilfesystem Ihres Heimrouters ausführliche Anleitungen, wie man das DDNS aktiviert.

11.4 Geräte über das Internet steuern

Was nützt eine Webcam im Garten, wenn es dunkel ist? Wenn man im Urlaub nachts mit einem unguten Gefühl aufwacht und mal nachsehen möchte, was zu Hause los ist, braucht man Licht. In diesem Abschnitt entwickeln wir einen Webservice, der es ermöglicht, eine Lampe (oder ein anderes Gerät) über das Internet ein- und auszuschalten. Abbildung 11.10 zeigt das Aussehen einer Webseite mit der Benutzungsschnittstelle.

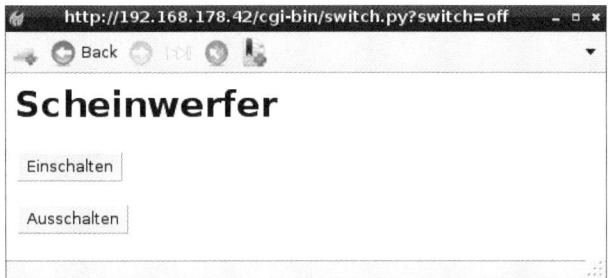

Abb. 11.10: Eine Webseite mit zwei Schaltflächen zum Steuern eines Geräts

Zum Steuern von Geräten verwenden wir das PiFace (nur bis 20 V und 5 A), an dessen Ausgang 0 eine Taschenlampe angeschlossen wird. Eine genaue Beschreibung des Hardwareaufbaus finden Sie in Abschnitt 1.7.4. Alternativ können Sie natürlich auch ein Relais über einen Ausgang des GPIO ansteuern.

11.4.1 Privilegierte Rechte für ein CGI-Skript

Gleichgültig, welche der beiden Alternativen Sie wählen, Sie müssen bei diesem Projekt zuerst ein grundsätzliches Problem lösen. Der Zugriff auf Ein- und Ausgänge erfordert Root-Rechte. Aus Sicherheitsgründen laufen aber CGI-Skripte unter der UID nobody.

Das gilt auch dann, wenn Sie den HTTP-Server als Root starten

```
sudo python3 httpd.py
```

und ihm damit Root-Rechte zubilligen.

Diesen Sicherheitsmechanismus müssen Sie umgehen. Das birgt natürlich Gefahren für Ihr System, wenn das CGI-Skript zu viele Zugriffsmöglichkeiten hat. Bei diesem Projekt ist jedoch das Risiko, aus Versehen eine Sicherheitslücke zu schaffen, sehr gering.

Das CGI-Skript ist ein Python-Programmtext, der von einem Python-Interpreter ausgeführt wird. Wir sorgen nun dafür, dass dieser Interpreter-Prozess Root-Rechte bekommt.

Erstellen Sie eine Kopie des Kommandos zum Aufruf des Interpreters unter einem anderen Namen. Den folgenden Befehl können Sie auf der Kommandozeile in einem beliebigen Verzeichnis absetzen:

```
sudo cp /usr/bin/python2.7 /usr/bin/pythonRoot2.7
```

Setzen Sie für `pythonRoot2.7` das `suid`-Bit, das dem Python-Interpreter privilegierte Rechte zubilligt:

```
sudo chmod u+s /usr/bin/pythonRoot2.7
```

Kontrollieren Sie die Rechte:

```
ls -l /usr/bin/pythonRoot2.7
```

11.4.2 Programmierung

Für das Projekt brauchen Sie eigentlich keine HTML-Startseite. Das CGI-Skript kann direkt aufgerufen werden. Es erhält halt beim ersten Aufruf keinen Querystring, kann das aber verkraften. Das Relais am Ausgang 0 wird in diesem Fall ausgeschaltet.

Das Skript erzeugt eine HTML-Seite, die der Server an den Browser des Clients zurückschickt. Die Seite enthält zwei Formulare mit versteckten Variablen. Beide Formulare verwenden dieselbe Variable (`name="switch"`), aber unterschiedliche Werte:

```
<input type="hidden" name="switch" value="on"/>
<input type="hidden" name="switch" value="off"/>
```

Das einzige interaktive Element ist jeweils ein Submit-Button. Je nachdem, welche Schaltfläche der Benutzer anklickt (EINSCHALTEN oder AUSSCHALTEN), wird entweder `?switch=on` oder `?switch=off` als Querystring übertragen.

Eine Besonderheit des Skripts ist die erste Zeile. Hier wird als zuständiger Interpreter die neue Version mit erweiterten Rechten ausgewiesen.

Programm

```
#!/usr/bin/pythonRoot2.7

import cgi, cgitb
from piface import pfio
pfio.init()
```

11.4 Geräte über das Internet steuern

```
cgitb.enable()

RESPONSE='''Content-Type: text/html

<html >
  <body>
    <h1> Scheinwerfer</h1>
    <form action="http://192.168.178.42/cgi-bin/switch.py"
      method="GET">
        <input type="hidden" name="switch" value="on"/>
        <input type="submit" value="Einschalten"/>
    </form>
    <form action="http://192.168.178.42/cgi-bin/switch.py"
      method="GET">
        <input type="hidden" name="switch" value="off"/>
        <input type="submit" value="Ausschalten"/>
    </form>
  </body>
</html>'''                                          #1

form = cgi.FieldStorage()
switch = form.getvalue('switch','off')              #2
if switch =='on':
    pfio.digital_write(0, 1)                        #3
else:
    pfio.digital_write(0, 0)                        #4
print RESPONSE
```

Kommentare

#1: Das CGI-Skript gibt diese HTML-Seite als Antwort zurück.

#2: Hier wird der Inhalt der Variablen `switch` übernommen. Falls die Variable nicht im Querystring auftaucht, wird als Default der Wert `'off'` verwendet. Somit kann das Programm auch ohne Querystring aufgerufen werden.

#3: Das Relais am Ausgang 0 einschalten.

#4: Das Relais am Ausgang 0 ausschalten.

Weiterentwicklung

Nach diesem Verfahren kann man auch andere Geräte steuern, im Prinzip auch die Motoren eines Roboters. Wenn der Raspberry Pi über einen WiFi-Adapter verfügt (wie in Abbildung 11.4), könnte ein beweglicher Roboter von einem anderen

Rechner aus gesteuert werden. Das Problem ist nur die Langsamkeit der CGI-Technik. Das Steuerungsskript reagiert mit einer Zeitverzögerung von mindestens einer Sekunde. Das liegt daran, dass zuerst der Interpreter gestartet wird, der dann das Skript liest, Module importiert und einbindet und dann erst Schritt für Schritt die Kommandos ausführt. Wenn Sie in Echtzeit etwas steuern wollen, ist dieses Verfahren ungeeignet. Im Internet finden Sie Anleitungen, wie man mit *FastCGI* schnellere Reaktionszeiten erreicht.

11.5 Datenbanken

Das Speichern von Daten ist für CGI-Skripte nicht unproblematisch, weil sie unter dem UID nobody ausgeführt werden. Wenn das Skript etwas speichern soll, muss der betreffende Ordner für alle zum Schreiben freigegeben sein.

Besser ist es, zum Speichern von Daten ein Datenbanksystem zu verwenden. Sie können auf dem RPi das bekannte relationale Datenbanksystem MySQL installieren. Mit `mysqldb` gibt es ein Modul, das Sie als Schnittstelle verwenden können. Wenn Sie mit MySQL arbeiten, legen Sie einen speziellen Datenbank-Account an, mit dem sich Ihre CGI-Skripte einloggen können.

In diesem Buch verwenden wir allerdings das einfachere System SQLite, das die Daten in Dateien speichert und ohne Service-Prozess auskommt. Hier brauchen wir kein Login.

11.5.1 Das Modul sqlite3

SQLite erlaubt die Verwendung der populären Anfragesprache SQL (*Structured Query Language*). Wir verwenden das Python-Standardmodul `sqlite3` (von Gerhard Häring) und werden Tabellen einer Datenbank durch SQL-Kommandos aufbauen und Anfragen an die Datenbank als SQL-Statements formulieren.

Die Grundidee von `sqlite3` ist folgende: Sie erstellen zuerst ein Verbindungsobjekt zu einer Datenbank, die als Datei gespeichert ist und einen Dateinamen besitzt. Dann erstellen Sie einen Cursor. Über den Cursor werden alle SQL-Kommandos abgesetzt. Am Ende einer Sitzung werden Änderungen freigegeben (*commit*) und Cursor und Verbindung geschlossen.

Tabellen erstellen und verändern

Eine relationale Datenbank besteht aus Tabellen. Mathematisch gesehen sind das Relationen, also Mengen von Tupeln. Jede Tabelle modelliert eine bestimmte Kategorie von Dingen (Entitäten) in der Wirklichkeit (Personen, Orte, Artikel in einem Lager). Die Zeilen einer Tabelle sind Datensätze (Tupel), die jeweils ein einzelnes Exemplar (Entität) repräsentieren. Jede Spalte stellt ein bestimmtes Merkmal (Attribut) der Kategorie von Entitäten dar, die durch die Tabelle abgebildet werden.

Die folgende Tabelle stellt zum Beispiel ein Lager mit Artikeln dar (fiktive Preise). Die Kopfzeile der Tabelle beschreibt die Attribute.

Artikel	Vorrätige Stückzahl	Einkaufspreis
AD-Wandler MCP3008	120	1.52
Temperatursensor DS18S20	34	0.73

Tabelle 11.2: Diese Tabelle modelliert ein Lager mit Artikeln.

Eine Tabelle wird durch folgendes SQL-Kommando erzeugt:

```
CREATE TABLE tabellenname (attribut1 datentyp1, ...);
```

Für jedes Attribut ist ein Datentyp festgelegt. Tabelle 11.3 gibt einen Überblick über einige Datentypen.

Datentyp	Erklärung	Beispiel
VARCHAR (n)	Eine Zeichenkette variabler Länge mit maximal n Zeichen	"Raspberry Pi"
INT	Eine ganze Zahl zwischen -2147483648 und 2147483647	1234
FLOAT	Eine Gleitkommazahl.	12.34
BINARY(n)	Binärdaten (z. B. Bilder). Eine Folge aus n Byte.	b"abcd123"

Tabelle 11.3: Einige SQL-Datentypen

Einen Datensatz kann man mit folgender SQL-Anweisung einfügen:

```
INSERT INTO tabellenname VALUES (wert1, ...)
```

Die Werte müssen natürlich zum Format der Tabelle passen.

Das folgende Skript legt eine Datenbank mit einer Tabelle an und trägt einige Daten ein. Modelliert wird hier auf einfache Weise ein Lagerbestand.

Programm

```
import sqlite3
conn = sqlite3.connect('/tmp/lager.db')              #1
c = conn.cursor()                                    #2
c.execute('''CREATE TABLE lager(artikel VARCHAR(50),
                        stueck INT,
                        preis FLOAT)''')             #3
```

```
statement = ''' INSERT INTO lager VALUES(?, ?, ?)'''    #4
c.execute(statement, ("AD-Wandler MCP3008", 120, 1.52))
c.execute(statement, ("Temperatursensor DS18S20", 34, 0.73))
conn.commit()                                           #5
c.close()                                               #6
conn.close()
```

Kommentare

#1: Hier wird eine Verbindung zur Datenbank hergestellt. Wenn die Datenbank noch nicht existiert, wird sie neu angelegt und (im Ordner für temporäre Daten) gespeichert.

#2: Ein Cursor-Objekt wird instanziiert. Über den Cursor läuft die Kommunikation mit der Datenbank.

#3: Eine Tabelle mit drei Spalten wird angelegt.

#4: Hier wird ein Muster für ein SQL-Statement definiert. Achtung! Es werden Fragezeichen ? als Platzhalter für variable Teile verwendet. Das ist ein spezielles Feature von `sqlite3` und sicherer als die Formatierung mit dem %-Operator. In den anschließenden Zeilen wird `execute()` mit zwei Argumenten aufgerufen. Das zweite Argument ist ein Tupel mit den Werten für die Platzhalter.

#5: Bis jetzt sind die neuen Daten noch nicht gespeichert. Auch mit `close()` werden die Änderungen nicht gesichert. Wenn die Daten gespeichert werden sollen, muss die Methode `commit()` aufgerufen werden.

#6: Cursor und Verbindung werden geschlossen.

Anfragen an die Datenbank

Wenn Sie das Skript ausgeführt haben, können Sie im interaktiven Modus der Shell einige Anfragen ausprobieren. Das SQL-Kommando für Anfragen an eine Tabelle hat in einfachen Fällen folgendes Format:

```
SELECT attribut1, ... FROM tabelle WHERE bedingung
```

Für Anfragen brauchen Sie einen Cursor:

```
>>> conn = sqlite3.connect('/tmp/lager.db')
>>> c = conn.cursor()
```

Anfragen werden mit der Methode `execute()` gestellt. Der * bedeutet hier, dass alle Attribute geliefert werden sollen:

```
>>> c.execute('''SELECT * FROM lager''')
<sqlite3.Cursor object at 0x02741CE0>
```

Der Cursor c hat die Eigenschaften eines Iterators und kann für Iterationen verwendet werden:

```
>>> for row in c:
        print(row)

('AD-Wandler MCP3008', 120, 1.52)
('Temperatursensor DS18S20', 34, 0.73)
```

Aber er kann (wie jeder Iterator) nur einmal abgefragt werden. Wenn Sie c ein zweites Mal für eine for-Anweisung verwenden wollen, erhalten Sie keine Daten mehr:

```
>>> for row in c:
        print(row)

>>>
```

In der WHERE-Klausel eines SELECT-Statements steht eine Bedingung, die für alle selektierten Zeilen (Datensätze) gelten muss. Beispiel:

```
>>> c.execute('''SELECT artikel FROM lager WHERE preis < 1''')
<sqlite3.Cursor object at 0x02741CE0>
>>> for row in c:
        print(row[0])

Temperatursensor DS18S20
```

11.5.2 Projekt: Freies Obst

Ziel des Projekts ist eine Online-Datenbank, die Informationen über Stellen sammelt, an denen man Obst, Beeren oder andere Früchte ernten darf, ohne etwas zahlen zu müssen.

Abbildung 11.11 zeigt die Startseite. Oben kann man neue Daten eingeben. Klickt man auf die Schaltfläche DATEN EINGEBEN, erscheint eine Antwort wie in Abbildung 11.12. Von der Antwortseite gelangt man über den Link unten wieder zur Startseite.

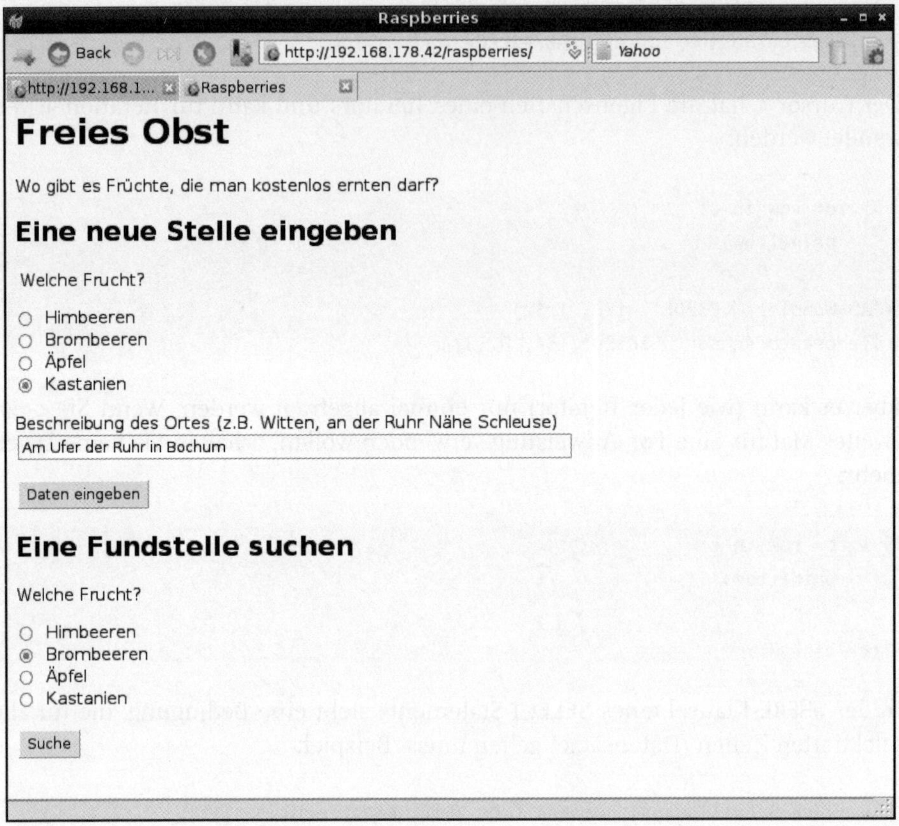

Abb. 11.11: Startseite des Online-Datenbanksystems

Abb. 11.12: Antwort nach einer Dateneingabe

Klickt man unten auf die Schaltfläche SUCHE, startet eine Datenbank-Anfrage und man bekommt eine Antwort wie in Abbildung 11.13.

11.5
Datenbanken

Abb. 11.13: Antwortseite mit Suchergebnis

Das ganze Projekt besteht aus drei Komponenten:

- einer HTML-Seite mit zwei Formularen
- einem CGI-Skript, das einen Neueintrag in der Datenbank vornimmt
- einem CGI-Skript, das die Suche bewerkstelligt

Zur Vorbereitung legen Sie im Wurzelverzeichnis Ihres Servers ein Unterverzeichnis namens data/ an und geben Sie mit

```
chmod a+w data
```

allen das Schreibrecht.

Startseite mit zwei Formularen

```
<html >
<meta http-equiv="Content-Type" content="charset=utf-8" />
  <head>
    <title>Raspberries</title>
  </head>
  <body>
    <h1> Freies Obst</h1>
    <p> Wo gibt es Fr&uuml;chte, die man kostenlos ernten darf?
    </p>
    <h2>Eine neue Stelle eingeben</h2>
    <form action="http://192.168.178.42/cgi-bin/newplace.py"
      method="GET">
        Welche Frucht?
        <p>
```

```html
        <input type="Radio" name="fruit" value="Himbeeren"
      checked="checked"/>  Himbeeren<br/>
        <input type="Radio" name="fruit" value="Brombeeren"/>
           Brombeeren<br/>
        <input type="Radio" name="fruit" value="Äpfel"/>
           &Auml;pfel<br/>
        <input type="Radio" name="fruit" value="Kastanien"/>
           Kastanien
    </p>
    <p>
      Beschreibung des Ortes (z.B. Witten, an der Ruhr
      Nähe Schleuse) <br/>
      <input type="text" name="place" size=60>
    </p>
      <input type="Submit" value="Daten eingeben"/>
  </form>

  <h2>Eine Fundstelle suchen</h2>
  <form action="http://192.168.178.42/cgi-bin/searchplace.py"
   method="GET">
   Welche Frucht?
    <p>
      <input type="Radio" name="fruit" value="Himbeeren"
      checked="checked"/>  Himbeeren<br/>
      <input type="Radio" name="fruit" value="Brombeeren"/>
           Brombeeren<br/>
      <input type="Radio" name="fruit" value="Äpfel"/>
           &Auml;pfel<br/>
      <input type="Radio" name="fruit" value="Kastanien"/>
           Kastanien
    </p>
      <input type="Submit" value="Suche"/>
  </form>
 </body>
</html>
```

Richten Sie im Wurzelverzeichnis des Servers ein neues Unterverzeichnis z. B. mit dem Namen `raspberries` ein und speichern Sie das HTML-Dokument als Index-Datei `...server/raspberries/index.html`.

Das erste Python-Programm bearbeitet die Eingabe neuer Daten. Es wird im Verzeichnis `cgi-bin/` unter dem Namen `newplace.py` gespeichert und muss mit `chmod +x` ausführbar gemacht werden.

Ein Problem ist die Handhabung von Nicht-ASCII-Zeichen, für die es in HTML besondere Kodierungen gibt. In dem Programm werden Umlaute und ß mithilfe eines Dictionarys (**#1**) übersetzt.

Programm

```
#!/usr/bin/python3
#newplace.py
import cgi, cgitb, sqlite3
cgitb.enable()

HTML = {ord('ä'): '&auml;', ord('ö'): '&ouml;',
        ord('ü'): '&uuml;', ord('Ä'): '&Auml;',
        ord('Ö'): '&Ouml;', ord('Ü'): '&Uuml;',
        ord('ß'): '&szlig'}                         #1

RESPONSE='''Content-Type: text/html

<html>
<meta http-equiv="Content-Type" content="charset=utf-8" />
  <head>
        <title>Daten eingegeben</title>
  </head>
  <body>
    <h2> Danke f&uuml;r die neue Stelle!</h2>
    Die Daten wurden gespeichert.<br/>
    Frucht:   %s<br/>
    Ort:   %s<br/><br/>
    <a href="http://192.168.178.42/raspberries/">Startseite</a>
  </body>
</html>'''                                          #2

form = cgi.FieldStorage()
place = form.getvalue('place').translate(HTML)      #3
fruit = form.getvalue('fruit').translate(HTML)
conn = sqlite3.connect('data/fruits.db')            #4
c = conn.cursor()                                   #5
insert = 'INSERT INTO location VALUES(?, ?)'        #6
try:
    c.execute(insert, (fruit, place))               #7
except:
    newTable='''CREATE TABLE
    location (fruit varchar(20), place varchar(100))'''
```

```
    c.execute(newTable)
    c.execute(insert)
conn.commit()
c.close()
conn.close()
print (RESPONSE % (fruit, place))                        #8
```

Kommentare

#1: Dictionary zum Übersetzen von Umlauten und ß in die HTML-Darstellung.

#2: Schablone mit Platzhaltern %s für den HTML-Text, der als Antwort zurückgegeben wird.

#3: Die Werte der Variablen place und fruit werden dem form-Objekt entnommen und enthaltene Sonderzeichen in HTML-Text übersetzt. Jedes Zeichen, das im Dictionary als Schlüssel (*key*) vorkommt, wird durch den zugehörigen Wert ersetzt.

#4: Aufbau einer Verbindung zur Datenbank.

#5: Ein Cursor-Objekt für die Kommunikation mit der Datenbank.

#6: Ein Muster für ein INSERT-Statement mit zwei speziellen Platzhaltern.

#7: Hier wird versucht, einen neuen Datensatz in die Tabelle einzufügen. Aber vielleicht gibt es die Tabelle noch gar nicht, weil das Programm zum ersten Mal läuft. Dann wird in der except-Klausel eine Tabelle erstellt und dann die Zeile eingefügt.

#8: Ausgabe eines HTML-Textes als Antwort.

Das zweite CGI-Skript wird unter `.../server/cgi-bin/search.py` gespeichert und ausführbar gemacht. Es wird gestartet, wenn auf der Startseite die Schaltfläche SUCHE angeklickt worden ist. Das Programm setzt dann eine Anfrage an die Datenbank ab und erzeugt eine HTML-Seite mit den Anfrage-Ergebnissen.

Programm

```
#!/usr/bin/python3
# searchplace.py
import cgi, cgitb, sqlite3
cgitb.enable()
HTML = {ord('ä'): '&auml;', ord('ö'): '&ouml;',
        ord('ü'): '&uuml;', ord('Ä'): '&Auml;',
        ord('Ö'): '&Ouml;', ord('Ü'): '&Uuml;',
        ord('ß'): '&szlig'}                              #1
```

```
RESPONSE='''Content-Type: text/html

<html>
<meta http-equiv="Content-Type" content="charset=utf-8" />
  <head>
        <title>Suchergebnisse</title>
  </head>
<body>
  <h2> Wo darf man kostenlos ernten?</h2>
  <p> %s </p>
  <a href="http://192.168.178.42/raspberries/">Startseite</a>
  </body>
</html>'''                                              #2

form = cgi.FieldStorage()
fruit = form.getvalue('fruit', '').translate(HTML)
try:                                                    #3
    conn=sqlite3.connect('data/fruits.db')
    c = conn.cursor()
    query = '''SELECT place
            FROM location
            WHERE fruit=?'''
    c.execute(query, (fruit,))
    rows = list(c)                                      #4
    if len(rows) > 0:
        results ='<h3>Hier findest du %s</h3>' % fruit
        for row in rows:
                results += ('<p> %s </p>' % row[0])     #5
        print (RESPONSE % results)
    else:
        print (RESPONSE % ('Leider habe ich keine passenden Fundstellen.'))
except:
    print (RESPONSE % ('Leider sind keine Daten vorhanden.'))
```

Kommentare

#1: Dictionary zum Übersetzen von Sonderzeichen.

#2: Schablone mit einem Platzhalter %s für die Antwort.

#3: Hier wird versucht, eine Verbindung zur Datenbank aufzubauen. Es kann aber sein, dass die Datenbank noch gar nicht existiert. In diesem Fall wird (in der letzten except-Klausel) eine entsprechende Meldung ausgegeben.

#4: Der Cursor c enthält die Antwort der Anfrage. Das kann eine eventuell leere Folge von Werten sein. Hier wird eine Liste dieser Werte erzeugt. Der Vorteil: Man kann leichter prüfen, ob es überhaupt eine Antwort gibt. In diesem Fall ist die Länge der Liste größer als null. Das Cursor-Objekt selbst hat keine Länge.

#5: Hier wird Zeile für Zeile ein String mit den Ergebnissen der Anfrage aufgebaut.

Weiterentwicklung

Dieses Projekt war natürlich – wie alle Projekte in diesem Buch – ein »Spielzeug-Projekt«, das mit möglichst wenig Programmtext einige Programmtechniken illustrieren sollte. Ein wirklich brauchbares Online-Datenbanksystem ist natürlich komplexer. Abgesehen davon, dass bei realen Datenbanken mehrere Tabellen mit mehr Attributen verarbeitet werden, müssen auch noch folgende Dinge berücksichtigt werden:

- Prüfung der Eingaben
- Fehlermeldungen, wenn Eingaben unvollständig sind
- Möglichkeit zum Löschen und Verändern von Datensätzen

Aber jedes reale Projekt hat einmal als kleiner Versuch mit wenigen Programmzeilen begonnen. Und gerade für dieses Experimentieren, Erfinden neuer Projektideen und die ersten Schritte in eine neue Richtung ist der Raspberry Pi gedacht.

11.6 Aufgaben

11.6.1 Aufgabe 1: Sind Sie ein Optimist?

Entwickeln Sie eine Webseite mit einem (nicht wirklich ernst gemeinten) »psychologischen Test« wie in Abbildung 11.14. Der Besucher klickt zutreffende Aussagen an und erhält ein »Testergebnis«.

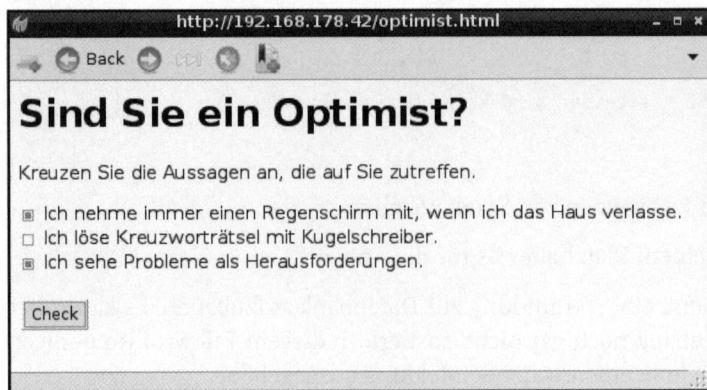

Abb. 11.14: Website mit Aussagen zum Anklicken

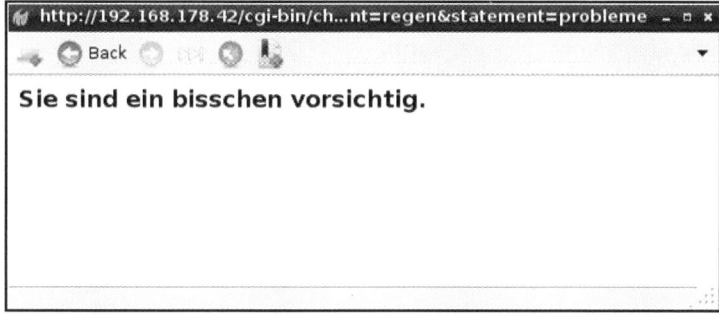

Abb. 11.15: Eine Antwort, die von einem CGI-Skript erzeugt worden ist

Hinweise: Verwenden Sie in dem HTML-Formular <input>-Tags vom Typ checkbox. In dem zugehörigen CGI-Skript zur Auswertung liefert die Methode getvalue() zu dem Variablennamen der Checkboxen eine Liste von Strings.

11.6.2 Aufgabe 2: Eine interaktive Webcam

Entwickeln Sie eine interaktive Version einer Webcam. Der Benutzer kann über das Internet den dargestellten Bildausschnitt der Kamera auswählen (Zoom). Mit jedem Klick auf die Schaltfläche macht die Kamera ein neues Foto und stellt den gewählten Ausschnitt dar. Die Auswahl erfolgt über Radiobuttons. Deren aktueller Status wird immer angezeigt.

Abb. 11.16: Eine interaktive Webcam

Hinweis: Das CGI-Skript muss mit privilegierten Rechten ausgeführt werden, damit das Kamerabild gespeichert werden kann.

11.7 Lösungen

11.7.1 Lösung 1

HTML-Dokument

```
<html>
  <body>
    <h1>Sind Sie ein Optimist?</h1>
    <p>Kreuzen Sie die Aussagen an, die auf Sie zutreffen.</p>
    <form method="get"
       action="http://192.168.178.42/cgi-bin/check.py">
       <input type="checkbox" name="statement" value="regen">
       Ich nehme immer einen Regenschirm mit, wenn ich das Haus verlasse.<br/>
       <input type="checkbox" name="statement" value="kreuzwort">
       Ich l&ouml;se Kreuzwortr&auml;tsel mit Kugelschreiber.<br/>
       <input type="checkbox" name="statement" value="probleme">
       Ich sehe Probleme als Herausforderungen. <br/><br/>
       <input type="Submit" value="Check" />
    </form>
  </body>
</html>
```

CGI-Skript

```
#!/usr/bin/python3                                    #1
#check.py
import cgi, cgitb, sqlite3
cgitb.enable()                                        #2
RESPONSE = '''Content-Type: text/html

<html>
  <body>
    <h3> %s </h3>
  </body>
</html>'''                                            #3

form = cgi.FieldStorage()
statements = form.getvalue('statement',[])            #4
```

```
if set(statements) == {'probleme', 'kreuzwort'}:    #5
    text = 'Jawohl, Sie sind ein Optimist!'
elif 'regen' in statements:
    text = 'Sie sind ein bisschen vorsichtig.'
else:
    text = 'Sie sind ein Pessimist.'

print (RESPONSE % text)
```

Kommentare

#1: Adresse des Python-Interpreters.

#2: Debugging aktivieren.

#3: Eine HTML-Schablone mit einem Platzhalter für die Antwort.

#4: Die Funktion `getvalue()` gibt hier entweder eine Liste mit zwei oder mehr Elementen, eine leere Liste (Default im zweiten Argument des Aufrufs) oder einen einzelnen String zurück.

#5: Hier wird aus der Liste eine Menge gemacht, damit die Reihenfolge der Elemente keine Rolle spielt.

11.7.2 Lösung 2

HTML-Dokument

```
<html>
  <head>
    <title>Interaktive Webcam</title>
  </head>
  <body>
    <h2> Interaktive Webcam</h2>
    W&auml;hlen Sie den Bildausschnitt!
    <form action="http://192.168.178.42/cgi-bin/inter_webcam.py"
          method="GET">
      <input type="Radio" name="zoom" value="weit">
       Weit entfernt<br>
      <input type="Radio" name="zoom" value="naeher"/>
           N&auml;her<br/>
      <input type="Radio" name="zoom" value="nah" checked="checked"/>
           Nah<br/><br/>
      <input type="Submit" value="Neue Aufnahme"/>
```

Kapitel 11
Webserver

```
        </form>
    </body>
</html>
```

CGI-Skript

```python
#!/usr/bin/pythonRoot2.7
import cgi, cgitb, os, subprocess, StringIO
from PIL import Image

PATTERN='''Content-Type: text/html
<html>
  <head>
        <title>Interaktive Webcam</title>
  </head>
<body>
  <h2> Interaktive Webcam</h2>
  <img src="http://192.168.178.42/image.jpg" alt="Bild der Webcam"><br/>
  W&auml;hlen Sie den Bildausschnitt!
  <form action="http://localhost/cgi-bin/inter_webcam.py"
    method="GET">
      <input type="Radio" name="zoom" value="weit" %s/>
           Weit entfernt<br/>
      <input type="Radio" name="zoom" value="naeher" %s/>
           N&auml;her<br/>
      <input type="Radio" name="zoom" value="nah" %s/>
           Nah<br><br/>
      <input type="Submit" value="Bild anfordern"/>
    </form>
  </body>
</html>'''                                                          #1

PATH = 'image.jpg'                                                  #2

def takePhoto (width, height, bbox):
    imageData = StringIO.StringIO()
    command = 'raspistill -t 300 -w %i  -h %i -o %s -n ' \
              % (width, height,'-')                                 #3
    imageData.write(subprocess.check_output(command, shell=True))   #4
    imageData.seek(0)
    image = Image.open(imageData).crop(bbox)                        #5
    image.save(PATH)
```

```
form = cgi.FieldStorage()
zoom = form.getvalue('zoom', 'nah')
if zoom == 'nah':                                                           #6
    takePhoto(1600, 1200, (600, 450, 1000, 750))
    response = PATTERN % ('checked="checked"', '', '')
elif zoom == 'naeher':
    takePhoto(800, 600, (200, 150, 600, 450))                               #7
    response = PATTERN % ('', 'checked="checked"', '')
else:
    takePhoto(400, 300, (0, 0, 400, 300))                                   #8
    response = PATTERN % ('', '', 'checked="checked"')

print response
```

Kommentare

#1: Das ist das Muster für den HTML-Text, der an den Client zurückgesendet wird. Dieser Text wird einfach von der Startseite kopiert und abgewandelt. Er enthält drei Platzhalter **%s** (fett gedruckt), die später ersetzt werden. Denn der Status der Radiobuttons ist veränderlich. Bei einem der drei Radiobuttons wird das Attribut checked="checked" eingefügt.

#2: Das Bild wird einfach im Wurzelverzeichnis des Servers gespeichert.

#3: Der Text des Kommandos zur Aufnahme eines Bildes mit raspistill wird konstruiert. Das Argument –o – bewirkt, dass die Bilddaten in die Standardausgabe geschrieben werden.

#4: Das Foto wird aufgenommen. Die Bilddaten werden in einem File-artigen StringIO-Objekt gespeichert.

#5: Ein PIL.Image-Objekt wird erzeugt und nur ein Bildausschnitt gespeichert.

#6: Wenn die Option NAH gewählt worden ist, wird ein großes Bild aufgenommen, aber nur ein kleiner Ausschnitt gezeigt.

#7: Wenn die Option NÄHER gewählt worden ist, wird ein mittelgroßes Bild aufgenommen und nur ein kleinerer Ausschnitt gezeigt.

#8: Wenn die Option WEIT ENTFERNT gewählt worden ist, wird ein kleines Bild aufgenommen und komplett gezeigt.

11.7.3 Lösung zur Zwischenfrage 1

Die Nummer 00E04C gehört zu REALTEK SEMICONDUCTOR CORP.

11.7.4 Lösung zur Zwischenfrage 2

Wenn Alternativtext erscheint, gab es vorher vermutlich einen Zugriffskonflikt. Als der HTTP-Server versuchte, die Bilddatei zu lesen, speicherte gerade das Python-Skript eine neue Version. Während dieses Vorgangs ist der Zugriff für andere Prozesse gesperrt.

Anhang A

Den Raspberry Pi einrichten

Der Raspberry Pi ist kein »Plug-and-play«-Gerät. In diesem Anhang finden Sie einige Hinweise, wie Sie Ihren Raspberry Pi (RPi) zu einem funktionstüchtigen Computersystem ausbauen und konfigurieren.

A.1 Hardware-Ausstattung

Neben dem RPi benötigen Sie mindestens folgende Hardware-Komponenten:

- **SD-Karte.** Der Peripheriespeicher ist eine SD-Karte. Es werden mindestens zwei GB benötigt, besser sind vier oder acht GB, möglichst Klasse 10 (schneller Zugriff).
- **Tastatur**
- **Energieversorgung.** Sie können den RPi mit Batterien oder einem Netzteil betreiben. Auf der Platine des RPi gibt es einen Mikro-USB-Eingang, den Sie für die Stromversorgung verwenden können. Eine empfehlenswerte Alternative ist: Schließen Sie einen aktiven USB-Hub (mit eigenem Netzteil) an einen USB-Eingang an. Der versorgt dann auch den RPi mit Strom.
- Monitor mit HDMI-Eingang
- Maus

Wer auf beim Kauf von Hardware-Zubehör auf Nummer sicher gehen will, sollte prüfen, ob die gewünschten Komponenten für den RPi geeignet sind. Im Embedded Linux Wiki finden Sie Listen mit verifizierten Hardware-Komponenten für den RPi: http://elinux.org/RPi_VerifiedPeripherals

A.2 Verpackung und Gehäuse

Der RPi besteht aus einer bestückten Platine ohne Hülle. Im Internet werden Gehäuse für den RPi allein und für die Kombination aus RPi und PiFace angeboten. PiFace ist ein Ein-/Ausgabemodul für den RPi (siehe Abschnitt 1.7). Die kleinen Gehäuse sind relativ teuer (zwischen 6 € und 40 €). Wenn man mit dem RPi experimentiert und den GPIO nutzt, lässt man die Platine offen und braucht eigentlich kein Gehäuse.

Der RPi wird in einer himbeerroten Plastikdose geliefert. Werfen Sie sie nicht weg! Sie ist für den Transport der Platine außerordentlich praktisch. Auf dem Boden der Schachtel finden Sie ein Fach für die SD-Karte und zwei Haken zur Fixierung der Platine. Sie schieben den RPi an der Seite mit dem Mikro-USB-Eingang unter die beiden Haken (siehe Abbildung A.1) und klappen den Deckel zu. Damit sitzt die Platine fest.

Abb. A.1: Der RPi in seiner Verpackung

A.3 Das Betriebssystem installieren

Betriebssysteme für den RPi können Sie von der Raspberry-Website herunterladen: http://www.raspberrypi.org/downloads. Empfohlen wird Wheezy, eine Debian-Variante (Linux), die speziell an den RPi angepasst ist.

A.3.1 Download der Software und Vorbereitung

Zur Vorbereitung der SD-Karte verwenden Sie irgendeinen funktionierenden Computer mit Internetzugang. Die folgende Anleitung bezieht sich auf einen Windows-Rechner. Besuchen Sie mit dem Webbrowser die Site http://www.raspberrypi.org/downloads. Laden Sie ein aktuelles Zip-Archiv herunter (z. B. 2013-02-09-wheezy-raspbian.zip) und entpacken Sie es. Sie erhalten eine Image-Datei, z. B. 2013-02-09-wheezy-raspbian.img.

Kopieren Sie nicht einfach diese Datei auf Ihre SD-Karte. Das funktioniert nicht. Sie müssen mit einem speziellen Werkzeug ein Image für die SD-Karte erzeugen. Dazu können Sie z.B. das Programm *Image writer for windows* verwenden. Wenn Sie es noch nicht auf Ihrem System haben, laden Sie es herunter, entpacken und installieren Sie es. Sie erhalten einen Ordner mit mehreren Dateien. Sie benötigen später das Programm Win32DiskImager.exe.

A.3.2 Betriebssystem auf die SD-Karte übertragen

Geben Sie die SD-Karte in den SD-Karten-Slot Ihres Computers (oder eines externen SD-Kartenlesers). Öffnen Sie mit dem Windows-Explorer den Ordner win32-diskimager|binary und starten Sie die Anwendung *Win32DiskImager*.

Es erscheint ein neues Anwendungsfenster. Klicken Sie auf das blaue Ordner-Icon neben IMAGE FILE und navigieren Sie zum Ordner 2013-02-09-wheezy-raspbian (oder so ähnlich). Da die Extension der Datei .img ist, sehen Sie neben dem Dateinamen vielleicht das Icon eines Grafikprogramms. Klicken Sie auf SPEICHERN, um die Auswahl zu beenden. Achten Sie darauf, dass oben rechts der richtige Laufwerkbuchstabe eingestellt ist, der die SD-Karte repräsentiert (z.B. F:).

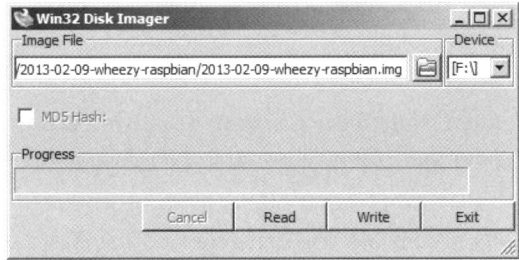

Abb. A.2: Anwendungsfenster des Imagers

Klicken Sie nun auf die Schaltfläche WRITE am unteren Rand des Imager-Fensters. Damit starten Sie die Erzeugung der Imagedatei auf der SD-Karte. Beachten Sie, dass dabei alle Daten, die vorher auf der Karte gespeichert waren, zerstört werden.

A.4 Den Raspberry Pi das erste Mal starten und konfigurieren

Setzen Sie die Hardware Ihres Systems zusammen (RPi, Tastatur, Maus, Display, SD-Karte mit dem Image des Betriebssystems) und schließen Sie dann die Stromversorgung an. Auf diese Weise starten Sie Ihren RPi. Er hat keinen Schalter.

Beim ersten Start erscheint – nach dem Booten – das Fenster des Konfigurationsprogramms *Raspi-config*. Später können Sie dieses Programm von der Konsole (*LXTerminal*) immer wieder mit folgendem Kommando aufrufen:

```
sudo raspi-config
```

Über die Pfeiltasten der Tastatur können Sie in dem Menü navigieren und mit ⏎ einen Menüpunkt auswählen. Mit den Tasten Pfeil← und Pfeil→ gelangen Sie zu den unteren Schaltflächen <SELECT> und <FINISH>. Mit ESC kommen Sie von einem Untermenü wieder ins Hauptmenü. Wichtig: Haben Sie bei allen Aktionen Geduld. Der RPi ist nicht so schnell. Systemantworten kommen meist langsamer, als Sie es gewohnt sind.

Versuchen Sie als Erstes, eine neue Version des Konfigurationswerkzeugs zu installieren (UPDATE). Wenn Sie diese Funktion nicht im Hauptmenü finden, suchen Sie unter ADVANCED OPTIONS.

Dann sollten Sie das Kommando EXPAND FILESYSTEM auswählen, damit das Betriebssystem den gesamten Speicherplatz der SD-Karte nutzen kann.

In der Regel empfiehlt es sich, die Option ENABLE BOOT TO DESKTOP zu wählen. Dann müssen Sie sich beim Start des Computers nicht erst einloggen (voreingestellt ist der User *pi* mit dem Passwort *raspberry*). Beim Start des Computers erscheint dann sofort der Desktop.

Wenn Sie einen HD-Monitor verwenden, sollten Sie *Overscan* deaktivieren (unter ADVANCED OPTIONS). Anderenfalls sehen Sie einen schwarzen Rand auf dem Display.

Unter INTERNATIONALISATION OPTIONS setzen Sie die Zeitzone und das Tastatur-Layout.

A.5 Die grafische Oberfläche von Wheezy

Normalerweise arbeiten Sie mit dem RPi über den Desktop. Wenn Sie bei der Konfiguration die Option ENABLE BOOT TO DESKTOP gewählt haben, erscheint die grafische Oberfläche sofort. Ansonsten starten Sie sie mit dem Kommando

```
startx
```

Am unteren Rand sehen Sie einen Streifen (*Application Launch Bar*) mit einigen Funktionen, die für den Gebrauch des Systems besonders wichtig sind. In der linken unteren Ecke:

- Startmenü, das den schnellen Zugang zu Standardsoftware ermöglicht (ganz links unten)
- Dateimanager (PCManFM)
- Dillo Webbrowser
- Schaltflächen zur Auswahl des Desktops. Sie können zwischen zwei Desktops hin- und herschalten.

In der rechten unteren Ecke finden Sie eine Schaltfläche (roter Schalter) zum Logout und Herunterfahren des Systems.

Am linken Rand des Desktops sind Icons zum Start von Applikationen, darunter auch die Python-Entwicklungsumgebung IDLE in zwei Versionen: für Python 2 und Python 3.

Ein wichtiges Programm ist das *LXTerminal*. Es ist eine Konsole, die Sie zum Eingeben von Linux-Kommandos benötigen. Zu Beginn Ihrer Arbeit mit dem RPi sollten Sie die Konsole nutzen, um Ihr System auf den neuesten Stand zu bringen. Starten Sie also durch einen Doppelklick *LXTerminal*. Sorgen Sie dafür, dass Ihr RPi mit dem Internet verbunden ist. Aktualisieren Sie dann Ihr Betriebssystem mit den Kommandos

```
sudo apt-get update
sudo apt-get upgrade
```

Das erste Wort **sudo** (*do as superuser*) bewirkt, dass Sie das nachfolgende Kommando in der Rolle des Systemadministrators (Superuser) starten. Beim Update und Upgrade werden Dateien geändert, für die nur der Systemadministrator (und nicht z. B. der User **pi**) die erforderlichen Zugriffsrechte hat.

Beachten Sie, dass das Upgrade sehr lange (eine Stunde) dauern kann. Warten Sie also geduldig, bis wieder das Prompt

```
pi@raspberrypi ~ $
```

zu sehen ist.

Anhang B

Wie verbindet man eine Steckplatine mit dem GPIO?

Der GPIO (General Purpose Input Output) ist eine Schnittstelle, an die Sie Sensoren wie z.B. Temperaturfühler (Input) oder Ausgabegeräte wie LEDs (Output) anschließen können. In diesem Anhang erfahren Sie

- wie der GPIO aufgebaut ist,
- wie Sie ein Flachbandkabel mit Pfostensteckern für den GPIO zusammensetzen und
- wie Sie eine Steckplatine über ein Bandkabel und ein selbst gebautes Breakout-Board mit dem GPIO verbinden.

B.1 Der GPIO

Der GPIO besteht beim Modell B aus 26 vergoldeten Metallstiften (Pins). Sie sind in zwei Reihen angeordnet und befinden sich an einer Kante der RPi-Platine (siehe Abbildung B.1).

Abb. B.1: Der GPIO auf der Platine des RPi Modell B (weißer Kasten). Im Kreis ist die Markierung für den ersten Pin (P1).

Anhang B
Wie verbindet man eine Steckplatine mit dem GPIO?

Es gibt unterschiedliche Bezeichnungen für die 26 Pins des GPIO. Wenn Sie das Python-Modul `RPi.GPIO` verwenden, das in der Wheezy-Distribution mitgeliefert wird, können Sie den Modus der Pin-Bezeichnung einstellen.

Drei Pins haben einen konstanten Spannungspegel: Pin 1 (links oben) ist auf der Platine durch P1 markiert (Kreis in Abbildung B.1). An ihm liegt gegenüber der Masse eine Spannung von +3,3 Volt an. An Pin 2 ist eine Spannung von +5,0 Volt und an Pin 6 ist die Masse (*ground, GND*).

Sechs Pins werden nicht verwendet (*not to connect, NTC*).

Die übrigen 17 Pins sind frei programmierbar und können als Ein- oder Ausgang verwendet werden. An ihnen liegt entweder die Spannung 0 Volt oder +3,3 Volt an. Diese beiden Levels repräsentieren die Wahrheitswerte `False` und `True`. Der maximale Stromfluss ist 50 mA. Das reicht z. B. aus, um LEDs mit niedrigem Energieverbrauch zu betreiben. Im Modus BOARD entspricht die Nummer eines Ein-/Ausgabebits der Position des Pins. Alle Skripte in diesem Buch verwenden den Modus BOARD. Dieser hat den Vorteil, dass man die Nummern der Pins, die man in den Python-Befehlen verwendet, einfach durch Abzählen findet.

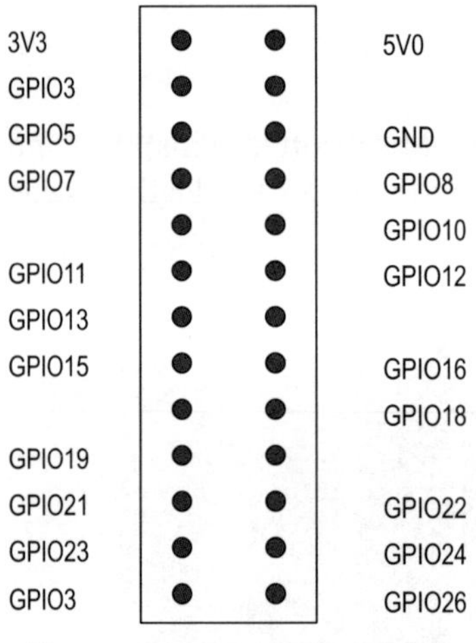

3V3	● ●	5V0
GPIO3	● ●	
GPIO5	● ●	GND
GPIO7	● ●	GPIO8
	● ●	GPIO10
GPIO11	● ●	GPIO12
GPIO13	● ●	
GPIO15	● ●	GPIO16
	● ●	GPIO18
GPIO19	● ●	
GPIO21	● ●	GPIO22
GPIO23	● ●	GPIO24
GPIO3	● ●	GPIO26

Abb. B.2: Belegung der Pins des GPIO im Modus BOARD

Beachten Sie, dass Sie das Modul GPI nur verwenden können, wenn der Python-Interpreter mit Administratorrechten läuft. Starten Sie IDLE als Administrator mit dem **sudo**-Befehl:

```
sudo idle3
```

Nun können Sie im interaktiven Modus die GPIO-Funktionen ausprobieren.

Import des Moduls RPi.GPIO (RPi mit kleinem i):

```
>>> from RPi import GPIO
```

Einstellung des Modus für die Pinbelegung:

```
>>> GPIO.setmode(GPIO.BOARD)
```

Für Pin 8 und Pin 10 des GPIO den Modus *Ausgabe* setzen.

```
>>> GPIO.setup(8, GPIO.OUT)
>>> GPIO.setup(10, GPIO.OUT)
```

Logische Werte ausgeben:

```
>>> GPIO.output(8, False)
>>> GPIO.output(10, True)
```

Mit einem Universalmessgerät können Sie die Spannungen an Pin 8 und Pin 10 des GPIO prüfen. An Pin 8 liegen gegenüber der Masse (Pin 6) 0 Volt und an Pin 10 etwa 3,3 Volt an. Projekte mit dem GPIO finden Sie in den meisten Kapiteln.

Tabelle B.1 gibt einen Überblick über die wichtigsten Befehle des Modus GPIO.

Kommando	Erklärung
cleanup()	Alle Einstellungen, die in dem Programm vorgenommen worden sind, werden zurückgesetzt.
input(*pin*)	Zurückgegeben wird ein Wahrheitswert (True oder False), der den momentanen Zustand des GPIO-Pins mit der Nummer *pin* beschreibt.
output(*pin*, *state*)	Der GPIO-Pin mit der Nummer *pin* wird in den Zustand *state* (True oder False) versetzt.
setmode(*mode*)	Setzt den Modus, in dem die Pins des GPIO nummeriert sind. Wenn der Modus GPIO.BOARD gesetzt ist, entspricht die Pin-Nummer in einem Aufruf von input() oder output() der Position des Pins auf der Platine.
setup(*pin*, *mode*)	Wenn *mode* die Konstante GPIO.IN ist, wird der Pin mit Nummer *pin* zum Eingabekanal. Wenn *mode* die Konstante GPIO.OUT ist, wird der Pin *pin* zum Ausgabekanal.

Tabelle B.1: Übersicht über die wichtigsten Befehle des Modus GPIO

B.2 Ein Flachbandkabel mit Pfostenverbindern

Um an den GPIO etwas anzuschließen, ist ein Flachbandkabel mit einem Pfostenverbinder (Pfostenstecker) ganz nützlich. Für wenig mehr als einen Euro erhalten Sie die Einzelteile:

- Flachbandkabel mit 26 Leitern (Sie können auch ein breiteres Kabel nehmen und dann die überflüssigen Leiterbahnen abtrennen.)
- 26-poliger Pfostenverbinder
- Zugentlastung

Als Hilfsmittel brauchen Sie noch einen Schraubstock. Abbildung B.3 illustriert, wie Sie vorgehen:

- Setzen Sie zunächst den Bügel mit der geriffelten Innenoberfläche (nicht die Zugentlastung!) ein Stück weit auf das Hauptteil des Pfostenverbinders (Bild 1).
- Schauen Sie sich den Pfostenverbinder genau an. An einer Stelle sehen Sie ein kleines Dreieck. (Es ist nicht leicht zu finden.) Dieses Dreieck markiert Pin 1.
- Schieben Sie das Flachbandkabel durch den Spalt, so dass das rote Kabel an der Seite mit Pin 1 ist (Dreieck). Drücken Sie dann den Bügel nach unten in den weichen Kunststoff der Kabelisolierung. Spannen Sie den Stecker in einen Schraubstock und pressen Sie die Teile fest zusammen. Das Kabel sieht dann aus wie in Bild 2 von Abbildung B.3.
- Setzen Sie den Zugentlastungsbügel auf wie in Bild 3 von Abbildung B.3.
- Schieben Sie das andere Ende des Kabels in einer Schlaufe durch den neuen Spalt, drücken Sie den Zugentlastungsbügel ganz herunter und ziehen Sie das Kabel stramm. Es sieht dann aus wie in Bild 4 von Abbildung B.3.

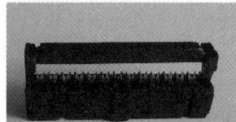   

Abb. B.3: Einen Pfostenstecker an ein Flachbandkabel montieren

Was machen Sie mit dem anderen Ende des Flachbandkabels? Da gibt es zwei Möglichkeiten.

- Sie lösen die Einzelkabel ab und verbinden sie dann später einzeln mit kleinen Steckern oder Bauteilen. Wenn Sie die Leitungen an eine Steckplatine anschließen wollen, empfiehlt es sich, Stifte anzulöten (Abbildung B.4). Sie können natürlich auch ein flexibles Leitungsende in ein Loch der Steckplatine stecken und dann mit einem Dupontkabel (Jumperkabel) fixieren.

- Sie schließen einen zweiten Pfostenstecker an. Den können Sie dann zum Beispiel verwenden, um den GPIO an eine Steckplatine anzuschließen. Dazu mehr im folgenden Abschnitt.

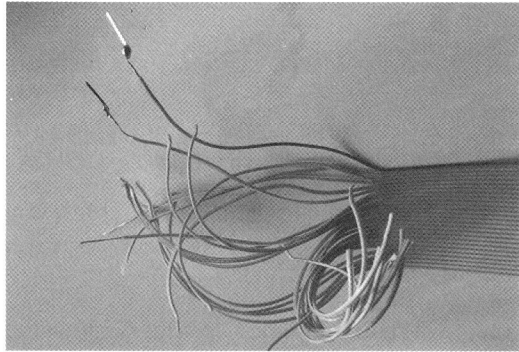

Abb. B.4: Aufgeteiltes Ende eines Flachbandkabels mit einigen angelöteten Stiften

B.3 Anschluss einer Steckplatine über ein Breakout-Board

Experimentelle Schaltungen kann man ohne Löten auf einer Steckplatine zusammenbauen. Eine Steckplatine ist eine Kunststoffplatte mit vielen Löchern, in die man Leuchtdioden, Widerstände, Verbindungskabel und andere Bauteile stecken kann. Für den Schaltungsaufbau gibt es zwei getrennte Blöcke aus Lochreihen. Unsichtbar unter den Löchern befinden sich Kontaktfedern. Die Kontakte einer Reihe von benachbarten Löchern sind leitend verbunden. Über ein Breakout-Board, auf dem ein 26-poliger Wannenverbinder sitzt, kann die Steckplatine an den GPIO des RPi angeschlossen werden (Abbildung B.5).

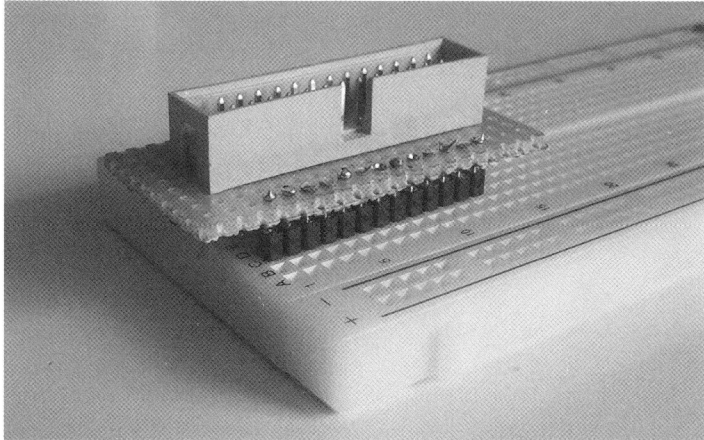

Abb. B.5: Selbst gebautes Breakout-Board mit Wannenverbinder auf einer Steckplatine

Anhang B
Wie verbindet man eine Steckplatine mit dem GPIO?

Breakout-Boards für den Anschluss einer Steckplatine an den RPi sind sehr spezielle Bauteile und werden im Internet als Bausatz für etwa zehn Euro angeboten (z. B. der T-Cobbler von Adafruit). Wenn Sie Spaß am Löten haben, können Sie auch aus Standardteilen, die Sie in jedem Elektronikladen erhalten, Ihr eigenes Breakout-Board zusammenbauen. Es ist allerdings etwas kniffelig und sehr zeitaufwendig. Sie brauchen folgende Teile:

- Wannenstecker, 26-polig
- Präzisionsstiftleisten mit sehr dünnen Stiften (insgesamt 26 Stifte)
- Eine kleine Streifenrasterlochplatine
- Mindestens 26 Aderendhülsen der kleinsten Größe (0,5 mm² Querschnitt und 6 mm Länge). Meist gibt es sie in einer Tüte mit 100 Stück für einen Preis von etwa einem Euro.

Als Werkzeug benötigen Sie einen Lötkolben, Lötzinn, einen spitzen Gegenstand (kleines Taschenmesser, alte Nagelschere), eine Laubsäge, ein Teppichmesser, ein Lineal, ein Holzbrett als Unterlage, einen Filzstift und ein bisschen Schleifpapier. Und so gehen Sie vor:

Setzen Sie probeweise den Wannenverbinder auf die Lochplatine und markieren Sie die Umrisse (Abbildung B.6).

Abb. B.6: Die Umrisse des Boards aufzeichnen

Schneiden Sie auf einem Küchenbrett mit einem Teppichmesser und mithilfe eines Lineals einen Ritz entlang jeder Linie. Jeder Ritz muss über die ganze Breite der Platine gehen. Dann können Sie die Platine entlang des Ritzes exakt durchbrechen.

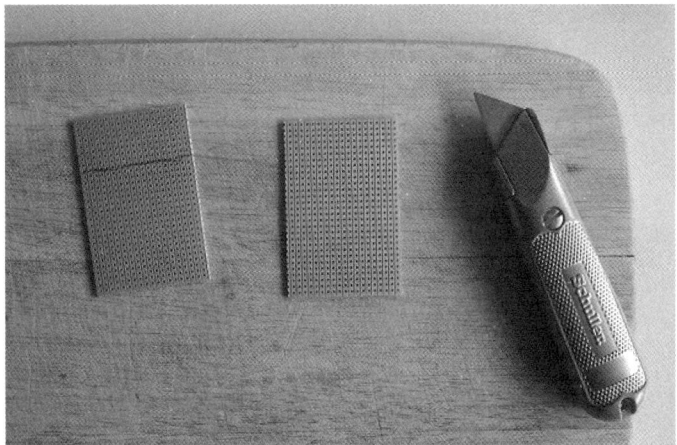

Abb. B.7: Die Lochplatine anritzen und durchbrechen

Als Nächstes ritzen Sie in Längsrichtung genau in der Mitte der Platine die Kupferschicht mindestens zehn Mal ein, bis zwei voneinander deutlich getrennte Bereiche entstanden sind.

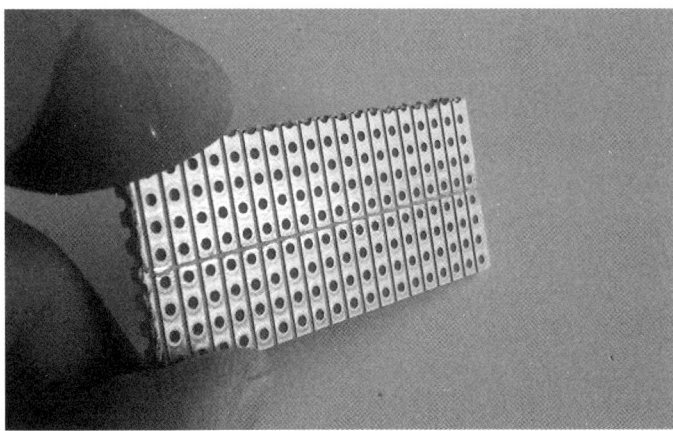

Abb. B.8: Die Kupferschicht in der Mitte durchtrennen

Nun beginnt der schwierige Teil. Sie müssen die Platine von zwei Seiten bestücken. Auf die obere Seite (Plastik) kommt der Wannenverbinder und auf die untere Seite (Kupfer) kommen zwei Stiftleisten mit jeweils 13 Stiften, die über das Kupfer mit den Polen des Wannensteckers verbunden sind. Das Problem sind die Stiftleisten. Sie müssen auf unkonventionelle Weise mithilfe von Aderendhülsen festgelötet werden.

Anhang B
Wie verbindet man eine Steckplatine mit dem GPIO?

- Schieben Sie an jeder Seite der Platine dreizehn kleine Aderendhülsen durch die Löcher, so dass sie an der Kupferseite herausragen (Abbildung B.9). Eventuell müssen Sie vorher die Löcher an der Kupferseite mit einem spitzen Gegenstand ein klein wenig erweitern.
- Löten Sie die Hülsen auf dem Kupfer fest.

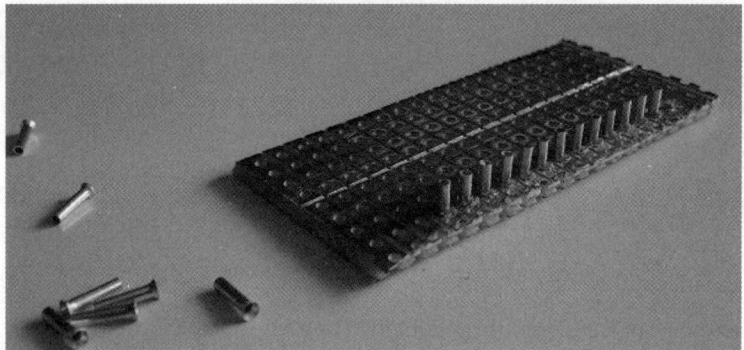

Abb. B.9: Aderendhülsen werden durch die Löcher der Platine gesteckt.

- Sägen Sie mit der Laubsäge auf der Kupferseite der Platine die überstehenden Enden der Hülsen ab. Das geht leicht, weil die Hülsen dünn und weich sind. Man könnte sie auch abkneifen, aber dabei werden meist die Löcher zugequetscht. Sie können die Oberfläche mit Schleifpapier glätten.
- Stecken Sie von der Kupferseite aus die Stiftleisten in die Hülsen.
- Stecken Sie den bisherigen Aufbau mit den noch lockeren Stiftleisten in die Steckplatine. So stellen Sie sicher, dass die Stifte schön gerade und parallel stehen.
- Löten Sie die Stifte von der Plastikseite der Platine her fest.
- Setzen Sie von oben den Wannenstecker auf die Lochplatine. Ziehen Sie das Breakout-Board aus der Steckplatine und löten Sie auf der Kupferseite die 26 Pins des Wannensteckers an. Fertig.

Anhang C

Autostart

Ein Raspberry Pi wird gelegentlich für eine Maschine verwendet, auf der immer nur ein bestimmtes Python-Programm laufen soll, z. B. ein Server oder ein permanenter Dienst wie eine Uhr. Man möchte dann, dass beim Einschalten des Gerätes dieses Programm automatisch gestartet wird. Dazu müssen Sie auf Ihrem RPi ein Autostart-Skript einrichten.

Nehmen wir an, das Python-Programm, das gestartet werden soll, ist eine Uhr (siehe Kapitel 7) und hat den Pfad /home/pi/uhr.pyw.

Öffnen Sie (als root) den Datei-Manager:

```
sudo pcmanfm
```

Geben Sie in das Adressfeld /home/pi/.config ein.

Falls Sie keinen Ordner namens Autostart sehen, richten Sie einen neuen Ordner Autostart ein.

Erstellen Sie nun mit einem Texteditor ein Skript, das vom Betriebssystem Linux interpretiert wird und das Ihr Python-Programm aufruft. Dieses Skript wird im Ordner Autostart unter einem Namen mit der Extension .desktop, z. B. uhr.desktop gespeichert.

Öffnen Sie IDLE oder den Texteditor LEAFPAD und geben Sie folgenden Text ein:

```
[Desktop Entry]
Encoding=UTF-8
Type=Application
Name=uhr
Exec=sudo python /home/pi/uhr.pyw
StartupNotify=false
Terminal=false
Hidden=false
```

Bitte beachten Sie, dass dies kein Python-Text ist!

Zum Testen trennen Sie den RPi von der Stromversorgung und verbinden ihn anschließend wieder damit. Nach dem Booten müsste das Programm gestartet werden.

Anhang D

So entstand das Titelbild

Eine Besonderheit dieses Buches ist, dass das Titelbild mit einem Python-Programm erstellt wurde. Mit diesem Programm wurde ein Foto des Raspberry-Pi im PPM-Format geladen und dann bearbeitet. In den Feldern am oberen Rand der Benutzungsoberfläche kann man die Farben durch Anklicken ändern. Es wird dann eine neue Zufallsfarbe ausgewählt. Man klickt so lange, bis man mit den Farben zufrieden ist. Wenn die Schaltfläche BILD BEARBEITEN angeklickt wird, passiert Folgendes: Alle Pixel werden einer von vier Helligkeitsstufen zugeordnet und dann mit einer der vier Farben eingefärbt.

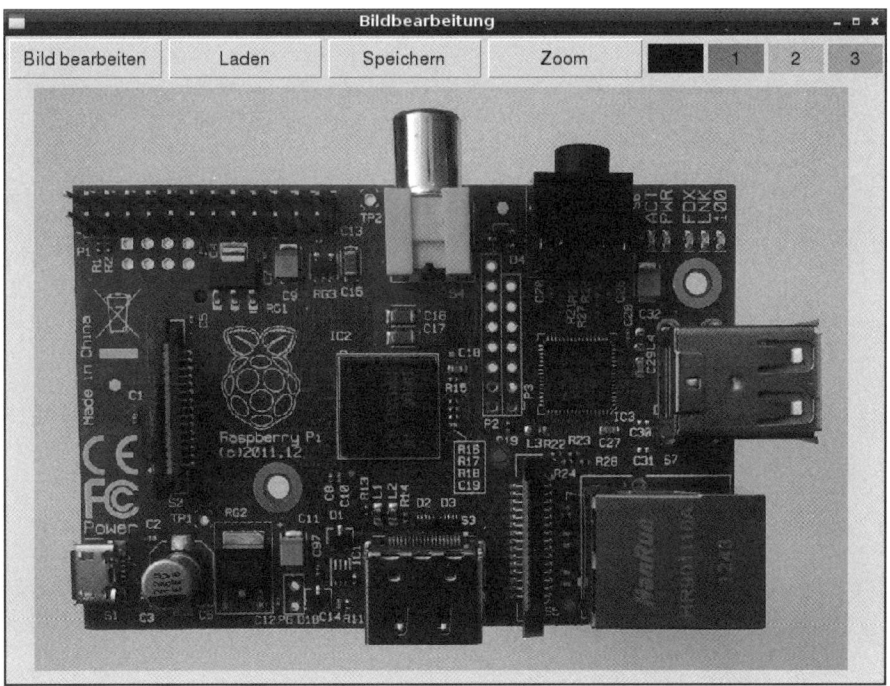

Abb. D.1: Programm zur Bildbearbeitung, mit dem das Titelbild erstellt worden ist

Anhang D
So entstand das Titelbild

Programm

```python
from tkinter import *
from random import *

def newColor(event):
# Zufallsfarbe
    global colors
    nr = int(event.widget["text"])
    digits="0123456789ABCDEF"
    newColor ="#"
    for i in range(3):
        newColor += choice(digits)
    colors[nr] = newColor
    colorLabels[nr].config(bg=colors[nr])

def process():
# Bildbearbeitung
    global image
    image = PhotoImage(file=path)
    label.config(image=image)
    for x in range (image.width()):
        for y in range (image.height()):
            c = image.get(x, y).split()
            brightness = int(c[0])+ int(c[1]) + int(c[2])
            if brightness < 150:
                image.put(colors[0], (x, y))
            elif brightness < 300:
                image.put(colors[1], (x, y))
            elif brightness < 450:
                image.put(colors[2], (x, y))
            else:
                image.put(colors[3], (x, y))

def zoomImage():
    global image, label
    image=image.zoom(2)
    label.config(image=image)

def loadImage():
    global image, label, path
    p = filedialog.askopenfilename()
    if p:
```

```python
        try:
            image = PhotoImage(file=p)
            label.config(image=image)
            path = p
        except:
            messagebox.showerror("", "Foto unleserlich")

def saveImage():
    p = filedialog.asksaveasfilename()
    if p:
        image.write(p)

# Widgets
window = Tk()
window.title("Bildbearbeitung")
frame = Frame(master=window)
label = Label(master=window, font = ("Arial", 14),
              text="Bitte ein Bild laden")

buttonImage = Button(master=frame,
                text="Bild bearbeiten", width=12,
                font = ("Arial", 12), command=process)
buttonLoad = Button(master=frame,text="Laden", width=12,
                font = ("Arial", 12), command=loadImage)
buttonSave = Button(master=frame,
                   text="Speichern", width=12,
                font = ("Arial", 12), command=saveImage)
buttonZoom = Button(master=frame,text="Zoom", width=12,
                font = ("Arial", 12), command=zoomImage)

colors =["#106", "#0c7", "#DC5", "#9AF"]
colorLabels = []
for i in range(4):
    colorLabels.append(Label(master=frame,
                 font=("Arial", 12),
                 text=str(i), width=5, bg=colors[i]))
    colorLabels[i].bind("<1>", newColor)

# Layout
frame.pack()
buttonImage.pack(side=LEFT, padx=2, pady=2)
buttonLoad.pack(side=LEFT, padx=2, pady=2)
buttonSave.pack(side=LEFT, padx=2, pady=2)
```

```
buttonZoom.pack(side=LEFT, padx=2, pady=2)
for cl in colorLabels:
    cl.pack(side=LEFT, padx=2, pady=2)
label.pack()

window.mainloop()
```

Stichwortverzeichnis

A

action 396
add_cascade() 195
add_checkbutton() 195
add_command() 195
add_radiobutton() 195
add_separator() 195
Aggregat 275
Aggregation 275
Akku 325
Aktueller Parameter 133
Alarmanlage (Projekt) 78
Alias 106
Alphabet (Projekt) 272
anchor 175
Anweisungsblock 136
Application Launch Bar 422
Argument 30, 133
asctime() 243
Ausdruck 24
    regulärer 231
Ausführbar 57
Ausführbar machen 390
Autosimulator 339
Autostart 251, 433

B

Background 292
backward() 153
Bedingung 64
Beenden 388
Benutzungsoberfläche
    grafische 169
Betriebssystem
    installieren 420
Bewegung erfassen (Projekt) 357
Bezeichner 38
    Syntaxregeln 38
Binärmodus 209

BINARY(n) 403
bind() 250
Birnen oder Tomaten (Projekt) 367
Bitverarbeitung 333
Blinken (Projekt) 84
Blinklicht 75
Body-Mass-Index 68
Boolescher Ausdruck 83
Botschaft 104
Breadboard 40
break 74, 95
Breakout-Board 429
Built-in function 30, 133
Bytestring 102

C

Canvas (Klasse) 281
    Methoden 284
Canvas (Objekt) 281
Casting 92
CGI-Skript 382, 388
    ausführbar machen 390
    Debugging 392
    Probleme 391
cgitb 392
Channel 120
chdir () 252
check 395
Checkbutton 183
Clock 294
close() 205
Colorimetrie 374
Comprehension 111
CREATE TABLE 403
crop() 254
CSI-Verbinder 350

D

Dämon 382
Datei 205

Datenbank 402
    relationale 402
def 136
Dialogbox 217
Dictionary 90, 122
    Operationen 124
Digitaler Bilderrahmen (Projekt) 251
Digitales Thermometer (Projekt) 316
Digitaluhr (Projekt) 244
Display 294
Docstring 138
Drumscore 114
DS1820 312
dump() 209
Dynamic Domain Name System 398

E

Editor 211
Editor mit Pulldown-Menüs (Projekt) 194
Einschalten 421
Einzelbild 352
Elektrostatik 349
elif 70
else 69
Entry 180
Epoche 243
EPROM 206
Erweiterte Zuweisung 39
Escape-Sequenz 101
EVA-Prinzip 59
Event 250
Eventhandler 250
Event-Sequenz 250
except 210
Exponentialschreibweise 28

F

Farbmixer (Projekt) 192
FieldStorage 396
File 205
    Modus 205
File-Manager 57
fill 175
findall() 233
Flachbandkabel 428
Flash-Technik 206
float 28
for 94
Format 60

Formatierungsoperator % 103
Formular 394
Freie Literatur 230
Freies Obst (Projekt) 405
frozenset 117
Fünf Sekunden stoppen und gewinnen (Projekt) 241
Funktion 133
    Definition 136
    Kopf 136
    Körper 136
    mathematische 29
    Parameter 133
    Parameterübergabe 139
    voreingestellter Parameterwert 141
Funktionskopf 136
Funktionskörper 136
Fußschalter 279

G

Gehäuse 419
Gerät
    steuern 40
Gerichtete Bewegungen (Projekt) 360
getcwd() 252
Get-Methode 394
getPixel() 254
Gleitkommazahl 28
Glückskeks (Projekt) 186
gmtime() 243
Goethe oder Schiller (Projekt) 225
GPIO 41, 74, 425
Grafische Benutzungsoberfläche 169
Graph 126
Grid-Layout 174, 188
    Optionen 189
GUI 169

H

Hangman 198
Hardware-Ausstattung 419
Häufigkeit von Buchstaben (Projekt) 118
Heißeste Stelle im Raum 338
Hexadezimalsystem 27
hidden 395
Hilfe 34
Holzklammer 75
Hotkey siehe Tastenkombination
HTML 383

I

IDLE 21
if 67
ifconfig 379
Indent Region 68
Index 90, 97
Indizierung 97
input() 61
INSERT INTO 403
Instanz 106
int 26
Interaktive Webseite 393
IP-Nummer 379
Item 91, 123, 281
    Koordinaten 281
Iteration 94
Iterierbar 92

J

Jumperkabel 40

K

Kamera 349
Kameramodul 349
Kameraoptionen testen (Projekt) 353
Karteikasten (Projekt) 210
kill 388
Klasse 106, 271
Klassendefinition 271
Klopfzeichen (Projekt) 113
Knoten 127
Koch-Schneeflocke (Projekt) 157
Kollektion
    Operationen 91
Kommentar 61
Komplexe Zahl 29
Konkatenation 96
Kontrollvariable 183, 184
Kopie 106
Krimiautomat (Projekt) 180
Küchentablett 325
Kundenberatung (Projekt) 93
Kürzester Weg (Projekt) 126

L

Label 172
Laden 206
Lauf-Simulation (Projekt) 289
Layout-Management 173
LED (Projekt) 40
Lesbare Zufallspasswörter (Projekt) 98
listdir () 252
Liste 90, 104
    Operationen 107
Literal 25, 90
Literatur
    freie 230
load() 209
localtime() 243
Lostrommel (Projekt) 170
LXTerminal 423

M

MAC-Adresse 379
Magic Line 58
Magic line 170
Magische Methode 368
Mathematische Funktion 29
Memory-Stick 325
Menge 90, 117
Menu
    Optionen der Choices 196
Messagebox 218
Messwertaufzeichnung 326
Messwerterfassung 317
Methode 105
    magische 368
Mobile Datenerfassung (Projekt) 325
Mobile Stromversorgung 384
modprobe 313
Modul 31, 298
    anlegen 298
    Speicherort 300
Modulo 24
Morsen (Projekt) 124
MPC3008 329

N

Name 35
nobody 399
nohup 387
NTC 426

O

Objekt 271
    Wahrheitswert 71
Objektorientierte Programmierung 271
Oktalsystem 27

Online-Datenbank 405
open() 205
Operator 24
    Vergleichsoperator 64
os 252
os.path 252

P

Packer 174
Parameter 30, 133
    aktueller 133
    beliebige Anzahl 142
Parameterliste 136
Parameterübergabe 139, 141
Parameterwert
    voreingestellter 141
password 395
Passwort 98
pcmanfm 433
pendown() 153
Pfostenverbinder 428
PhotoImage 175, 177
    zoom() 178
pickle 209
PiFace
    digitale Eingänge 78
    Relais 45
PiFace Digital 43
PIL.Image
    crop() 254
    load() 254
    resize() 255
    save() 255
    size 255
Placer 174
Plotter 321
Plotter (Projekt) 320
Polymorphie 368
Pong (Projekt) 278
Port 381
Positionsargument 134
Potenz 25
Potenziometer 329
PPM 176
print() 62
    Zeilenwechsel unterdrücken 63
Privilegiertes Recht 399
Programm
    starten 55
Programmierung
    objektorientierte 271

Programmverzweigung 63
Projekt
    Alarmanlage 78
    Alphabet 272
    Bewegung erfassen 357
    Birnen oder Tomaten 367
    Blinken 84
    Digitaler Bilderrahmen 251
    Digitales Thermometer 316
    Digitaluhr 244
    Editor mit Pulldown-Menüs 194
    Farbmixer 192
    Freies Obst 405
    Fünf Sekunden stoppen und gewinnen 241
    Gerichtete Bewegungen 360
    Glückskeks 186
    Goethe oder Schiller 225
    Häufigkeit von Buchstaben 118
    Kameraoptionen testen 353
    Karteikasten 210
    Klopfzeichen 113
    Koch-Schneeflocke 157
    Krimiautomat 180
    Kundenberatung 93
    Kürzester Weg 126
    Lauf-Simulation 289
    LED 40
    Lesbare Zufallspasswörter 98
    Lostrommel 170
    Mobile Datenerfassung 325
    Morsen 124
    Plotter 320
    Pong 278
    Pythagorasbaum 155
    Quicksort 150
    Quiz 83
    Rechenquiz 189
    Rekursive Spirale aus Quadraten 153
    Rekursive Summe 149
    Renn, Lola renn 289
    Schiller 225
    Schwarzweißmalerei 179
    Sichere Kommunikation 93
    Sierpinski-Teppich 159
    Staumelder 233
    Stoppuhr 261
    Taschenlampe 45
    Telefonliste 110
    Überwachungskamera 355

Urlaubsgrüße 184
Visueller Zufallsgenerator 176
Wahrnehmungstest 257
Webcam 384
Zahlenraten 73
Zufallsnamen 109
Zufallssounds 119
Prozedur 144
Prozess
    beenden 388
Prozess? 245
PSF 19
Pulldown-Menü 195
put() 178
PuTTY 381
pygame 120, 308
pygame.mixer 120
Pythagorasbaum (Projekt) 155
Python 19
    Shell 21
    Versionen 20
Python Imaging Library (PIL) 253
Python Software Foundation 19

Q
Querystring 394
Quicksort (Projekt) 150
Quiz (Projekt) 83

R
Radiobutton 183
range() 112
raspistill 351
raspivid 351
raspiyuv 351
Rasterbild 199
Rechenquiz (Projekt) 189
Recht
    privilegiertes 399
Reed-Schalter 80
Regulärer Ausdruck 231
Rekursive Spirale aus Quadraten (Projekt) 153
Rekursive Summe (Projekt) 149
Relais 81, 400
Relationale Datenbank 402
rename () 253
Renn, Lola renn (Projekt) 289
Rossum, Guido van 19
RPI.GPIO 42

RTC 245
run module 54

S
Scale 193
Schalter 75
Schieberegler 193
Schiller oder Goethe(Projekt) 225
Schleife 72
Schlüssel 124
Schlüsselwort-Argument 63, 134
Schwarzweißmalerei (Projekt) 179
Schwellwertverfahren 179
SDHC 206
SD-Karte 206
Seiteneffekt 148
self 274
Sensor 311
Sequenz 90, 96
    Index 97
    Indizierung 97
    Slicing 97
    Vervielfältigung 96
set 117
Shebang 58
Shell 21
Shell-Fenster 54
Shiftoperation 334
Shortcuts siehe Tastenkombination
showturtle() 153
Sichere Kommunikation (Projekt) 93
side 175
Sierpinski-Teppich (Projekt) 159
Skript 53
sleep() 244
Slicing 97
Software
    Download 420
Sound 120
Spannung messen 329
speed() 153
Speichern 205
SPI-Protokoll 331
SQL 403
sqlite3 402
SSH 381
start_new_thread() 247
Starten 421
Staumelder (Projekt) 233

Steckplatine 40, 425
Stoppuhr (Projekt) 261
String 101
    Methoden 226
StringIO 361
Stromversorgung
    mobile 384
submit 395
subprocess 361
suid-Bit 400
Switch 292
Syntax-Highlighting 54

T

Taschenlampe (Projekt) 45
Taschenrechner 24
Tastenkombination 23, 55
Telefonliste (Projekt) 110
Temperatursensor 311
Temperatur-Zeitdiagramm 321
Term 24
Text-Widget 181
Thread 245
_thread 246
time 243
time() 244
tkinter 169
tkinter.filedialog 218
try 210
Tupel 91, 100
Turtle-Grafik 151
Typ 106
Typhierarchie 89

U

Überladen 368
Übersetzen 410
Überwachungskamera (Projekt) 355
UML-Klassendiagramm 274
URL 224
Urlaubsgrüße (Projekt) 184
urllib.request 224
urlopen() 224

V

VARCHAR 403
Verbose mode 350
Vererbung 271, 276
Vergleichsoperator 64
Verpackung 419
Verzweigung 67
    einseitig 67
    zweiseitig 69
Visueller Zufallsgenerator (Projekt) 176
Vollbildmodus 247
Voreingestellter Parameterwert 141

W

Wahrnehmungstest (Projekt) 257
Wear leveling 207
Webcam (Projekt) 384
Webseite
    interaktive 393
Webserver 379
Wheezy 422
while 72
Widerstand 40
Widget 169, 172
    Aussehen 173
Wiederholung 72
WiFi-Adapter 379
WLAN 379
write() 205

Z

Zahl 25
    komplexe 29
Zahlenraten (Projekt) 73
Zahlenschloss 265
Zähler 77
Zeichenkette 101
Zeit 241
Zeiteinstellung 264
Zeit-Objekt 243
Zufallsfunktion 108
Zufallsnamen (Projekt) 109
Zufallssounds (Projekt) 119
Zusicherung 146
Zuweisung
    erweiterte 39
Zuweisungsoperator 35

Andrew Robinson
Mike Cook

Spannende Projekte mit dem Raspberry Pi

470 Seiten Raspberry-Pi-Praxis

- Ansteuerung von LED-Lichterketten über Musik, Hausautomation mit Webcam und E-Mail-Alarm
- Twitter- und Facebook-Anbindung, Hightech-Vogelhäuschen, Zusammenarbeit von Arduino und Raspberry Pi
- Python-Grundlagen anhand mehrerer Software-Projekte

Sie haben mit Ihrem Raspberry Pi schon die ersten Schritte unternommen und stellen sich nun die Frage – und jetzt? Genau hier setzt dieses Buch an. Sie finden zahlreiche inspirierende Projekte für den Raspberry Pi, die Sie direkt umsetzen können.

Die Autoren stellen 16 interessante und zunehmend anspruchsvollere Projekte vor, mit denen Sie Ihre Kenntnisse erweitern können. Dazu gehören unter anderem:

- Erstellen einfacher Programme mit Python, z.B. das Spiel Tic-Tac-Toe
- Nachprogrammierung von Spieleklassikern wie Pong und Pac Man
- Minecraft Maze Maker, ein Python-Programm, das Minecraft-Labyrinthe erzeugt
- Anschluss von Schnittstellen-Hardware und Bau eines Reaktionstesters
- Ein softwaregesteuertes Spielzeug, das auf Twitter zugreift und Tweets vorliest
- Disco-Beleuchtung: Ansteuerung von LED-Lichterketten im Takt der Musik
- Aufbau eines vernetzten Überwachungssystems mit Türkontaktschalter, Bewegungsmelder, Webcam und E-Mail-Alarm
- Computergesteuerte Projekte wie Modellrennbahn und Türschloss
- Ein Bilder zeichnender Drehgeber als Zaubertafel mit Facebook-Anbindung
- Elektronischer Harmonograph: eine Maschine zum Zeichnen komplizierter Muster, ein Arduino hilft beim Sammeln von Daten in Echtzeit
- Hightech-Vogelhäuschen mit Lichtschranke zum Aufzeichnen und Auswerten von Bewegungsdaten

Das Buch zeigt Ihnen, wie Sie den Raspberry Pi programmieren und coole automatisierte, interaktive Technikspielereien basteln. Am Ende aller Kapitel finden Sie Vorschläge zum Ausbau der Projekte.

Es werden keine Kenntnisse vorausgesetzt. Für Neulinge wird am Anfang kurz erläutert, wie Sie den Raspberry Pi zum Laufen bekommen. Python-Einsteiger finden eine Einführung in die Programmierung mit Python.

Probekapitel und Infos erhalten Sie unter:
www.mitp.de/9699

ISBN 978-3-8266-9699-2

Michael Weigend
5. Auflage

Python 3
Lernen und professionell anwenden

- Klassen, Objekte und Vererbung praktisch angewendet
- Datenbanken, grafische Benutzungsoberflächen und Internet-Programmierung
- Übungen mit Musterlösungen zu jedem Kapitel

Die Skriptsprache Python mit ihrer einfachen Syntax ist hervorragend geeignet, um modernes Programmieren zu lernen. Mit diesem Buch erhalten Sie einen umfassenden Einblick in Python 3. Michael Weigend behandelt Python von Grund auf und erläutert die wesentlichen Sprachelemente. Er geht darüber hinaus besonders auf die objektorientierte Programmierung ein, die in Beispielen praxisnah eingesetzt wird.

Insgesamt liegt der Schwerpunkt auf der praktischen Arbeit mit Python. Ziel ist es, die wesentlichen Techniken und dahinter stehenden Ideen anhand zahlreicher anschaulicher Beispiele verständlich zu machen. Zu typischen Problemstellungen werden Schritt für Schritt Lösungen erarbeitet. So erlernen Sie praxisorientiert die Programmentwicklung mit Python und die Anwendung von Konzepten der objektorientierten Programmierung.

Alle Kapitel enden mit einfachen und komplexen Übungsaufgaben mit vollständigen Musterlösungen.

Das Buch behandelt die Grundlagen von Python 3 (Version 3.3) und zusätzlich auch weiterführende Themen wie die Gestaltung grafischer Benutzungsoberflächen, Threads, CGI- und Internetprogrammierung, automatisiertes Testen, Datenmodellierung mit XML und Datenbanken.

Der Autor wendet sich sowohl an ambitionierte Einsteiger als auch an Leser, die bereits mit einer höheren Programmiersprache vertraut sind. Zugleich bietet sich dieses Lehrbuch als Textgrundlage oder nützliche Ergänzung zu Universitätskursen an.

Probekapitel und Infos erhalten Sie unter:
www.mitp.de/9456

ISBN 978-3-8266-9456-1

Michael Weigend

Python
GE-PACKT

■ Schneller Zugriff auf Module, Klassen und Funktionen

■ tkinter, Datenbanken, OOP und Internetprogrammierung

■ Für die Versionen Python 3.3 und 2.7

5. Auflage

Mit dieser Referenz erhalten Sie effiziente Unterstützung bei der Programmierung mit Python 3.3 und Python 2.7 – klar strukturiert zum Nachschlagen. In 24 thematisch gegliederten Kapiteln werden die wichtigsten Module detailliert und praxisbezogen erläutert: angefangen bei grundlegenden Elementen wie Datentypen, Operatoren und Standardfunktionen bis hin zu Spezialthemen wie der Schnittstelle zum Laufzeit- und Betriebssystem, Generatoren, GUI-Programmierung mit tkinter, Logging, Mengenverarbeitung, XML und Dezimalarithmetik. Darüber hinaus finden Sie kompakte Darstellungen der Umsetzung von objektorientierter Programmierung, CGI- und Internetprogrammierung (E-Mail, FTP, Telnet, HTTP) sowie der Datenbankanbindung (MySQL, SQLite).

Die Erläuterungen werden ergänzt durch übersichtliche Tabellen, UML-Diagramme und zahlreiche leicht nachvollziehbare Beispiele, die Anregungen und Lösungen für eigene Programmieraufgaben liefern.

Probekapitel und Infos erhalten Sie unter:
www.mitp.de/9520

ISBN 978-3-8266-9520-9

Eben Upton
Gareth Halfacree

Raspberry Pi®
Einstieg und User Guide

- Inbetriebnahme und Anwendungsmöglichkeiten
- Einführung in Hardware und Linux
- Erste Programmierschritte mit Python und Scratch

Der Raspberry Pi ist ein winziger Allzweck-Computer, mit dem man alles machen kann, was auch mit einem normalen PC möglich ist. Dank seiner leistungsstarken Multimedia- und 3D-Grafikfunktionen hat das Board außerdem das Potenzial, als Spieleplattform genutzt zu werden.

Dieses Buch richtet sich an Einsteiger ins Physical Computing und bietet Bastlern und der heranwachsenden Generation von Computernutzern einen einfachen und praktischen Einstieg nicht nur in die Programmierung, sondern auch in das Hardware-Hacking.

Eben Upton ist einer der Mitbegründer der Raspberry Pi Foundation und erläutert alles, was Sie wissen müssen, um mit dem Raspberry Pi durchzustarten. Es werden keine IT-Vorkenntnisse vorausgesetzt, alle Themen werden von Grund auf erläutert.

Zunächst lernen Sie die Hardware kennen und erfahren, wie Sie Peripheriegeräte anschließen, um das Board in Betrieb zu nehmen. Da der Raspberry Pi auf Linux basiert, erhalten Sie eine kurze Einführung in die Einsatzmöglichkeiten des Linux-Betriebssystems, insbesondere der Debian-Distribution. Anschließend werden alle weiteren Aspekte für die Inbetriebnahme des Boards ausführlich behandelt.

Darüber hinaus werden zahlreiche Anwendungsmöglichkeiten vorgestellt, beispielsweisewie sich der Raspberry Pi als Mediacenter, Produktivitätstool oder Webserver einsetzen lässt. Um eigene Anwendungen entwickeln zu können, bieten zwei separate Kapitel einen jeweils umfassenden Exkurs in die Programmierung mit Python und Scratch. So können Sie z.B. mit Python die Hardware steuern oder mit Scratch kinderleicht eigene Spiele programmieren.

Mit dem Insiderwissen des Entwicklers ausgestattet, werden Sie sehr schnell in der Lage sein, Ihre eigenen Projekte umzusetzen.

Probekapitel und Infos erhalten Sie unter:
www.mitp.de/9522

ISBN 978-3-8266-9522-3